DIE MODERNE HAUSWIRTSCHAFT

Ernährungs- und haushaltswissenschaftliche Reihe

Herausgegeben von Prof. Dr. Maria Schmidt und Prof. Dr. Willi Wirths
unter Mitarbeit von Norbert Axt, S. Franzinis Braun, Gregor Diesch, Prof. Dr. Martinus Emge, Dr. Hermann Gerhard, S. Ingrid Helfberend, Dr. Klaus Knopf, S. Siegberta Rekersdrees, Maria Schmid, Prof. Dr. Heinz Seeliger, Dr. Dieter Smolinski, Dr. Gisela Trurnit

---

Braun/Helfberend

Verarbeitung der Lebensmittel im Familienhaushalt und in Anstaltsküchen

Bestell-Nr. 18014

DIE MODERNE HAUSWIRTSCHAFT

Ernährungs- und haushaltswissenschaftliche Reihe

Herausgegeben von Prof. Dr. Maria Schmidt und Prof. Dr. Willi Wirths

---

18011 Ernährungslehre
Von Prof. Dr. Maria Schmidt
108 S., 52 Abb. kart., DM 7,80

18010 Lehrerhandbuch zu „Ernährungslehre"
Neuauflage in Vorbereitung

18012 Lebensmittellehre
Von Prof. Dr. Willi Wirths
211 S., 15. Abb., 20 Tab., kart. DM 12,80

18013 Verarbeitung der Lebensmittel in Großküchen
(Kantine, Kasino, Mensa, Hotel, Restaurant)
Von Gregor Diesch
Neubearbeitung in Vorbereitung

18014 Verarbeitung der Lebensmittel im Familienhaushalt und in Anstaltsküchen
Von S. Franzinis Braun und S. Ingrid Helfberend
381 S., Kunststoff geb. DM 17,80

18015 Die Säuglings- und Kleinkindernahrungen
Von Dr. Gisela Trurnit
167 S., 16 Abb., kart. DM 11,40

18016 Ernährungs- und Lebensmittellehre und die Zubereitung der Nahrung
Von S. Franzinis Braun und Prof. Dr. Maria Schmidt
248 S., kart. DM 15,80

18017 Lebensmitteltechnologie
Gewinnung und Verarbeitung der Lebensmittel in Industrie und Großbetrieben
Von Dr. Klaus Knopf
415 S., kart. DM 28,—

18018 Entstehung und Verhütung von mikrobiellen Lebensmittelinfektionen und -vergiftungen
Von Prof. Dr. Heinz P. R. Seeliger
142 S., 52 Abb., 5 Tab., kart. DM 13,80

18020 Soziologie des Familienhaushalts
Von Prof. Dr. Martinus Emge und Dr. Dieter Smolinski
124 S., kart. DM 9,80

18021 Haushaltsführung
Ernährungswissenschaftliche, arbeitstechnische, wirtschaftliche und gesellschaftliche Grundlagen
Von S. Franzinis Braun, S. Siegberta Rekersdrees und Prof. Dr. Maria Schmidt
234 S., DM 16,40

18022 Rechnungswesen. 1. Teil: Wirtschaftsrechnen
Von Maria Schmid und Norbert Axt
186 S., kart. DM 14,40

18023 Lösungsheft zu Wirtschaftsrechnen
Von Maria Schmid und Norbert Axt
Nur an Fachlehrer
199 S., kart. DM 14,—

In Planung und Vorbereitung

18024 Rechnungswesen. 2. Teil: Buchführung
Von Maria Schmid und Norbert Axt

18025 Lösungsheft zu Buchführung
Von Maria Schmid und Norbert Axt

18026 Diätetik
Eine Einführung in die Sonderformen der Ernährung bei spezifischen Krankheiten.
Von K. Nicolay
ca. 140 S., kart., ca. DM 15,—

18027 Ernährungs- und Lebensmittellehre
(für die Schuljahrgangsstufen 9 / 10 / 11, besonders für das Berufsgrundschuljahr).
Von Lilo Schulz
ca. 160 S., Querformat, kart., ca. DM 15,—

Preisänderungen vorbehalten
Stand: 1. IV. 1980

S. Franzinis Braun / S. Ingrid Helfberend

Verarbeitung der Lebensmittel im Familienhaushalt und in Anstaltsküchen

Ferdinand Schöningh, Paderborn

Herstellung: Ferdinand Schöningh, Paderborn.

ISBN 3-506-18014-2 4. 5. Druck 85 86

Übersicht

(ausführliches Inhaltsverzeichnis auf den folgenden Seiten!)

Inhaltsverzeichnis

Verarbeitung von Obst

Verarbeitung der Kartoffel

Verarbeitung der Getreideerzeugnisse

Verarbeitung der Gelierstoffe

Verarbeitung von Zucker

Verarbeitung der Speisefette

Verarbeitung der Milch und Milchprodukte

Verarbeitung von Ei

Verarbeitung des Fleisches

Verarbeitung von Fisch

Verarbeitung der Lebensmittel zu Backwerk

Haltbarmachung der Lebensmittel

Hygiene der Lebensmittelverarbeitung

Speisenplanung für verschiedene Verpflegungsgruppen

Vorwort

Der Wandel unserer Gesellschaftsordnung ist nicht ohne Einfluß auch auf unsere Ernährungsgewohnheiten geblieben. An die Stelle der gemeinsamen Mahlzeiten im Familienhaushalt ist heute oft eine nach Zeitpunkt und Art und Weise der Ernährung recht differenzierte Verpflegung getreten.

Um allen Familienmitgliedern gerecht zu werden, muß die Hausfrau grundlegende Kenntnisse der Ernährungslehre und der Lebensmittel und ihrer Eigenschaften erwerben, um aus dem reichen Angebot frischer, konservierter, tiefgefrorener, halb oder ganz vorgefertigter Nahrungsmittel richtig auswählen und zubereiten zu können. Dabei können die wirtschaftlichen Gesichtspunkte nicht außer acht bleiben. In den meisten Fällen werden überdies die Berufstätigen die eine oder andere Mahlzeit nicht zu Hause einnehmen können. Andere Gruppen unserer Bevölkerung werden ausschließlich durch Großküchen verpflegt. Zur Zeit werden von ihnen schätzungsweise täglich ca. 18 Millionen Essen ausgegeben. Mit der ständig wachsenden Zahl dieser Einrichtungen steigt auch der Bedarf an hauswirtschaftlichen Kräften, deren Ausbildung vor allem in den verschiedenen Fachschulen für Hauswirtschaft erfolgt.

Die beiden Verfasserinnen des vorliegenden Lehrbuches arbeiten seit vielen Jahren an einem großen, reich differenzierten Fachschulsystem hauswirtschaftlicher Richtung und verfügen über eine große praktische Erfahrung. Aus ihr ist dieses Lehrbuch entstanden. Es handelt sich nicht um ein Kochbuch, eine Rezeptsammlung im landläufigen Sinne. Die Verfasserinnen gehen ganz methodisch vor: Ausgehend von den einzelnen Lebensmitteln, und aus deren Eigenschaften erklären sich die sachgemäße Verarbeitung und Verwendung. Die Grundrezepte führen systematisch an die Zubereitung heran. Aufgenommen sind dabei auch die Verarbeitung und Verwendung vorgefertigter Nahrungsmittel, das Haltbarmachen durch Tiefgefrieren, die Hygiene der Lebensmittelverarbeitung mit Hinweisen auf Gesetze und Verordnungen, ferner die Speisenplanung für verschiedene Verpflegungsgruppen und zwar alle mit Nährwertangaben. Das Lehrbuch wird über die Schulen hinaus seinen Platz im differenzierten Familienhaushalt und in modern geführten Anstaltsküchen und anderen Großküchen für Ganztagsverpflegung finden und behaupten.

Professor Dr. Maria Schmidt

Aufgabe der Lebensmittelverarbeitung im Familienhaushalt und in Anstaltsküchen

Jede Lebensmittelverarbeitung verfolgt das Ziel, den physiologischen Wert der Lebensmittel zu erhöhen, Geschmack und Bekömmlichkeit der Lebensmittel durch Anwendung verschiedener Verfahren zu verbessern.

Diese Aufgabe wird in zunehmendem Maße von der Industrie übernommen, die eine große Anzahl an vorgefertigten Erzeugnissen auf den Markt bringt. Jedoch bleibt es nach wie vor die Aufgabe des Verbrauchers oder der Verbrauchergruppen, aus den zur Verfügung stehenden Lebensmitteln — Fertigerzeugnissen, Halbfertigerzeugnissen und nicht vorgefertigten Nahrungsmitteln — eine gesunde Nahrung zu erstellen, die dem Nahrungsbedarf des einzelnen Menschen entspricht.

Somit hat die Küchenarbeit die Aufgabe, die Lebensmittel so auszuwählen, zusammenzustellen und zu verarbeiten, daß mit einem Mindestmaß an Kosten- und Zeitaufwand eine vollwertige, schmackhafte, bekömmliche und hygienisch einwandfreie Nahrung zubereitet wird. Diese Aufgabe der Nahrungszubereitung ist jeder Küche, der Großküche und der Kleinküche, gestellt.

Die Nahrung muß qualitativ und quantitativ *vollwertig* sein. Großküchen, die nur einzelne Tagesmahlzeiten ausgeben, wie z. B. Mensen, Kasinos, haben den prozentualen Nährstoffbedarf ihrer Verpflegungsteilnehmer zu berücksichtigen. Küchen, die alle Tagesmahlzeiten zubereiten und für die ganztägige Verpflegung eines bestimmten Personenkreises sorgen, wie z. B. die Küchen der Familien- und Anstaltshaushalte, müssen den Gesamttagesbedarf der Verpflegungsteilnehmer beachten. Darüber hinaus haben diese Küchen die Aufgabe, Sonderbedürfnisse der Verpflegungsteilnehmer, die durch Lebensalter, Berufstätigkeit oder Krankheit gegeben sind, zu berücksichtigen. Das bedeutet, daß eine Familien- oder Anstaltsküche gegebenenfalls auch Schonkost oder Diätkost zuzubereiten hat. Während in der Familie oft mehrere Verpflegungsgruppen — mehrere Altersgruppen und Berufsgruppen — vertreten sind, handelt es sich bei den Verpflegungsteilnehmern eines Heimes meistens um eine einheitliche Verpflegungsgruppe. Die Speisenplanung wird auf die Erfordernisse dieser Gruppe abgestimmt.

Bei der Verarbeitung der Lebensmittel besteht immer die Möglichkeit, daß durch Abfall, durch Auslaugen wasserlöslicher Inhaltsstoffe oder durch Zerstörung wärme- oder sauerstoffempfindlicher Stoffe Nährstoffverluste eintreten. Diese Verlustmöglichkeit nimmt mit der zu verarbeitenden Lebensmittelmenge zu und ist darum in Großküchen besonders groß. Bei größeren Nahrungsmengen sind nämlich längere Vorbereitungs- und Zubereitungszeiten notwendig als bei kleineren Mengen, so daß ein erhöhter Verlust an sauerstoff- und wärmeempfindlichen Inhaltsstoffen entsteht. Schonende, geplante Verarbeitungstechniken sind notwendig, wenn eine vollwertige Nahrung gereicht werden soll. In Großküchen ist dringend zu fordern, die Vorbereitung, Zubereitung und Ausgabe der Speisen in einer möglichst kurzen Zeit durchzuführen. Unvermeidbare Verluste an Vitaminen sind durch Verwendung von Frischkost, besonders von frischen Kräutern, auszugleichen (vgl. die Ausführungen zu den einzelnen Lebensmitteln).

Der Verpflegungsteilnehmer hat nicht nur Recht auf eine vollwertige, sondern auch auf eine *schmackhafte*, *appetitlich aussehende* Nahrung. Bei der Verarbeitung großer Lebensmittelmengen fehlt oft die Zeit, die Speisen sorgfältig abzuschmecken und anzurichten.
Der Zeitmangel in Großküchen ist durch eine gute Arbeitsorganisation auszugleichen. Bei Verwendung vorgefertigter Erzeugnisse ist Wert zu legen auf eine Geschmacksverbesserung durch Hinzugabe von Gewürzen oder frischen Kräutern.

Von einer Nahrung wird auch gefordert, daß sie *bekömmlich* ist. Diese Forderung gilt besonders für die Verpflegung von Kleinkindern, alternden Menschen und Kranken.

Auch eine *hygienisch einwandfreie* Verarbeitung der Lebensmittel wird gefordert. Für Großküchen nimmt diese Forderung an Bedeutung zu, weil bei Nachlässigkeit eine Vielzahl von Menschen betroffen werden kann. Darum sind lebensmittelhygienische und lebensmittelrechtliche Verordnungen in Küchen der Gemeinschaftsverpflegung unbedingt zu beachten.

Die Aufgabe, ein vollwertiges, schmackhaftes und hygienisch einwandfreies Essen zuzubereiten, stößt oft auf *finanzielle* Schwierigkeiten. Die finanziellen Mittel sind in Großküchen meistens genau festgelegt und oft sehr beschränkt. Überlegte Speisenplanung, gründliche Marktorientierung, planvoller Einkauf und rationelle Nahrungszubereitung ermöglichen die Fertigstellung einer preiswerten und vollwertigen Verpflegung.

Arbeitswirtschaftliche Schwierigkeiten nehmen in allen Küchen — Familienküchen und Großküchen — zu. Der Arbeitskräftemangel darf aber nicht verhindern, daß eine gesunde Kost zubereitet wird. Der Mangel an Arbeitskräften kann ausgeglichen werden durch Einsatz technischer Hilfsmittel und durch eine gründliche Arbeitsorganisation. Während die verschiedenen Küchenmaschinen in Familienküchen oft nur eine Arbeitserleichterung, nicht eine Arbeitszeitverkürzung bedeuten, werden in Großküchen die Arbeitszeiten beachtlich verkürzt durch den Einsatz der verschiedenen Universal- und Spezialmaschinen bei der Vorbereitung und Zubereitung der Nahrung.
Eine gezielte Arbeitsplanung ist in allen Küchen dringend notwendig, wenn der Arbeitszeitaufwand nicht zu hoch liegen soll. Besonders in Großküchen ist eine straffe Arbeitsplanung unerläßlich. Während in der Familienküche im allgemeinen nur eine Arbeitskraft alle planenden und ausführenden Aufgaben übernimmt, sind in der Anstaltsküche mehrere Personen tätig. Der Arbeitsplan hat Rücksicht zu nehmen auf die Arbeitszeit und die Freizeit der Arbeitskräfte und in kleineren Betrieben auch auf die Arbeiten der anderen Aufgabengebiete des Hauses, außerdem muß der Arbeitsplan auf den Speisenplan abgestimmt sein und umgekehrt.
Arbeitszeit kann eingespart werden durch Verwendung vorgefertigter Produkte. Jedoch muß die eingesparte Zeit in einem angemessenen Verhältnis zum Preis der vorgefertigten Erzeugnisse stehen, und eine vollwertige Nahrung muß gewährleistet sein. Speisen mit einem hohen Aufwand an Zubereitungszeit sind bei Arbeitskräftemangel auszuschalten.

Durch die Zubereitung einer vollwertigen, schmackhaften und hygienisch einwandfreien Nahrung werden Gesundheit und Leistungsfähigkeit der Verpflegungsteilnehmer günstig beeinflußt. Das kann aber nur erreicht werden, wenn die Fachkräfte in den Küchen über ein umfassendes Fachwissen und Fachkönnen verfügen und es verantwortlich anwenden.

Verfahren für die Verarbeitung der Lebensmittel

Vorbereitung der Lebensmittel
- Entfernen ungenießbarer oder physiologisch wertloser Lebensmittelbestandteile
- Zerkleinern der Lebensmittel
- Vermischen von Lebensmitteln

Zubereitung der Lebensmittel durch Garverfahren
- Veränderungen der Lebensmittel durch das Garen
- Wärmeübertragende Medien beim Garen
- Arten der Garverfahren
  - Kochen — Garziehen — Dämpfen — Dünsten — Braten — Schmoren — Fritieren (Backen im Fettbad) — Backen im Backofen — Grillen

Lebensmittel werden verarbeitet durch Anwendung verschiedener Vorbereitungs- und Zubereitungsverfahren.

Vorbereitungsverfahren haben den Zweck, die Lebensmittel in den „kochfertigen" oder „küchenfertigen" Zustand zu bringen, während die Lebensmittel durch die Zubereitungsverfahren „tischfertig" oder „tafelfertig" werden.

Bei den Vorbereitungsverfahren erfolgt in erster Linie eine mechanische Beeinflussung der Lebensmittel.

Bei der Zubereitung werden vor allem die Inhaltsstoffe der Lebensmittel verändert, und zwar durch die Anwendung biochemischer Verfahren und durch die Anwendung erhöhter Temperaturen, durch die verschiedenen Garverfahren.

Vorbereitung der Lebensmittel

Entfernen ungenießbarer oder physiologisch wertloser Bestandteile

Putzen

Das Entfernen der für die Ernährung wertlosen Bestandteile bei pflanzlichen Lebensmitteln durch Abschneiden, Entkernen oder Entsteinen wird als Putzen bezeichnet.

Das Putzen wird von Hand mit Hilfe eines Messers durchgeführt. Maschinen stehen für das Putzen noch nicht zur Verfügung.

Schälen

Feinhäutige Schalen bei rohem oder erhitztem pflanzlichen Nahrungsgut werden durch das Schälen oder Pellen entfernt.

Das Schälen wird mit dem Messer von Hand oder mit Schälmaschinen durchgeführt. Das Schälen von Kartoffeln mit den zur Verfügung stehenden Schälmaschinen erfordert fast immer ein Nachschälen von Hand.

Parieren

Parieren ist das Entfernen physiologisch wertloser Bestandteile bei tierischem Nahrungsgut. Dazu gehört z. B. das Abziehen der Haut, das Auslösen von Knochen und Gräten. Für das Parieren stehen in den Küchen ebenfalls noch keine Maschinen zur Verfügung, es geschieht von Hand mit Hilfe eines Messers.

Waschen

Das Waschen hat den Zweck, alle Schmutzstoffe von den Lebensmitteln zu entfernen und außerdem das Nahrungsgut von Insekten, Wurmeiern und weitgehend von Keimen zu befreien. Gründliches Waschen ist besonders bei allen pflanzlichen Lebensmitteln notwendig.

Das Waschen soll möglichst vor dem Zerkleinern erfolgen, weil die Oberfläche und damit das Auslaugen wasserlöslicher Bestandteile mit dem Zerkleinerungsgrad zunimmt. Das Nahrungsgut wird in kaltem Wasser möglichst schnell, aber sehr gründlich gewaschen.

Wässern

Beim Wässern von Lebensmitteln macht man sich die Fähigkeit des Wassers — bestimmte Stoffe zu lösen und auszuziehen — zunutze, um unerwünschte wasserlösliche Stoffe aus den Lebensmitteln zu entfernen.

Das Wässern wird z. B. angewandt, um Bitterstoffe aus Endiviensalat zu lösen oder um den Salzgehalt von Salzheringen oder Pökelfleisch zu vermindern.

Beim Wässern ist jedoch zu berücksichtigen, daß auch wertvolle Inhaltsstoffe ausgelaugt werden. Vitamin- und Mineralstoffverluste entstehen, wenn Obst und Gemüse im Wasser liegen bleiben oder wenn Kartoffeln lange Zeit vor der Zubereitung geschält und dann im Wasser aufbewahrt werden.

Blanchieren

Blanchieren ist eine kurzfristige Hitzebehandlung roher Nahrungsgüter in kochendem Wasser, im Wasserdampf oder in heißem Fett. Blanchieren in Wasser oder in Wasserdampf wird z. B. bei Kohlgemüse durchgeführt, um flüchtige Schwefelverbindungen zu entfernen. Gemüse, die für Salate verarbeitet werden, kann man blanchieren, um sie keimfrei zu machen. Durch Blanchieren werden auch die Oberflächenfermente unwirksam gemacht, folglich bräunen blanchierte Gemüse und blanchierte Kartoffeln nicht mehr.

Das Blanchieren in heißem Fett wird besonders für Pommes frites angewandt. Das Fritieren größerer Kartoffelmengen wird durch das Blanchieren vereinfacht; es kann bereits am Tag vor der Speisenausgabe erfolgen. Dadurch wird der eigentliche Garprozeß verkürzt und die Kartoffeln können schnell ausgegeben werden.

Überbrühen

Überbrühen ist das Übergießen von rohem Nahrungsgut mit kochender Flüssigkeit. Das Nahrungsgut bleibt 1—2 Minuten in der heißen Flüssigkeit stehen und wird dann abgegossen.

Das Überbrühen hat ähnliche Bedeutung wie das Blanchieren.

Zerkleinern der Lebensmittel

Schneiden

Das Zerkleinern der Nahrungsmittel in Stücke, Scheiben, Würfel, Streifen oder Stifte wird als Schneiden bezeichnet, auch als Schnitzeln oder Hobeln.

Als Geräte für das Schneiden stehen zur Verfügung: die verschiedenen Messer, Gurkenhobel, Schneidezusatzgeräte der Küchenmaschinen. Für Großküchen gibt es Spezialmaschinen zum Schneiden von Kartoffeln und Gemüse sowie zum Schneiden von Brot, Fleisch und Käse.

Filetieren

Filetieren ist das Zerlegen von Tieren in bestimmte Stücke. Mit dem Zerlegen ist meistens das Auslösen von Knochen und Gräten verbunden.

Das Filetieren wird von Hand mit Hilfe eines scharfen Messers durchgeführt.

Raspeln

Raspeln ist das Zerschneiden pflanzlicher Nahrungsmittel in längliche Teile mit einem Durchmesser von nur wenigen Millimetern. Die Teilchen werden auch Hiebe genannt. Raspeln wird besonders angewandt für Gemüse oder Obst, das als Rohkost gereicht werden soll.

Als Geräte stehen zur Verfügung: verschiedene Handraspeln und die Raspel-Zusatzgeräte der verschiedenen Küchenmaschinen.

Reiben

Reiben ist ein Zerreißen pflanzlicher Nahrungsmittel in kleinste Stücke. Das Zellgefüge wird weitgehend gelockert, ein Großteil der Zellen wird aufgesprengt, so daß die Inhaltsstoffe frei liegen. Reiben wird angewandt, um Gemüse- und Obstrohkostgerichte für Kleinkinder und Kranke herzustellen. Außerdem werden Kartoffeln gerieben für die Herstellung von Reibekuchen und Klößen.

Das Reiben wird durchgeführt mit Hilfe von Handreiben aus Metall, Glas oder Kunststoff. Außerdem sind die verschiedenen Küchenmaschinen mit Reibe-Zusatzgeräten ausgestattet.

Hacken

Das Hacken ist ebenfalls ein Zerreißen des Nahrungsgutes in feinste Teilchen. Diese Zerkleinerungstechnik wird besonders bei Fleisch angewandt, und zwar für die Herstellung von Hackfleisch.

Durch das Hacken wird das Fleischgefüge gelockert, die Muskelfasern und Bindegewebe werden getrennt oder zerkleinert. Dadurch wird das Fleisch verdaulich und kann ohne Garprozeß verzehrt werden.

Zum Hacken ist ein Vierkantmesser in Verbindung mit einer Presse erforderlich, wie z. B. beim Fleischwolf.

Durch Hacken werden auch Mandeln, Nüsse und Petersilie zerkleinert.

Klopfen

Beim Klopfen des Fleisches wird das Fleischstück nicht zerkleinert, doch wird das Fleischgefüge gelockert. Neben dem Holzklopfer steht für Großküchen eine Spezialmaschine zum Klopfen von Schnitzeln, Koteletts und Steaks zur Verfügung.

Stampfen

Das Stampfen ist ein Vorgang, durch den das Nahrungsgut zu einer einheitlichen breiigen Masse zerkleinert wird. Diese Technik kommt für weiche, meist gegarte Lebensmittel in Frage.

Als Geräte werden Gabel und Holzstampfer verwendet.

Passieren

Das Passieren ist ein Pressen von weichem Nahrungsgut durch ein Sieb oder eine gelochte Metallfläche. Passieren wird hauptsächlich für gegartes Nahrungsgut angewandt, bei dem eine Zerkleinerung und oft zugleich eine Trennung der Lebensmittelbestandteile angestrebt wird, wie z. B. bei Äpfeln.

Vermischen von Lebensmitteln

Mixen

Mixen ist ein Mischen mehrerer Nahrungsgüter. Oft wird mit dem Mixen ein Zerkleinerungsvorgang verbunden, der kleinste Stücke, Brei oder Püree ergibt.

Zum Zerkleinern und Mixen dienen vielfach Mixmaschinen, die ein rotierendes Messerkreuz enthalten.

Schlagen

Beim Schlagen werden eiweiß- oder fettreiche Lebensmittel so bearbeitet, daß ein Vermischen des Nahrungsgutes mit Luft vor sich geht und eine lockere Schaummasse entsteht. Durch das Schlagen werden vielfach zugleich mehrere Nahrungsgüter miteinander vermischt.

Das Schlagen wird durchgeführt mit verschiedenen Schlaggeräten, Schlagmaschinen und den Zusatz-Schlaggeräten der Universalküchenmaschinen.

Rühren

Das Rühren wird angewandt, um mehrere Nahrungsgüter zu vermischen, so daß ein zähflüssiges oder breiiges Gemisch mit einheitlichem Gefüge entsteht. Durch das Rühren werden kolloidchemische Vorgänge — z. B. die Bildung von Emulsionen — ermöglicht.

Als Geräte stehen zur Verfügung: verschiedene Rührlöffel aus Holz oder Kunststoff, Quirle, Rührmaschinen und die Rühr-Zusatzgeräte der Universalküchenmaschinen.

Das Rühren wird nicht nur beim Vorbereiten der Lebensmittel angewandt, sondern auch in Verbindung mit Hitzeeinwirkung, so daß es für die Zubereitungsverfahren ebenfalls große Bedeutung hat.

Kneten

Das Kneten ist ein Vermischen vorwiegend fester Nahrungsgüter. Diese Technik wird hauptsächlich für die Teigbereitung angewandt. Wie beim Rühren und Schlagen können kolloidale Vorgänge verursacht werden, wie z. B. die Kleberbildung beim Kneten des Mehles mit Wasser.

Das Vermischen von Lebensmitteln durch Kneten wird von Hand ohne Hilfsmittel durchgeführt oder mit den Knet-Zusatzgeräten der Universalküchenmaschinen.

In Großküchen können Fleischteige mit dem Kutter geknetet werden.

Zubereitung der Lebensmittel durch Garverfahren

Lebensmittel können durch biochemische Verfahren und durch Garverfahren zubereitet werden.

Die biochemischen Verfahren werden vorwiegend in der industriellen Lebensmitteltechnologie angewandt, in der Küchentechnik nur noch in geringem Maße, z. B. bei der enzymatisch gelenkten Bereitung von Sauermilch, von Gärungsgemüsen, von Fruchtweinen, von Hefeteig.

Die Verfahren beruhen auf der Tätigkeit von Mikroorganismen. Die ausgeschiedenen Enzyme bewirken die Veränderung der Inhaltsstoffe. Es bilden sich durch Umformung bzw. Abbau der Inhaltsstoffe neue Geschmacks- oder Geruchsstoffe, und das Zellgefüge des Nahrungsgutes wird gelockert.

Küchentechnisch ist die Zubereitung der Lebensmittel durch Hitzeeinwirkung — *Garverfahren* — von größerer Bedeutung.

Einzelne Nahrungsmittel können als Rohkost dem Körper zugeführt werden. Bei den meisten Nahrungsmitteln ist jedoch das Garen aus physiologischen und hygienischen Gründen unerläßlich.

Garmachen ist eine gelenkte Wärmebehandlung der Nahrungsmittel mit dem Zweck, den physiologischen Wert der Nahrung — Verdaulichkeit, Ausnutzbarkeit und Geschmack — zu steigern.

Veränderungen der Lebensmittel durch das Garen

Durch die Wärmeeinwirkung werden in den Nahrungsmitteln verschiedene Veränderungen hervorgerufen.

Bei *kohlenhydratreichen* Nahrungsmitteln sind die einzelnen Zellen vielfach durch Pektine miteinander verbunden. Die Zellwände bestehen aus Zellulose und das Zellinnere zum größten Teil aus Stärke. Beim Garprozeß werden die zellverbindenden Pektine gelöst, der Zellverband wird dadurch gelockert. Die in den Zellen enthaltene Stärke quillt und verkleistert, wobei sie Wasser einschließt. Die so gegarte Stärke ist leicht verdaulich. Durch die Quellung und Verkleisterung der Stärke werden die von Zellulose aufgebauten Zellwandungen gesprengt, der Zellinhalt wird freigelegt und die Einwirkung der Verdauungsfermente erleichtert. Die Zellulose wird in eine bekömmliche Form überführt.

Lösliche Kohlenhydrate — Disaccharide und Monosaccharide — treten zum Teil aus dem Nahrungsgut aus.

Bei höheren Temperaturen werden die Kohlenhydrate in schmackhafte Röststoffe überführt: aus Stärke bildet sich Dextrin, aus Zucker entsteht Karamel.

An den *eiweißreichen* Nahrungsmitteln vollziehen sich beim Garen Gerinnungs- und Lösungsprozesse. Bei 60—70° C gerinnen die Albumine. Der leimartige Eiweißstoff Kollagen, der bei Fleisch die Fleischfasern verbindet, geht bei der Wärmeeinwirkung in Lösung, das Fleisch wird mürbe. Bei längerer Hitzeeinwirkung wird das intrazelluläre Eiweiß fest und schwer verdaulich. Fleischeiweiß und Getreideeiweiß geben bei dem Gerinnungsprozeß Wasser ab. Fleisch schrumpft beim Garen zusammen und verliert an Gewicht.

In den Randschichten des Gargutes, z. B. bei Fleisch, gerinnt das Albumin schnell zu Beginn des Garverfahrens. Dadurch werden das Ausfließen des Saftes und das Auslaugen wasserlöslicher Stoffe verhindert.

Bei der Einwirkung höherer Temperaturen bilden sich aus Eiweiß Röst- und Aromastoffe. Diese wohlschmeckenden Stoffe wirken anregend auf die Tätigkeit der Verdauungsdrüsen und fördern somit die Ausnutzung der Nahrung.

Die in den Nahrungsmitteln enthaltenen *Fette* werden durch die Wärmeeinwirkung geschmolzen, zum Teil treten sie aus dem Gargut aus, je nach Garverfahren.

Im Gargut enthaltene Enzyme, die unerwünschte Veränderungen der Inhaltsstoffe verursachen können, werden durch die Hitzeeinwirkung unwirksam gemacht. Anhaftende *Keime* und etwa vorhandenes Ungeziefer werden durch die Gartemperaturen vernichtet; das Nahrungsgut wird hygienisch einwandfrei.

Beim Garverfahren können auch *Nährwertverluste* auftreten. *Ätherische* Öle und *hitzeempfindliche* Vitamine gehen bei längerer Hitzeeinwirkung verloren. *Wasserlösliche* Stoffe — Salze, Zucker, wasserlösliche Eiweißstoffe und Vitamine — werden beim Garen in Wasser ausgelaugt.

Wärmeübertragende Medien beim Garen

Die beim Garungsprozeß notwendige Wärme muß von der Wärmequelle auf das Gargut übertragen werden. Wärmeübertragende Medien sind Wasser, Fett und Luft. Von der Art des Mediums ist die Höhe der erreichbaren Gartemperatur abhängig.

Wärmeübertragung durch Wasser

Die erreichbare Temperaturhöhe des Wassers wird bestimmt vom Druck, der auf dem Wasser lastet. Bei normalem Druck liegt der Siedepunkt bei 100° C. Auch bei weiterer Wärmezufuhr kann die Temperatur von 100° C nicht erhöht werden.

Eine Siedepunkterhöhung ist möglich bei erhöhtem Druck. In fest geschlossenem Drucktopf kann die Temperatur infolge der Dampfanreicherung bis zu 120° C steigen.

Für das sogenannte „Druckgaren" stehen Spezialtöpfe und Spezialkessel zur Verfügung, die mit verschraubbarem Deckel und mit einem Sicherheitsventil versehen sind. Alle Garverfahren in feuchter Hitze lassen sich als Druckgaren durchführen.

Wasser kann auch in Form von Wasserdampf als Garmedium dienen.

Bei allen Garverfahren mit Wasser oder Wasserdampf (Garen in nasser Hitze) sind gut schließende Töpfe zu verwenden. Unnötiges Öffnen des Topfes während des Garprozesses ist zu vermeiden. In beiden Fällen entweicht Wasserdampf und damit Wärme. Die Garzeit verlängert sich, erhöhte Energiezufuhr ist notwendig. Außerdem entweichen flüchtige Aromastoffe, und sauerstoffempfindliche Inhaltsstoffe werden negativ beeinflußt.

Wärmeübertragung durch Fett

Die bei der Erhitzung des Fettes erreichbare Temperaturhöhe ist abhängig vom Qualmpunkt des verwendeten Fettes. Der Qualmpunkt der einzelnen Fette wird bestimmt von ihrer Zusammensetzung. Da die Nahrungsfette ein Gemisch unterschiedlich aufgebauter Ester sind, ist der Qualmpunkt nicht einheitlich.

Der Qualmpunkt darf nicht überschritten werden, weil sich das Fett bei höheren Temperaturen zersetzt und gesundheitsschädliche Stoffe entstehen.

Wärmeübertragung durch Luft

Auch Luft dient als wärmeübertragendes Medium, und zwar bei Gartemperaturen bis zu 250° C. Das Garen durch Heißluft erfolgt in einem geschlossenen Garraum, dem Backofen.

Neue Verfahren zum Garen in heißer Luft werden in der Gemeinschaftsverpflegung bereits angewendet: das Garen in strömender Trockenluft und das Garen in strömender Feuchtluft.

Einwirkung von Strahlungshitze

Das Garen der Nahrungsmittel kann auch ohne wärmeübertragendes Medium erfolgen, und zwar durch direkte Strahlungshitze. Hierzu werden Strahlungskörper verwandt, die Infrarotstrahlen aussenden. Dieses Verfahren liegt vor bei den Infrarot-Grillgeräten. In die Grillgeräte sind Strahlungskörper eingebaut, die die Infrarotstrahlen aussenden. Bei elektrischen Geräten werden die Strahlen mit Hilfe von elektrischen Hell- oder Dunkelstrahlern erzeugt. Bei Gas-Grillgeräten sind Strahler aus Keramik eingebaut.

Garen durch direkte Strahlungshitze liegt auch vor bei offenen Wärmequellen, z. B. bei einer Gasflamme oder beim Holzkohlenfeuer. Bei diesen Verfahren ist der Anteil der Infrarotstrahlen jedoch geringer als bei den modernen Infrarot-Grillgeräten.

Wärmeentwicklung der Mikrowellen

Bis heute erfolgt das Garen von Lebensmitteln vorwiegend durch Wärmeübertragung von außen. In neuester Zeit werden Garverfahren durch Einwirkung von Mikrowellen (elektromagnetische Wellen, ähnlich wie bei Fernsehen und Rundfunk) entwickelt, die in den Molekülen der Lebensmittel *Reibungswärme* erzeugen. Durch sie wird das Garen des Nahrungsgutes bewirkt. In gewerblichen Betrieben wird das Verfahren vielfach schon angewendet. Geräte für den Haushalt stehen noch in den Anfängen.

Arten der Garverfahren

Wasser, Fett, Luft und Strahlungshitze können einzeln oder auch kombiniert beim Garen angewendet werden. Hierdurch ergeben sich verschiedene Garverfahren:

Kochen	Braten
Garziehen	Schmoren
Dämpfen	Fritieren (Backen im Fettbad)
Dünsten	Backen im Backofen
	Grillen

Garen durch Kochen

Kochen ist Garen in viel Flüssigkeit bei einer Temperatur von 100° C.

Anwendung

Das Kochen wird angewandt beim Garen von wasserarmen, stärkereichen Nahrungsmitteln: Teigwaren, Getreideerzeugnissen, Trockengemüse, Trockenobst und zur Herstellung von Suppen und Tunken.

Außerdem können Fleisch, Eier, stärkereiche Gemüse und Kartoffeln gekocht werden.

Garvorgang

Das Gargut ist mit Wasser bedeckt. Unter dem Einfluß von Wasser und Wärme vollzieht sich das Garen. Während des gesamten Garverlaufes ist eine schwache gleichbleibende Wärme wirksam. Die Temperatur steigt nicht über 100° C. Hohe Wärmezufuhr ist zwecklos und führt zu unrationellem Energieverbrauch.

Die Nahrungsmittel werden mit *kaltem Wasser* angesetzt, wenn Stärke und Leimstoffe langsam quellen sollen — z. B. bei Hülsenfrüchten — und wenn viel Inhaltsstoffe in das Kochwasser übergehen sollen, z. B. wenn eine kräftige, nahrhafte Brühe gewünscht wird.

Die Nahrungsmittel werden in das *kochende Wasser* gegeben, wenn das Auslaugen der Inhaltsstoffe weitgehend vermieden werden soll. Durch den Einfluß des kochenden Wassers bildet sich eine feste Schicht an der Oberfläche des Gargutes: die Stärke verkleistert und die Eiweißstoffe gerinnen, so daß weniger Inhaltsstoffe austreten können.

Beim Garen durch Kochen können Nährwertverluste eintreten. Das Wasser kann Salze, Zucker, lösliche Eiweißstoffe und wasserlösliche Vitamine aus dem Gargut auslaugen. Daher ist das Kochwasser bei der Nahrungszubereitung stets zu verwerten.

Geräte

Zum Kochen sind gut schließende Töpfe zu verwenden. In Großküchen werden Kochkessel, in erster Linie die Kessel der Schnellkochgruppe, eingesetzt.

Garen durch Garziehen

> Garziehen ist Garen in Wasser bei Temperaturen zwischen 100° und 75° C.

Anwendung

Das Garziehen wird angewandt bei formempfindlichem Nahrungsgut, besonders bei Klößen, Pasteten, Verlorenen Eiern, Eierstich, Fisch, Obst.

Garvorgang

Das Garziehen kann durchgeführt werden als eigenständiges Garverfahren oder in Verbindung mit anderen Garverfahren.

Im ersten Fall bleibt die Temperatur während des ganzen Garverlaufs knapp unter 100° C. Diese Temperatur genügt, um die oben angeführten Speisen zu garen. Es handelt sich um Nahrungsgüter ohne festes Zellgefüge. Die Garung besteht vornehmlich darin, Eiweißstoffe zum Gerinnen zu bringen.

Garziehen wird aber auch angewandt in Verbindung mit den Garverfahren Kochen, Dämpfen, Dünsten und Schmoren. Zu Beginn der Garzeit ist eine Temperatur von 100° C notwendig, im weiteren Verlauf genügen niedrigere Temperaturen.

In Großküchen kann viel Energie gespart werden durch entsprechende Regulierung der Temperaturen beim Kochen, Dünsten, Schmoren oder Dämpfen. Bei großen Geräten ist zudem die in den Geräten und in dem Gargut gespeicherte Wärme zu berücksichtigen.

Geräte

Zum Garziehen eignen sich die gleichen Geräte wie zum Kochen. In Großküchen kann die Kippbratpfanne eingesetzt werden, besonders beim Garen von Klößen.

Das Garziehen von Klößen geschieht im offenen Gerät, um das Zerfallen der Klöße durch den Einfluß des Dampfdruckes zu verhüten.

Einige Speisen — wie z. B. Puddings, feine Cremes, feine Tunken, Eierspeisen — werden durch Garziehen im *Wasserbad* gegart. Die Wärmezufuhr ist so zu regulieren, daß nur eine geringe Wasserbewegung vorliegt.

Auch zum Garen im Wasserbad ist die Kippbratpfanne sehr geeignet, besonders für die Zubereitung von Eierstich.

Garen durch Dämpfen

| Dämpfen ist Garen im Wasserdampf bei einer Temperatur von 100° C.

Anwendung

Das Dämpfen wird angewandt beim Garen von Kartoffeln, Gemüse, Fisch und zartfaserigen Fleischteilen.

Garvorgang

Ein Siebeinsatz trennt das Dämpfgut vom kochenden Wasser. In dem aufsteigenden Wasserdampf wird die Garung bei geschlossenem Topf durchgeführt. Der Wasserdampf hat nur eine geringe Auslaugekraft, folglich bleiben Nähr- und Wirkstoffe des Dämpfgutes weitgehend erhalten, auch Form, Aussehen und Geschmack der Nahrungsmittel werden geschont.

Geräte

Zum Dämpfen werden fest schließende Töpfe verwendet. Bei Spezialtöpfen sind vielfach mehrere Einsätze übereinanderzustellen, so daß mehrere Gerichte in einem Topf und einem Garverfahren gegart werden können.

In Großküchen kann die Schnellkochgruppe zum Dämpfen eingesetzt werden, denn die Kessel der Schnellkochgruppe sind mit Siebeinsätzen ausgestattet. Außerdem gibt es Spezial-Dämpftöpfe mit Siebeinsatz und Sicherheitszapfhahn.

Der Raum zwischen Topfboden und Siebeinsatz muß groß genug sein, damit eine hinreichende Wassermenge für die Dampfentwicklung eingefüllt werden kann. Bei geringer Wassermenge besteht die Gefahr, daß alles Wasser verdampft und der Topfboden überhitzt wird. Wenn zu viel Wasser eingefüllt wird, liegt das untere Gargut im Wasser, das Dämpfen wird zum Kochen oder Dünsten.

Beim Dämpfen ist es besonders wichtig, daß der Deckel fest schließt und nicht unnötig abgenommen wird. Dämpfen bei Temperaturen über 100° C erfolgt in Drucktöpfen.

In Großküchen wird vielfach das Garen in feuchter turbulierender Heißluft durchgeführt. Für dieses Verfahren ist ein Spezialgerät, der sogenannte *Luftkochschrank*, notwendig.

Feuchte Luft wird erhitzt und im Kreisprozeß durch den Garraum gepreßt. Durch diese Umwälzung des Garmediums dringt die Wärme schnell in das Gargut ein. Somit kann die Temperatur niedriger liegen als bei anderen Garverfahren, ohne daß sich die Garzeit erhöht.

Die schonende Garmethode eignet sich besonders zum Garen von Wurstwaren, Fleischwaren, Fisch, auch für Kartoffeln und Gemüse. Das Gargut wird auf Siebeinsätzen in den Schrank eingesetzt und bei gut verschlossenem Schrank gegart. Die Temperatur kann thermostatisch geregelt werden.

Der *Dampfkochschrank* funktioniert nach ähnlichem Prinzip. Statt Feuchtluft wird Wasserdampf durch den Schrank gepumpt. Die Umwälzung des Wasserdampfes geschieht nicht so intensiv wie die Umwälzung der feuchten Heißluft im Luftschrank.

Garen durch Dünsten

Dünsten ist Garen in wenig Flüssigkeit, meist unter Zugabe von wenig Fett bei einer Temperatur von 100° C.

Anwendung

Das Dünsten wird angewandt zum Garen von wasserhaltigen Nahrungsmitteln: Gemüse, Obst, Fisch und zartfaserigem Fleisch.

Garvorgang

Als Garflüssigkeit genügt bei wasserreichem Nahrungsgut das Eigenwasser, bei wasserarmem Nahrungsgut wird zusätzlich etwas Flüssigkeit hinzugegeben. Das Wasser verdampft bei Wärmezufuhr, so daß das Nahrungsgut vorwiegend im Wasserdampf gegart wird, nur die untere Schicht gart im Wasser. Es treten nur geringe Verluste an wasserlöslichen Inhaltsstoffen auf. Weil das Auslaugen nicht ganz unterbunden werden kann, ist die Dünstflüssigkeit stets zu verwenden.

Durch das hinzugefügte Fett werden Geschmack und Nährwert verbessert, eine Temperaturerhöhung und eine Garzeitverkürzung finden nicht statt. Als Fette eignen sich Margarine und Butter.

Der Temperaturverlauf ist genau zu kontrollieren, bei hoher Wärmezufuhr verdampft alles Garwasser, die Speise kann anbrennen.

Geräte

Das Garen durch Dünsten erfolgt in fest verschlossenem Topf. Flache Töpfe sind den hohen Töpfen vorzuziehen, besonders bei großen Nahrungsmengen, damit das ganze Dünstgut gleichmäßig vom aufsteigenden Dampf gegart wird.

In Großküchen eignen sich die Kochkessel zum Dünsten. Hier wird die Wärme nicht nur vom Kesselboden über den aufsteigenden Dampf auf

3 Verarbeitung der Lebensmittel (18014)

das Dünstgut übertragen, sondern auch von den Kesselwänden aus geht Wärme auf das Dünstgut über. Bei sehr großen Kesseln ist eine gleichmäßige Garung kaum zu erreichen. Das Dünstgut in der Nähe der Kesselwand ist eher gar als das in der Mitte des Kesselinnenraumes. Aus diesem Grunde sind kleinere Kessel zum Dünsten zu verwenden.

Fleischgerichte können auch in der Kippbratpfanne gedünstet werden. Besonders für die Zubereitung von Eintopfgerichten aus Fleisch und Kartoffeln oder aus Fleisch-Kartoffeln-Gemüse ist die Kippbratpfanne geeignet.

Dünsten bei einer Temperatur über 100° C erfolgt in Drucktöpfen.

Auch das Garen in *Aluminiumfolie* kann als Dünsten bezeichnet werden. Das Nahrungsgut wird in die Folie eingeschlagen und in einem Topf mit wenig heißem Wasser, in der trockenen Pfanne, im vorgeheizten Backofen oder im Grillgerät gegart.

Das Nahrungsgut gart im eigenen Saft, die Wärme wird durch heiße Luft innerhalb der Packung oder durch Kontakt mit der erhitzten Folie übertragen. Die Speisen laugen nicht aus, Farbe und Form bleiben weitgehend erhalten. Bei Fleischspeisen darf das Papier nicht eng anschließen, weil das Fleisch bei der Garung an Volumen zunimmt.

Garen durch Braten

> Braten ist Garen in wenig Fett bei Temperaturen zwischen 180° und 200° C.

Anwendung

Durch Braten gegart werden feinfaseriges Fleisch, Fisch, Kartoffeln, Eierspeisen und Gemüse, z. B. Sellerie und Zwiebeln.

Garvorgang

Das Fett ist vor dem Einlegen des Bratgutes auf 180°—200° C zu erhitzen. Infolge der hohen Temperatur gerinnen schnell die Eiweißstoffe in den Randschichten des Bratgutes. Sie bilden eine Kruste, durch die das Austreten des Saftes und der löslichen Nährstoffe verhindert und die Bräunung der Oberfläche erzielt wird. Die entstehenden Röststoffe verleihen dem Bratgut einen besonders guten Geschmack und wirken anregend auf die Magen- und Darmwände. Mit Rücksicht auf diese Reizwirkung dürfen gebratene Speisen bei manchen Schonkost- und Diätkostformen nicht gereicht werden.

Das Bratgut ist vor dem Braten zu trocknen, denn durch das am Nahrungsgut haftende Wasser wird die Temperatur des Fettes gesenkt und eine schnelle gleichmäßige Bräunung des Bratgutes verhindert. Außerdem kommt es zum „Spritzen“ des Fettes. Die Wassertropfen verdampfen sehr schnell, wenn sie mit dem heißen Fett in Berührung kommen, dabei kann das Wasser Fetttröpfchen mit hochreißen. Das „spritzende“ Fett kann zu Hautverletzungen führen.

Nach dem Bräunen der Randschicht (= Anbraten) genügen für den weiteren Garverlauf Temperaturen von etwa 100° C. Bei dieser Temperatur können die inneren Schichten des Bratgutes garen. Deshalb ist die Wärmezufuhr nach dem Bräunungsprozeß zu vermindern.

Die notwendige hohe Anfangstemperatur wird nur erreicht bei hitzebeständigen pflanzlichen Fetten und bei Schmalz.

Butter und Margarine eignen sich weniger zum Braten. Ihr Qualmpunkt liegt unter 180° C. Auch enthalten diese Fette Eiweißstoffe in feiner Verteilung, die beim Erhitzen schnell bräunen und sich zersetzen. Infolge ihres hohen Wassergehaltes schäumen oder spritzen sie, Butter und Margarine verbessern jedoch den Geschmack des Bratgutes. Um diesen typischen Geschmack zu erreichen, kann man am Ende des Bratprozesses Butter oder Margarine zusetzen. Auch ist es möglich, eine Mischung der Bratenfette mit Margarine zu verwenden. Die Hitzezufuhr ist dann jedoch sorgfältig zu regulieren.

Geräte

Zum Braten werden Stielpfannen oder Töpfe aus hitzebeständigem Material verwendet. Emailletöpfe können bei den hohen Brattemperaturen absplittern, sie sind ungeeignet. Leichte Aluminiumtöpfe verbiegen sich unter der Einwirkung der hohen Temperatur. Am besten geeignet sind Töpfe aus Silitstahl oder Edelstahl, auch die jetzt im Handel angebotenen kunststoffbeschichteten Töpfe und Pfannen. Bei einem zu großen Bratgerät besteht die Gefahr, daß Fett und Bratgut überhitzt werden, bei zu kleinem Bratgerät ist die schnelle und gleichmäßige Bräunung nicht gewährleistet.

Bei großen Fleischstücken wird ein gleichmäßiges Garen am besten durch Garen im Backofen erreicht. Die Wärme wird hier durch das heiße Fett und durch die heiße Luft übertragen.

In Großküchen werden Speisen mit kurzer Garzeit am besten in der Kippbratpfanne gebraten, während für große Fleischstücke auch das Garen im Backofen zu empfehlen ist.

Zum Wenden und Begießen werden ebenfalls Geräte aus Metall verwendet. Holz- oder Kunststoffgeräte sind wegen der hohen Temperaturen ungeeignet.

Während des Anbratens bleibt der Topf geöffnet. Bei geschlossenem Topf kann der entstehende Wasserdampf nicht entweichen, er würde den Bräunungsvorgang hemmen. Nach dem Anbraten wird der Topf geschlossen.

Garen durch Schmoren

Schmoren ist Garen durch Anbraten in heißem Fett in offenem Kochgeschirr bei 180°—200° C und Weitergaren unter Hinzufügen von siedender Flüssigkeit in geschlossenem Kochgeschirr bei 100° C.

Anwendung

Durch Schmoren werden gegart: große Fleischstücke mit festem Bindegewebe oder hohem Fettgehalt, kleine Fleischstücke, z. B. Rouladen und Gulasch, ganze Fische mit fettreichem Fleisch, gefüllte Gemüse, wie z. B. Kohl, Gurken und Paprikaschoten.

Garvorgang

Das Anbraten bei hoher Temperatur erfolgt in offenem Kochgeschirr. Nach dem Bräunen wird etwas siedende Flüssigkeit hinzugefügt. Bei fest geschlossenem Topf gart das Nahrungsgut mit dem gebräunten Fett in siedender Flüssigkeit und im Wasserdampf.

Entscheidend für das gute Gelingen dieses Garverfahrens ist, daß sich zunächst Braten und Weitergaren mit Flüssigkeit im Wechsel einmal wiederholt und daß dann bei verminderter Wärmezufuhr der Garungsprozeß weiterverläuft. Durch den wiederholten Bratvorgang bilden sich reichlich Röststoffe, die den Geschmack und die Farbe des Nahrungsgutes positiv beeinflussen und die Zubereitung einer schmackhaften Tunke ermöglichen.

Alle Nährstoffe, außer den hitzeempfindlichen Vitaminen, bleiben beim Schmoren erhalten. Die ausgetretenen wasserlöslichen Inhaltsstoffe gehen nicht verloren, weil der Saft beim Schmoren immer verwendet wird.

Geräte

Zum Schmoren werden die gleichen Geräte verwendet wie zum Braten, also hitzebeständige Töpfe bzw. Pfannen aus Gußeisen, Silitstahl oder Edelstahl und Handgeräte aus Metall.

In Großküchen verwendet man die Kippbratpfanne. Reicht die Kippbratpfanne nicht aus, um alles Schmorgut in einem Arbeitsgang zu garen, so können die Speisen nach dem Anbraten in Töpfe oder Kessel gefüllt und so weitergegart werden.

Das Schmoren kann auch im Backofen durchgeführt werden.

Nach dem Anbraten kann das Schmoren als „Druckgaren" bei einer Temperatur von über 100 ° C erfolgen.

Garen durch Fritieren (Backen im Fettbad)

Fritieren oder Backen im Fettbad ist Garen in viel Fett bei Temperaturen zwischen 180° und 200° C.

Anwendung

Durch Backen im Fettbad, auch Fritieren genannt, werden gegart: Gebäck, kleine Fleisch- und Fischstücke paniert oder in Backteig, zartfaseriges Geflügel und Kartoffeln. Außerdem eignet sich das Fritieren zum Krusteln von gegarten Nahrungsgütern, wie z. B. Gemüse, Fleischwaren, Kartoffelgerichten.

Garvorgang

Wie beim Braten erfolgt das Garen durch heißes Fett mit dem Unterschied, daß das Backgut im Fett schwimmt. Durch eine gleichmäßig hohe Temperatur wird es schnell und ohne Nährstoffverluste gegart und gebräunt. Für das Fettbad sind reine Fette mit einem hohen Qualmpunkt zu verwenden: Schmalz, Palmkernfett oder Erdnußfett. Butter und Margarine sind für das Fettbad völlig ungeeignet, da die notwendige Temperaturhöhe nicht erreicht wird.

Die Temperatur des Fettbades ist eine wichtige Vorbedingung für das gute Gelingen des Backgutes. Die günstigste Temperatur des Backfettes liegt bei 180 °—200 ° C. Bei einer höheren Temperatur bräunt das Nahrungsgut zu schnell und wird nicht gar, bei zu niedriger Temperatur bräunt und gart es zu langsam, es saugt viel Fett auf und wird schwer verdaulich.

Bei Spezialgeräten wird die Temperatur des Fettes thermostatisch geregelt. Bei einfachen Fettbadgeräten ist die Temperatur durch Thermometer zu ermitteln oder mit einem Holzlöffelstiel zu überprüfen. Bei richtiger Temperaturhöhe bildet sich ein feiner Bläschenkranz um den Löffelstiel.

Damit die Temperatur in gleicher Höhe gehalten wird, darf immer nur eine begrenzte Menge des Backgutes gleichzeitig in dem Fettbad gegart werden. Wenn eine zu große Nahrungsmenge in das Fettbad gegeben wird, kommt es — besonders bei wasserreichem Backgut — zu starker Schaumbildung. Das Fett kann überschäumen.

Nach dem Fritieren ist das Fett von allen Speiseresten zu reinigen, weil diese Rückstände beim nächsten Backprozeß verbrennen und das Gargut negativ beeinflussen. Bei den Spezialgeräten erübrigt sich diese Filterung, denn feste Speiserückstände fallen sofort in die kältere Zone unterhalb der Heizelemente, so daß sie nicht aufgewirbelt werden und nicht verbrennen können.

Nach drei- bis viermaligem Gebrauch ist das Fett nicht mehr zum Fritieren geeignet, da sich bei häufigem Erhitzen gesundheitsschädliche Zersetzungsprodukte bilden. Das Fett kann für andere Garverfahren nur dann noch verwendet werden, wenn es höchstens zweimal zum Fritieren gebraucht war.

Geräte

Für das Fettbad werden Töpfe aus hitzebeständigem Material gebraucht. Es sind verschiedene Spezialgeräte mit eingebautem Thermostat auf dem Markt. Besonders vorteilhaft sind die nach dem „Pelion-Prinzip" arbeitenden Geräte.

Anmerkung

Beim Backen im Fettbad auf offener Flamme ist besondere Vorsicht geboten, da sich die aufsteigenden Dämpfe leicht entzünden. Man löscht das Feuer durch Zudecken des Topfes. Bei Verwendung von Gas stellt man die Gaszufuhr ab. Wasser darf nicht hinzugegossen werden, da die Feuergefahr vergrößert wird.

Garen durch Backen im Backofen

> Backen im Backofen ist Garen in heißer Luft bei Temperaturen zwischen 160° und 250° C.

Anwendung

Das Garen durch Backen im Backofen wird angewandt für Backwaren, Auflaufmassen und zum Überbacken (Gratinieren) von Speisen.

Garvorgang

Die Garung verläuft in geschlossenem Backofen zunächst in trockener Luft. Durch die Wasserabgabe des Backgutes wird die Luft mit Feuchtigkeit angereichert, besonders bei Obstkuchen. Der Feuchtigkeitsgehalt der Luft muß reguliert werden, damit die Temperatur nicht unter die notwendige Höhe sinkt und die Bräunung des Backgutes eintreten kann.

Die Höhe der Temperatur wird bestimmt durch die Art des Backgutes.

Geräte

Zum Backen stehen verschiedene Backöfen zur Verfügung, und zwar als Bestandteil von Herden und auch als spezielle Geräte.

Für kleine Haushaltungen eignet sich die „Backhaube". Für Großküchen empfiehlt sich die Anschaffung eines Etagenbackofens. Die Backröhren der Großküchenherde eignen sich im allgemeinen weniger gut zum Backen von Backwerk, weil die Temperatur sich nicht so feinstufig regulieren läßt.

Einzelheiten zum Garen durch Backen siehe Seite 233.

Garen durch Grillen

Grillen ist Garen unter Bräunen durch unmittelbare Strahlungshitze bei einer Temperatur von etwa 350° C.

Anwendung

Das Garen durch Grillen findet vorwiegend Anwendung bei kleinen Fleisch- und Fischstücken und bei Geflügel. Auch Obst und Gemüse können durch Grillen gegart werden.

Garvorgang

Die Garung vollzieht sich ohne wärmeübertragendes Medium durch Einwirkung von Infrarotstrahlen. Die Strahlen werden vom Grillgut absorbiert, sie dringen bis zu 2 cm tief in das Grillgut ein und werden zu Wärme umgewandelt. Das Nahrungsgut gart nicht — wie bei anderen Garverfahren — von außen nach innen, sondern gleichzeitig in allen Schichten des Grillgutes, in die die Strahlungsenergie eindringt. Bei Grillgut mit größerem Durchmesser dringen die Strahlen nicht bis zur Mitte des Nahrungsgutes ein, die Wärme wird durch Konvektion weitergeleitet.

Infolge der hohen Temperaturen gerinnen die Eiweißstoffe sehr schnell zu einer dichten *Schutzschicht*, so daß das Austreten des Saftes und der wasserlöslichen Inhaltsstoffe verhindert wird. Gegrillte Speisen sind somit saftig und — auch ohne Hinzugabe von Gewürzen — schmackhaft. Das Grillgut wird leicht gebräunt, ohne daß eine Kruste aus schwer bekömmlichen Röststoffen entsteht.

Das Grillen kann ohne *Fettzugabe* durchgeführt werden. Mageres Fleisch kann man mit etwas Öl — hitzebeständigem Fett — bestreichen. Eine schnelle, intensive Bräunung wird erreicht, wenn man das Nahrungsgut mit zerlassener Butter bestreicht; das kommt nur für Grillgut mit kurzer Garzeit in Frage.

An *Gewürzen* eignen sich für Fleisch- und Fischgerichte besonders Paprika, und auch frische gehackte Kräuter. Sie werden mit dem Öl vermischt und auf das Grillgut aufgetragen. Kochsalz ist nur in geringer Menge zu verwenden. Große Fleischstücke werden kurz vor dem Grillen, kleinere Stücke erst nach dem Grillen gesalzen. Das gilt auch für Fisch.

Weil das Grillgut ohne Fettzugabe und ohne Kochsalzverwendung schmackhaft zubereitet werden kann ohne die Bildung schwerbekömmlicher Röstprodukte, eignen sich gegrillte Speisen für viele Formen der *Diätkost und Schonkost.*

Flaches Grillgut wird während des Grillens einmal *gewendet*, Grillgut mit größerem Durchmesser ist mehrmals zu wenden.

Die *Garzeit* ist genau einzuhalten, und nach dem Garen ist die Speise sofort zu servieren. Bei längerem Stehen leiden Aussehen und Geschmack. Noch mehr wird die Qualität gegrillter Speisen durch Aufwärmen vermindert.

Geräte

Der Markt bietet Spezial-Grillgeräte und Backöfen mit eingebauter Grillvorrichtung an.

Das Grillgut wird in den *vorgeheizten Grillraum* gegeben. Es genügt nicht das Aufglühen der Heizstäbe, auch die Wärmestauung im Innenraum ist wichtig. Man rechnet zum Vorheizen 5—10 Minuten, je nach Größe des Grillraumes und nach der Art des Grillgutes. Grillpfanne und Grillrost, die zu jeder Grilleinrichtung gehören, sind während des Vorheizens mit zu erwärmen.

Das vorbereitete Grillgut wird auf den Rost gelegt oder auf dem Drehspieß befestigt und in den vorgeheizten Grillraum gebracht. Die Grillpfanne dient dazu, auslaufenden Saft aufzufangen. Sie ist auf der untersten Schiebeleiste einzuschieben, damit die Fetteilchen nicht verbrennen.

Kleine flache Grillstücke mit kurzer Garzeit werden in kurzem Abstand von den Heizstäben eingeschoben.

Große Grillstücke mit längerer Garzeit werden in weiterem Abstand eingeschoben. Man kann sie, wenn intensive Bräunung gewünscht wird, kurze Zeit zum Anbräunen höher einschieben. Bei Benutzung des Drehspießes liegt die Höhe fest.

Das Hantieren mit spitzen und scharfen Geräten ist zu vermeiden. Schon bei geringer Verletzung der Oberfläche läuft der Saft des Grillgutes aus.

Einzelne Grillgeräte sind mit einer *Stufenschaltung* ausgestattet. Bei der Schaltstufe I werden nicht alle Heizstäbe aufgeheizt, somit sind verschiedene Temperaturhöhen im Grillraum zu erreichen. Zunächst wird immer mit voller Hitze gegrillt. Erst nach der Bräunung kann die niedrige Schaltstufe eingestellt werden, und zwar nur bei Grillgut mit längerer Garzeit. Das Grillen ist stets bei *geöffnetem Grillraum* durchzuführen. Spezial-Grillgeräte sind mit einer Öffnung versehen, die nicht verschlossen werden kann. Bei geschlossenem Grillraum sammelt sich Wasserdampf an, die Temperatur wird gesenkt, und es wird keine gute Bräunung erzielt. Außerdem wird bei geschlossenem Grillraum die Luft stark erhitzt. Die Garung vollzieht sich dann nicht nur durch Strahlungshitze, sondern auch durch Heißluft, das Grillen geht in Backen über.

Garen durch Mikrowellen

Es handelt sich um ein Garen ohne Bräunung, da die dafür erforderlichen Temperaturen nicht erreicht werden. Dennoch gibt es für Mikrowellengeräte bereits mehrere Anwendungsmöglichkeiten im Haushalt:

— Auftauen von gefrorenen Lebensmitteln
— Erwärmen von Getränken und von Fertiggerichten
— Garen von frischen und tiefgefrorenen Lebensmitteln

Bei dem bisherigen Entwicklungsstand dieser neuartigen Geräte muß man allerdings eine ungleichmäßige Erwärmung von Lebensmitteln ungleichmäßiger Zusammensetzung (Fleisch als wasserhaltiges Muskelgewebe und Fett) in Kauf nehmen.

Bei der Verwendung von Mikrowellen darf man kein metallisches Geschirr und Alufolie gebrauchen, da Mikrowellen von metallischen Flächen reflektiert werden und das Nahrungsgut nicht erreichen.

Verarbeitung der Lebensmittel zu Gerichten

Verarbeitung der Gemüse

Inhaltsstoffe der Gemüse

Der ernährungsphysiologische Wert der Gemüse liegt in dem hohen Gehalt an Vitaminen, Mineralstoffen, organischen Säuren und Rohfasersubstanzen. Die Zellwände der Gemüse bestehen hauptsächlich aus Zellulose, außerdem sind Hemizellulose und Pektine, Stärke und Eiweiß eingelagert, und die einzelnen Zellen sind durch Pektinschichten miteinander verbunden.

Veränderungen der Inhaltsstoffe bei der Gemüseverarbeitung

Der Anteil der Rohfaser verlangt bei den meisten Gemüsearten eine eingehende Bearbeitung, um die Bekömmlichkeit zu erhöhen. Bei der Einwirkung von feuchter Hitze wird das Pektin gelöst und dadurch der Zellverband gelockert. Die Zellwände werden zum Teil gesprengt, das Gemüse wird weich und bekömmlich. Eine Auflockerung kann auch durch mechanische Bearbeitung, durch Schneiden, Raspeln, Reiben oder Pürieren erreicht werden.
Die Zellwände sind nicht bei allen Gemüsearten gleich dick. Junge Möhren z. B. haben dünnere Zellwände als Kohlgemüse und Hülsenfrüchte. Von der Zellwandsubstanz hängen die Bekömmlichkeit der Gemüse und auch die Garzeit ab. Bei fast allen Gemüsen sind die Zellwände jedoch so auf-

gebaut, daß die Verdauungssäfte des menschlichen Organismus hindurchdringen und die Inhaltsstoffe nutzbar gemacht werden können. Folglich kann auch rohes Gemüse, falls es hinreichend zerkleinert wird, vom menschlichen Organismus ausgenutzt werden.

Durch die Zubereitungstechnik wird die Bekömmlichkeit der Gemüsebestandteile erhöht. Bei einer unsachgemäßen Zubereitung besteht jedoch die Gefahr, daß hochwertige Inhaltsstoffe der Gemüse verlorengehen. Fast alle im Gemüse vorkommenden Mineralstoffe, Vitamine und organischen Säuren sind wasserlöslich und können vom Wasser ausgelaugt werden. Außerdem sind die meisten Vitamine empfindlich gegenüber Wärme und Luftsauerstoff. Folglich ist bei der Zubereitung der Gemüse die Einwirkung von Wasser, Wärme und Luftsauerstoff möglichst zu beschränken.

Beim Einkauf ist auf den Frischzustand der Gemüse zu achten. Frühjahrsgemüse werden nach Möglichkeit am Tag des Verbrauchs eingekauft, Wintergemüse in kalten luftigen Räumen aufbewahrt.

Die Vermeidung von Nährwertverlusten ist um so schwieriger, je größere Mengen an Gemüse zubereitet werden und je länger die Zubereitungszeiten sind. Besonders der Verlust an Askorbinsäure steigt mit der Dauer der Zubereitungszeit. Darum verlangt die Zubereitung der Gemüse besonders in der Großküche eine planvolle und sachgemäße Arbeit.

Verarbeitung der frischen Gemüse

Vorbereitung der Gemüse

Sehr verschmutzte Gemüse, wie z. B. Möhren, Sellerie, werden zunächst gewaschen, dann geputzt.

Beim Putzen sind die ungenießbaren Bestandteile zu entfernen, wie äußere harte oder welke Blätter und schadhafte Stellen. Alle genießbaren Bestandteile sind zu verwerten, auch Strünke und Blattrippen. Durch sparsames, sachgemäßes Gemüseputzen kann der prozentuale Anteil des Abfalls beachtlich gesenkt werden.

Durchschnittlicher prozentualer Gemüseabfall bei sachgemäßer Vorbereitung:

Blattsalat	etwa 30%	Kohl	
Bohnen		Blumenkohl	etwa 35%
Dicke Bohnen	etwa 70%	Grünkohl	etwa 50%
Gelbe Bohnen	etwa 15%	Rosenkohl	etwa 25%
Grüne Bohnen	etwa 15%	Rotkohl	etwa 25%
Erbsen	etwa 55%	Weißkohl	etwa 25%

Kohlrabi	etwa 45%	Sellerie	etwa 45%
Möhren	etwa 25%	Spargel	etwa 35%
Paprika	etwa 25%	Spinat	etwa 35%
Porree	etwa 25%	Wirsing	etwa 30%
Schwarzwurzeln	etwa 40%	Zwiebeln	etwa 15%

Nach dem Putzen wird das Gemüse in viel Wasser schnell und gründlich *gewaschen*. Man kann dem Wasser etwas Kochsalz zusetzen, dadurch wird die Auslaugefähigkeit des Wassers vermindert und eine bessere Reinigung des Gemüses von Ungeziefer und Keimen gewährleistet.

Nach Möglichkeit wird das Gemüse *vor* dem Zerkleinern gewaschen. Durch das Zerkleinern wird die Oberfläche des Gemüses um ein Vielfaches vergrößert, so daß Sauerstoff und Wasser schädigend auf die Inhaltsstoffe einwirken können.

Das Gemüse darf nicht im Wasser liegen bleiben, dadurch würde ein großer Teil wasserlöslicher Substanzen in das Wasser übergehen.

Für das Putzen der Gemüse stehen noch keine Maschinen zur Verfügung, fast alle Gemüse müssen noch von Hand geputzt werden. Möhren, Sellerie, Rote Bete lassen sich mit der Kartoffelschälmaschine schaben.

Für das *Zerkleinern* der Gemüse dagegen gibt es verschiedene maschinelle Möglichkeiten. Fast alle Küchenmaschinen sind mit geeigneten Schneide-, Raspel- und Reibegeräten ausgestattet. Geeignete Geräte zum Würfeln und Stifteln jedoch sind bislang nur als Zusatzgeräte zu Universal-Großküchenmaschinen und als Großküchen-Spezialmaschinen auf dem Markt. Die Anschaffung dieser Maschinen ist kostspielig.

Der Markt bietet bereits geputztes und zerkleinertes Frischgemüse an. Diese Form des Vertriebs ist gerechtfertigt, wenn keine längere Lagerzeit oder Transportzeit entsteht. Das Verpacken in Beuteln aus Kunststoffolie garantiert weder die Erhaltung sauerstoffempfindlicher Inhaltsstoffe noch die Haltbarkeit der Gemüse bei längerer Lagerung. Solange keine Kennzeichnungspflicht besteht, hat der Käufer keine Gewähr für die Frische und damit für den ernährungsphysiologischen Wert der Gemüse.

Die arbeitsorganisatorischen und ernährungsphysiologischen Schwierigkeiten bei der Gemüsevorbereitung können weitgehend vermindert werden durch Verwendung industriell vorgefertigter Gemüse. Die tischfertigen und kochfertigen Erzeugnisse verlangen gar keine oder nur ein Mindestmaß an Vorbereitungsarbeiten, auf die bei der Zubereitung der vorgefertigten Gemüse eingegangen wird.

Um die negative Einwirkung von Sauerstoff während der Vorbereitung zu vermeiden, sind alle Vorbereitungsarbeiten schnell und unmittelbar vor der Zubereitung zu tätigen. Ist eine sofortige Zubereitung nicht möglich, so wird das vorbereitete Gemüse mit einem feuchten Tuch abgedeckt. Das Vorbereiten der Gemüse am Tage vor der Zubereitung ist möglichst zu vermeiden. Wenn aus arbeitsorganisatorischen Gründen eine Vorbereitung am Vortag nicht zu umgehen ist, so sollen nur die groben Putzarbeiten erledigt werden: z. B. Entblättern von Kohlköpfen, Schaben von Möhren, Beschneiden von Porreestangen, Vierteilen von Kohlköpfen. Das Gemüse wird dann über Nacht kühl aufbewahrt und mit feuchten Tüchern abgedeckt.

Vorbereitung der einzelnen Gemüsearten

Spargel

Die Spargelstangen werden geschält. Man beginnt unterhalb des Spargelkopfes, schält dünne, schmale Streifen nach unten hin ab und achtet darauf, daß die Spargelstangen nicht eckig werden. Holzige Stellen am unteren Stangenende sind abzuschneiden. Anschließend wird der Spargel gewaschen.
Die Spargelschalen können verwendet werden für die Zubereitung von Suppen. Sie werden nach dem Waschen in kaltem Wasser zum Kochen gebracht und etwa 30 Minuten gekocht. Die Brühe wird zum Auffüllen einer hellen Mehlschwitze verwendet.

Blumenkohl

Die Blätter, der holzige Strunk und schlechte Stellen werden abgeschnitten. Der Blumenkohlkopf wird in Röschen zerlegt, von den Stengeln die Haut abgelöst, und anschließend wird der Blumenkohl gründlich gewaschen, am besten unter fließendem Wasser.
Wenn der Blumenkohl unzerteilt verwendet werden soll, legt man ihn etwa 15 Minuten in kaltes Salzwasser, um etwaige Insekten u.ä. zu entfernen.

Schwarzwurzeln

Die Schwarzwurzeln werden gewaschen, geschabt und in 2—3 cm lange Stücke geschnitten. Damit sie nicht braun werden, gibt man die Stücke in kaltes Wasser, das mit etwas Mehl und einem Guß Essig verrührt ist.

Sellerie

für Rohkost:
Die Sellerieknollen werden gewaschen, geschält und zerkleinert.

für gegartes Gemüse:
Die Sellerieknollen werden gründlich gewaschen, am besten gebürstet, und ungeschält als ganze Knollen gegart, dann erst abgeschält. Somit bleibt der Geschmack der Sellerie besser erhalten.

Rote Bete

für Rohkost:

Rote Bete werden gründlich gewaschen, geschält und zerkleinert;

für gegartes Gemüse:

Sie werden nach dem Garen geschält, damit der dunkelrote Saft nicht auskocht. Aus dem gleichen Grunde werden auch die Blattstiele nicht ganz abgeschnitten und die kleinen Wurzeln nicht entfernt. Die Haut wird nach dem Garen in kaltem Wasser abgestreift.

Möhren und Rüben

Die Möhren oder Rüben werden gewaschen, geschabt, nochmals gewaschen und dann zerkleinert. Das Waschen und Schälen kann in Kartoffelschälmaschinen durchgeführt werden.

Meerrettich

Meerrettich wird geschabt oder geschält und dann gewaschen. Wenn er gerieben und roh verwendet werden soll, gibt man den gewaschenen Meerrettich sofort in Milch, damit er sich nicht verfärbt.

Kohlrabi

Kohlrabi werden geschält, dann gewaschen und zerkleinert. Holzige Stellen werden entfernt.

Porree

Die feinen Wurzeln von den Porreestangen werden abgeschnitten, welke und harte Blätter entfernt, je nach Verwendung die Stangen der Länge nach halbiert oder in Stücke geschnitten, dann gründlich gewaschen und weiter verarbeitet.

Paprika

Stielansatz, weiße Scheidewände und Kerne werden entfernt und die Schoten gewaschen (zurückbleibende Kerne verursachen einen bitteren Geschmack des Gemüses).

Spinat

Die gelben und welken Blätter werden ausgesondert, Wurzeln und sehr große Stengel entfernt. Der Spinat wird mehrmals gewaschen, um Sand und Ungeziefer zu entfernen.

Salat

Harte und welke Blätter werden entfernt und die genießbaren Blätter vom Strunk gelöst. Die großen Blätter werden geteilt, kleine Blätter bleiben ganz. Der Salat wird sorgfältig in einem Behälter mit Wasser, nicht unter fließendem Wasser, gewaschen. Vor der Zubereitung wird er in einen Durchschlag gegeben, den man mit einem Tuch bedeckt, dann wird das Wasser ausgeschwenkt.

Schnittsalat und *Feldsalat* werden vorbereitet wie Spinat. Bei *Endiviensalat* werden zunächst die harten, welken Blätter entfernt. Dann wird der Salat fein geschnitten, und zwar am unteren Ende beginnend. Es ist zweckmäßig, den geschnittenen Endiviensalat 10—15 Minuten in kaltem Wasser liegenzulassen, damit die Bitterstoffe ausziehen.

Wirsing, Weißkohl, Rotkohl

Bei diesen Kohlarten werden die äußeren welken Blätter entfernt, der Kohlkopf wird halbiert, der Strunk herausgeschnitten, das Gemüse dann gewaschen und anschließend zerkleinert.

Rosenkohl

Die welken und beschädigten Blättchen werden entfernt. Man kann etwas vom Strunk abschneiden und ihn einkerben, dann den Rosenkohl waschen.

Zwiebeln

Die Zwiebeln werden von der äußeren Haut befreit. Sollen die Zwiebeln geschnitten werden, so ist es zweckmäßig, sie zunächst zu halbieren, sie auf einem Brett der Länge nach einzuschneiden und dann durch Querschneiden zu würfeln. Die Spitze der Zwiebeln wird gehalten.

Tomaten

Die Blüten werden entfernt und die Tomaten gewaschen. Soll für Diätkost die Haut abgezogen werden, so übergießt man die Tomaten mit heißem Wasser, läßt sie noch eine Minute stehen und zieht dann die Haut ab.

Pilze

Bei größeren Pilzen werden Haut, Lamellen oder Röhrenschicht entfernt, kleinere Pilze sind nur abzuschaben. Anschließend werden die Pilze gewaschen. Beim Zerkleinern sind wurmstichige Stellen zu entfernen.

Verarbeitung der Gemüse zu Rohkostgerichten

Bei sachgemäßer Zubereitung der Gemüse als Rohkost gehen wenig oder gar keine Inhaltsstoffe verloren. Darum sind Rohkostgerichte oft in die Speisenfolgen einzuplanen.

Fast alle Gemüsearten können als Rohkost zubereitet werden, grüne Bohnen ausgenommen. Grüne Bohnen enthalten in rohem Zustand den Stoff

Phasin, der gesundheitliche Schäden verursachen kann. Phasin ist besonders in Bohnenkernen enthalten. Beim Garen der Bohnen wird dieser Giftstoff zerstört.

Gründliches *Waschen* der Gemüse ist bei Rohkost besonders wichtig, weil eine sterilisierende Wärmebehandlung nicht stattfindet. Blattgemüse oder Blumenkohl, bei denen sich leicht Ungeziefer ansetzt, kann man 5—10 Minuten in kaltes Salzwasser legen.

Die vorbereiteten Gemüse werden geschnitten, geraspelt, gerieben oder püriert. Gemüse mit fester Zellstruktur müssen besonders fein *zerkleinert* werden. Feine Zerkleinerung ist wichtig bei Schonkostformen, bei der Kost für Kleinkinder oder für alternde Menschen, damit die Verdauungsorgane nicht zu sehr belastet werden. Bei Normalkost empfiehlt es sich, das Gemüse nicht zu fein zu zerkleinern, weil gründliches Kauen für die Zähne und für die Verdauung vorteilhaft ist. Denn mit zunehmender Zerkleinerung vergrößert sich die Oberfläche des Gemüses und damit die Einwirkungsmöglichkeit von Fermenten.

Um den Verlust von Wirkstoffen, besonders von Askorbinsäure, weitgehend zu verhüten, ist somit das Gemüse *nicht zu fein* und erst *unmittelbar vor der weiteren Verarbeitung* zu zerkleinern.

Säuren stabilisieren den Askorbinsäuregehalt der Frischkost, weil die sauerstoffübertragenden Fermente im sauren Medium gehemmt werden. Fermente bevorzugen ein neutrales oder ein leicht alkalisches Milieu. Aus dem Grunde wird dem Rohkostgemüse sofort nach dem Zerkleinern Säure in Form von Zitronensaft, Essig, Sauermilch, sauren Fruchtsäften oder Fruchtkonzentraten zugesetzt.

Bei karotinhaltigen Gemüsen wirkt sich die Hinzugabe von *Fett* vorteilhaft aus. In Verbindung mit Fett wird das Karotin im Körper besser ausgenutzt. Vermutlich wird die Karotinresorption durch emulgierte Fette mehr erhöht als durch nichtemulgierte Fette. Sahne eignet sich demnach besser für die Zubereitung von Rohkostsalaten als Öl.

Zum Zerkleinern der Gemüse sind *rostfreie Geräte* zu verwenden. Metallspuren beschleunigen die Oxydationsvorgänge und damit den Verlust an wirksamen Vitaminen. Als Behälter eignen sich Schüsseln aus Edelstahl, Kunststoff oder aus unbeschädigter Emaille.

Geschnittenes und geraspeltes Gemüse

Das Zerkleinern der Gemüse durch *Schneiden* wird angewendet bei Tomaten, Gurken, Radieschen und bei Weiß- und Rotkohl. Kohlgemüse ist zusätzlich noch zu stampfen, damit die feste Zellstruktur aufgelockert wird.

Das Zerkleinern der Gemüse durch *Raspeln* oder Reiben wird angewendet bei Möhren, Sellerie, Kohlrabi, Rote Bete, Blumenkohl.

Die auf diese Weise zerkleinerten Gemüse können weiter zubereitet werden zu Salat, Müsli und als Brotbelag.

Gemüse — Rohkostsalate

Das zerkleinerte Gemüse wird im allgemeinen mit einer Tunke zubereitet. Man kann viele Gemüse auch ohne Fettzusatz nur mit Hinzugabe von Zitronensaft oder anderen Fruchtsäften bzw. Fruchtkonzentraten zubereiten und mit Zucker oder Küchenkräutern abschmecken.

Als Tunke eignen sich Marinaden, Mayonnaisen oder Sahnetunken. Zum Würzen kann anstelle des Essigs Zitronensaft verwendet werden, um den Vitamingehalt zu erhöhen. Scharfe Gewürze werden bei Rohkostsalaten nicht verwendet, jedoch werden viel gehackte frische Küchenkräuter hinzugegeben.

Die Tunke muß kräftig abgeschmeckt sein, ehe sie mit dem Gemüse vermischt wird, da nachträglich hinzugegebenes Salz das Wasser aus den Gemüsen zieht, der Salat infolgedessen leicht wässerig wird.

Blattsalate müssen gründlich abtropfen, bevor sie mit der Tunke vermischt werden. Sie werden nicht ausgedrückt, sondern in einem Tuch oder in einem Sieb geschwenkt.

Blattsalate und zarte Gemüse werden unmittelbar vor dem Anrichten mit der Tunke vermischt; feste Gemüse läßt man einige Zeit mit der Tunke stehen, damit die Geschmackszutaten durchziehen können.

Gemüse-Rohkostsalate werden anstelle von gegartem Gemüse, als Vorspeise oder als Zwischenmahlzeit gereicht.

Für das Anrichten gibt es viele Möglichkeiten. Man kann verschiedene Gemüse vermischt oder getrennt auf einer Platte anrichten, und zwar in Verbindung mit grünem Salat, mit Apfelsinenstückchen, Nüssen oder Tomaten. Die Rohkostsalate lassen sich als Einzelportion auf Apfelscheiben, Apfelsinenscheiben, auf Ananasscheiben oder Salatblättern appetitlich anrichten.

Geeignete Gemüsemischungen für Salate

Möhren, Kohlrabi	Rote Bete, Porree
Möhren, Sellerie	Gurken, Tomaten
Möhren, Weißkohl	Gurken, Radieschen
Möhren, Sellerie, Weißkohl	Endiviensalat, Rote Bete

Bei allen Mischungen können zusätzlich Äpfel untergemischt werden.

Gemüsemenge je Portion : 125—150 g

Salatmenge (Blattsalat) je Portion : 60—80 g

Salattunken	**Zutaten**	**1 Port.**	**4 Port.**	**100 Port.**
Öltunke (Marinade)	Öl	1 Teel.	2 Eßl.	1/2 *l*
	Zitronensaft od. Essig	1 Teel.	2 Eßl.	1/2 *l*
	Salz	1 Prise	1/4 Teel.	nach Geschmack
	Kräuter		1 Teel.	50 g
	Zucker			
Joghurttunke	Joghurt od. Sauermilch	2 Eßl.	8 Eßl.	2 *l*
	Zitronensaft	1/2 Teel.	1 Eßl.	1/4 *l*
	Kräuter	1/2 Teel.	1 Teel.	50 g
	Salz	nach Geschmack	n. G.	n. G.
	Zucker	nach Geschmack	n. G.	n. G.
Fertigtunke		1 Eßl.	4 Eßl.	1 *l*

Zubereitung

Essig oder Zitronensaft wird unter Rühren zum Öl oder zur Sauermilch gegeben. Die Tunke wird mit Salz und Zucker abgeschmeckt und mit den feingehackten Kräutern vermischt.

Püriertes Gemüse

Das Pürieren kann grundsätzlich für alle Gemüsearten angewendet werden. Praktische Bedeutung hat es für die Herstellung von Rohkost-Püree aus zartem, leicht verdaulichem Gemüse. Das Pürieren wird mit dem Mixgerät durchgeführt. Während des Mixens werden sofort Zitronensaft und die Geschmackszutaten, z. B. Zucker oder Küchenkräuter, hinzugegeben.

Pürierte Gemüse eignen sich für verschiedene Diätkostformen, für die Ernährung alternder Menschen und der Kleinkinder.

Das Rohkostpüree kann außerdem für die Zubereitung von Müslis, Mischgetränken oder als Zusatz zu kalten Tunken verwendet werden.

Gemüsesaft

Alle Wirkstoffe der Gemüse sind in gut bekömmlicher Form in den Gemüsesäften enthalten. Gemüsesäfte eignen sich besonders für Kleinkinder, für alternde Menschen, für Genesende und für viele Schonkost- und Diätkostformen.

Zum Entsaften wird nur frisches, einwandfreies Gemüse verwendet. Welkes Gemüse ist nicht ergiebig, weil während der Lagerung bereits Wasser verdunstet ist.

Das vorbereitete Gemüse wird nach dem Zerkleinern durch die Saftzentrifuge gegeben, der Saft sofort mit Zitronensaft vermischt, um den Vitamin C-Gehalt zu stabilisieren und das Dunkelwerden des Saftes zu verhüten. Gemüse-Preßsäfte werden sofort nach der Zubereitung gereicht. Die Saftausbeute richtet sich nach der Gemüseart und nach dem Alter der Gemüse. Bei frischen Möhren z. B. ergeben 500 g Gemüse etwa 250 g (= $^1/_4$ l) Saft.

Mischungen für Gemüsesäfte:

Möhren, Äpfel, Apfelsinen
Rote Bete, Sellerie, Äpfel
Tomaten, Äpfel, frische Kräuter
Spinat, Möhren, Äpfel

Die Mischungen sind beliebig abzuwandeln. Alle Gemüsesäfte lassen sich mit Zitronensaft und Zucker abschmecken und mit frischen Kräutern vermischen.

Zum Auffüllen der Gemüsesäfte können verwendet werden:

Fruchtsäfte
Gemüsesäfte des Handels
Mineralwasser
Haferschleim
Buttermilch
Joghurt oder Sauermilch

Zubereitung der Gemüse durch Garen

Um den negativen Einfluß der Garverfahren auf den physiologischen Wert der Gemüse einzuschränken, sind folgende Grundregeln zu beachten:

Schonende Garverfahren anwenden
Kurze Garzeiten beachten
Große Gemüsemengen in mehreren Portionen garen
Warmhalten von Gemüsegerichten vermeiden
Gemüse schnell abkühlen lassen
10—15% Rohanteil zu den Gemüsegerichten hinzugeben.

Durch die Wärmeeinwirkung werden die hitzeempfindlichen Vitamine unwirksam gemacht und Geschmacksstoffe gehen verloren. Darum sind schonende Garverfahren anzuwenden, ein schnelles Ansteigen der Temperatur zu Beginn ist wichtig, die Garzeiten sind nicht zu überschreiten.

Die Zeit der Wärmeeinwirkung nimmt mit der Menge der Gemüse zu. Darum ist es ratsam, bei großen Mengen das Gemüse in mehreren Portionen zu garen. Wenn sich die Ausgabe des Essens über eine längere Zeit erstreckt, ist das Gemüse nicht warmzuhalten, sondern nacheinander zuzubereiten.

Gemüsereste und gegarte Gemüse, die für Salate verwendet werden sollen, müssen schnell abkühlen, damit der Temperaturbereich, der negativ auf den Vitamingehalt einwirkt, möglichst schnell überbrückt wird.

Um den physiologischen Wert der Gemüse zu erhöhen, kann dem gegarten Gemüse unmittelbar vor der Ausgabe ein Anteil von 10—15% Rohgemüse hinzugesetzt werden.

Für die Hauptmahlzeit beträgt die Gemüsemenge je Portion 200—250 g. Die Menge kann auf 150 g verringert werden, wenn das Gemüse in einer Tunke gereicht wird.

Gemüse ohne Tunke	*Gemüsemenge*	*Fettmenge*
1 Port.	200—250 g	5—10 g
4 Port.	800—1000 g	20—40 g
100 Port.	20—25 kg	750—1000 g

Gemüse mit Tunke	*Gemüsemenge*	*Tunkenmenge*
4 Port.	ca. 600 g	$^1/_4$ *l*
100 Port.	ca. 15 kg	6 *l*

Garen der Gemüse durch Kochen

Das Kochen wird zum Garen von Frischgemüse wenig angewendet, weil Nährstoffe und Geschmacksstoffe bei dieser Garmethode vom Wasser ausgelaugt werden. Zum Garen von Blumenkohl, Spargel und Schwarzwurzeln kommt das Kochen in Betracht, auch zum Garen von Roter Bete, Sellerie und Porree.

> Das vorbereitete Gemüse wird in das kochende Salzwasser gegeben und in geschlossenem Topf bei hoher Wärmezufuhr bis zum Siedepunkt erhitzt. Sobald das Wasser wieder kocht, ist die Wärmezufuhr zu vermindern.

Bei gekochtem Gemüse empfiehlt es sich, aus der Kochbrühe eine Tunke herzustellen und das Gemüse mit der Tunke zu reichen. Bei der Zubereitung der Tunke kann außer der Gemüsebrühe auch Milch zum Auffüllen verwendet werden.

Gekochtes Gemüse kann auch mit heißer Butter oder Margarine durchgeschwenkt werden, dann ist das Kochwasser für Suppen oder Tunken zu verwenden.

Garen der Gemüse durch Dämpfen

Das Garmachen der Gemüse durch Dämpfen wird besonders angewandt für junge, wasserreiche Gemüse. Bei dieser Garmethode bleiben die Nährstoffe weitgehend erhalten, weil das Gargut mit einer relativ geringen Flüssigkeitsmenge in Berührung kommt. Auch Form, Aussehen und Geschmack der Gemüse werden geschont.

Die Gemüse werden mit etwas Salz auf den Siebeinsatz des Dämpftopfes gelegt und durch den aufströmenden Wasserdampf gar gemacht.

Die Dämpfflüssigkeit wird für die Zubereitung einer Tunke verwendet, die man über das gegarte Gemüse gibt. Soll das Gemüse ohne Tunke gereicht werden, so wird es mit heißem Fett — Butter oder Margarine — vermischt.

Garen der Gemüse durch Dünsten

Das Dünsten ist zum Garen von Gemüse besonders geeignet, weil bei dieser Garmethode fast alle Nährstoffe erhalten bleiben. Durch das Dünsten erhält das Gemüse außerdem einen vorteilhaften Geschmack.

Das Garmachen durch Dünsten kann für alle Gemüsearten angewendet werden, wenig geeignet ist es jedoch zum Garen von Blumenkohl und Roter Bete.

Das vorbereitete Gemüse wird in heißem Fett kurz angedünstet und dann mit wenig Wasser aufgefüllt und in geschlossenem Topf gegart.

Zutaten	1 Port.	4 Port.	100 Port.
Gemüse	200—250 g	800—1000 g	20—25 kg
Fett	5—10 g	20—40 g	750—1000 g
Wasser	2—3 Eßl.	etwa $^1/_8$ *l*	etwa 3 *l*
Salz	1 Prise	1 Tl.	etwa 100 g

Als Fett wird Margarine oder Butter verwendet, für Kohlarten eignet sich Schmalz.

Gedünstetes Gemüse kann zusätzlich mit einer *Tunke* angerichtet werden, die man aus einer hellen Mehlschwitze zubereitet und mit der Dünstflüssigkeit oder mit Brühe, Wasser oder Milch auffüllt.

Man kann die Dünstflüssigkeit mit einem Mehl-Fett-Kloß binden. Man bereitet einen Kloß aus gleichen Teilen Mehl und Fett, legt ihn in kleinen Stücken auf das gegarte Gemüse und rührt, nachdem der Kloß zergangen ist, das Gemüse vorsichtig durch.

Garen der Gemüse durch Schmoren

Das Garen durch Schmoren wird für Gemüse wenig angewandt. Im allgemeinen werden nur gefüllte Gemüse, wie z. B. Paprikaschoten, Kohlrollen, Zwiebeln, Gurken, geschmort.

Die gefüllten Gemüse werden zunächst in heißem Fett angebraten, dann mit Wasser aufgefüllt und gargeschmort.

Die Schmorflüssigkeit kann mit angerührtem Mehl zu einer Tunke gebunden werden.

Gefüllte Paprikaschoten

Zutaten	1 Port.	4 Port.	100 Port.
Paprikaschoten	1 Stck.	4 Stck.	100 Stck.
Fett	10 g	40 g	1000 g
Wasser	1 Eßl.	$^1/_4$ *l*	6 *l*
Mehl	1 Tl.	15 g	400 g
Gewürze			

Füllung: Hackfleischteig nach S. 197 oder Fischteig nach S. 227.

Zubereitung

Die nach S. 46 vorbereiteten Paprikaschoten werden mit Hackfleisch- oder Fischteig gefüllt und 20 bis 30 Minuten geschmort. Die Schmorflüssigkeit wird mit Mehl oder Mondamin gebunden. Sie kann mit Tomatenmark abgeschmeckt werden.

Gefüllte Kohlrollen

Zutaten	4 Port.	100 Port.
Wirsing oder Weißkohl	500 g	12—15 kg
Fett	40 g	1000 g
Wasser	$^1/_4$ *l*	6 *l*
Zwiebeln	1 Stck.	500 g
Gewürznelken	3 Stck.	50 g
Salz, etwas		
Mehl	15 g	400 g

Füllung: Hackfleischteig nach S. 197 oder Fischteig nach S. 227.

Zubereitung

Die Blätter werden vom Kohlkopf abgelöst, die dicken Rippen ausgeschnitten, die Blätter gewaschen und 2—3 Minuten gedämpft oder in kochendes Salzwasser gegeben, damit sie sich leichter verarbeiten lassen. Man läßt sie in einem Durchschlag abtropfen und legt sie dann nebeneinander auf ein sauberes Tuch, und zwar so, daß jedes Blatt das voraufgehende zum Teil bedeckt. Die kleinen Blätter werden fein gehackt und mit dem Fleisch und den übrigen Zutaten vermischt. Man formt die Fleischfüllung zu einer langen Rolle und legt sie auf die Mitte der Blattreihe, schlägt die Blätter von beiden Seiten über das Fleisch, drückt sie mit dem Tuch fest an und schneidet die Rolle in 5—8 cm lange Stücke. Man läßt die gefüllten Kohlrollen in Fett anbraten, dann unter Zugabe von Brühe oder Wasser 30 Minuten schmoren.

Die Nelken werden in die Zwiebeln gesteckt und mit dem Salz in die Schmorflüssigkeit gegeben. Nach dem Garen wird die Tunke mit Mehl oder Stärke gebunden und mit den Gemüserollen angerichtet.

Garen der Gemüse durch Fritieren (Backen im Fettbad)

Das Garen von Gemüse durch Ausbacken im Fettbad bietet die Möglichkeit, eine Abwechslung in den Speisenplan zu bringen. Jedoch hat diese Zubereitungstechnik für das Garen von Gemüse keine große Bedeutung.

Zum Ausbacken eignen sich die Gemüse: Blumenkohl, Schwarzwurzeln, Spargel, Tomaten, Rosenkohl, Sellerie, Kohlrabi.

Blumenkohl wird in Röschen zerteilt, Spargel und Schwarzwurzeln werden in Stücke, Sellerie und Kohlrabi in Scheiben geschnitten. Tomaten und Rosenkohl können unzerteilt verarbeitet werden.

> Die so verarbeiteten Gemüse werden mit Ei und Stoßbrot paniert oder in einem Eierkuchenteig gewendet und in heißem Fettbad gebacken. Außer den Tomaten sind alle Gemüsearten durch Dämpfen vorzugaren.

Verarbeitung vorgefertigter Gemüse

Tiefkühlgemüse

Tiefgefriergemüse ist als tischfertiges und als kochfertiges Erzeugnis auf dem Markt.

Tischfertiges Tiefgefriergemüse wird ohne vorheriges Auftauen erhitzt und abgeschmeckt.

Kochfertiges Tiefgefriergemüse braucht ebenfalls vor der Zubereitung nicht aufzutauen. Es wird am besten durch Dünsten gegart.

> Man gibt das Gemüse in das heiße Fett, erhitzt es bis zum Siedepunkt und läßt es bei verringerter Wärmezufuhr gardünsten.

Die Garzeit ist etwas kürzer als bei frischem Gemüse, weil das Gemüse vor dem Gefrieren blanchiert wird. Bei schlechter Verpackung kann das Gemüse während der Gefrierlagerung austrocknen. Dann empfiehlt sich das Garen durch Kochen, damit der Wasserverlust ausgeglichen wird.

Gekochtes und gedünstetes Tiefgefriergemüse kann mit oder ohne Tunke zubereitet werden (vgl. dazu S. 52 und S. 53).

Gurken oder Tomaten, die roh gereicht werden sollen, schneidet man in gefrorenem oder leicht angetautem Zustand in Scheiben, die man in der Marinade auftauen läßt.

Gemüsemengen	**1 Port.**	**4 Port.**	**100 Port.**
ohne Tunke zubereitet	etwa 150 g	etwa 600 g	etwa 15 kg
mit Tunke zubereitet	etwa 100 g	etwa 400 g	etwa 10 kg

Gemüse-Naßkonserven

Dosengemüse ist tischfertig, es braucht nur noch erhitzt und abgeschmeckt zu werden. Die Aufgußflüssigkeit ist nach Möglichkeit zu verwenden.

Für das Erhitzen von Dosengemüse stehen mehrere Möglichkeiten zur Verfügung.

1. *Art der Zubereitung*

Das Gemüse wird in einen Durchschlag gegeben und die Flüssigkeit wird aufgefangen. Nach dem Abtropfen erhitzt man das Gemüse in heißem Fett. Das Fett muß sehr heiß sein, bevor man das Gemüse hinzugibt, weil es sonst leicht seine Form verliert und breiig wird. Das Gemüse wird vorsichtig durchgehoben und zwar unmittelbar vor der Ausgabe.

2. *Art der Zubereitung*

Aus der Aufgußflüssigkeit bereitet man eine helle Grundtunke. Das abgetropfte Gemüse wird in der Tunke erhitzt.

3. *Art der Zubereitung*

Das Gemüse wird mit der Aufgußflüssigkeit im Kochgeschirr erhitzt. Nach dem Erhitzen nimmt man das Gemüse aus der Flüssigkeit, richtet es an und übergießt es mit heißer Butter.

4. *Art der Zubereitung*

Die geöffneten Konserven werden mit dem Gesamtinhalt im Wasserbad erwärmt. Wenn die gewünschte Temperatur erreicht ist, gießt man das Aufgußwasser ab, richtet das Gemüse an und übergießt es mit heißer Butter. Falls das Dosengemüse nicht hinreichend gewürzt ist, gibt man beim Erwärmen Salz in die Aufgußflüssigkeit der Dose.

Diese Art des Erwärmens ist besonders für Stangenspargel geeignet. Das Gemüse kann jedoch den Metallgeschmack annehmen.

Dosengemüse können auch zu *Eintopfgerichten* verwendet werden. Das Gemüse wird hinzugegeben, wenn alle anderen Zutaten gar sind. Die Flüssigkeit verwendet man zum Garen der anderen Zutaten.

Auch für die Zubereitung von *Salaten* sind Dosengemüse gut geeignet. Sie werden wie gedämpfte oder gekochte Gemüse mit der Salattunke vermischt.

Gemüsemenge:	1 Portion	=	eine $^1/_4$ Dose
	4 Portionen	=	eine $^1/_1$ Dose
	100 Portionen	=	fünf $^5/_1$ Dosen

Gärungsgemüse

Wichtige Vertreter der Gärungsgemüse sind Sauerkraut und saure Gurken. Durch den Gärungsprozeß werden in dem Gemüse Veränderungen hervorgerufen, die den Geschmack der Gemüse verändern und die Faser lockern, so daß Gärungsgemüse auch ohne Garung leicht bekömmlich sind. Soll das Gemüse gegart werden, so genügt ein kurzes Erhitzen. Lange Einwirkung von Wärme ist zu vermeiden, dadurch wird der hohe Gehalt an Vitamin C vermindert, der Milchsäuregehalt und der Geschmack werden beeinträchtigt. Die Garzeit ist besonders dann kurz anzusetzen, wenn das Gärungsgemüse zusätzlich sterilisiert wurde. Das in Dosen angebotene Sauerkraut ist immer sterilisiert.

Das Waschen von Gärungsgemüse ist zu vermeiden, weil die darin enthaltene Milchsäure und andere wertvolle Bestandteile vom Wasser ausgelaugt werden und verlorengehen.

Dünsten von Sauerkraut

Zutaten	1 Port.	4 Port.	100 Port.
Sauerkraut	150 g	600 g	15 kg
Wasser	3 Eßl.	$^1/_8$ *l*	2 *l*
Zwiebeln	$^1/_2$ Stck.	50 g	500 g
Nelken	1 Stck.	3 Stck.	50 g
Schmalz	10 g	40 g	1 kg
Mehl oder	1 Tl.	10 g	200 g
gerieb. rohe Kartoffeln	$^1/_2$ Stck.	1 Stck.	1 kg

Zubereitung

Das Sauerkraut wird mit kochendem Wasser aufgesetzt, mit den Gewürzen und Schmalz 20—30 Minuten gedünstet und vor dem Anrichten mit rohem kleingeschnittenem Sauerkraut vermischt. Das Sauerkraut muß saftig, aber nicht wässerig sein. Man kann vor dem Anrichten etwas Mehl darüber streuen oder rohe geriebene Kartoffeln darin garen lassen.

Sauerkrautsalat

Zutaten	1 Port.	4 Port.	100 Port.
Sauerkraut	125 g	500 g	12—14 kg
Salattunke S. 50	1 × Rezept	1 × Rezept	1 × Rezept
Äpfel	$^1/_2$ Stck.	2 Stck.	4—5 kg

Zubereitung

Rohes Sauerkraut wird zerschnitten und mit Salattunke und geriebenen oder würflig geschnittenen Äpfeln vermischt. Die Tunke wird mit Zucker abgeschmeckt.

Zum Garnieren eignen sich Apfelstückchen oder Tomatenachtel.

Essiggemüse

Mit Essiglösung konservierte Gemüse werden vor der Konservierung gegart, oder es werden weiche, ausgereifte Gemüsearten, wie z. B. ausgereifte Gurken, verwendet. Darum brauchen Essiggemüse nicht mehr zubereitet werden. Essiggemüse eignen sich als Gemüsebeigabe zu Sülzgerichten, zu kalten Fleisch- oder Fischspeisen, zu gebratenen Kartoffeln. Rote Bete lassen sich sehr gut in Verbindung mit frischen Äpfeln raspeln und als Salat zubereiten.

Trockengemüse

Die handelsüblichen Trockengemüse (dehydratisierte Gemüse) finden besonders in der Gemeinschaftsverpflegung immer mehr Verwendung. Alle Vorbereitungsaufgaben entfallen, lediglich eine verlängerte Garzeit ist erforderlich, weil das Gemüse quellen muß.

Während des Trocknens sind dem Gemüse etwa 90% Wasser entzogen worden. Diese Wassermenge ist als Garflüssigkeit hinzuzufügen, damit das Gemüse voll ausquellen kann.

Wenn das Trockengemüse nach dem Garen gebunden werden soll, beträgt das Verhältnis von Gemüse zu Wasser 1 : 15, wird das Gemüse ungebunden zubereitet, so beträgt das Verhältnis 1 : 10.

Trockengemüse, ungebunden

Zutaten	1 Port.	4 Port.	100 Port.
Trockengemüse, etwa	12 g	50 g	1,2 kg
Wasser	120 g / $^1/_8$ *l*	500 g / $^1/_2$ *l*	12 kg / 12 *l*
Fett	10 g	40 g	1 kg
Salz, Gewürze nach Geschmack			

Zubereitung

Das Gemüse wird mit allen Zutaten in das kochende Wasser gegeben und 30—40 Minuten gekocht.

Trockengemüse, gebunden

Zutaten	1 Port.	4 Port.	100 Port.
Trockengemüse, etwa	10 g	40 g	1 kg
Wasser	150 g	600 g	15 kg / 15 *l*
Fett	10 g	40 g	1 kg
Mehl, etwa	5 g	20 g	500 g
Salz, Gewürze nach Geschmack			

Hülsenfrüchte (getrocknetes, gereiftes Gemüse)

Hülsenfrüchte — Erbsen, Bohnen, Linsen — werden vorwiegend in ausgereiftem Zustand durch Trocknen konserviert. Hülsenfrüchte sind stärkehaltig und daher immer durch Kochen zu garen. Sie werden etwa 12 Stunden vor der Zubereitung gewaschen, dann in kaltem Wasser eingeweicht und bei der Zubereitung in dem Einweichwasser zum Kochen gebracht. Während der Einweichzeit dringt das Wasser in alle Zellen der getrockneten Gemüse ein. Die Stärke kann quellen und beim Garprozeß verkleistern. Gibt man Hülsenfrüchte ohne Einweichen in das kochende Wasser, garen nur die Randschichten, den anderen Zellen fehlt das Wasser zum Verkleistern der Stärke.

Geschälte Trockenerbsen garen schneller und sind leichter verdaulich, der Geschmack ist jedoch weniger vorteilhaft als bei den ungeschälten Erbsen.

Industriell präparierte Hülsenfrüchte sind bereits vorgequollen. Sie garen in wenigen Minuten.

Getrocknete Hülsenfrüchte werden hauptsächlich für die Zubereitung von Eintopfgerichten (Suppen) verwendet. Sie können auch mit einer Tunke zubereitet werden.

Hülsenfrüchte in Tunke

Zutaten	1 Port.	4 Port.	100 Port.
Hülsenfrüchte	60—70 g	250 g	6—7 kg
Wasser	$^1/_8$ *l*	$^1/_2$ *l*	10 *l*
Specktunke nach S. 98	$^1/_8$ *l*	$^1/_2$ *l*	8 *l*

Zubereitung

Die eingeweichten Hülsenfrüchte werden in dem Einweichwasser 2—3 Stunden gekocht, das Salz wird am Ende der Kochzeit hinzugefügt. Dann werden die Hülsenfrüchte in einen Durchschlag geschüttet. Man bereitet eine saure Specktunke, zu der man das Kochwasser verwertet, und läßt die Hülsenfrüchte darin aufkochen.

Hülsenfruchtsuppe — Eintopfgericht

Zutaten	1 Port.	4 Port.	100 Port.
Hülsenfrüchte	50 g	200 g	5 kg
Wasser	$^1/_2$ *l*	$2^1/_2$—3 *l*	50—60 *l*
Fleisch	125 g	500 g	10—12 kg
Porreestangen	$^1/_4$ Stange	1 Stange	15-20 Stangen
Kartoffeln	150 g	600 g	15 kg
Salz	1 Prise	1 Tl.	200 g
Schmalz	10 g	40 g	1 kg
Zwiebeln	1 Stck., kl.	1 Stck.	$1^1/_2$ kg

Zubereitung

Die Hülsenfrüchte werden 8—10 Stunden in Wasser eingeweicht, dann in dem Einweichwasser mit Schweinefleisch, Porree und Salz $2^1/_2$ bis 3 Stunden gekocht. Man gibt in Würfel geschnittene Kartoffeln hinein und vor dem Anrichten in Fett gedünstete Zwiebelstückchen.

Die Suppe kann auch mit geräucherter Mettwurst zubereitet werden.

Gemüsepulver

Gemüsepulver werden aus getrocknetem Gemüse, vorwiegend aus getrockneten reifen Hülsenfrüchten hergestellt. Außerdem werden angeboten: Pulver von Karotten, Zwiebeln, Porree, Sellerie, Spargel, Spinat und von Gemüsemischungen. Die Pulver sind vielfach als Instant-Pulver auf dem Markt; diese Erzeugnisse benötigen keine Quellzeit, sie können sofort verarbeitet werden.

Aus Gemüsepulvern können Suppen, aber auch Breie zubereitet werden.

Tomatenpulver, das in Dosen für Großverbraucher angeboten wird, ist aus Tomatenextrakten gewonnen. Es eignet sich für die Zubereitung von Suppen, Soßen, Getränken und zum Abschmecken verschiedener Braten- und Schmorgerichte.

Verarbeitung von Obst

Inhaltsstoffe von Obst

Obst ist aufgrund seiner Zusammensetzung ein physiologisch wertvoller Bestandteil unserer Nahrung. Der hohe Gehalt an Vitaminen, Mineralstoffen, Spurenelementen, Fermenten, Fruchtsäuren und an leicht resorbierbaren Kohlenhydraten verleiht dem Obst eine Vorrangstellung in der modernen Ernährung.

Die Zellstruktur des Fruchtfleisches entspricht weitgehend dem Zellaufbau der Gemüse. Jedoch sind die zellverbindenden Pektine leichter löslich und die Zellwände zarter als bei Gemüse, das gilt besonders für ausgereifte Früchte. Obst ist darum leicht verdaulich und wird auch in rohem Zustand im allgemeinen gut vertragen.

Obst kann als eigenständiges Gericht oder als Bestandteil vieler Gerichte verwendet werden.

Veränderung der Inhaltsstoffe bei der Verarbeitung von Obst

Beim Schälen und Zerkleinern von Obst entstehen wie bei der Kartoffel leicht *Verfärbungen an den Schnittflächen*. Diese Verfärbung wird verhindert, wenn man sofort nach dem Schälen oder Zerkleinern Säure (am besten Zitronensaft) über die Früchte gibt. Die Säure verhindert die Wirkung der sauerstoffübertragenden Fermente.

Beim Garen von Obst gehen die gleichen Prozesse vor sich wie beim Garen von Gemüse. Die Garzeit ist jedoch im allgemeinen kürzer. Die *dünneren Zellwände* werden leicht gesprengt, das Zellwasser kann dann ausfließen.

Weil Obst viel Zellwasser enthält, fällt es bei diesem Prozeß leicht zusammen. Wie bei Gemüse, so entstehen auch bei der Vorbereitung und bei der Zubereitung von Obst *leicht Verluste an Vitaminen, Spurenelementen und Mineralstoffen.* Somit sind die gleichen küchentechnischen Richtlinien zu berücksichtigen wie bei der Verarbeitung von Gemüse. Die Einwirkung von Wasser, Luft und Wärme ist auf ein Mindestmaß zu beschränken.

Verarbeitung von frischem Obst

Vorbereitung von Obst

Obst wird zunächst *gewaschen*, und zwar *vor* dem Schälen oder *vor* dem Entsteinen. Bei der weiteren Verarbeitung sind die unverdaulichen Bestandteile — wie Kerngehäuse, Stiele, Steine — zu entfernen.

Kernobst wird bei der Zubereitung oft *geschält*, obgleich das Obst für viele Gerichte auch ungeschält verwendet werden kann. Die zellulosereiche Schale ist allerdings nicht leicht verdaulich und darum für Schonkostgerichte zu entfernen. In der Normalkost aber ist das Schälen zu vermeiden. Mit der Schale wird immer ein Teil des wertvollen Fruchtfleisches entfernt, das Fruchtfleisch unmittelbar unter der Schale jedoch ist besonders reich an Askorbinsäure. Geschälte und zerkleinerte Früchte werden nicht mehr gewaschen und dürfen auf keinen Fall im Wasser liegen bleiben. Um das Braunwerden bei Äpfeln, Birnen und Bananen zu verhüten, gibt man Säure, am besten Zitronensaft, über das vorbereitete Obst. Bei großen Mengen kann man die Früchte mit einem in Essig getauchten Tuch bedecken.

Beim Schälen und Zerkleinern sind *Schneidegeräte* aus nichtrostendem Metall zu verwenden, damit das Dunkelwerden der Schnittflächen verhütet wird, Spuren von Metall beschleunigen die enzymatische Bräunung. Außerdem wird durch Metalleinwirkung die irreversible Oxydation der Askorbinsäure beschleunigt.

Vorbereitetes Obst ist nach Möglichkeit sofort weiterzuverarbeiten.

Viele Früchte können in frischem Zustand, ohne weitere Bearbeitung in die Speisenfolge aufgenommen werden. Diese Möglichkeit ist aus arbeitswirtschaftlichen und aus ernährungsphysiologischen Gründen zu empfehlen. Das nichtbearbeitete Obst enthält alle Nährstoffe in unveränderter Form und verlangt ein geringes Maß an Arbeitsaufwand.

Besonders in Großküchen kann frisches Obst als Vorspeise, Nachspeise oder auch als wertvolle Zwischenmahlzeit gereicht werden.

Verarbeitung von Obst zu Rohkostgerichten

Obst läßt sich auch zu vielen Rohkostgerichten verarbeiten. Wie Gemüse wird es durch Schneiden, Raspeln, Reiben und Pürieren zerkleinert. Es braucht nicht so fein zerkleinert zu werden wie Gemüse, weil es auch in groberem Zustand gut bekömmlich ist. Außerdem wird es leicht breiig und unansehnlich, der Vitamin C-Verlust nimmt mit dem Grad der Zerkleinerung zu.

Geschnittenes und geraspeltes Obst

Geschnittenes und geraspeltes Obst kann verwendet werden:

1. zu Salaten:
   zu süßen Salaten, pikanten Salaten, als Bestandteil von Salaten aus Gemüse, Kartoffeln, Reis, Nudeln, Fleisch, Fisch, Käse;
2. zu Süßspeisen:
   als Bestandteil von Müslis, Reisspeisen, Quarkspeisen, Gelees, Cremes;
3. als Einlage:
   zu süßen Suppen, Kaltschalen und süßen Tunken.

Obstsalat

Er kann aus einer Obstart oder aus einer Mischung verschiedener Obstarten zubereitet werden. Zusätzlich kann man Nüsse, Mandeln oder gequollene Rosinen hinzugeben.

Die vorbereiteten Früchte werden klein geschnitten — nicht zu klein, damit der Obstsalat nicht unansehnlich wird —, mit etwas saurer Flüssigkeit vermischt und mit Zucker abgeschmeckt.

Als Flüssigkeit eignen sich Zitronensaft oder Zitronensaft mit Rum, außerdem auch andere Fruchtsäfte oder Süßmoste von sauren Früchten.

Obstsalat kann mit einer Marinade nach S. 50 oder mit einer Mayonnaise nach S. 163 zubereitet werden.

Obstmenge je Portion: etwa 150 g.

Püriertes Obst

Püriertes Obst findet Verwendung als eigenständiges Gericht für Kleinkinder und in der Krankenkost. Außerdem ist es geeignet als Bestandteil von Mischgetränken, Suppen, Kaltschalen, Tunken.

Fruchtpüree kann bei weichem Obst mit dem Handquirl zubereitet werden. Für das Pürieren fester Früchte verwendet man den Mixer. Püriertes Obst ist bereits bei der Zubereitung mit Zitronensaft zu vermischen und nach der Zubereitung sofort zu servieren.

Obstsaft

Säfte aus frischem Obst enthalten alle wertvollen Inhaltsstoffe der Früchte in leicht bekömmlicher Form. Voraussetzung für die Werterhaltung ist die sachgemäße Gewinnung.

Für Fruchtsaftbereitung werden *einwandfreie, ausgereifte Früchte* verwendet. Das gewaschene Obst wird — wenn notwendig — kleingeschnitten und dann sofort entsaftet. Bei allen Früchten gibt man während des Entsaftens Zitronensaft oder Apfelsaft hinzu, um die Dunkelfärbung der Früchte zu verhindern und die Vitamine zu stabilisieren.

Für das Entsaften stehen verschiedene *Maschinen* zur Verfügung. Weiche Früchte werden mit der Fruchtpresse, harte Früchte mit der Saftzentrifuge und Zitrusfrüchte mit der Zitruspresse entsaftet. Alle Geräte sind als Zusatzgeräte zu Universalküchenmaschinen und als Spezialmaschinen im Handel.

Die Zubereitung von Obst-Frischsäften erfordert viel Arbeitsaufwand und ist kostspielig. Für Großküchen kommt das Servieren reiner Frisch-Fruchtsäfte darum kaum in Frage, doch werden sie für verschiedene Schonkost- und Diätkostformen verwandt. Hier sind sie wegen ihrer vorbeugenden und heilenden Wirkung sehr zu empfehlen.

Die Trübung ist bei Säften eine Folge des Gehaltes an Farbstoffen, Pektinen und Mineralstoffen.

Die Saftausbeute ist sehr unterschiedlich. Sie richtet sich nach dem Wassergehalt der Früchte.

Anstelle der frischgepreßten Obstsäfte können die entsprechenden Erzeugnisse des Marktes — Fruchtsäfte oder Süßmoste — verwendet werden.

Zubereitung von Obst durch Garen

Obst wird fast nur durch Dünsten gegart, nur selten wird das Garen durch Schmoren oder Fritieren angewendet.

Garen von Obst durch Dünsten

Werden ganze Früchte oder Fruchthälften gedünstet, so bezeichnet man die fertige Speise als *Kompott*.

Musig gegartes oder nach dem Garen passiertes Obst wird als *Mus* bezeichnet. Mus wird hauptsächlich aus Äpfeln zubereitet. Äpfel zerfallen beim Garen sehr schnell. Das Dünsten der Früchte für Kompotte muß sehr vorsichtig geschehen, damit die Früchte nicht zerfallen. Kompott und Mus können kalt und warm gereicht werden. Als Beigabe zu Wild- oder Geflügelgerichten werden beide Speisen warm serviert.

Sehr saftreiches Obst wird im eigenen Saft gedünstet. Bei festen, nicht so saftreichen Früchten setzt man zum Dünsten etwas Flüssigkeit hinzu. Als Flüssigkeit wird Zuckerlösung verwendet, der man Wein, Zitronensaft oder Süßmost zusetzen kann. Die Zuckermenge richtet sich nach dem Säuregrad der Früchte.

Dünsten saftreicher Früchte

Zutaten	1 Port.	4 Port.	100 Port.
Früchte	125—150 g	500—600 g	12—15 kg
Zucker	20—30 g	80—100 g	2— 3 kg
Flüssigkeit	1 Eßl.	3—4 Eßl.	1—2 *l*

Zubereitung

Die vorbereiteten und gewaschenen Früchte läßt man gut abtropfen und gibt sie in einen Topf. Man streut Zucker darüber, gibt wenig Flüssigkeit hinzu und läßt das Obst kurz dünsten. Als Flüssigkeit können Wein, Wasser mit Zitronensaft oder Süßmost verwendet werden.

Dünsten fester, saftarmer Früchte

Zutaten	1 Port.	4 Port.	100 Port.
Früchte	125 g	500 g	12 kg
Zucker	20—30 g	80—100 g	2—4 kg
Zitronensaft			
Flüssigkeit	2—4 Eßl.	$^1/_4$ *l*	3—4 *l*

Zubereitung

Die Flüssigkeit wird mit Zucker und Zitronensaft aufgekocht, die vorbereiteten Früchte werden portionsweise hineingegeben und vorsichtig gedünstet, damit sie nicht zerfallen. Nach dem Garen nimmt man das Obst aus dem Topf und läßt die Flüssigkeit gegebenenfalls etwas einkochen und gibt sie nach dem Abkühlen über die Früchte.

Dünsten von Früchten mit Fettzusatz

Zutaten	1 Port.	4 Port.	100 Port.
Früchte	125 g	500 g	12 kg
Fett	5 g	20 g	500 g
Zucker	20—30 g	80—120 g	2—3 kg
Flüssigkeit	2 Eßl.	$^1/_8$ *l*	2—4 *l*
Salz, etwa	1 Prise	$^1/_2$ Tl.	50 g

Zubereitung

Die vorbereiteten Früchte — geschält oder ungeschält — werden in Viertel oder Achtel geschnitten und in Fett, Flüssigkeit und Zucker gedünstet.

Diese Früchte eignen sich als Beigabe zu Sauerbraten, Schweinsbraten und gebratener Leber.

Gefüllte Äpfel

Zutaten je Port.

1 mittelgroßer Apfel
Hackfleischteig von etwa 30 g Fleisch
10 g Fett (Speck)

Zubereitung

Ungeschälte Äpfel werden ausgehöhlt, mit Hackfleischteig gefüllt und in dem ausgelassenen Speck etwa 20—30 Minuten gedünstet.

Die Äpfel dürfen nicht zerfallen. Beim Anrichten kann das Fett mit etwas Wasser aufgekocht und mit Kartoffelstärke gebunden werden.

Gefüllte Äpfel eignen sich als Beigabe zu Rotkohl, Möhren, Schneidebohnen. Das ausgehöhlte Apfelmark kann bei der Zubereitung den Gemüsen zugesetzt werden.

Garen von Obst durch Backen

Obst kann durch Backen im Fettbad und durch Backen im Backofen gegart werden.

Backen von Obst im Fettbad

Als Früchte eignen sich Apfelscheiben, Bananen, Ananasscheiben, Pfirsich- und Aprikosenhälften.

Die vorbereiteten Früchte werden in einen Ausbackteig getaucht und in heißem Fettbad gebacken. Nach dem Abtropfen kann man sie in Zucker wenden.

Backen von Obst im Backofen

Dieses Verfahren wird vorwiegend für Äpfel angewandt.

Ungeschälte Äpfel werden ausgebohrt, mit etwas Butter und Zucker gefüllt und im Backofen bei mittelstarker Hitze 10—20 Minuten gebacken. Die Äpfel können auch mit Rosinen gefüllt werden.

Verarbeitung von vorgefertigten Obsterzeugnissen

Tiefkühlobst

Tiefkühlobst behält den höchsten Geschmacks- und Nährwert, wenn man es *nicht gart*, sondern auftaut und dann sogleich serviert. Durch längeres Stehen nach dem Auftauen werden Geschmack und Aussehen beeinträchtigt. Jedoch soll Tiefkühlobst aus gesundheitlichen Gründen nicht zu kalt serviert werden.

Früchte, die ohne Zucker oder mit Streuzucker eingefroren wurden, tauen schneller auf als in Zuckerlösung eingefrorene Früchte. Man gibt die Früchte in eine Schüssel und deckt sie während des Auftauens mit einem Deckel zu, damit das Aroma erhalten bleibt. Ohne Zucker eingefrorene Früchte kann man in einer Zuckerlösung auftauen lassen.

Für *Mixgetränke* können gefrorene Früchte ohne Auftauen verwendet werden. Man gibt sie auf das rotierende Messer des Mixers.

Bei der Zubereitung von *Bowlen* läßt man Gefrierobst in einem Teil des Weines auftauen. In gleicher Weise ist zu verfahren, wenn Gefrierobst als Einlage zu kalten Suppen oder Kaltschalen verwendet wird.

Sollen die Früchte als *Kuchenbelag* verwendet werden, läßt man sie nur antauen und gibt sie dann auf die Teigplatte. Die Teigplatte ist vorher mit Stoßbrot zu bestreuen, weil das Gefrierobst beim Tauen Wasser abgibt.

Werden die Früchte zum *Belegen eines Tortenbodens* verwendet, so übergießt man sie zum Auftauen mit einer aufgekochten Zuckerlösung. Die Lösung wird nachher für den Tortenguß verwendet.

Obst-Naßkonserven

Als Obst-Naßkonserven werden angeboten: Kompott, Dunstfrüchte, Mark und Pulp.

Kompott

Kompott aus Dosen ist tischfertig, es kann ohne jede weitere Verarbeitung verzehrt werden.

Konserviertes Kompott läßt sich zu allen Gerichten weiterverarbeiten wie frisch zubereitetes Kompott.

Dunstfrüchte

Dunstfrüchte sind nicht gezuckert. Es ist zweckmäßig, das Obst etwa 1 Std. vor dem Gebrauch zu zuckern, damit der Zucker einziehen kann.

Dunstfrüchte eignen sich gut für die Zubereitung von Mischgerichten, Suppen und Süßspeisen.

Obstmark und Obstpulp

Obstmark und Obstpulp sind als Halbfertigfabrikate nur auf dem Großverbrauchermarkt erhältlich.
Diese Konserven eignen sich für Mixgetränke, Kaltschalen, Suppen und Cremespeisen. Wenn Obstpulp als Kompott gereicht werden soll, dann ist es längere Zeit zu zuckern und gegebenenfalls nachzugaren.

Trockenobst

Trockenobst ist als Dörrobst auf dem Markt, und zwar getrocknete Pflaumen, Äpfel, Birnen, Aprikosen, Pfirsiche und außerdem Korinthen, Rosinen und Sultaninen. Die durch Gefriertrocknung, Verdampfungstrocknung oder Verdunstungstrocknung konservierten Beerenfrüchte eignen sich vorwiegend für die Zubereitung von Mischgetränken und Suppen oder als Bestandteil von Quark-Süßspeisen.

Zubereitung von Dörrobstkompott

Zutaten	1 Port.	4 Port.	100 Port.
Dörrobst	50—60 g	200 g	5 kg
Wasser	100—125 g	$^1/_2$ *l*	12 *l*
Zucker	5—10 g	40 g	1 kg

Zubereitung

Das Dörrobst wird gründlich gewaschen, 10—12 Stunden vor dem Garen eingeweicht und mit dem Einweichwasser gar gekocht.
Damit das Obst möglichst wenig ausgelaugt wird, gibt man etwas Zucker in das Einweichwasser. Bei einigen Dörrobstarten kann das Kochen durch eine verlängerte Einweichzeit ersetzt werden. Die Früchte quellen dann besonders gut.
Dörrobstkompott eignet sich als Beigabe zu Kartoffelklößen und zu Makkaroni, besonders in Verbindung mit Sauerbraten.
Dörrobst kann außerdem verwendet werden als Einlage für kalte Suppen oder Kaltschalen, als Bestandteil von Müslis, zum Einschichten bei Aufläufen und Breispeisen (Grieß, Reis) als Füllung für Geflügel, für Kalbsbrust und für Schweinsrippe. Püriertes Dörrobst, besonders Aprikosen, eignet sich sehr gut für die Zubereitung von Mischgetränken und als Grundzutat zu Cremespeisen und Tortenfüllungen.
Das Dörrobst wird vor der Verwendung eingeweicht.

Die Verwendung von Rosinen und Korinthen

Rosinen oder Korinthen werden vor der Verwendung mit einem Sieb in lauwarmes Wasser gestellt, schnell gewaschen und in kaltem Wasser nachgespült.

Es ist zu empfehlen, die Rosinen oder Korinthen vor dem Servieren in der Speise oder — wenn es sich um feste Speisen handelt — vorher in etwas warmer Flüssigkeit quellen zu lassen.

Sie eignen sich als Einlagen zu süßen Suppen und Tunken, als Bestandteil von Obstsalat, Obstmüslis, Milchspeisen aus Grieß und Reis. Umfangreiche Verwendung finden sie in der Zubereitung von Gebäck.

Wie Rosinen und Korinthen können bei der Teigbereitung auch gedörrte Äpfel, Aprikosen und Birnen feingeschnitten verwendet werden.

Die Verwendung von Obstpulver

Pulverisierte Fruchtkonzentrate werden vornehmlich in der lebensmittelverarbeitenden Industrie verwendet. Auch auf dem Großverbrauchermarkt werden Obstpulver angeboten, und zwar Apfelpulver, Orangen-, Zitronen- und Bananenpulver. Besonders Orangen- und Zitronenpulver lassen sich vielseitig verarbeiten. Grundsätzlich können die Pulver überall dort verwendet werden, wo die Zubereitung Zitronensaft oder Orangensaft vorsieht. Besonders geeignet sind sie für die Zubereitung von Cremes und süßen Suppen.

Das Pulver ist nach den Vorschriften der Herstellerfirmen aufzulösen und dann weiter zu verwenden wie Orangen- oder Zitronensaft. Man kann aus arbeitstechnischen Gründen eine größere Menge Pulver auflösen und die Flüssigkeit als Vorrat in dicht verschlossenen Flaschen aufbewahren.

Obstfertigsäfte

Fruchtsäfte

Als Fruchtsäfte (= pasteurisierte Preßsäfte) sind auf dem Markt: Apfelsaft, Traubensaft, Orangensaft, Grapefruitsaft und Zitronensaft. Diese Fruchtsäfte können ohne jede Bearbeitung anstelle frischer Fruchtsäfte verwendet werden.

Süßmoste

Süßmoste (= trinkfertig gemachte Fruchtsäfte von Kernobst, Steinobst, Beerenobst) können anstelle der entsprechenden frischen Obstsäfte verwendet werden. Der Gehalt an zugesetztem Wasser und Zucker ist jedoch zu berücksichtigen.

Verarbeitung der Kartoffel

Inhaltsstoffe der Kartoffel

Die Kartoffel enthält neben Wasser und Zellulose bis zu 20% Stärke, wichtige Mineralstoffe, besonders Kalium und Phosphor, 1—2% biologisch vollwertiges Eiweiß, und zwar hauptsächlich Albumine und Globuline. Von den vorkommenden Vitaminen ist besonders der Vitamin-C-Gehalt bedeutsam.

Veränderungen der Inhaltsstoffe bei der Verarbeitung der Kartoffel

In rohem Zustand ist die Kartoffel wegen des hohen Stärkegehaltes nicht genießbar. Rohe Kartoffelstärke wird vom Organismus nicht abgebaut.

Beim Zerkleinern der Kartoffel *verfärbt sich die Schnittfläche braun.* Oxydasen übertragen den Luftsauerstoff auf die in der Kartoffel enthaltenen Phenole und es bilden sich Melanine. (Melanine sind dunkelbraune bis schwarze Pigmentstoffe, die besonders im pflanzlichen Bereich häufig vorkommen.)

Um die Einwirkung des Luftsauerstoffs zu verhindern, werden geschälte Kartoffeln sofort in Wasser gegeben. Durch Hitzeeinwirkung werden die Oxidasen unwirksam gemacht. Gekochte Kartoffeln verfärben sich daher nicht.

Bei Einwirkung von Wärme während des Garprozesses erhitzt sich das Zellwasser der Kartoffel, dadurch kann die Stärke quellen und verkleistern, die Zellwände werden gesprengt, die Kartoffel wird weich.

Die Kartoffel enthält weniger *Zellulose* als die meisten Gemüsearten, die Zellwände sind dünn und zart. Die Kartoffel ist daher leicht verdaulich. Sie zerfällt auch leicht bei unsachgemäßem Garen, besonders bei zu langem Garen.

Bei *hohen Temperaturen*, wie sie beim Braten oder Fritieren vorliegen, bilden sich aus der Stärke der Randschichten Dextrine, die Kartoffeln werden gebräunt.

Im Wasser werden *wasserlösliche Stoffe* — Vitamine, Mineralstoffe und Eiweißstoffe — ausgelaugt, darum sind die Kartoffeln möglichst erst unmittelbar vor dem Garen zu schälen, sie zu dämpfen bzw. in möglichst wenig Wasser zu garen.

Außerdem ist die Einwirkung von Luft und Wärme weitgehend zu beschränken, damit Vitaminverluste, besonders der Verlust an sauerstoffempfindlichem Vitamin C, vermieden werden.

Verarbeitung der frischen Kartoffel

Vorbereitung der Kartoffel

Die Kartoffeln werden vor der Zubereitung zunächst gründlich gewaschen und dann geschält.

Für das *Schälen* stehen verschiedenartige Maschinen zur Verfügung, die entweder als Spezialmaschinen oder als Zusatzgeräte zu Universalküchenmaschinen im Handel sind. Die Maschinen übernehmen das Waschen und Schälen und das Nachwaschen der geschälten Kartoffeln.

Bislang stehen jedoch noch keine Schälmaschinen zur Verfügung, die die Kartoffeln einwandfrei schälen. Bei allen Schälmaschinen ist nach wie vor ein Nachschälen von Hand notwendig. Somit ist das Kartoffelschälen für alle Klein- und Großküchen eine arbeitswirtschaftliche Frage.

In manchen größeren Städten setzt sich bereits der *gewerbliche Vertrieb geschälter Kartoffeln* durch. Diese Regelung ist jedoch ernährungsphysiologisch problematisch, weil die Kartoffeln zu lange im Wasser liegen. In diesen Betrieben und auch in Großküchen wird gelegentlich ein neuartiges Schälverfahren, die sogenannte Dampfschälung, angewandt. Die Kartoffeln werden kurze Zeit einem Dampfdruck ausgesetzt, dadurch löst sich die Schale, sie wird anschließend durch Wasserdruck völlig entfernt. Der Schälverlust ist bei diesem Verfahren gering.

Durch das Schälen von Hand und durch Schälmaschinen entstehen beachtliche *Nährstoffverluste*: mit der Schale wird immer auch Kartoffelfleisch entfernt. Andererseits ist das Entfernen von ergrünten Stellen notwendig wegen des Solaningehaltes.

Geringster Abfall und auch geringste Nährwertverluste durch Auslaugen liegen vor, wenn die *Kartoffel mit der Schale gegart* wird. Die Schale vermindert das Auslaugen der wasserlöslichen Substanzen; außerdem läßt sich nach dem Garen die Schale dünn abziehen, ohne daß Kartoffelfleisch entfernt wird.

Die Schälverluste können bis zu 25% betragen. Die Höhe des Abfalles ist abhängig vom Alter und von der Form der Kartoffeln und von der Technik des Schälens. Unter günstigen Bedingungen kann der Verlust auf 5% vermindert werden.

Die zeitraubenden Vorbereitungen fallen in den Küchen ganz fort, wenn vorgefertigte Kartoffelprodukte eingesetzt werden, die sowohl als kochfertige und auch als tischfertige Erzeugnisse auf dem Markt angeboten werden.

Zubereitung der Kartoffel durch Garen

Kartoffeln können durch Dämpfen, Kochen, Dünsten, Braten und Fritieren gegart werden.

Garen der Kartoffel durch Dämpfen oder Kochen

Gleichgroße oder gleichmäßig geschnittene Kartoffeln sind notwendig, wenn eine gleichmäßige Garung aller Kartoffeln erzielt werden soll.

Frische Kartoffeln werden am besten gedämpft, alte Kartoffeln mit geringem Wassergehalt kann man besser kochen, also mit Wasser bedeckt garen. Außerdem besteht die Möglichkeit, die Kartoffeln nur zum Teil mit Wasser zu bedecken, etwa 1/3 der Menge, die Kartoffeln garen dann durch Dämpfen und Kochen. Bei dieser Methode und beim Dämpfen ist darauf zu achten, daß die Dampfentwicklung möglichst schnell einsetzt, damit die Kartoffeln die helle Farbe behalten. Am besten gibt man zunächst die Kartoffeln in den Topf bzw. in Siebeinsätze und gießt dann das Salzwasser darüber, damit sich das Salz gleichmäßig verteilt.

Frische Kartoffeln werden mit heißem Wasser, alte Kartoffeln mit kaltem Wasser aufgesetzt, schnell zum Kochen gebracht und dann bei verminderter Wärmezufuhr weitergegart, es genügt das Garziehen.

Die Garzeit hängt von der Sorte und dem Alter der Kartoffeln ab. Frische Kartoffeln sind im allgemeinen in 20 Minuten gar, alte Kartoffeln müssen oft bis zu 30 Minuten garen. Wenn die Kartoffeln mit der Schale gegart werden, verlängert sich die Garzeit um 5—7 Minuten. Beim Dämpfen sind wiederum 5—7 Minuten mehr für das Garen notwendig als beim Kochen. Kartoffeln sind gar, wenn sie sich mit einer Gabel leicht aufbrechen lassen.

Nach dem Garen wird das Wasser abgegossen bzw. durch den Abfüllhahn abgelassen. Bei kleineren Mengen werden die Kartoffeln kurze Zeit ohne Wasser auf die Herdplatte gestellt und einige Male durchgeschwenkt, damit die Feuchtigkeit der Randschichten verdampft und die Kartoffeln trocken werden. Bei großen Kochgeräten und Kochkesseln läßt man die Kartoffeln kurze Zeit ohne Wasser im offenen Kessel, damit die Feuchtigkeit verdampft. Meistens genügt für dieses „Abdämpfen" die Speicherwärme der Geräte, andernfalls wird noch etwas Energie zugeführt.

Müssen die Kartoffeln nach dem Garen noch einige Zeit bis zur Ausgabe stehen bleiben, so ist es zweckmäßig, ein Tuch über den Topf zu geben und ihn dann mit dem Deckel zu verschließen, die Kartoffeln werden dann nicht so trocken und hart.

Längeres Warmhalten ist zu vermeiden. Erstreckt sich die Essensausgabe über einen längeren Zeitraum, sind die Kartoffeln in Zeitabständen zu garen.

Menge der ungeschälten Kartoffeln je Portion für die Hauptmahlzeit: 200—300 g.

Weiterverwendung gedämpfter oder gekochter Kartoffeln

Gedämpfte bzw. gekochte Kartoffeln lassen sich auf vielfache Weise weiterverarbeiten. Die Möglichkeit ist besonders dann auszunutzen, wenn Geschmack und Aussehen der Kartoffeln nicht mehr appetitlich sind, nämlich in der letzten Zeit vor der neuen Ernte.

Eine einfache Abwandlung ist möglich, wenn man Salzkartoffeln vor dem Anrichten in Fett schwenkt, sie mit frischen Kräutern, geriebenem Käse, geröstetem Stoßbrot, gerösteten Zwiebeln, mit Kümmel oder Paprikapuder überstreut.

Kartoffelschnee

Die frisch gegarten Salzkartoffeln werden durch die Kartoffelpresse gegeben, am besten sofort in das Anrichtegeschirr gepreßt. Diese Zubereitung eignet sich besonders für Schonkostformen.

Kartoffelschnee kann zusätzlich überbacken werden. Es ist dann zweckmäßig, die durchgepreßten Kartoffeln mit flüssiger Butter zu übergießen und eventuell mit Reibkäse zu bestreuen.

Kartoffelbrei

Zutaten	1 Port.	4 Port.	100 Port.
Kartoffeln	250 g	1000 g	25 kg
Fett	5 g	20 g	500 g
Flüssigkeit	2—4 Eßl.	$^1/_8$—$^1/_4$ *l*	4—5 *l*
Salz und Muskat			

Zubereitung

Die frisch gegarten Kartoffeln werden passiert, mit dem heißen Fett und der heißen Flüssigkeit — Milch, Kartoffelwasser oder mit einer Mischung von Milch und Kartoffelwasser — glattgerührt und mit Salz und Muskat abgeschmeckt.

Bei leistungsfähigen Schlaggeräten erübrigt sich das Passieren, die Kartoffeln werden sofort glattgerührt. Der Markt bietet Spezialgeräte an, in denen die Kartoffeln gegart und sofort glattgerührt werden können. In dem Garbehälter ist ein Rührwerk eingebaut. Diese Spezialgeräte eignen sich besonders für Krankenhausküchen, die täglich Kartoffelbrei herstellen müssen. Das Gerät ist sehr zeitsparend und bietet die Gewähr, daß die Kartoffeln heiß serviert werden können.

Kartoffelbrei kann mit gerösteten Zwiebelringen angerichtet werden.

Kartoffelteig

Zutaten	1 Port.	4 Port.	100 Port.
Kartoffeln	250 g	1000 g	25 kg
Eier	1/2 Eigelb	1 Stck.	25 Stck.
Fett	5 g	20 g	500 g
Salz und Muskat			

Zubereitung

Frisch gegarte Salzkartoffeln werden passiert und mit Ei und den anderen Zutaten zu einem Teig verrührt. Der Kartoffelteig kann durch Hinzugabe von geriebenem Käse oder feingewürfeltem Schinken abgeändert werden.

Der Kartoffelteig läßt sich verwenden zu Kartoffelbällchen, Kartoffelkrusteln, Kartoffelrand und Kartoffelklößen.

Kartoffelbällchen

Der Kartoffelteig wird zu flachen Bällchen geformt und in heißem Fett in der Pfanne gebacken. Die Bällchen können auch ohne Ei zubereitet und vor dem Braten im Backofen angetrocknet werden.

Kartoffelkrusteln

Der Kartoffelteig wird nicht mit ganzem Ei, sondern mit 2 Eigelb je 1000 g Kartoffeln zubereitet, zu Kugeln oder Stäbchen geformt, nacheinander in Mehl, Ei, Paniermehl gewendet und dann im Fettbad gebacken.

Man darf nur wenig Krusteln gleichzeitig in das Fettbad geben, da das Fett sonst zu sehr abkühlt und schäumt. Die Krusteln werden dann nicht gleichmäßig gebacken und die Panade löst sich.

Kartoffelrand

Der Kartoffelteig wird in eine mit Butter ausgestrichene und mit Paniermehl ausgestreute Randform gefüllt, im Backofen oder im Wasserbad 30—40 Minuten gegart und dann gestürzt.

Kartoffelklöße

Der Kartoffelteig wird aus erkalteten Salzkartoffeln zubereitet. Die Kartoffeln werden durch einen Fleischwolf gegeben und mit 50 g Grieß / je 1000 g Kartoffeln vermengt. Der Teig wird mit bemehlten Händen zu Klößen geformt und die Klöße in Mehl oder Grieß gewendet. Man gibt sie in kochendes Salzwasser und läßt sie 10 Minuten garziehen. Man kann vor dem Garen geröstete Brotwürfel in die Klöße einstecken.

Kartoffeln in Tunke

Zutaten	1 Port.	4 Port.	100 Port.
Kartoffeln	250 g	1000 g	25 kg
Tunke	$^1/_8$ *l*	$^1/_2$ *l*	12 *l*

Zubereitung

Pellkartoffeln oder Reste von geschälten gekochten Kartoffeln werden in Scheiben geschnitten und in einer der nachstehenden Tunken kurz aufgekocht. Vgl. Tabelle Seite 97 und 98.

Kräutertunke — Rahmtunke — Bechameltunke — Zwiebeltunke — Specktunke

Überbackene Kartoffelgerichte

Salzkartoffeln oder Pellkartoffeln lassen sich mit verschiedenen Zutaten in der Auflaufform überbacken. Als Zugabe eignen sich:

Gemüse — Eier — Schinken — Fleischreste — Fischreste.

Die in den nachstehenden Rezepten angegebenen Mengenverhältnisse können abgeändert werden.

Überbackene Kartoffeln mit Tunke

Zutaten	1 Port.	4 Port.	100 Port.
Kartoffeln	200 g	800 g	20 kg
Zugaben	50 g	200 g	5 kg
Tunke, vgl. Tab. S. 97/98.	$^1/_8$ *l*	$^1/_2$ *l*	12 *l*
geriebener Käse	10 g	40 g	1 kg

Zubereitung

Die in Scheiben oder Würfel geschnittenen Kartoffeln werden im Wechsel mit den Zugaben lagenweise in eine Auflaufform geschichtet, die Tunke wird aufgefüllt, der Käse darübergestreut und das Gericht im Backofen bei mittelstarker Hitze 15—20 Minuten überbacken.

Diese Art der Zubereitung eignet sich für folgende Zusammenstellungen:

Kartoffeln, Eischeiben, Rahmtunke oder Bechameltunke

Kartoffeln, Reste von gekochtem Fleisch, Zwiebeltunke oder Specktunke

Kartoffeln, Reste von gedünstetem Fisch, helle Grundtunke oder Zwiebeltunke

Kartoffeln, Gemüsereste (z. B. Blumenkohl, Kohlrabi, Porree), Rahmtunke oder helle Grundtunke.

Überbackene Kartoffeln mit Eiermilch

Zutaten	1 Port.	4 Port.	100 Port.
Kartoffeln	200 g	800 g	20 kg
Zugaben	50 g	200 g	5 kg
Fett	5 g	20 g	500 g
Milch	$^1/_8$ *l*	$^1/_2$ *l*	12 *l*
Eier	1 Stck.	2 Stck	50 Stck.
Salz, Muskat			

Zubereitung

Die in Scheiben oder Würfel geschnittenen Kartoffeln werden im Wechsel mit den Zugaben und dem Fett lagenweise in eine Auflaufform geschichtet, die mit den Eiern und den Gewürzen verquirlte Milch wird aufgefüllt und das Gericht im Backofen bei mittelstarker Hitze 50—60 Minuten gebacken.

Diese Art der Zubereitung eignet sich für folgende Zusammenstellungen:

Kartoffeln, gekochte Eier

Kartoffeln, Schinken

Kartoffeln, geriebener Käse

Überbackene Kartoffeln mit Fett

Zutaten	1 Port.	4 Port.	100 Port.
Kartoffeln	150 g	600 g	15 kg
Zugaben	100 g	400 g	10 kg
Fett	5 g	20 g	500 g
Stoßbrot	5 g	20 g	500 g

Zubereitung

Kartoffelbrei oder in Scheiben bzw. Würfel geschnittene Kartoffeln werden abwechselnd mit den Zugaben lagenweise in eine Auflaufform geschichtet. Das Gericht wird mit Stoßbrot bestreut, mit Butterflöckchen belegt und im Backofen bei mittelstarker Hitze 15—20 Minuten überbacken.

Diese Art der Zubereitung eignet sich für folgende Zusammenstellung:

Salzkartoffeln oder Kartoffelbrei

Gemüsereste, z. B. Sauerkraut, Möhren, Erbsen

Fleischreste

Kartoffelsalat

Zutaten	1 Port.	4 Port.	100 Port.
Pellkartoffeln	250 g	1 kg	25 kg
Milch oder Brühe	2 Eßl.	$^1/_8$—$^1/_4$ *l*	3—4 *l*
Marinade S. 50			
Mayonnaise S. 163			

Zubereitung

Erkaltete Pellkartoffeln werden in Scheiben oder Würfel geschnitten, zunächst mit der Marinade und mit Milch oder Brühe, dann mit Mayonnaise vermischt. Der Salat kann ohne Mayonnaise zubereitet werden, dann wird die Menge der Marinade entsprechend erhöht.

Als ergänzende Zutaten lassen sich untermischen: Essiggurken, Äpfel, grüne Brechbohnen.

Röstkartoffeln (Bratkartoffeln)

Gegarte und erkaltete Kartoffeln werden in Scheiben, Würfel oder Stifte geschnitten — kleine Kartoffeln kann man ganz lassen oder halbieren — und in sehr heißem Fett gebräunt. Kurz vor Beendigung des Bräunens kann man gewürfelte Zwiebeln hinzugeben.

Garen der Kartoffel durch Dünsten

Das Dünsten eignet sich zum Garen von Kartoffeln weniger gut, weil die stärkereichen Kartoffeln leicht ihre Form verlieren. Es wird hauptsächlich angewendet zum Garen von Kartoffel-Eintopfgerichten.

Eintopfgericht mit Kartoffeln und Gemüse

Zutaten	1 Port.	4 Port.	100 Port.
Fett	10 g	40 g	1 kg
Gemüse	200 g	800 g	20 kg
Kartoffeln	200 g	800 g	20 kg
Fleischbrühe	$^1/_8$ *l*	$^1/_2$ *l*	6 *l*
Salz, etwa	1 Prise	1 Tl.	200 g
Kräuter	1 Tl.	1—2 Eßl.	200—250 g
Zwiebeln	1 Stck.	2—3 Stck.	1,5 kg

Zubereitung

Das kleingeschnittene Gemüse wird in heißem Fett angedünstet, dann gibt man Kartoffeln, Salz und Fleischbrühe hinzu und läßt das Gericht etwa 30 Minuten dünsten. Vor dem Anrichten werden frische gehackte Kräuter untergemischt.

Man kann feingewürfelte Zwiebeln vor dem Gemüse im heißen Fett anschwitzen lassen.

Geeignete Gemüse: Möhren, Schneidebohnen, Wirsing.

Eintopfgericht mit Kartoffeln, Gemüse und Fleisch

Zutaten	1 Port.	4 Port.	100 Port.
Fett	10 g	40 g	1 kg
Fleisch	100 g	400 g	10 kg
Gemüse	200 g	800 g	20 kg
Kartoffeln	200 g	800 g	20 kg
Wasser	$^1/_8$ *l*	$^1/_2$ *l*	6 *l*
Salz, etwa	1 Prise	1 Tl.	200 g
Zwiebeln	1 Stck.	2—3 Stck.	1,5 kg

Zubereitung

Das Fleisch wird in wenig Wasser gekocht oder roh in Würfel geschnitten und in Fett und wenig Wasser gedünstet, bis es fast gar ist, dann gibt man das kleingeschnittene Gemüse, die gewürfelten Kartoffeln und das Salz hinzu und läßt das Gericht 30—40 Minuten dünsten.

Vor dem Anrichten können gelbgedünstete Zwiebeln und frische gehackte Kräuter untergemischt werden.

Geeignetes Fleisch: mittelfettes Hammel- Schweine- oder Rindfleisch.

Geeignete Gemüse: Weißkohl oder eine Mischung von Weißkohl und Möhren, Schneidebohnen, Wirsing, Sauerkraut.

Eintopfgericht mit Kartoffeln und Fleisch

Zutaten	1 Port.	4 Port.	100 Port.
Fett	10 g	40 g	1 kg
Fleischreste, etwa	70 g	300 g	7 kg
Kartoffeln	250 g	1 kg	25 kg
Zwiebeln	1 kl.	2—3 Stck.	1,5 kg
Essiggurken	1 kl.	2—3 Stck.	1,5 kg
Brühe	$^{1}/_{8}$ *l*	$^{1}/_{2}$ *l*	6 *l*
Salz, etwa	1 Prise	1 Tl.	150 g
Pfeffer			

Zubereitung

Fleischreste und rohe oder gekochte Kartoffeln werden in Würfel geschnitten. Man gibt lagenweise Fleisch, Kartoffeln mit Salz, Pfeffer, Gurkenscheiben und Zwiebelscheiben in das heiße Fett. Die oberste Lage besteht aus Kartoffeln. Man fügt die Fleischbrühe hinzu und läßt das Gericht etwa 30 Minuten dünsten. Das Gericht wird kräftig gewürzt. Als Gerät wird ein Bratentopf und in Großküchen die Kippbratpfanne verwendet.

Garen der Kartoffel durch Braten

Bratkartoffeln

Zutaten	1 Port.	4 Port.	100 Port.
Fett (Speck)	20 g	80 g	2 kg
Kartoffeln	250 g	1 kg	25 kg
Salz, etwa	1 Prise	$^{1}/_{2}$ Tl.	100 g

Zubereitung

Der Speck wird ausgelassen und die Butter hinzugegeben. Man gibt die rohen, in Würfel, Stifte oder Scheiben geschnittenen Kartoffeln in die Pfanne, fügt etwas Salz hinzu und läßt die Kartoffeln 5—10 Minuten in geschlossener, dann in offener Pfanne garen.

Man darf nicht zu viel Kartoffeln in einem Arbeitsgang braten, damit sie nicht breiig werden.

Das Garen durch Braten eignet sich für kleine Kartoffeln, dicke Kartoffeln müssen in Scheiben, Würfel oder Stifte geschnitten werden. Bei dicken Kartoffeln läßt sich keine gleichmäßige Garung erreichen. Bevor die Stärke der Innenschichten verkleistern kann, ist die Zellstruktur der Außenschicht bereits weich und übergar. Bei sachgemäßem Braten in heißem

Fett bilden sich aus der Stärke der Randschichten wohlschmeckende Röstprodukte, die Dextrine.

Kartoffel-Reibekuchen

Zutaten	1 Port.	4 Port.	100 Port.
Kartoffeln	250 g	1 kg	25 kg
Eier	$^1/_2$	1 Stck.	20 Stck.
Fett	30 g	125 g	2 kg
Salz, etwa	1 Prise	1 Tl.	125 g

Zubereitung

Die rohen Kartoffeln werden kurz vor dem Backen gerieben, da sie durch längeres Stehen unansehnlich werden. Man gibt Salz und Ei hinzu, verrührt die Masse gut, gibt sie löffelweise in das heiße Fett und backt die kleinen Reibekuchen unter einmaligem Wenden von beiden Seiten hellbraun.

Man kann vor dem Backen der Reibekuchen einige gekochte geriebene Kartoffeln, geriebenen Zwieback oder Kartoffelkloßmehl unter die Masse mischen. Dadurch wird die sich absetzende Flüssigkeit aufgenommen, die Reibekuchen werden locker und kroß.

Das geeignete Gerät ist in Großbetrieben die Kippbratpfanne. Anhaltende Energiezufuhr ist notwendig.

Garen der Kartoffel durch Fritieren (Backen im Fettbad)

Beim Garen der Kartoffeln im Fettbad gelten die gleichen Richtlinien wie beim Garen durch Braten. Die vorbereiteten Kartoffeln sind zu trocknen, bevor sie in das heiße Fett gegeben werden.

Pommes frites

Rohe geschälte Kartoffeln werden in $^1/_2$ cm breite Streifen geschnitten und in einem Tuch getrocknet. Man backt sie in heißem Fettbad hellbraun, gibt sie in einen Durchschlag zum Abtropfen und bestreut sie mit feinem Salz.

Sie werden besonders „kroß“, wenn man sie kurz vor dem Anrichten noch ein zweites Mal portionsweise in heißem Fettbad backt. Das erste Backen kann längere Zeit vor der Speisenausgabe, auch schon am Tage vorher geschehen.

Das zweimalige Fritieren ist besonders in Großküchen zweckmäßig, wenn größere Mengen gleichzeitig ausgegeben werden müssen.

Das Salzen findet erst nach dem zweiten Fritieren statt. Pommes frites werden sofort nach der Fertigstellung serviert.

Garen der Kartoffel durch Grillen

Kartoffeln können auch durch Grillen gegart werden. Dafür eignen sich halbierte Kartoffeln. Vor dem Garen werden die Schnittflächen mit Öl bestrichen und die Kartoffeln in Salz, Paprikapulver, Reibkäse oder Kümmel getaucht.

Verarbeitung vorgefertigter Kartoffelerzeugnisse

Tiefgefrorene Kartoffelerzeugnisse

Pommes frites

Die tiefgefrorenen vorfritierten Pommes frites werden nicht getaut, sondern in gefrorenem Zustand in das heiße Fettbad gegeben und etwa 3 Minuten fritiert. Das Fett kühlt stark ab, so daß immer nur eine begrenzte Menge Kartoffelstifte nachfritiert werden kann.

Bei der Zubereitung in einer Stielpfanne oder Kippbratpfanne werden die Pommes frites unter ständigem Wenden 5—8 Minuten in sehr heißem Fett gebacken.

Menge je Portion: etwa 150 g

Reibekuchen

Tischfertige Reibekuchen werden ebenfalls als Tiefgefrierware angeboten. Sie werden nach gleichem Verfahren — entweder in der Bratpfanne oder im Fettbad — fertiggestellt wie die Pommes frites.

Kartoffelklöße

Tiefgefrorene Kartoffelklöße werden unaufgetaut in sprudelnd kochendes Salzwasser gegeben. Dann läßt man sie 15—20 Minuten ziehen, bis sie oben schwimmen. Die Klöße dürfen nicht kochen, weil sie dadurch ihre runde Form verlieren und größere Abkochverluste entstehen.

Bei größeren Mengen empfiehlt es sich, das Kochwasser mit etwas Kartoffelstärke (etwa 5 g / 1 l Wasser) zu binden. Die Oberfläche der Klöße bleibt dadurch glatt, die Klöße behalten ihre Form und ihre feste Konsistenz. Das Binden des Kochwassers ist besonders günstig, wenn die Klöße längere Zeit im Kochwasser warm gehalten werden müssen.

Kartoffel-Trockenerzeugnisse

Trockenspeisekartoffeln

Trockenspeisekartoffeln werden in Würfeln, Streifen und Scheiben angeboten. Sie eignen sich besonders für Eintopfgerichte.

Die Kartoffeln können etwa das Vierfache ihres Gewichtes an Wasser aufnehmen. Sie werden mit kaltem Wasser angesetzt, damit sie zunächst quellen und dann garen können. Die Garzeit beträgt etwa 20 Minuten.

Menge je Portion : etwa 40 g Trockenkartoffeln
etwa 160 g Wasser

Kartoffelkloßmehl

Kartoffelkloßmehl besteht aus unverkleisterter Kartoffelstärke und etwas gequollener und wieder getrockneter Stärke. Außerdem sind feingemahlene Trockenspeisekartoffeln darin enthalten. Wegen dieser Zusammensetzung erfordert das Kartoffelkloßmehl eine Quellzeit von etwa 10—20 Minuten und auch eine Garung.

Das Kartoffelkloßmehl wird mit kaltem Wasser zu einem Teig verarbeitet und nach etwa 15 Minuten zu Klößen geformt. Die Klöße werden gegart wie Klöße aus Frischkartoffeln (vgl. S. 75).

Menge je Portion (2 Klöße) : etwa 50 g Kartoffelkloßmehl
etwa 110 g Wasser

Aus Kartoffelkloßmehl lassen sich auch *Reibeplätzchen* herstellen. Für die Zubereitung benötigt man mehr Wasser als bei Klößen.

Menge je Portion (etwa 5 Reibeplätzchen) :
etwa 50 g Kartoffelkloßmehl
etwa 175 g Wasser

Kartoffelpüreepulver

Kartoffelpüreepulver enthält bereits verkleisterte Stärke und braucht nicht mehr gegart werden.

Das Pulver wird in die heiße Flüssigkeit eingerührt. Die Flüssigkeitsmenge beträgt etwa das Fünffache der Pulvermenge, sie besteht aus Milch und Wasser. Am besten verwendet man 2 Teile Milch und einen Teil Wasser oder auch weniger Milch und mehr Wasser, nicht nur Milch. Die Temperatur der Flüssigkeit darf nicht mehr als 90° C betragen.

Die Flüssigkeit wird mit dem Fett und etwas Salz auf 80° C erhitzt. Man nimmt den Topf von der Herdstelle (beim Kochkessel schaltet man die

Energiezufuhr ab) und rührt das Püreepulver in die Flüssigkeit. Das Püree darf nur so lange gerührt werden, bis das Pulver gleichmäßig mit der Flüssigkeit vermischt ist. Das Püree wird sofort aufgegeben.

Menge je Portion: etwa 35 g Püreepulver
etwa 130 g Milch
etwa 70 g Wasser
etwa 5 g Butter oder Margarine
etwa 1 Prise Salz

Einzelheiten für die Anwendung der vorgefertigten Kartoffelprodukte sind den Hinweisen der Herstellerfirmen zu entnehmen.

Verarbeitung der Getreideerzeugnisse

Arten der Getreideerzeugnisse
Inhaltsstoffe der Getreideerzeugnisse
Veränderungen der Inhaltsstoffe bei der Verarbeitung der Getreideerzeugnisse
Richtlinien für die küchentechnische Verarbeitung der Getreideerzeugnisse
Verarbeitung der Getreideerzeugnisse zu Gerichten
Gebundene Fettsuppen — Fettunken — Hauptgerichte
Süße Suppen — Süße Tunken — Süße Breispeisen — Flammeris — Stärkecremes — Puddings — Aufläufe

Arten der Getreideerzeugnisse

Zu den Getreideerzeugnissen mit küchentechnischer Bedeutung gehören:

1. die groben Erzeugnisse Vollreis, Graupen (Rollgerste) und kernige Haferflocken;
   außerdem Hafergrütze und Gerstengrütze, sie können grobe oder mittelfeine Beschaffenheit haben.
2. die mittelfeinen Erzeugnisse Weizengrieß und Haferflocken.
3. die feinen Erzeugnisse Weizenmehl und reine Stärke. Als Weizenmehl eignen sich für die Küchentechnik die Mehltypen 405 und 550. Stärke wird vorwiegend aus Mais und aus Weizen gewonnen und ist unter verschiedenen Handelsbezeichnungen auf dem Markt[1].
4. die Teigwaren, die in verschiedener Qualität und in verschiedenen Formen angeboten werden.

Inhaltsstoffe der Getreideerzeugnisse

Die Getreideerzeugnisse sind die wichtigsten Stärkespender der Nahrung. Auch sind sie reich an Eiweißstoffen. Wasser ist nur in geringer Menge enthalten.

Vollkornerzeugnisse enthalten außerdem Zellulose, Fett, die Vitamine A, B und E und die Mineralstoffe Kalzium, Phosphor und Eisen.

Fein ausgemahlene Getreideerzeugnisse bestehen hauptsächlich aus Stärke und Eiweiß. Sie sind arm an Vitaminen und Mineralstoffen.

[1] Wie Getreidestärke wird auch die Stärke der Kartoffel in der Lebensmittelverarbeitung als Bindemittel verwendet. Sie ist in Pulverform und geformt als „Sago" im Handel.

Veränderungen der Inhaltsstoffe bei der Verarbeitung der Getreideerzeugnisse

Wegen des hohen Stärkegehaltes und des geringen Anteils an Wasser werden Getreideerzeugnisse vorwiegend in feuchter Hitze gegart. Geeignete Garverfahren sind das Kochen und Garziehen.

Durch die Einwirkung von Wasser wird die *Stärke* zum Quellen gebracht. In heißem Wasser, etwa bei 70 ° C, verkleistert die Stärke. Sie kann dabei das Vielfache ihres Gewichtes an Wasser einschließen.

Bei anhaltender Hitzeeinwirkung wird die Bindefähigkeit der Stärke vermindert. Wenn man z. B. gebundene Suppen oder Stärkecremes längere Zeit kochen läßt, werden sie wieder dünn.

Die Bindefähigkeit der Stärke wird auch vermindert durch Säureeinwirkung. Säure baut die Stärke zu Zucker ab. Gebundene Obstsuppen werden leicht wieder dünnflüssig.

Die *Eiweißstoffe* der Getreideprodukte — Gliadin und Glutelin — lagern sich bei Gegenwart von Wasser zusammen und bilden den Kleber. Unter Hitzeeinwirkung gerinnt das Klebereiweiß und wird fest. Aus diesem Grunde behalten Getreideprodukte mit einem hohen Eiweißanteil beim Garen besser die Form als eiweißarme Erzeugnisse.

Zellulose, die noch in den Getreideerzeugnissen enthalten ist, wird beim Garen gelockert und weich.

Mineralstoffe und *Vitamine* lösen sich in der Garflüssigkeit; Vitamine werden bei längerer Garzeit zum Teil zerstört.

Bei der Einwirkung höherer Temperaturen, wie z. B. bei Mehlschwitzen, bilden sich aus einem Teil der Stärke Dextrine und aus den Eiweißstoffen Röstprodukte.

Richtlinien für die küchentechnische Verarbeitung der Getreideerzeugnisse

Das große Quellvermögen der Getreideerzeugnisse wird küchentechnisch ausgenutzt zum Binden von Flüssigkeiten. Getreideerzeugnisse können verwendet werden, um Suppen und Tunken zu binden, um Breispeisen, Cremes, Flammeris, Aufläufe, Puddings und Klöße herzustellen.

Stärkegehalt und Zerkleinerungsgrad der Getreideerzeugnisse sind ausschlaggebend für die küchentechnische Verwendung als Bindemittel:

für die Art der Verarbeitungstechnik
für das Maß an Bindefähigkeit und damit für die zu verwendende Bindemittelmenge
für die Dauer der Garzeit

Verarbeitungstechnik

Die Getreideerzeugnisse können gegart werden
durch Kochen bzw. Garziehen
durch Anschwitzen und Garziehen
durch Anrösten und Garziehen

Garen der Getreideerzeugnisse durch Kochen

Grobe Getreideerzeugnisse — Graupen, Kernige Flocken, grobe Grütze — werden vor dem Garen eingeweicht oder in kalte Flüssigkeit gegeben und dann allmählich erhitzt. Der Garprozeß darf erst einsetzen, wenn das Wasser bis in die Innenschichten der Erzeugnisse eingedrungen ist, andernfalls ist kein ergiebiges Ausquellen und damit kein vollständiges Garen möglich. Reis bildet — auch als ganzes Korn — eine Ausnahme, er kann in die heiße Flüssigkeit gegeben werden.

Die groben Getreideerzeugnisse werden bei sehr schwacher Hitze durch *Garziehen* gegart. Es genügen nach dem Aufkochen Gartemperaturen von 60—70° C. Bei großen Nahrungsmengen kann die Wärmezufuhr einige Zeit vor der Beendigung der Garzeit ausgeschaltet werden, die Speicherwärme der Heizgeräte und die Eigenwärme des Nahrungsgutes genügen für die restliche Garung.

Mittelfeine Getreideerzeugnisse werden unter Rühren in die kochende Flüssigkeit eingestreut und ebenfalls durch Garziehen gegart.

Feine Getreideerzeugnisse — Weizenmehl und reine Stärke — werden mit kaltem Wasser angerührt und unter Rühren in die kochende Flüssigkeit gegeben. Dadurch wird eine gleichmäßige Verkleisterung der Stärke gewährleistet und die „Klümpchenbildung" vermieden. Klümpchen bestehen in den Innenschichten aus roher, für die Verdauung nicht ausnutzbarer Stärke. Die Stärke verkleistert nicht, so daß die Speise nicht hinreichend gebunden wird.

Die stärkereichen Teigwaren werden immer durch Kochen gegart, und zwar durch Kochen in viel Wasser, damit sie hinreichend ausquellen können. Die Teigwaren werden in kochendes Wasser gegeben; die Stärkekörner können dann schnell quellen und verkleistern, ohne daß sie sich ablösen und die Teigwaren klebrig machen.

Zu Beginn des Kochprozesses rührt man die Teigwaren einmal durch, damit sie nicht aufeinanderkleben. Dann läßt man sie bei schwacher Wärmezufuhr 20—30 Minuten garziehen. Nach dem Garen werden die Teigwaren auf ein Sieb gegeben und mit kaltem Wasser überspült.

Teigwaren, die als Hauptgericht gereicht werden, schwenkt man nach dem Abspülen in heißer Butter und schmeckt sie mit Gewürzen ab. Sie können durch ergänzende Zutaten zu verschiedenen Gerichten weiterverwendet werden.

Das Anschwitzen und Anrösten der Getreideerzeugnisse

Die Getreideerzeugnisse — Stärke ausgenommen — können in Fett angeschwitzt oder angeröstet werden. Die entstehenden Röstprodukte verbessern den Geschmack der Speisen.

Beim Anschwitzen werden *grobe* und *mittelfeine Erzeugnisse* in das heiße Fett gegeben und so lange unter ständigem Rühren erhitzt, bis sie eine goldgelbe Farbe angenommen haben. Danach wird die Flüssigkeit aufgefüllt, und die Getreideerzeugnisse werden durch Garziehen gegart.

Mehl wird in das heiße Fett gegeben. Das Fett-Mehlgemisch rührt man bei mittelstarker Hitze so lange, bis alles Eigenwasser des Mehles verdunstet ist, keine Bläschen mehr aufsteigen und die Mehlschwitze eine goldgelbe Farbe angenommen hat. Gleichmäßiges Rühren während des Anschwitzens ist notwendig, damit keine Mehlteilchen verbrennen.

Anschließend wird nach und nach unter Rühren die heiße Flüssigkeit hinzugegeben. Die Flüssigkeit wird gerührt, bis sie aufkocht. Dann läßt man das Mehl bei geschlossenem Topf 5—10 Minuten garziehen.

Eine Mehlschwitze läßt sich am leichtesten zubereiten, wenn gleiche Fett- und Mehlmengen verwandt werden. Will man die Fettmenge im Verhältnis zur Mehlmenge sehr verringern, so kann man einen Teil des Mehles in Fett schwitzen, das übrige Mehl mit kalter Milch oder mit kaltem Wasser glattrühren und in die kochende Suppe oder Tunke geben.

Als *Fett zum Anschwitzen* können Margarine oder Butter verwendet werden.

Beim Anrösten werden die Getreideprodukte in das leicht gebräunte Fett gegeben und unter ständigem Rühren so lange erhitzt, bis die Schwitze eine hellbraune Farbe angenommen hat, dann wird das Wasser aufgefüllt und das Gericht weiterverarbeitet wie bei der hellen Schwitze.

Als *Fett zum Anrösten* eignen sich Schmalz, Speck, Palmkernfett.

Die Bindefähigkeit der Getreideerzeugnisse

Die Bindefähigkeit der Getreideerzeugnisse richtet sich nach dem Zerkleinerungsgrad, nach dem Stärkegehalt und nach der Verarbeitungstechnik.

Bei den zerkleinerten Erzeugnissen sind die Zellwände aufgeschlossen, die Stärke liegt frei und kann leicht in der Flüssigkeit quellen und verkleistern.

Der Stärkegehalt hängt ab von dem Ausmahlungsgrad. Fein ausgemahlene Erzeugnisse enthalten prozentual mehr Stärke als grob ausgemahlene, die noch Zellulose enthalten. *Mit zunehmendem Feinheitsgrad nimmt die notwendige Bindemittelmenge für eine bestimmte Flüssigkeitsmenge ab.*

Durch die Art der Verarbeitungstechnik kann die Bindefähigkeit der Getreideerzeugnisse vermindert werden. Beim Anrösten wird ein Teil der Stärke zu Dextrin abgebaut. Dextrin ist im Gegensatz zu Stärke wasserlöslich und kann die Flüssigkeit nicht binden. *Geröstete Getreideerzeugnisse verlieren an Bindefähigkeit; die Bindemittelmenge muß darum im Verhältnis zur Flüssigkeitsmenge erhöht werden.*

Art der Bindemittel	Menge der Bindemittel					
	helle Fettsuppe je 1 *l*	dunkle Fettsuppe je 1 *l*	süße Suppe je 1 *l*	Breispeisen je 1/2 *l*	Flammeri je 1/2 *l*	Pudding je 1/2 *l*
Stärke	—	—	20 g	30 g	50 g	—
Mehl	40 g	50 g	30 g	—	—	—
Grieß	40 g	50 g	30 g	40 g	60 g	100 g
Haferflocken	50 g	60 g	40 g	50 g	—	—
Grütze	50 g	60 g	40 g	50 g	70 g	100 g
Graupen	50 g	60 g	40 g	60 g	—	—
Reis	50 g	60 g	40 g	60 g	80 g	100 g

Garzeit der Getreideerzeugnisse

Auch die Garzeit hängt ab von der Feinheit der Getreideerzeugnisse. *Mit zunehmendem Feinheitsgrad nimmt die Dauer der Garzeit ab.*

Die Garzeit ist nicht zu überschreiten. Grobe Mahlerzeugnisse verlieren dann ihre Form. Die Speisen werden breiig. Bei feinen Erzeugnissen wird die Bindefähigkeit durch lange Hitzeeinwirkung vermindert.

Art des Bindemittels	Garzeit
Stärke	einmal aufkochen
Mehl	5—10 Minuten
Grieß	10 Minuten
Grütze	20 Minuten
Flocken	20 Minuten
Graupen	30 Minuten
Reis	20—30 Minuten
Teigwaren	20—30 Minuten

Verarbeitung der Getreideerzeugnisse zu Gerichten

Gebundene Fettsuppen

Helle Grundsuppe

Zutaten	4 Port.	100 Port.
Fett	40 g	1 kg
Mehl	40 g	1 kg
Suppengrün	50 g	1 kg
Zwiebeln	1 Stck.	1 kg
Flüssigkeit	1 *l*	25 *l*
Salz, etwa	1 Tl.	100 g

Zubereitung

Fett und Mehl werden so lange geschwitzt, bis keine Blasen mehr aufsteigen und die Schwitze eine goldgelbe Farbe erhalten hat. Man gibt das feingeschnittene Suppengrün und die Zwiebel hinzu, dann unter fortwährendem Rühren nach und nach die heiße Flüssigkeit (Wasser, Fleischbrühe, Gemüsebrühe). Die Suppe muß zwischendurch immer wieder zum Kochen kommen.

Je langsamer das Zugießen und je sorgfältiger das Rühren geschieht, desto glatter und gleichmäßiger ist die fertige Suppe. Wird die Flüssigkeit schnell hinzugegossen, so können sich Klümpchen bilden; wird sie nicht ständig bis zum Kochen gerührt, so kann sich das Mehl leicht absetzen. Die Suppe muß 5—10 Minuten garziehen. Sie wird mit Salz abgeschmeckt.

Abänderungen

Die Qualität der hellen Grundsuppe läßt sich verbessern:

durch Hinzugabe frischer Petersilie oder anderer Würzkräuter
durch Abschmecken mit Zitrone oder Wein
durch Abziehen mit Eigelb

durch Hinzugabe von frischer Butter beim Anrichten
durch Einlagen (Eierstich, Klößchen)
durch Beigaben (Käsebrötchen, Käsestangen, geröstete Brotwürfel).

Dunkle Grundsuppe

Zutaten	4 Port.	100 Port.
Fett	50 g	1,2 kg
Mehl	50 g	1,2 kg
Suppengrün	100 g	2,5 kg
Zwiebeln	1 Stck.	500 g
Flüssigkeit	1 *l*	25 *l*
Salz, etwa	1 Tl.	100 g

Zubereitung

Das Mehl wird in das leicht gebräunte Fett gegeben und unter Rühren gleichmäßig gebräunt. Dann verfährt man weiter wie bei der hellen Grundsuppe. Suppengemüse und Zwiebel dürfen erst hinzugefügt werden, wenn das Mehl gebräunt ist. Sie bräunen schneller als Mehl und können daher leicht zu dunkel, infolgedessen bitterschmeckend werden.

Abänderungen

Die dunkle Grundsuppe läßt sich abändern:

durch Abschmecken mit Madeira, Burgunder oder Portwein
durch Hinzugabe von frischer Butter beim Anrichten
durch Einlagen (Eierstich, Klößchen).

Gebundene Fleischsuppe (hell)

Helle gebundene Fleischsuppen werden hauptsächlich aus Kalbfleisch und Geflügel hergestellt. Auch Reste von gegartem Geflügel können für die Zubereitung von gebundenen Fleischsuppen verwendet werden.

Zutaten	4 Port.	100 Port.
Fleisch	250 g	5 kg
Wasser	$1^1/_2$ *l*	25 *l*
Salz, etwa	1 Tl.	100 g
Fett	30 g	750 g
Mehl	30 g	750 g
Petersilienwurzel		

Zubereitung

Das Fleisch wird mit der Petersilienwurzel in Salzwasser gekocht. Nach dem Garen wird eine helle Mehlschwitze hergestellt, die mit der Fleischbrühe aufgefüllt wird. Das Fleisch schneidet man in Würfel und gibt es als Einlage in die Suppe.

Die Fleischsuppe kann legiert und mit Zitronensaft oder Wein abgeschmeckt werden.

Bei der Verwendung von Geflügelresten wird das Fleisch von den Knochen abgelöst, die Knochen werden mit der Petersilienwurzel etwa 2 Stunden gekocht. Dann stellt man aus der Brühe eine helle Grundsuppe her, die mit der Kochbrühe aufgefüllt wird.

Gebundene Fleischsuppe (dunkel)

Ochsenschwanzsuppe

Zutaten	4 Port.	100 Port.
Ochsenschwanz	500 g	5 kg
Rinderknochen	250 g	3 kg
Fett	20 g	1/2 kg
Zwiebeln	1 Stck.	500 g
Suppengrün	100 g	2 kg
Wasser	2 *l*	25 *l*
Salz, nach Geschmack		
Lorbeerblatt	1/4 Bl.	4—5 Bl.
Fett	40 g	1 kg
Mehl	40 g	1 kg
Madeira oder Rotwein	1/2 Glas	3 *l*
Zucker	1 Prise	1 Eßl.
Pfeffer, nach Geschmack		

Zubereitung

Der Ochsenschwanz wird gewaschen, in den Gelenken durchgeschnitten und mit den Knochen, mit Suppengrün und Zwiebeln in Fett angebraten. Man fügt Wasser, Salz und Lorbeerblatt hinzu und läßt die Suppe bei schwacher Hitze 2—3 Stunden kochen.

Von der Brühe bereitet man eine dunkle Grundsuppe, läßt sie 10 Minuten garziehen, entfettet sie und schmeckt sie mit Salz, Zucker, Pfeffer und Wein ab.

In die fertige Suppe gibt man das in feine Streifen geschnittene Ochsenschwanzfleisch.

Die Suppe kann abgeändert werden, indem man statt Rinderknochen Rindfleisch und mageren Schinken mit dem Ochsenschwanz anbrät.

Außer dem feingeschnittenen Ochsenfleisch kann Eierstich in die fertige Suppe gegeben werden.

Wildsuppe

Zutaten	4 Port.	100 Port.
Wildkleinfleisch		
Fett	30 g	750 g
Zwiebeln	2 Stck.	1 kg
Wasser	$1^1/_2$ *l*	25 *l*
Salz, nach Geschmack		
Lorbeerblatt	$^1/_4$ Stck.	5—6 Stck.
Pfefferkörner	3—4 Stck.	10 g
Fett	30 g	750 g
Mehl	30 g	1 kg

Zubereitung

Hasenfleisch (Vorderbeine, Bauchlappen, Rippchen, Hals, Kopf, Herz, Lunge, Leber) oder anderes Wildkleinfleisch wird gewaschen, getrocknet, in Stücke geschnitten und in heißem Fett gebraten. Dann fügt man die Zwiebeln hinzu und, wenn sie gebräunt sind, Wasser und Gewürze. Man läßt die Suppe 2 Stunden kochen, bereitet dann von der durchgesiebten Brühe eine dunkle gebundene Suppe. Das Fleisch wird von den Knochen abgelöst, in feine Streifen geschnitten und in die fertige Suppe gegeben.

Gebundene Fischsuppe

Eine gebundene Fischsuppe kann aus dem Fischsud hergestellt werden, der beim Garen von Fisch anfällt. Außerdem ist es möglich, Fischreste, die beim Filetieren von Fisch anfallen, auszukochen und aus der Brühe eine helle gebundene Suppe herzustellen.

Die Suppe wird mit Salz, Muskat, gehackten Kräutern und Suppenwürzen abgeschmeckt. Stückchen von gedämpftem oder gedünstetem Fisch kann man als Einlage in die Suppe geben.

Gebundene Gemüsesuppe

Zutaten	4 Port.	100 Port.
Helle Grundsuppe	1 *l*	20 *l*
Gemüse	250 g	5 kg

Erste Art der Zubereitung

Das vorbereitete und kleingeschnittene Gemüse wird in Fett gedünstet und in der fertigen Grundsuppe durch Garziehen gegart. Für das Andünsten der Gemüse ist zusätzlich Fett notwendig.

Geeignete Gemüse: Porree, Kohlrabi, Rosenkohl, Spinat, Pilze, Gemüsemischung. (vgl. Tabelle S. 94)

Zweite Art der Zubereitung

Das vorbereitete und kleingeschnittene Gemüse wird in der fertigen Mehlschwitze angedünstet, dann füllt man das Wasser auf und läßt das Gemüse in der Suppe garziehen.

Das Gemüse darf nicht vor dem Mehl in das Fett gegeben werden, das Mehl läßt sich dann nicht so gleichmäßig verrühren. Außerdem wird das „Schwitzen" des Mehles unterbunden; da das Gemüse viel Wasser enthält, kann das Mehl seine Flüssigkeit nicht abgeben, der typische Geschmack wird nicht erreicht.

Geeignete Gemüse: Zwiebeln, kleingeschnittene Sellerie, geraspelte Möhren, Tomatenmark. (vgl. Tabelle S. 95)

Dritte Art der Zubereitung

Das vorbereitete und kleingeschnittene Gemüse wird in Salzwasser gekocht. Die Gemüsebrühe wird zum Auffüllen der Mehlschwitze verwendet und das Gemüse als Einlage in die fertige Suppe gegeben.

Geeignete Gemüse: Tomaten, Blumenkohl, Spargel, Schwarzwurzeln. (vgl. Tabelle S. 95)

Suppen mit mittelfeinen oder groben Bindemitteln

Grieß, Reis, Haferflocken, Graupen

Zutaten	4 Port.	100 Port
Fett	30 g	750 g
Bindemittel	40—60 g	1—1,5 kg
Suppengrün	100 g	2,5 kg
Brühe	1 *l*	25 *l*
Salz, nach Geschmack		
Suppenwürze, nach Geschmack		

Erste Art der Zubereitung

Das Bindemittel wird in heißem Fett hellgelb geschwitzt, dann dünstet man das kleingeschnittene Suppengrün in der Schwitze an und füllt die Brühe auf. Man läßt die Suppe garziehen und schmeckt sie mit Salz und Suppenwürze ab.

Zweite Art der Zubereitung

Das Bindemittel wird in die heiße Brühe eingestreut und gegart. Das Suppengrün wird angeschwitzt und in die Brühe gegeben. Die Brühe wird mit Salz und Suppenwürze abgeschmeckt und mit frischen gehackten Kräutern angerichtet.

Abänderungen der hellen Grundsuppe durch ergänzende Zutaten

Art der Suppe	Zutaten	4 Port.	100 Port.	Zubereitung
Erste Art der Zubereitung				
Porreesuppe	Helle Grundsuppe Porree Fett	1 *l* 1—2 Stg. 10 g	22 *l* 5 kg 250 g	Feingeschnittenen Porree in Fett andünsten, in der fertigen Grundsuppe 10 Minuten garziehen lassen.
Kohlrabisuppe	Helle Grundsuppe Kohlrabi Fett	1 *l* 250 g 10 g	20 *l* 5 kg 250 g	Kohlrabi in Stifte schneiden, in Fett andünsten, in der fertigen Grundsuppe 10—15 Minuten garziehen lassen.
Frühlingssuppe	Helle Grundsuppe Möhren, frische Erbsen, Blumenkohl, Kohlrabi Fett	1 *l* 250 g 10 g	20 *l* 5 kg 250 g	Das kleingeschnittene Gemüse in Fett andünsten, in der fertigen Grundsuppe 15—20 Minuten garziehen lassen.
Rosenkohlsuppe	Helle Grundsuppe Rosenkohl Fett	1 *l* 200 g 10 g	20 *l* 5 kg 250 g	Rosenkohl in Fett andünsten, in der fertigen Grundsuppe etwa 10 Minuten garziehen lassen.
Spinatsuppe	Helle Grundsuppe Spinat Fett	1 *l* 100 g 10 g	22 *l* $2^1/_2$ kg 250 g	Spinat feinschneiden, 5 Minuten in Fett andünsten, in der fertigen Grundsuppe aufkochen lassen. Die Grundsuppe mit $^3/_4$ *l* Brühe und $^1/_4$ *l* Milch zubereiten. Etwas Spinat roh hinzugeben.
Pilzsuppe	Helle Grundsuppe Pilze Butter Eigelb	1 *l* 125 g 10 g 1 Stck.	22 *l* 3 kg 250 g 10 Stck.	Vorbereitete Pilze in Fett andünsten, in der fertigen Grundsuppe 10 Minuten garziehen lassen, die Suppe legieren, nach Belieben mit Wein abschmecken. Bei konservierten Pilzen das Pilzwasser für die Grundsuppe verwenden. Pilze in der fertigen Suppe kurz aufkochen.

Zweite Art der Zubereitung				
Zwiebelsuppe	Helle Grundsuppe Zwiebeln geriebener Käse	1 *l* 2—3 Stck. 50 g	22 *l* etwa 4 kg 1 kg	Zwiebelringe in der Mehlschwitze andünsten, geriebenen Käse in die fertige Suppe geben.
Selleriesuppe	Helle Grundsuppe Sellerie Zwiebeln	1 *l* 1 kl. Knolle 1 Stck.	22 *l* 3 kg 500 g	Feingeschnittene Sellerie und Zwiebeln in der Mehlschwitze andünsten.
Möhrensuppe	Helle Grundsuppe Möhren Zwiebeln	1 *l* 200 g 1 Stck.	20 *l* 5 kg 500 g	Geraspelte Möhren und feingeschnittene Zwiebeln in der Mehlschwitze andünsten.
Tomatensuppe aus Tomatenmark	Helle Grundsuppe Tomatenmark	1 *l* 3 Eßl.	25 *l* 1 kg	Tomatenmark in der Mehlschwitze andünsten.
Dritte Art der Zubereitung				
Tomatensuppe aus frischen Tomaten	Helle Grundsuppe Tomaten Reis	1 *l* 250—500 g 20 g	25 *l* 5 kg 500 g	Tomaten kleinschneiden, in Wasser oder Brühe kochen, passieren, die Tomatenbrühe zum Auffüllen der Mehlschwitze verwenden.
Blumenkohlsuppe	Helle Grundsuppe Blumenkohl Zucker	1 *l* 1 kl. Kopf 1 Prise	20 *l* 5 kg 1 Eßl.	Blumenkohlröschen mit einer Prise Zucker in Salzwasser kochen — nicht zu weich —, mit dem Kochwasser und mit der Brühe eine Grundsuppe zubereiten, Blumenkohl in die fertige Suppe geben.
Spargelsuppe	Helle Grundsuppe Spargel Eigelb	1 *l* 250 g 1 Stck.	20 *l* 5 kg 10 Stck.	Spargel schälen, in 1—2 cm lange Stücke schneiden, in Salzwasser kochen, mit dem Kochwasser und mit der Brühe eine helle Grundsuppe zubereiten, Spargelstückchen in die fertige Suppe geben, die Suppe legieren.
Schwarzwurzelsuppe	Helle Grundsuppe Schwarzwurzeln gekochter Schinken	1 *l* 250 g 40 g	20 *l* 5 kg 1 kg	Vorbereitete Schwarzwurzeln in 1—2 cm lange Stücke schneiden, in Salzwasser kochen, mit $\frac{3}{4}$ *l* Kochwasser und $\frac{1}{4}$ *l* Milch eine Grundsuppe zubereiten, Schwarzwurzeln mit den Schinkenwürfeln in die fertige Suppe geben.

Dritte Art der Zubereitung

Das Bindemittel wird in dem heißen Fett hellbraun angeröstet. Dann gibt man das Suppengrün hinzu und läßt es anschwitzen. Man füllt die Brühe auf, läßt die Suppe garziehen und schmeckt sie mit Salz und Suppenwürze ab.

Die Bindemittelmenge ist bei dieser Art der Zubereitung je 1 *l* Suppe um 10 g zu erhöhen. Die gerösteten Suppen können mit Tomatenmark oder geriebenem Käse abgeschmeckt werden.

Fettunken

Helle Grundtunke

Zutaten	4 Port.	100 Port.
Fett	30 g	750 g
Mehl	30 g	750 g
Flüssigkeit	1/2 *l*	10 *l*
Salz, etwa	1/2 Tl.	40 g

Zubereitung

Für die Zubereitung gelten die Regeln, die bei der hellen Grundsuppe angeführt sind. Zum Auffüllen der Mehlschwitze kann man Brühe aus Suppenwürze verwenden. Verfeinert wird der Geschmack der Tunke, wenn die fertige Tunke beim Anrichten mit etwas Butter verrührt wird. Die Grundtunke bildet die Grundlage für alle Tunken, die durch eine Mehlschwitze gebunden sind.

Dunkle Grundtunke

Zutaten	4 Port.	100 Port.
Fett	40 g	1 kg
Mehl	40 g	1 kg
Zwiebeln	1 Stck.	500 g
Flüssigkeit	1/2 *l*	10 *l*
Salz, etwa	1/2 Tl.	40 g

Zubereitung

Die dunkle Grundtunke wird wie die dunkle Grundsuppe zubereitet. Je gleichmäßiger das Mehl gebräunt ist, desto feiner wird die Tunke. Die Mehlschwitze wird mit Fleischbrühe oder Wasser aufgefüllt, die Tunke mit Salz abgeschmeckt; sie muß 10 Minuten garziehen.

Abänderungen der Grundtunke durch ergänzende Zutaten[1]

Art der Tunke	Zutaten	4 Port.	100 Port.	Verwendung zu
Petersilientunke	Helle Grundtunke gehackte Petersilie	$^1/_2$ *l* 2 Eßl.	10 *l* 250 g	Kartoffeln, Fleisch-, Fisch- und Eierspeisen
Kräutertunke	Helle Grundtunke gehackte Kräuter Zitronensaft hartgekochtes Eigelb	$^1/_2$ *l* 2 Eßl. nach Geschmack 1 Stück	10 *l* 250 g nach Geschmack 18 Stck.	Fleisch-, Fisch- und Eierspeisen, Sülzspeisen
Senftunke	Helle Grundtunke Senf Essig Zucker	$^1/_2$ *l* 1—2 Tl. nach Geschmack nach Geschmack	10 *l* 150 g nach Geschmack nach Geschmack	Fisch, Ei, gekochtem Fleisch
Tomatentunke	Helle Grundtunke gedünstete Tomaten oder Tomatenmark Zwiebeln	$^1/_2$ *l* 250—500 g 2—3 Eßl 1 Stck.	10 *l* 4—5 kg 500 g 500 g	Fleisch-, Fisch- und Eierspeisen
Pilztunke	Helle Grundtunke gedünstete Pilze	$^1/_2$ *l* 125 g	10 *l* 2 kg	Eierspeisen, Reisgerichten
Gurkentunke	Helle Grundtunke Salzgurken saure Sahne	$^1/_2$ *l* 1—2 Stck. $^1/_8$ *l*	10 *l* 500 g 1 *l*	Fleischspeisen
Meerrettichtunke	Helle Grundtunke geriebener Meerrettich Essig, Zucker	$^1/_2$ *l* 1 Stg. nach Geschmack	10 *l* 2—3 kg nach Geschmack	Fleischspeisen, Sülzspeisen

[1] Zubereitung wie bei den gebundenen Suppen

Abänderungen der Grundtunke durch ergänzende Zutaten

Art der Tunke	Zutaten	4 Port.	100 Port.	Verwendung zu
Rahmtunke	Helle Grundtunke als Flüssigkeit teils Milch oder saure Sahne	$^1/_2$ *l*	10 *l*	Fisch, Gemüse, gekochten Eiern
Kaperntunke	Helle Grundtunke Kapern Zitronensaft	$^1/_2$ *l* 2 Eßl. nach Geschmack	10 *l* 250 g nach Geschmack	Fleisch, Fisch, Eierspeisen, Sülzen
Béchameltunke	Helle Grundtunke Speck oder Schinken gedünstete Zwiebeln	$^1/_2$ *l* 40 g 2 Stck.	10 *l* 1 kg 500 g	Fisch, Kartoffeln, gekochten Eiern
Zwiebeltunke	Helle Grundtunke Zwiebeln Essig, Zucker	$^1/_2$ *l* 2—3 Stck. nach Geschmack	10 *l* 1 kg nach Geschmack	Kartoffel- und Fleischspeisen
Specktunke	Dunkle Grundtunke Speck Zwiebeln Essiggurken Essig, Zucker	$^1/_2$ *l* 40 g 2 Stck. 1—2 Stck. nach Geschmack	10 *l* 1 kg 1 kg 300 g nach Geschmack	Kartoffeln, Weißkohl, Rüben
Rotweintunke	Dunkle Grundtunke Rotwein Zitronensaft Zucker	$^1/_2$ *l* $^1/_8$ *l* 1 Eßl. nach Geschmack	10 *l* 3 *l* 200 g nach Geschmack	Rinderzunge, Hammelbraten, Wildbraten

Hauptgerichte aus Getreideerzeugnissen

Hauptgerichte aus Reis

1. Garen von Reis durch Kochen

Zutaten	1 Port.	4 Port.	100 Port.
Reis	60 g	250 g	6 kg
Wasser, etwa	1 *l*	3 *l*	30 *l*
Salz	1 Prise	2 Tl.	125 g
Butter	10 g	40 g	1 kg

Zubereitung

Der gewaschene Reis wird in das kochende Salzwasser gegeben und 10—15 Minuten bei schwacher Wärmezufuhr gegart. Die Wassermenge muß so bemessen sein, daß auch die gequollenen Reiskörner noch schwimmen und nicht dicht aufeinanderliegen. Nach dem Garen gibt man den Reis auf ein Sieb und übergießt ihn mit kaltem Wasser.

Der gekochte Reis wird dann nach dem Abspülen und Abtropfen in heißer Butter geschwenkt und gewürzt. Damit der Reis körnig bleibt, ist darauf zu achten, daß die Butter sehr heiß, der Topf nicht zu klein ist und daß jedes Rühren vermieden wird. Der Reis darf nur geschwenkt oder vorsichtig durchgehoben werden.

Der auf diese Art gegarte Reis wird besonders locker und körnig, wenn man ihn nach dem Abspülen einige Minuten auf dem Sieb oder auf einer Platte im heißen Backofen trocknen läßt.

Gekochter Reis kann nach dem Abspülen und Abtropfen für die Zubereitung von Reissalat und Reis-Obstspeisen und als Suppeneinlage verwendet werden.

2. Garen von Reis durch Ausquellen

Zutaten	1 Port.	4 Port.	100 Port.
Reis	60 g	250 g	6 kg
Brühe	$^3/_{16}$ *l*	$^3/_4$ *l*	18 *l*
Salz, nach Geschmack			
Butter, je nach Art der Brühe			

Zubereitung

Wird zum Garen von Reis Brühe verwendet, so läßt man den Reis durch Garziehen ausquellen. Der gewaschene Reis wird in die kochende Brühe gegeben, dann 15—20 Minuten bei sehr schwacher Wärmezufuhr gegart.

3. Garen von Reis durch Anschwitzen und Ausquellen

Zutaten	1 Port.	4 Port.	100 Port.
Reis	60 g	250 g	6 kg
Butter	10 g	40 g	1 kg
Brühe oder Wasser	$^3/_{16}$ *l*	$^3/_4$ *l*	18 *l*
Salz nach Geschmack			

Zubereitung

Das Garziehen kann ergänzt werden durch Anschwitzen. Der Reis wird in einem Tuch gerieben, nicht gewaschen, und in heißem Fett goldgelb angeschwitzt. Anschließend wird der Reis mit heißer Brühe oder mit heißem Wasser aufgefüllt und bei sehr schwacher Wärmezufuhr 15—20 Minuten gegart.

Beim 2. und 3. Garverfahren muß die Flüssigkeitsmenge genau auf die Quellfähigkeit des Reiskornes abgestimmt sein. Man rechnet einen Teil Reis auf drei Teile Flüssigkeit. Die Quellflüssigkeit wird gut abgeschmeckt, dann erübrigt sich unnötiges Rühren nach dem Garen. Während des Garens darf der Reis nicht gerührt werden.

Bei allen Garverfahren ist zu beachten, daß der Reis nicht zu lange gart. Reis darf nicht weich, sondern er muß körnig sein. Wenn das Reiskorn sich öffnet, ist der Reis zu weich gegart, die Speise wird breiig. Die Garzeit kann jedoch nicht genau festgelegt werden, sie richtet sich nach der Beschaffenheit des Reiskorns und nach der Art des Garens. Bei industriell vorbereitetem Schnellreis ist die angegebene Garzeit genau einzuhalten.

Reis mit Tomaten

Zutaten	1 Port.	4 Port.	100 Port.
Reis	60 g	250 g	6 kg
Tomatenmark oder	1—2 Eßl.	40 g	1 kg
Tomaten	60 g	250 g	6 kg
Butter	10 g	40 g	1 kg
Salz	1 Prise	1 Tl.	50 g

Zubereitung

Reis durch Kochen garen. Tomatenmark oder Tomatenstückchen mit Butter dünsten, erst dann den körnig gekochten Reis hinzugeben.

Der gekochte Reis kann auch mit Tomatentunke vermischt werden. Tomatenreis eignet sich als Beigabe zu Fisch und zu gekochten Eiern.

Reis mit Rindfleisch

Zutaten	1 Port.	4 Port.	100 Port.
Rindfleisch	100 g	400 g	10 kg
Fett	10 g	40 g	1 kg
Salz	1 Prise	1/2 Tl.	100 g
Pfeffer			
Zwiebeln	1/4 Stck.	1 Stck.	1 kg
Mehl	1/2 Tl.	1 Eßl.	375 g
Tomatenmark	1/2 Tl.	1—2 Eßl.	300 g
Reis	60 g	250 g	6 kg
Butter	10 g	40 g	1 kg

Zubereitung

Rindfleisch in kleine Würfel schneiden und wie Gulasch zubereiten.

Reis durch Kochen garen, in heißer Butter schwenken und würzen, mit den geschmorten Fleischwürfeln in eine ausgespülte Form geben, aus dem Bratensaft und Tomatenmark eine scharf gewürzte Tunke zubereiten, den Reis auf eine Platte stürzen und mit der Tunke anrichten.

Reis mit Schinken

Zutaten	1 Port.	4 Port.	100 Port.
Reis	60 g	250 g	6 kg
Butter	10 g	40 g	1 kg
Salz	1 Prise	1/2 Tl.	50 g
Schinken	25 g	100 g	2,5 kg

Zubereitung

Reis durch Kochen garen, in heißer Butter schwenken und würzen; Schinken in Würfel oder Streifen schneiden und mit dem zubereiteten Reis vermischen. Das Reisgericht in einer Schüssel oder auf einer Platte anrichten oder in eine ausgespülte Form geben und stürzen.

Reis mit Spargel

Zutaten	1 Port.	4 Port.	100 Port.
Reis	60 g	250 g	6 kg
Spargel	150 g	750 g	12 kg
Brühe	3/16 *l*	3/4 *l*	18 *l*
Butter	10 g	40 g	1 kg
Petersilie			

Zubereitung

Reis durch Ausquellen garen, als Flüssigkeit Spargelwasser und Brühe verwenden. Den ausgequollenen Reis mit Spargelstückchen und Butter vermischen und mit feingehackter Petersilie bestreuen.

Statt des Spargels können Erbsen verwendet werden.

Reis mit Huhn

Zutaten	1 Port.	4 Port.	100 Port.
Reis	60 g	250 g	6 kg
Hühnerfleisch	100 g	400 g	10 kg
Brühe	$^{3}/_{16}$ *l*	$^{3}/_{4}$ *l*	18 *l*

Zubereitung

Reis durch Ausquellen in Hühnerbrühe garen. Wenn der Reis ausgequollen ist, in Würfel geschnittenes Hühnerfleisch hinzugeben.

Auf gleiche Weise kann Reis mit Rinderzunge und mit Rinderherz zubereitet werden.

Reis mit Pfifferlingen

Zutaten	1 Port.	4 Port.	100 Port.
Reis	60 g	250 g	6 kg
Pfifferlinge	60 g	250 g	6 kg
Butter	10 g	40 g	1 kg
Salz	1 Prise	$^{1}/_{2}$ Tl.	60 g
Petersilie			
Eier	$^{1}/_{2}$ Stck.	1 Stck.	20 Stck.
Käse, gerieben	1 Eßl.	20 g	500 g

Zubereitung

Reis durch Andünsten und Ausquellen garen, vorbereitete Pilze in Scheiben schneiden und in Butter mit Salz und Petersilie dünsten, dann lagenweise mit dem Brühreis, der nicht zu steif sein darf, in eine feuerfeste Form schichten, die oberste Reisschicht mit dem verschlagenen Ei bestreichen, mit Käse bestreuen und mit Butterflöckchen belegen, den Reis 15—20 Minuten bei schwacher Hitze im Backofen überbacken.

Statt Pilze können Schinkenwürfel, Fleischwürfel oder Tomatenscheiben eingeschichtet werden.

Reis mit Fisch

Zutaten	1 Port.	4 Port.	100 Port.
Reis	60 g	250 g	6 kg
Fisch	100 g	400 g	10 kg
Fett	10 g	40 g	1 kg
Tomaten	1 Stck.	400 g	6 kg
Käse, gerieben	1 Tl.	20 g	500 g

Zubereitung

Reis durch Andünsten und Ausquellen garen, Fischfilets dünsten, mit dem zubereiteten Reis und Tomatenscheiben in eine feuerfeste Form schichten, mit Käse bestreuen, mit Butterflöckchen belegen und 15 Minuten im Backofen überbacken.

Reissalat

Zutaten	1 Port.	4 Port.	100 Port.
Reis	30 g	125 g	3 kg
Essiggurken	$^1/_2$	1—2 Stck.	1 kg
Eier, hart gekocht	—	1 Stck.	25 Stck.
gekochter Schinken	30 g	100 g	2,5 kg
Salattunke nach S. 50 oder			
Mayonnaise nach S. 163			

Zubereitung

Reis durch Kochen garen, auf einem Sieb mit kaltem Wasser übergießen. Die übrigen Zutaten in Stifte schneiden und mit einer einfachen Salattunke oder einer Mayonnaise unter den erkalteten Reis mischen.

Außer den angegebenen Zutaten können feingeschnittene Äpfel, Ananas und Champignons mit dem Salat vermischt werden.

Hauptgerichte aus Teigwaren

Garen von Teigwaren

Zutaten	1 Port.	4 Port.	100 Port.
Teigwaren	60 g	250 g	6 kg
Wasser, etwa	1 *l*	3 *l*	40—50 *l*
Salz	1 Prise	1 Tl.	50 g
Butter oder Margarine	5 g	20 g	500 g

Zubereitung

Die Teigwaren — Makkaroni, Spaghetti oder Bandnudeln — werden in das kochende Salzwasser gegeben, kurz durchgerührt, damit sie nicht zusammenkleben, und 15—20 Minuten bei schwacher Hitze gekocht. Makkaroni haben eine Garzeit von 20—30 Minuten. Die gargekochten Teigwaren gibt man auf einen Durchschlag, überspült sie mit kaltem Wasser und schwenkt sie nach dem Abtropfen in heißer Butter mit Salz und Muskat.

Beim Anrichten kann man geriebenen Käse, geröstetes Stoßbrot oder gehackte Kräuter über die Teigwaren streuen.

Spaghetti mit Schinken

Zutaten	1 Port.	4 Port.	100 Port.
Spaghetti	60 g	250 g	6 kg
Schinken, gekocht	25 g	100 g	2 1/2 kg

Zubereitung

Spaghetti nach dem Grundrezept garen und zubereiten. Schinken in Würfel oder Streifen schneiden und mit den gekochten Spaghetti in heißer Butter schwenken.

Man kann statt der Schinkenwürfel gedünstete Champignons oder Pfifferlinge unterheben.

Spaghetti in Tomatentunke

Zutaten	1 Port.	4 Port.	100 Port.
Spaghetti	60 g	250 g	6 kg
Tomatentunke	1/16 *l*	1/4 *l*	6 *l*

Zubereitung

Spaghetti kochen, mit kaltem Wasser übergießen und nach dem Abtropfen in die heiße Tomatentunke geben.

Man kann zusätzlich Champignons, gekochten Schinken und geriebenen Käse untermischen.

Makkaroni mit Schinken überbacken

Zutaten	1 Port.	4 Port.	100 Port.
Makkaroni	60 g	250 g	6 kg
Schinken	40 g	150 g	3 3/4 kg
Eier	1/2 Stck.	2 Stck.	40 Stck.
Milch	1/8 *l*	1/4 *l*	6 *l*
Käse	1/2 Eßl.	2 Eßl.	500 g
Butter	10 g	40 g	1 kg
Salz, Muskat	1 Prise	1/2 Tl.	70 g

Zubereitung

Makkaroni kochen, mit kaltem Wasser übergießen, nach dem Abtropfen mit dem feingeschnittenen Schinken vermischen und in eine vorbereitete Auflaufform füllen. Eier, Milch, Salz und Muskat miteinander verquirlen und über die Makkaroni füllen, geriebenen Käse und Butterflöckchen auf den Auflauf geben und ihn bei mittelstarker Hitze $^{3}/_{4}$ Stunden backen.

Makkaroni mit Champignons und Tomaten

Zutaten	1 Port.	4 Port.	100 Port.
Makkaroni	60 g	250 g	6 kg
Milch oder saure Sahne	$^{1}/_{16}$ *l*	$^{1}/_{8}$ *l*	3 *l*
Butter	5 g	20 g	500 g
Champignons	eine $^{1}/_{4}$ Dose	eine $^{1}/_{1}$ Dose	zehn $^{1}/_{1}$ Dosen
Tomaten	1 Stck.	3—4 Stck.	5 kg
Öl	1 Tl.	2 Eßl.	$^{3}/_{4}$ *l*
Käse, gerieben	1 Tl.	2 Eßl.	500 g

Zubereitung

Makkaroni kochen, mit kaltem Wasser übergießen, dann in heiße Butter geben, die mit Milch oder Sahne verrührt ist. Die Tomaten in Würfel schneiden, die Champignons dünsten und mit Tomaten und Öl und Käse unter die Makkaroni mischen.

Makkaronisalat

Zutaten	1 Port.	4 Port.	100 Port.
Makkaroni	30 g	125 g	3 kg
Erbsen	—	eine $^{1}/_{2}$ Dose	zwei $^{5}/_{1}$ Dosen
Möhren	30 g	125 g	4 kg
gekochter Schinken	15 g	60 g	1,5 kg

Salattunke nach S. 50 oder Mayonnaise nach S. 163

Zubereitung

Makkaroni nach dem Kochen mit kaltem Wasser übergießen, in kleine Stücke schneiden und mit den übrigen Zutaten zu Salat zubereiten. Makkaronisalat läßt sich ohne Schinken mit würflig geschnittenen rohen Äpfeln zubereiten.

Statt Makkaroni können Hörnchennudeln verwendet werden.

Spaghettisalat

Spaghetti kochen, mit kaltem Wasser übergießen und weiter wie Reissalat nach S. 103 zubereiten.

Klöße

Die stärkereichen Getreideerzeugnisse eignen sich für die Zubereitung von Klößen.

Grobe und mittelfeine Erzeugnisse werden meistens zunächst durch Kochen oder Garziehen gegart, dann mit Geschmackszutaten und mit Ei vermischt, zu Klößen geformt und noch einmal gegart. Während des Garens gerinnt das Ei und hält die Kloßmasse zusammen.

Statt der mittelfeinen oder groben Getreideerzeugnisse kann auch *Brot* für die Zubereitung von Klößen verwendet werden.

Das kleberreiche *Mehl* wird ohne vorherige Garung mit einem Lockerungsmittel zu einem Kloßteig verarbeitet und dann gegart.

Bei der Zubereitung von Klößen müssen alle Zutaten zu einer gleichmäßigen Masse verarbeitet und zu glatten Klößen geformt werden. Die Klöße erhalten sonst leicht Risse und fallen beim Garen auseinander.

Das Garen der Klöße

Klöße können durch Garziehen in Wasser oder Wasserdampf oder durch Backen im Fettbad gegart werden.

Es ist ratsam, zunächst einen Probekloß zu garen. Ist der Kloß zu weich, so wird die Masse durch Eigelb oder Mehl gebunden, ist er zu fest, so kann die Masse durch Eischnee gelockert werden.

Garen durch Garziehen

Mit Ausnahme der Hefeklöße werden Klöße in offenem Topf gar gemacht, beim Garen in geschlossenem Topf können sie durch den heißen Dampf leicht zerfallen. Sie können auch zerfallen, wenn das Wasser heftig kocht. Klöße werden darum durch Garziehen, nicht durch Kochen gegart. Die Temperatur darf jedoch nicht viel unter 100° C sinken, denn dann garen die Klöße nicht schnell genug und fallen ebenfalls auseinander. Darum dürfen bei größeren Mengen nicht zu viel Klöße gleichzeitig gegart werden.

In Großküchen eignet sich die Kippbratpfanne zum Garen von Klößen

Garen durch Backen im Fettbad

Die geformten Klöße werden paniert und dann in heißem Fettbad hellbraun gebacken.

Klöße aus Grieß, Haferflocken, Graupen, Reis

Zutaten	4 Port.	100 Port.
Grieß, Haferflocken, Graupen, Reis	125 g	3 kg
Milch	$^{1}/_{2}$ *l*	12 *l*
Zucker	10—20 g	250—300 g
Fett	30 g	750 g
Eier	1—2 Stck.	25 Stck.
Salz	$^{1}/_{2}$ Tl.	50 g

Die *Zubereitung* richtet sich nach der Art der Getreideerzeugnisse.

Grießklöße

Milch, Butter und Salz bringt man zum Kochen, streut grobkörnigen Grieß hinein und rührt so lange, bis sich die Masse vom Topf löst. Nach dem Abkühlen mischt man die ganzen Eier und etwas gestoßene Muskatblüte durch den Grießbrei, sticht eigroße Klöße ab, die man erkalten läßt und dann in Salzwasser garziehen läßt.

Man kann die Klöße auch in geriebenem Zwieback wenden und im Fettbad backen. Beim Anrichten bestreut man sie mit Zucker und Zimt, reicht gekochtes Obst, Weintunke, Weinschaumtunke oder Fruchttunke dazu.

Haferflockenklöße werden wie Grießklöße zubereitet.

Graupenklöße

Feine Graupen, Zwiebel, Petersilie werden in ausgebratenem Speck hellbraun geröstet, dann unter Zugabe von Wasser und Salz weichgekocht.

Wenn die Graupen gar sind, werden die Eier und etwas geröstetes Stoßbrot hinzugegeben. Die Masse wird ohne Zucker zubereitet, sie kann mit geriebenem Käse abgeschmeckt werden.

Der erkaltete Kloßteig wird zu Klößen geformt, die man paniert und im Fettbad backt.

Reisklöße

Bei Reisklößen ist die Milchmenge auf $^{3}/_{4}$ *l*/18 *l* zu erhöhen. Der Reis wird nach S. 99 gegart. Nach dem Abkühlen wird er mit der sahnig gerührten Butter und den Eiern vermischt. Man formt Klöße, paniert sie mit Ei und gestoßenem Zwieback und backt sie in heißem Fettbad.

Reisklöße werden als Süßspeise mit einer Weinschaumtunke gereicht oder als Beigabe zu grünem Salat.

Weißbrotklöße

Zutaten	4 Port.	100 Port.
Weißbrot	500 g	12 kg
Butter	30 g	700 g
Milch zum Einweichen	1/2 *l*	12 *l*
Eier	4 Stck.	100 Stck.
Mehl	80 g	2 kg
Salz	1/2 Tl.	30 g
Muskat		

Zubereitung

Die Weißbrotrinde schneidet man in kleine Würfel und brät sie in Butter oder Speck gelb. Das übrige Brot wird zur Hälfte gerieben, zur Hälfte eingeweicht, die Butter sahnig gerührt und nach und nach mit Eigelb, Brot, Mehl, Salz, Muskat, Eischnee und zuletzt mit den gerösteten Brotwürfeln vermischt. Von dieser Masse formt man Klöße und kocht sie 1/4 Stunde in Salzwasser. Die Klöße werden mit ausgebratenen Speckwürfeln angerichtet.

Hefeklöße

Zutaten	8 Port. ca. 18 Klöße	100 Port. ca. 250 Klöße
Mehl	500 g	6 kg
Hefe	40 g	400 g
Zucker	30 g	360 g
Milch	1/8—1/4 *l*	ca. 2 *l*
Butter	50 g	600 g
Eier	1—2 Stck.	12 Stck.
Salz	1/2 Tl.	30 g

Zubereitung

Aus den Zutaten wird ein Hefeteig nach S. 261 zubereitet, den man 1—1 1/2 Stunden aufgehen läßt. Dann sticht man mit einem Löffel Klöße ab und läßt sie in Salzwasser 15 Minuten garziehen. Es dürfen nur so viel Klöße zugleich in das Salzwasser gegeben werden, daß sie genügend Platz zum Aufgehen haben. Wenn sie gar sind, läßt man sie einen Augenblick auf einem Sieb abtropfen und gibt sie mit zerlassener Butter zu Tisch.

Hefeklöße können mit Kompott von frischem oder getrocknetem Obst gereicht werden.

Dampfnudeln

Ein Hefeteig wie zu Hefeklößen wird zubereitet. Nachdem der Teig etwas aufgegangen ist, formt man runde Bällchen, die man auf ein mit Mehl bestäubtes Brett legt und aufgehen läßt. Zum Garmachen verwendet man einen Dampftopf; wenn das Wasser kocht, gibt man die Klöße mit dem Dämpfeinsatz in den Topf, so daß die Klöße im Dampf garen. Sobald sie gar sind, reißt man die einzelnen Dampfnudeln mit 2 Gabeln an der Oberfläche auseinander, damit sie ausdünsten und nicht mehr zusammenfallen können. Sie werden mit gekochten Pflaumen und Vanilletunke zu Tisch gegeben.

Bayerische Dampfnudeln

Ein Hefeteig wird wie zu Hefeklößen zubereitet und geformt. In einen Brattopf gibt man etwas Butter und Zucker und so viel Milch, daß der Boden bedeckt ist. Man läßt die Milch aufkochen, legt die aufgegangenen Hefeklöße hinein und läßt sie zugedeckt im Backofen gar werden. Wenn die Milch verkocht ist, nimmt man den Deckel ab, so daß die Dampfnudeln in der Oberhitze noch nachbräunen können. Sie werden mit heißer Vanilletunke und Kompott zu Tisch gegeben.

Hefeplätzchen / Struwen

Hefeteig wie zu Hefeklößen

Der Hefeteig wird mit $^3/_8$ *l* / 4 *l* Milch zubereitet und mit 125 g / 1,5 kg Rosinen oder Korinthen vermischt. Man läßt ihn etwa 1 Stunde aufgehen, backt dann daraus in der Stielpfanne oder in der Kippbratpfanne kleine runde Kuchen, die man beim Anrichten mit Zucker und Zimt bestreuen kann. Zum Backen verwendet man Öl oder Schmalz.

Statt mit Rosinen können die Hefeteigplätzchen mit Äpfeln zubereitet werden. 500 g/5 kg geschälte, feingeschnitzelte, Äpfel werden mit dem aufgegangenen Hefeteig vermischt. Der Teig muß dann nochmals ½—1 Stunde aufgehen.

Süße Suppen

Milchsuppe / Grundrezept

Zutaten	4 Port.	100 Port.
Milch	1 *l*	25 *l*
Zucker	30 g	750 g
Vanillepulver	20 g	500 g
Salz	1 Prise	2 Tl.

Zubereitung

Die Milch wird mit Salz und Zucker zum Kochen gebracht, das Bindemittel mit etwas kalter Milch oder kaltem Wasser verrührt und unter Rühren zu der kochenden Milch gegeben. Man läßt die Suppe kurz aufkochen.

Abänderungen

1. Die Milchsuppe wird mit Zitronensaft, Apfelsinensaft oder Rum abgeschmeckt.
2. Die Suppe wird mit Eigelb legiert, der Eischnee dann als Klößchen auf die heiße Suppe gegeben. Damit der Schnee gar wird, deckt man die Suppe 4—5 Minuten zu. Der Eischnee darf nicht durchkochen, da er durch Kochen die lockere Beschaffenheit verliert.
3. Als Flüssigkeit werden Schokoladenmilch oder Karamelmilch verwendet. Bei der Zubereitung der Biersuppe wird die Hälfte der Milch durch helles Bier ersetzt. Das Bier gibt man in die gebundene Suppe und läßt sie kurz aufkochen.
4. Die Suppe wird mit kleingeschnittenen Früchten angerichtet. Als Früchte eignet sich *eine* Fruchtart — z. B. Erdbeeren, Johannisbeeren, Blaubeeren — oder eine *Mischung* von Früchten, z. B. Apfelsinen, Bananen, Äpfel.

Milchsuppe mit mittelfeinen oder groben Bindemitteln

Grieß, Haferflocken, Reis

Zutaten	4 Port.	100 Port.
Milch	1 *l*	25 *l*
Zucker	30 g	750 g
Bindemittel	30—40 g	750—1000 g
Salz	1/2 Tl.	75 g
Zitronenschale oder Zimt		

Als Bindemittel kommen in Betracht Grieß, Haferflocken, Reis und Sago.[1] Bei mittelfeinen Bindemitteln werden für 1 *l* Milchsuppe 30 g gerechnet, bei groben Erzeugnissen 40 g.

[1] Sago — aus dem Mark der Sagopalme oder aus Kartoffelstärke gewonnen — wird küchentechnisch wie die mittelfeinen Getreideerzeugnisse verwendet.

Zubereitung

Die mittelfeinen Bindemittel Grieß und Sago werden unter Rühren in die kochende Milch gestreut und 10—15 Minuten durch Garziehen gegart. Die Milch wird vorher mit den übrigen Zutaten aufgekocht.

Die groben Nahrungsmittel Hafergrütze, Haferflocken und Reis werden mit kalter Milch zum Kochen gebracht. Man fügt die Gewürze hinzu und läßt die Suppe 20—30 Minuten garziehen.

Weinsuppe / Grundrezept

Zutaten	4 Port.	100 Port.
Wasser	$^3/_4$ *l*	20 *l*
Weißwein	$^1/_4$ *l*	5 *l*
Zucker	40—80 g	1—2 kg
Stärke	20 g	500 g
Eier	1 Stck.	20 Stck.
Zitronenschale oder	$^1/_2$ Stck.	10 Stck.
Zimt	$^1/_4$ Stg.	5 Stg.

Zubereitung

Das Wasser wird mit Zucker und etwas Stangenzimt oder Zitronenschale zum Kochen gebracht und mit angerührter Stärke gebunden. Dann zieht man die Suppe mit Eigelb ab und gibt den Wein hinzu. Die Suppe darf dann nicht mehr kochen, weil beim Kochen das Eigelb gerinnt und das Aroma des Weines verlorengeht. Das geschlagene Eiklar kann man als Klößchen 2—3 Minuten auf der heißen Suppe garziehen lassen.

Abänderungen

1. Der Zucker wird mit dem Eigelb zu dem steifgeschlagenen Eischnee gegeben, die kochendheiße Suppe damit verrührt, zuletzt der Wein hinzugegeben.
2. Die Suppe wird mit Zitronensaft, Apfelsinensaft oder Rum abgeschmeckt.
3. Rosinen, Korinthen oder frische Früchte werden in die fertige Suppe gegeben.
4. Statt Weißwein wird Rotwein verwendet. Rotweinsuppe wird ohne Ei zubereitet.

Weinsuppe mit mittelfeinen oder groben Bindemitteln

Zutaten	4 Port.	100 Port.
Wasser	$^{3}/_{4}$ *l*	20 *l*
Zimt	$^{1}/_{4}$ Stg.	3—4 Stg.
Salz	1 Prise	1 Tl.
Zucker	40—80 g	1—2 kg
Bindemittel	40 g	1 kg
Wein	$^{1}/_{4}$ *l*	5 *l*
Eier	1 Stck.	20 Stck.
Korinthen oder Rosinen	40 g	1 kg

Zubereitung

Als Bindemittel kommen wie bei Milchsuppen in Frage: Grieß, Sago, Haferflocken, Reis. Das Wasser wird mit Stangenzimt, Salz und Zucker zum Kochen gebracht. Die mittelfeinen Bindemittel Grieß oder Sago werden unter Rühren langsam in die kochende Flüssigkeit eingestreut und 10—15 Minuten gegart.

Die groben Bindemittel Hafergrütze, Haferflocken werden mit der kalten Flüssigkeit zum Kochen gebracht und 20—30 Minuten gekocht.

Kurz vor dem Anrichten gibt man den Wein und die aufgequollenen Korinthen oder frische Früchte in die Suppe.

Die Suppe wird mit Eigelb legiert, Eischnee als Klößchen auf der Suppe gegart.

Weinschaumsuppe

Zutaten	4 Port.	100 Port.
Eier	1—2 Stck.	25 Stck.
Zucker	60—80 g	1,5 kg
Wein	$^{1}/_{2}$ *l*	10 *l*
Wasser	$^{1}/_{2}$ *l*	10 *l*
Stärke	15 g	300 g
Zitrone	1 Stck.	20 Stck.
Rum, nach Geschmack		

Zubereitung

Eier und Zucker werden schaumig geschlagen, Wein, Wasser, Zitronensaft, Rum und Stärke hinzugegeben und unter ständigem Schlagen bis zum Kochen gebracht. Die Suppe darf nicht stark durchkochen, weil die Eier gerinnen würden. Sobald sich die Suppe hebt, wird sie von der Heizstelle genommen und noch etwa 10 Minuten geschlagen.

Die Zubereitung der Suppe erfordert Aufmerksamkeit und Übung. Sie gelingt leichter, wenn sie im Wasserbad geschlagen wird. Die Suppe kann als kalte Suppe mit Kleingebäck gegeben werden.

Anmerkung

Auf gleiche Weise kann eine Bierschaumsuppe zubereitet werden. Als Flüssigkeit werden ein Teil Bier und ein Teil Wasser verwendet.

Obstsuppe / Grundrezept

Zutaten	4 Port.	100 Port.
Früchte	250 g	6 kg
Wasser	$^3/_4$ *l*	18 *l*
Zucker	60—100 g	$1^1/_2$—$2^1/_2$ kg
Stärke	20 g	500 g

Jede Obstart (Rhabarber, Stachelbeeren, Erdbeeren, Johannisbeeren, Himbeeren, Waldbeeren, Holunderbeeren, Äpfel, Aprikosen, Pfirsiche) kann zu dieser Suppe Verwendung finden, auch kann eine Mischung mehrerer Fruchtarten genommen werden.

Zubereitung

Die Früchte werden in Wasser weich gekocht und durch ein Sieb gestrichen. Die so gewonnene Obstsuppe wird mit Wasser zu 1 *l* Flüssigkeit aufgefüllt. Man schmeckt sie mit Zucker ab — die Zuckermenge richtet sich nach der Fruchtart —, bringt die Suppe zum Kochen, gibt unter Rühren die mit kaltem Wasser angerührte Stärke hinzu und läßt die Suppe noch einmal aufkochen.

Bei Erdbeeren und anderen Beerenfrüchten läßt man zweckmäßig einen Teil der Früchte roh. Nach dem vorsichtigen Waschen werden sie mit Zucker bestreut und beim Anrichten als ganze Früchte in die fertige Suppe gegeben.

Abänderungen

1. Die Suppe kann mit anderen Bindemitteln — Sago, Grieß, Haferflocken, Reis — zubereitet werden.
2. Alle Obstsuppen können mit Stangenzimt und Zitronenschale zubereitet und mit Wein und Zitronensaft abgeschmeckt werden.
3. Ei wird mit Zucker schaumig gerührt und die Schaummasse mit der heißen Suppe aufgefüllt.
4. Eischnee wird als Klößchen auf der fertigen heißen Suppe gegart.

Süße Tunken

Vanilletunke / Grundrezept

Zutaten	4 Port.	100 Port.
Milch	$^1/_2$ *l*	10 *l*
Zucker	20 g	500 g
Stärke oder Vanillepulver	15 g	300 g
Vanille	$^1/_4$ Stg.	5 Stg.
Salz	1 Prise	1 Tl.

Zubereitung

Die Milch wird mit Vanille, Salz und Zucker gekocht, Stärke oder Vanillepulver mit kalter Milch angerührt und unter Rühren in die kochende Milch gegeben. Die Tunke kann mit Eigelb abgerührt werden.

Abänderungen

1. Die Tunke wird verfeinert, wenn man die Vanillestange mit der Milch aufkocht und sie dann zugedeckt etwa 10 Minuten ziehen läßt, dann Eigelb mit Zucker schaumig rührt, die erkaltete Milch mit Salz und Stärke hinzugibt, die Tunke im Wasserbad abschlägt, sie heiß mit Eischnee oder nach dem Erkalten mit $^1/_4$ *l* steifgeschlagener Sahne verrührt.
2. Als Flüssigkeit wird Schokoladenmilch oder Karamelmilch verwendet.
3. Die Tunke wird mit Rum abgeschmeckt.

Weintunke

Zutaten	4 Port.	100 Port.
Weißwein	$^1/_2$ *l*	10 *l*
Zucker	60 g	1,2 kg
Stärke	20 g	400 g
Zitronen	1 Stck.	10 Stck.

Zubereitung

Wein wird mit Zucker und Zitronenscheiben (aus denen die Kerne entfernt sind) gekocht, die angerührte Stärke unter Rühren hinzugegeben und mit der Tunke aufgekocht.

Abänderungen

1. Die Tunke wird mit Eigelb zubereitet. Das Eigelb wird mit dem Zucker schaumig gerührt und mit der gebundenen heißen Tunke vermischt.
2. Statt Weißwein wird Rotwein verwendet oder eine Mischung von Wasser und Wein.

Weinschaumtunke

Zutaten	4 Port.	100 Port.
Wein	$^1/_4$ *l*	5 *l*
Eier	2 Stck.	40 Stck.
Stärke	5 g	100 g
Zucker	60 g	1,2 kg
Zitronen	1 Stck.	20 Stck.

Zubereitung

Alle Zutaten werden kalt verquirlt, darauf im Wasserbad geschlagen, bis die Tunke dick ist.

Obsttunke

Obsttunke wird wie Weintunke zubereitet. Als Obstsäfte eignen sich konservierte Fruchtsäfte und Süßmoste und auch frische Obstpreßsäfte.

Bei der Verwendung frischer Preßsäfte ist es zweckmäßig, einen Teil Wasser zu binden und dann den Saft hinzuzugeben.

Frischer Preßsaft von Johannisbeeren oder Himbeeren — ohne weitere Vorbereitung, nur mit feinem Zucker verrührt — eignet sich sehr gut als Tunke zu Süßspeisen.

Zitronenschaumtunke

Zubereitung wie Weinschaumtunke.

Statt Wein kann Zitronensaft — mit Wasser vermischt — und als Bindemittel Vanillepulver verwendet werden.

Süße Breispeisen

Reisbrei

Zutaten	4 Port.	100 Port.
Milch	$^1/_2$ *l*	12 *l*
Salz	$^1/_2$ Tl.	2 Tl.
Zucker	30 g	750 g
Zimt oder Vanille	$^1/_4$ Stg.	4—5 Stg.
Reis	70 g	1,5 kg

Zubereitung

Die Milch wird mit Salz, Zucker und Zimt oder Vanillestange zum Kochen gebracht, der gewaschene Reis unter Rühren in die kochende Milch eingestreut. Man läßt den Reis 30—40 Minuten bei schwacher Hitze garziehen. Er darf nicht umgerührt werden, damit er körnig bleibt.

Milchreis kann beim Anrichten mit einer Mischung von Zucker und Zimt bestreut werden.

Abänderungen

1. Der erkaltete Reisbrei wird mit $^1/_8$ *l* / 2—3 *l* steifer Schlagsahne vermischt und mit Arrak abgeschmeckt.
2. Der Reisbrei wird mit Früchten gereicht. Etwa 200 g / 5 kg Pflaumen, Aprikosen oder Sauerkirschen werden gedünstet und mit dem Reisbrei schichtweise in die Schüssel gefüllt.
3. Der Reisbrei wird mit Weinschaumtunke nach S. 115 angerichtet. Man füllt den Reisbrei in Schüsseln und gibt nach dem Erkalten die Weinschaumtunke darüber.
4. Statt Milch wird als Flüssigkeit Obstsaft verwendet. Der Obstreis wird mit Zitronensaft abgeschmeckt und mit kleingeschnittenen Früchten — rohen oder gekochten — vermischt.

Grießbrei

Zutaten	4 Port.	100 Port.
Milch	$^1/_2$ *l*	12 *l*
Zucker	30 g	750 g
Salz	1 Pr.	2 Tl.
Zimt oder Vanille	$^1/_4$ Stg.	3—4 Stg.
Grieß	50 g	1,2 kg

Zubereitung

Milch wird mit Zucker, Salz, Zimt und dünn abgeschälter Zitronenschale aufgekocht, Grieß unter Rühren langsam in die kochende Milch eingestreut. Man läßt den Grießbrei unter Rühren etwa 10 Minuten garen.

Abänderungen

1. Der Grießbrei wird mit Ei — 1 Ei je 1 *l* Milch — zubereitet. Das Eigelb wird mit etwas Milch verrührt in die fertige Masse gegeben, den Eischnee läßt man auf dem Grießbrei garen und hebt ihn dann unter den Brei.
2. Der Grießbrei wird mit Rosinen — 80 g je 1 *l* — vermischt.
3. Als Flüssigkeit wird Schokoladenmilch oder Karamelmilch verwendet.

Flammeris

Flammeris sind gekochte, gestürzte Süßspeisen, die aus Milch oder Fruchtsaft und einem stärkehaltigen Bindemittel hergestellt worden sind.

Damit sie sich gut stürzen lassen, muß der Eischnee gar gemacht und deshalb in die kochendheiße Masse gegeben werden. Die Formen, in denen man die Flammeris erkalten läßt, werden vor dem Einfüllen der heißen Masse mit kaltem Wasser ausgespült.

Flammeri / Grundrezept

Zutaten	4 Port.	100 Port.
Milch	$^1/_2$ *l*	12 *l*
Zimt	$^1/_4$ Stg.	4—5 Stg.
Salz	1 Prise	2 Tl.
Zucker	30 g	750 g
Stärke	50 g	1,2 kg
Eier	1 Stck.	25 Stck.

Zubereitung

Milch wird mit Zucker, Zimt und Salz zum Kochen gebracht. Inzwischen rührt man die Stärke mit etwas kaltem Wasser und dem Eigelb zu einem dünnen Brei an und gibt ihn unter ständigem Rühren zu der kochenden Milch. Man läßt die Speise unter Rühren einmal aufkochen, mischt sogleich den Eischnee darunter, läßt bei großen Mengen die Speise nochmals durchkochen, damit der Eischnee gar wird, und füllt sie in die vorbereitete Form.

Nach dem Erkalten wird der Flammeri gestürzt. Er kann mit Kompott umlegt oder mit einer Fruchttunke zu Tisch gegeben werden.

Abänderungen

1. Statt der Zimtstange werden Vanillestange, abgeriebene Zitronenschale, Rum oder gehackte Mandeln verwendet.
2. Als Flüssigkeit werden Schokoladenmilch, Karamelmilch, Rummilch oder Fruchtsaft verwendet.

   Bei Schokoladenmilch ist die Zuckermenge zu erhöhen, ebenfalls bei Fruchtsaft.

   Bei Karamelmilch wird außer dem karamelisierten Zucker wenig oder gar kein Zucker hinzugegeben.

Reisflammeri

Zutaten	4 Port.	100 Port.
Reis	125 g	2,5 kg
Milch	$^3/_4$ *l*	16 *l*
Salz	1 Prise	2 Tl.
Zucker	40 g	1 kg
Zimt	$^1/_4$ Stg.	4—5 Stg.

Zubereitung

Der Reis wird gewaschen und in die mit Salz, Zucker und Zimt aufgekochte Milch eingestreut. Nach dem Aufkochen läßt man den Reis 30 Minuten bei sehr schwacher Hitze garziehen. Er darf nicht umgerührt werden, damit er körnig bleibt.
Der gegarte Reis wird in die vorbereitete Form gefüllt und nach dem Erkalten gestürzt.
Der Reis kann mit Rosinen zubereitet werden. Man mischt 50 g / 1 kg Rosinen und 30 g / 800 g gehackte Mandeln unter die fertige Reismasse.

Grießflammeri

Zutaten	4 Port.	100 Port.
Milch	$^1/_2$ *l*	12 *l*
Zimt	$^1/_4$ Stg.	4—5 Stg.
Salz	1 Prise	2 Tl.
Zucker	30 g	750 g
Grieß	60 g	1,5 kg
Eier	1 Stck.	25 Stck.

Zubereitung

Milch wird mit Zucker, Zimt, etwas Zitronenschale und Salz zum Kochen gebracht, der Grieß unter stetem Rühren langsam hineingestreut. Man rührt die Masse so lange, bis sie sich fast vom Topf löst (10—15 Minuten), gibt dann das mit etwas Wasser dünnflüssig verquirlte Eigelb und den Eischnee in die kochende Masse und füllt den Flammeri in die mit kaltem Wasser ausgespülte Form.

Abänderungen

1. Der Flammeri bleibt locker, wenn man nicht nur Grieß, sondern je 1 *l* Milch, 80 g Grieß und 30 g Vanillepulver zum Binden nimmt. Das Vanillepulver wird mit etwas kaltem Wasser und dem Eigelb dünnflüssig verrührt und mit der garen Grießmasse einmal aufgekocht.
2. Zu Grießflammeri mit Rosinen werden je 1 *l* Milch, 80 g gewaschene Rosinen unter den Flammeri gerührt, wenn der Grieß halb gar ist.
3. Als Flüssigkeit werden Schokoladenmilch oder Karamelmilch verwendet.

Sagoflammeri

Zutaten	4 Port.	100 Port.
Milch	$^1/_2$ *l*	12 *l*
Zimt	$^1/_4$ Stg.	4—5 Stg.
Salz	1 Prise	2 Tl.
Zucker	30 g	750 g
Sago	30 g	750 g
Vanillepulver	20 g	500 g
Eier	1 Stck.	25 Stck

Zubereitung

Die Milch wird mit Zucker und den Gewürzen zum Kochen gebracht, der Sago unter Rühren hineingegeben und 10 Minuten gegart. Dann gibt man das mit kalter Milch und Eigelb dünn angerührte Vanillepulver hinzu, danach den steifen Eischnee, läßt den Flammeri noch einmal aufkochen und füllt ihn in die vorbereitete Form.

Gekochte Stärkecremes

Gekochte Vanillecreme / Grundrezept

Zutaten	4 Port.	100 Port.
Milch	$^1/_2$ *l*	12 *l*
Vanillestange	$^1/_4$ Stg.	4—5 Stg.
Salz	1 Prise	2 Tl.
Zucker	30 g	750 g
Stärke oder Vanillepulver	20 g / 25 g	500 g / 600 g
Eier	1 Stck.	25 Stck.

Zubereitung

Man bringt die Milch mit Vanille, Salz und Zucker zum Kochen, gibt das mit etwas kaltem Wasser und Eigelb dünnflüssig angerührte Vanillepulver unter Rühren hinzu und läßt die Speise aufkochen.

Dann nimmt man den Topf vom Herd oder schaltet den Kochkessel aus, legt den steifen Eischnee auf die Creme, läßt ihn bei geschlossenem Topf 2—4 Minuten garen, mischt ihn dann locker unter die Speise und füllt sie gleich in die Glasschüssel.

Die Creme kann durch Hinzugabe mehrerer Eier verändert werden. Für jedes Eigelb, das mehr hinzugefügt wird, rechnet man 5 g Vanillepulver weniger.

Abgeschlagene Vanillecreme / Grundrezept

Zutaten	4 Port.	100 Port.
Eier	1—3 Stck.	25—50 Stck.
Zucker	50 g	1200 g
Vanillepulver	20 g	500 g
Milch	$^1/_2$ *l*	12 *l*
Salz	1 Prise	2 Tl.
Butter	10 g	200 g

Die Grundzutaten sind die gleichen wie zu gekochter Vanillecreme, nur werden mehr Eier und weniger Vanillepulver gebraucht, die Creme wird infolgedessen lockerer.

Zubereitung

Die Eigelb werden mit Zucker schaumig gerührt. Man fügt Vanillepulver, Milch, Vanillestange, Salz und Butter hinzu und rührt die Creme im Wasserbad, bis sie dick ist. Um zu verhüten, daß sie ungar schmeckt, kann man sie ohne Wasserbad unter Rühren eben durchkochen lassen, es muß aber vorsichtig geschehen, da sonst die Eigelb gerinnen. Zuletzt mischt man den steifen Eischnee unter die heiße Creme.

Abänderung

Die Creme wird *mit Schlagsahne* zubereitet. Die Grundzutaten sind dann entsprechend zu vermindern.

Bei der Zubereitung werden die ganzen Eier mit Zucker schaumig gerührt und mit der Crememasse abgeschlagen. Die abgerührte Creme läßt man unter mehrmaligem Umrühren erkalten und vermischt sie dann mit der steifen Schlagsahne.

Abänderungen der gekochten und der abgeschlagenen Vanillecreme durch ergänzende Zutaten

Schokoladencreme	Als Flüssigkeit Schokoladenmilch verwenden. Die zubereitete Schokoladencreme mit Mandeln — 50 g gehackte Mandeln je 1 *l* Creme — zubereiten.
Karamelcreme	Als Flüssigkeit Karamelmilch verwenden. Karamelmilch kann mit Nüssen zubereitet werden: 50 g gehackte Nüsse je 1 *l* Creme vor dem Ablöschen zu dem gebräunten Zucker geben.

Rumcreme	Als Flüssigkeit mit Rum abgeschmeckte Milch verwenden.
Mokkacreme	Als Flüssigkeit Mokkamilch verwenden.
Fruchtcreme	Als Flüssigkeit Fruchtsaft verwenden, die Zuckermenge, je nach Fruchtart, entsprechend erhöhen.
Nußcreme	Geriebene Haselnüsse in die fertige heiße Creme geben, je 1 *l* Creme etwa 50 g Nußkerne.
Vanillecreme mit Krokant	Auf die erkaltete Creme Krokant streuen, je 1 *l* Creme Krokant von 60 g Mandeln.
Vanillecreme mit Gebäck (Tutti-Frutti)	Zerbröckeltes Gebäck in die Schüssel geben, mit Rum beträufeln, Marmelade oder Gelee hinzugeben, die heiße Creme auffüllen.
Vanillecreme mit Früchten	Rohe Früchte oder Kompott — etwa 500 g je 1 *l* Creme — in die Schüssel geben, die fertige Creme auffüllen. Geeignete rohe Früchte: reife Beeren, Apfelsinen, eine Mischung von Apfelsinen und Bananen.
Vanillecreme mit Fruchtschaum	Fruchtschaum auf die erkaltete Creme füllen.
Vanillecreme mit Gelee	Weingelee oder Fruchtgelee auf die erkaltete Creme füllen.

Die Crememenge kann — der Art und Menge der ergänzenden Zutaten entsprechend — vermindert werden.

Puddings

Puddings sind warme gestürzte Speisen, die in einer verschließbaren Form im Wasserbad gar gemacht sind. Sie werden mit heißer oder kalter Tunke oder Kompott zu Tisch gegeben.

Sie können aus drei verschiedenen Grundmassen zubereitet werden:

1. aus stärkehaltigen gegarten Nahrungsmitteln, die mit Ei gebunden werden: Grießpudding, Reispudding, Nudelpudding.
2. aus Gebäck, das mit Eiermilch gebunden wird: Brotpudding, Zwiebackpudding, Pudding aus Kuchenresten.
3. aus einem Teig: Biskuitpudding, Hefepudding, Brandteigpudding.

Vor dem Einfüllen der Masse werden Form und Deckel mit Butter ausgestrichen und mit geriebenem Zwieback oder Zucker ausgestreut. Die Form wird zu 3/4 mit der Puddingmasse gefüllt, damit der Pudding noch aufgehen kann.

Puddings, zu denen das Eiklar als Eischnee verwandt wird, müssen nach dem Einfüllen sofort gegart werden. Wenn der Pudding vor dem Kochen längere Zeit steht, setzt sich der leichte Eischnee oben ab, und die schwere Teigmasse sinkt nach unten. Beim Stürzen kann der Pudding leicht zusammenfallen, da die lockere Eiweißschicht die Puddingmasse nicht tragen kann.

Nach dem Einfüllen wird die Form fest verschlossen, in kochendes Wasser gestellt und der Topf zugedeckt. Das Wasser darf nur bis 3/4 Höhe der Form reichen, damit es nicht in die Form hineinkocht.

Der Pudding muß 1—1 1/4 Stunden garziehen. Sollte viel Wasser einkochen, so darf nur kochendes Wasser hinzugegossen werden. Durch Stoßen kann die Puddingmasse zusammenfallen.

Bevor man den Pudding stürzt, läßt man ihn nach dem Herausnehmen aus dem Wasserbad 5—10 Minuten stehen, um das Auseinanderfallen zu verhüten.

Grießpudding

Zutaten	**4 Port.**	**100 Port.**
Milch	1/2 *l*	12 *l*
Salz	1 Prise	2 Tl.
Zucker	30 g	750 g
Zimt	1/4 Stg.	3—4 Stg.
Grieß	100 g	2,4 kg
Butter	30 g	600 g
Eier	1—2 Stck.	35 Stck.

Zubereitung

Die Milch wird mit Salz, Zucker und Zimt zum Kochen gebracht. Dann gibt man den Grieß unter ständigem Rühren hinzu und kocht die Masse so lange, bis sie sich vom Topf löst. Die Butter rührt man sahnig, gibt nach und nach die Eigelb, die abgekühlte Grießmasse und zuletzt den Eischnee hinzu. Dann füllt man die Masse in eine vorbereitete Form und läßt den Pudding 1 Stunde im Wasserbad garziehen.

Tunke: Fruchttunke oder Weinschaumtunke.

Abänderung

Grießpudding wird vor dem Einfüllen mit Rosinen oder kleingeschnittenen eingemachten Früchten vermischt. Man rechnet je Form 50 g Rosinen oder 100 g eingemachte Früchte.

Reispudding

Zutaten	4 Port.	100 Port.
Reis	100 g	2,5 kg
Milch	$^1/_2$ *l*	12 *l*
Salz	1 Prise	2 Tl.
Zucker	30 g	750 g
Zimt	$^1/_4$ Stg.	3—4 Stg.
Zitronenschale		
Butter	10—20 g	300 g
Eier	2 Stck.	35 Stck.

Zubereitung

Der Reis wird mit Milch, Salz, etwas Zucker, Stangenzimt und Zitronenschale gegart. Zu der sahnig gerührten Butter gibt man den Rest des Zuckers und Eigelb und mischt die abgekühlte Reismasse und das zu Schnee geschlagene Eiklar darunter. Der Pudding muß 1 Stunde im Wasserbad garziehen. Er wird mit Rumtunke gereicht.

Abänderung

Die Reismasse wird mit Makronen, mit feingeschnittener Sukkade und mit Korinthen vermischt.

Zwiebackpudding

Zutaten	4 Port.	100 Port.
Eier	2 Stck.	40 Stck.
Milch	$^3/_8$ *l*	9 *l*
Salz	1 Prise	2 Tl.
Zucker	30 g	750 g
Zitronenschale, abgerieben		
Zwieback	100 g	2,5 kg
Butter	20 g	400 g
Korinthen	50 g	1,2 kg

Zubereitung

Die Eier werden mit Milch, Salz, Zucker und abgeriebener Zitronenschale verquirlt. Der Zwieback wird in kleine Stücke gebrochen und abwechselnd mit den Korinthen und Butterflöckchen in die vorbereitete Form gegeben, dann wird die Flüssigkeit darüber gefüllt. Man läßt die Form ½ Stunde stehen, ehe man sie in das kochende Wasser stellt, damit der Zwieback weich wird. Dann gart man den Pudding 1—1¼ Stunden im Wasserbad.

Tunke: Weinschaumtunke oder Vanilletunke.

Hefepudding

Zutaten	6—8 Port.	100 Port.
Mehl	250 g	4 kg
Hefe	20 g	300 g
Butter	20 g	300 g
Zucker	40 g	600 g
Milch	⅛ *l*	2 *l*
Eier	2 Stck.	30 Stck.
Korinthen	80 g	1 kg
Salz	½ Tl.	2 Tl.
Zimt	1 Prise	2 Tl.
Zitronenschale, nach Geschmack		

Zubereitung

Man verarbeitet die Zutaten nach S. 262 zu einem lockeren, geschmeidigen Hefeteig, knetet ihn nach dem Aufgehen durch und füllt ihn in die vorbereitete Form. Der Pudding wird in lauwarmes Wasser gestellt, zum Kochen gebracht, eine Stunde gegart und mit Fruchttunke oder Kompott zu Tisch gegeben.

Biskuitpudding

Zutaten	4 Port.	100 Port.
Eier	3 Stck.	60 Stck.
Zucker	60 g	1,2 kg
Mehl	60 g	1,2 kg
Backpulver	1 Msp.	1 P.
Zitronenschale, abgerieben		

Zubereitung

Das Eiklar wird zu steifem Eischnee geschlagen, nach und nach werden Zucker, die verquirlten Eigelb, Zitronenschale und zuletzt das gesiebte Mehl und Backpulver hinzugegeben. Die Puddingmasse wird sogleich in die vorbereitete Form gegeben und ¾ Stunden im Wasserbad gegart. Da der Pudding sehr aufgeht, darf die Form höchstens ¾ gefüllt sein.

Tunke: Schokoladentunke oder Zitronentunke.

Abänderung

Die Biskuitmasse wird mit geriebener Schokolade vermischt. Je 80 g Mehl rechnet man 80 g Schokolade und zusätzlich 1 Ei.

Brandteigpudding / Schwammpudding

Zutaten	6—8 Port.	100 Port.
Milch	1/4 *l*	4 *l*
Butter	80 g	1,2 kg
Mehl	100 g	1,5 kg
Zucker	65 g	1 kg
Eier	3 Stck.	48 Stck.
Backpulver	1 Tl.	4 P.
Salz	1 Prise	2 Tl.
Zitronensaft		

Zubereitung

Milch, Salz, Butter und Mehl werden zu einem Brandteig abgerührt. (Milch wird mit Salz und Butter gekocht und das trockene Mehl unter Rühren schnell zu der heißen Milch gegeben. Die Masse wird erhitzt und so lange gerührt, bis sie sich vom Topf löst.) Dann gibt man ein ganzes Ei hinein und läßt die Masse abkühlen. Die übrigen Eigelb rührt man mit Zucker schaumig, gibt Zitronensaft, etwas abgeriebene Zitronenschale, den abgekühlten Brandteig, gesiebtes Backpulver und zuletzt den Eischnee hinzu. Der Pudding wird sofort 1 Stunde im Wasserbad gegart.

Tunke: Weinschaumtunke oder Zitronentunke.

Aufläufe

Aufläufe sind Speisen, die in einer feuerfesten Form im Backofen gebacken und in der Form serviert werden.

Die Grundzutaten sind die gleichen wie beim Pudding. Da der Auflauf nicht gestürzt wird, kann die Masse mit weniger Bindemitteln zubereitet werden. Enthält der Auflauf viele Eier, so ist es wichtig, daß das Eiklar sehr steif geschlagen, sofort locker unter die Masse gezogen wird und der Auflauf sogleich bei mittelstarker Hitze gebacken wird. Die Backzeit ist genau einzuhalten. Sobald der Auflauf aus dem Backofen genommen wird, muß er serviert werden. Bei längerem Stehen fällt er zusammen. Er kann mit einer beliebigen süßen Tunke gereicht werden.

Beim Anrichten wird die Form auf eine flache Schüssel gestellt, die man mit einer Serviette belegen kann.

Durch Aufläufe und Puddings können Speisenfolgen mit geringem Nährstoffgehalt aufgewertet werden.

Eierauflauf

Zutaten	4 Port.	100 Port.
Eier	4 Stck.	100 Stck.
Zucker	60 g	1,5 kg
Mehl	30 g	750 g

Zubereitung

Eigelb und Zucker werden schaumig gerührt, dann nach und nach zu dem steifgeschlagenen Eischnee gegeben. Zuletzt wird das Mehl locker untergemischt. Man füllt die Masse in eine gebutterte Form und backt den Auflauf 20 Minuten bei mittelstarker Hitze im Backofen. Der Auflauf muß nach dem Backen sofort serviert werden.

Grießauflauf

Zutaten und Zubereitung der Grießmasse wie bei Grießpudding. Der Grießbrei wird in einer vorbereiteten Auflaufform ½ Stunde bei mittelstarker Hitze gebacken.

Grießauflauf kann mit Äpfeln, Pflaumen, Aprikosen oder Stachelbeeren zubereitet werden.

Reisauflauf

Zutaten und Zubereitung wie Reispudding.

Der Reisbrei wird in einer vorbereiteten Auflaufform bei mittelstarker Hitze 30 Minuten gebacken.

Reisauflauf kann mit Rosinen oder mit Kompott von Pflaumen, Aprikosen oder Äpfeln zubereitet werden.

Zwiebackauflauf

Zutaten wie bei Zwiebackpudding.

Die Zwiebäcke werden abwechselnd mit Butterflöckchen und Korinthen in die vorbereitete Auflaufform geschichtet. Die Milch wird mit Zucker, Salz und den Eiern verquirlt und auf die Zwiebäcke gefüllt. Man läßt die Form so lange stehen, bis die Zwiebäcke völlig durchgeweicht sind, und backt den Auflauf dann bei mittelstarker Hitze ungefähr eine Stunde.

Statt der Korinthen können Früchte — z. B. Pflaumen, Äpfel oder Stachelbeeren — verwendet werden.

Gebäckauflauf

Zutaten und Zubereitung wie Zwiebackauflauf. Statt der Zwiebäcke werden Gebäckreste verwendet.

Verarbeitung der Gelierstoffe

Arten der Gelierstoffe

Gelierstoffe sind Stoffe, die ein Vielfaches ihrer eigenen Masse an Wasser binden und eine formbeständige und schnittfeste Gallerte bilden können. Küchentechnische Verwendung finden die Gelierstoffe Gelatine, Hausenblase und Agar-Agar.

Gelatine wird aus frischen kollagenhaltigen tierischen Substanzen, z. B. Knorpeln, Sehnen, Knochen, gewonnen. Sie ist in Blatt- und in Pulverform im Handel, und zwar als weiße (farblose) und als rot gefärbte Gelatine. Ein Blatt Gelatine wiegt etwa 2 g.

Hausenblase ist die innere Haut der Schwimmblase des Hausen. Sie ist geruch- und geschmacklos und sieht gelblich weiß und lederartig aus. Im Handel wird sie in Blatt-, in Band- und in Pulverform angeboten.

Agar-Agar wird aus verschiedenen Algenarten gewonnen und ist als getrocknete Gallerte in Form gelblich weißer Bänder und in Pulverform im Handel.

Agar-Agar ist leicht bekömmlich und eignet sich für Krankenspeisen.

Veränderungen der Gelierstoffe bei der Verarbeitung

Die Gelierstoffe lösen sich nicht in kaltem Wasser, sie quellen auf und werden dabei weich. In heißem Wasser werden sie kolloidal gelöst. Läßt man diese Lösung erkalten, so entsteht eine reversible Gallerte. Bei Einwirkung von Wärme wird die Gallerte wieder flüssig.

Die Fähigkeit der Gelierstoffe, Flüssigkeit zu binden, wird in der Küchentechnik ausgenutzt, um Süßspeisen und pikante Sülzen herzustellen.

Richtlinien für die küchentechnische Verwendung der Gelierstoffe

Vielseitig und küchentechnisch leicht zu verwenden ist die Gelatine. Hausenblase und Agar-Agar werden im Familien- und Anstaltshaushalt nur noch selten gebraucht, sie finden vor allem in der Lebensmittelindustrie Verwendung.

Hausenblase

Sie wird zum Gebrauch als Geliermittel in kleine Stücke geschnitten, 24 Stunden eingeweicht, mit etwas Wasser und Zitronensaft ungefähr eine halbe Stunde gekocht, dann durch ein feuchtes Mulltuch gegossen. Sie ist danach ganz klar und gebrauchsfertig. Zu einem Liter Gelee sind 20 g Hausenblase erforderlich, zu gestürzten Gelees 30 g.

Agar-Agar

Es wird vor der Verwendung in kaltem Wasser eingeweicht, ausgedrückt, in etwas Wasser langsam erwärmt und gelöst. Zu einem Liter Gelee braucht man etwa 8 g, zu gestürzten Speisen etwa 12 g Agar-Agar.

Gelatine

Sie wird vor der Verwendung zunächst etwa 10—15 Minuten in kaltem Wasser eingeweicht. Wenn die Ränder der Gelatine weich sind, kann sie weiterverarbeitet werden. Man gibt sie in wenig kochendes Wasser (etwa 2 Eßl. für 10 Blatt Gelatine) und rührt so lange, bis eine klare Flüssigkeit entsteht. Es ist notwendig, die Gelatine in das heiße Wasser zu geben, nicht umgekehrt das Wasser zur Gelatine, weil dann die Gelatine leicht abkühlt und sich nicht gleichmäßig löst. Sie darf aber nicht kochen, weil Gelatine durch Kochen einen Leimgeschmack annehmen kann.

Die aufgelöste Gelatine vermischt man mit der zu gelierenden Flüssigkeit. Es ist zweckmäßig, zunächst etwas Flüssigkeit mit der aufgelösten Gelatine zu verrühren und diese Mischung zu der übrigen Flüssigkeit zu geben. Wenn man die heiße Gelatine in die kalte Flüssigkeit gibt, können leicht Fäden entstehen, die Gelatine erstarrt und löst sich nicht gleichmäßig in der Flüssigkeit.

Wird für Gelatinespeisen heiße Flüssigkeit verwendet, wie z. B. bei gekochten Cremes, so drückt man die eingeweichte Gelatine aus und gibt sie in die heiße Crememasse, das Auflösen in heißem Wasser erübrigt sich.

Gelatine hat die Fähigkeit, etwa das Fünfzigfache ihres Gewichtes an Wasser aufzunehmen. Das Mengenverhältnis ist abhängig von der Temperatur und dem Säuregrad der zu gelierenden Flüssigkeit. Bei normaler Zimmertemperatur und bei neutralen oder schwach sauren Lösungen genügen 20 g Gelatine, um etwa 1 *l* Flüssigkeit zu einer schnittfesten Gallerte zu binden.

Bei der Zubereitung von Gelatinespeisen werden je Liter Flüssigkeit folgende Gelatinemengen gebraucht:

12 Blatt Gelatine, wenn die Speise nicht gestürzt wird,
14 Blatt Gelatine, wenn Früchte eingelegt werden,
18—20 Blatt Gelatine, wenn die Speise gestürzt wird,
22 Blatt Gelatine, wenn das Gelee geklärt und gestürzt wird.
(Durch Kochen verliert Gelatine an Bindefähigkeit.)

Wird das Gelee am Tage vor dem Gebrauch zubereitet, so kann man auf 1 *l* Flüssigkeit 2 Blatt Gelatine weniger rechnen. Die Gelatinemenge ist auch um 1—2 Blatt je Liter Flüssigkeit zu vermindern, wenn größere Mengen zubereitet werden.

Verwendung der Gelatine für die Zubereitung von Speisen

Gelees

Gelees sind kalte, süße Gallertspeisen. Sie werden in Glasschalen oder — aus Formen gestürzt — auf Glasplatten gereicht.

Gelee / Grundrezept

Zutaten	1 Port.	4 Port.	100 Port.
Flüssigkeit	$^1/_8$ *l*	$^1/_2$ *l*	12 *l*
Zucker, etwa	15 g	60 g	1,5 kg
Gelatine	$1^1/_2$ Blatt	6 Blatt	120 Blatt
Geschmackszutaten			

Die Zuckermenge richtet sich nach der Art der geschmackgebenden Flüssigkeit.

Zubereitung

Die Flüssigkeit wird mit dem Zucker und den Geschmackszutaten verrührt. Die Gelatine wird in kaltem Wasser eingeweicht, ausgedrückt, in wenig kochendem Wasser gelöst und unter Rühren zu der Flüssigkeit gegeben. Das Gelee wird in Glasschüsseln oder zum Stürzen in eine Form gefüllt. Man kann es durch ein Tuch gießen, damit es klarer wird.

Abänderungen des Gelees durch ergänzende Zutaten

Weingelee	Als Flüssigkeit Weißwein oder Rotwein verwenden, mit Zitronensaft abschmecken.
	Bei Rotweingelee besteht $^{2}/_{3}$ der Gelatinemenge aus roter Blattgelatine.
Fruchtsaftgelee	Als Flüssigkeit frischen oder konservierten Fruchtsaft verwenden. Der Saft kann mit Wein vermischt und mit Zitronensaft abgeschmeckt werden.
	Fruchtsaftgelee und Weingelee können mit abgeschlagener Vanillecreme angerichtet werden. Wenn das Gelee vollständig erstarrt ist, wird die erkaltete Creme etwa 1 cm hoch auf das Gelee gefüllt. Die Geleemenge ist entsprechend zu vermindern.
Mokkagelee	Als Flüssigkeit Kaffee verwenden (100 g Kaffee je 1 *l* Flüssigkeit). Das steife Gelee mit Schlagsahne garnieren.
Buttermilchgelee	Als Flüssigkeit Buttermilch verwenden, mit Zitronensaft abschmecken. Das Gelee mit Früchten oder Gebäck garnieren.
Sauermilchgelee	Als Flüssigkeit Sauermilch oder Joghurt verwenden, mit Zitronensaft oder Rum abschmecken, Gelatinemenge vermindern, es genügen 8 Blatt je 1 *l* Sauermilch.
	Gelee mit Früchten, Gebäck oder geraspelter Schokolade garnieren.

Kalt gerührte Cremes

Kalt gerührte Creme / Grundrezept

Zutaten	4 Port.	100 Port.
Eigelb	2 Stck.	40—50 Stck.
Zucker, etwa	50 g	1,2 kg
Flüssigkeit	$^{1}/_{4}$ *l*	6 *l*
Geschmackszutat		
Gelatine	4 Blatt	90 Blatt
Eiklar	2 Stck.	40—50 Stck.

Die Zuckermenge richtet sich nach der Art der Flüssigkeit. Die Gelatinemenge ist auf 6 Blatt / 140 Blatt zu erhöhen, wenn die Creme gestürzt werden soll.

Zubereitung

Eigelb und Zucker werden schaumig gerührt, dann werden langsam die kalte, geschmackgebende Flüssigkeit und die aufgelöste Gelatine hinzugegeben. Wenn die Creme anfängt zu gelieren, verrührt man sie mit dem steifen Eischnee oder der steifen Schlagsahne, nicht früher, da die Creme sonst nicht gleichmäßig locker wird. Sie teilt sich leicht in eine lockere Masse, die sich nach oben absetzt, und in die feste Gelatinemasse, die nach unten sinkt. Die Creme wird sogleich in die Glasschüssel gefüllt.

Soll die Creme gestürzt werden, so wird sie in eine mit kaltem Wasser ausgespülte Form gefüllt.

Abänderungen der kalt gerührten Creme durch ergänzende Zutaten

Vanillecreme	Als Flüssigkeit Vanillemilch verwenden.
Krokantcreme	Vanillecreme vor dem Einfüllen mit Krokant vermischen (30 g Mandeln je ¼ *l* Milch).
Schokoladencreme	Als Flüssigkeit Schokoladenmilch verwenden. Die Creme kann mit Rum abgeschmeckt werden.
Karamelcreme	Als Flüssigkeit Karamelmilch verwenden. Die Zuckermenge für die Crememasse wird um die Hälfte vermindert.
Mokkacreme	Als Flüssigkeit Mokkamilch verwenden (50 g Kaffee je ¼ l Milch).
Rumcreme	Als Flüssigkeit Rummilch verwenden. Die Creme kann mit zerbröckelten Makronen und gewürfeltem Zitronat vermischt werden.
Weincreme	Als Flüssigkeit Weißwein verwenden und die Creme mit Zitronensaft abschmecken.
Fruchtcreme	Als Flüssigkeit Fruchtsaft — roh oder konserviert — verwenden. Bei Apfelsinen- und Zitronencreme Saft mit Wasser oder Wein auffüllen. Kleingeschnittene Früchte können unter die Fruchtcreme gemischt werden.
Joghurtcreme	Als Flüssigkeit Joghurt verwenden, die Creme mit Rum oder Zitronensaft abschmecken, die Gelatinemenge auf 3 Blatt / 70 Blatt vermindern.

Gekochte Cremes mit Gelatine zubereitet

Gekochte Creme mit Gelatine / Grundrezept

Zutaten	6 Port.	100 Port.
Eigelb	2 Stck.	32 Stck.
Zucker	60 g	1 kg
Milch	$^1/_2$ *l*	8 *l*
Vanille	$^1/_2$ Stg.	4—5 Stg.
Salz	1 Prise	2 kl. Tl.
Gelatine	5 Blatt	80 Blatt
Eiklar oder	2 Stck.	32 Stck.
Schlagsahne	$^1/_8$ *l*	2 *l*

Zubereitung

Eigelb und Zucker werden schaumig gerührt (nicht im Aluminiumtopf), man fügt Milch, Vanillestange und Salz hinzu und rührt die Creme im Wasserbad, bis sie dicklich ist; dann gibt man die eingeweichte und ausgedrückte Gelatine hinzu und läßt die Masse erkalten.

Wenn die erkaltete Creme anfängt zu gelieren, gibt man den steifen Eischnee oder die steife Schlagsahne hinzu. Die Creme wird sogleich in Glasschüsseln angerichtet.

Gestürzte Cremes werden ebenfalls nach den obigen Angaben zubereitet. Auf ½ *l* Flüssigkeit rechnet man 10 Blatt Gelatine. Die fertige Speise wird, wenn der Eischnee untergemischt ist, sofort in eine mit kaltem Wasser ausgespülte Form gefüllt und nach dem Festwerden gestürzt.

Abänderungen

Die gekochte Creme mit Gelatine kann wie einfache Vanillecreme durch verschiedene geschmackgebende Zutaten abgeändert werden: durch Rum, Mandeln, Nußkerne, Krokant, Kakao, Karamel. Die Menge der geschmackgebenden Zutaten ist bei Cremes, die mit Gelatine zubereitet werden, etwas zu erhöhen.

Rumcreme mit Makronen

Die Rumcreme wird nach dem Grundrezept / Gekochte Creme mit Gelatine zubereitet.

Die abgekühlte Vanillecreme wird mit zerbröckelten Makronen (60 g/1 kg), feingeschnittener Sukkade (30 g/500 g) und mit Rum vermischt. Nach dem Stürzen wird sie zunächst mit der steifen Schlagsahne bestrichen·

Dann bestreut man die Oberfläche mit gehackten Pistazien oder gerösteten Mandelstiften. Der Rand wird mit Makronenstangen oder mit Stangen von Spritzgebäck umstellt und mit Schlagsahne bespritzt.

Weincreme mit Schlagsahne

Zutaten	6 Port.	100 Port.
Weißwein	$^1/_2$ *l*	7 *l*
Zucker	100 g	1,4 kg
Eigelb	3 Stck.	40 Stck.
Zitronen	1 Stck.	15 Stck.
Gelatine	6 Blatt	80 Blatt
Eiklar	3 Stck.	40 Stck.
Schlagsahne	$^1/_4$ *l*	3 *l*

Zubereitung

Die Weincreme wird nach dem Grundrezept / Gekochte Creme mit Gelatine zubereitet.

Gestürzte Apfelsinencreme

Zutaten	6 Port.	100 Port.
Milch	$^3/_8$ *l*	6 *l*
Vanille	$^1/_2$ Stg.	5 Stg.
Apfelsinen	2 Stck.	30 Stck.
Eigelb	3 Stck.	48 Stck.
Zucker	75 g	1,2 kg
Gelatine	10 Blatt	160 Blatt
Schlagsahne	$^1/_4$ *l*	3 *l*

Apfelsinen zum Auslegen der Formen, je Form 2—3 Stck.

Zubereitung

Ein Teil der Milch wird mit Salz, Vanille und feingeriebener Apfelsinenschale aufgekocht und gesiebt. Inzwischen werden Eigelb und Zucker schaumig gerührt und mit der Milch im Wasserbad bis zum Kochen geschlagen. In die heiße Creme gibt man die eingeweichte, ausgedrückte Gelatine und den Saft der Apfelsinen.

Man läßt die Speise erkalten, vermischt sie, sobald sie anfängt zu gelieren, mit steifer Schlagsahne.

Eine Auflaufform spült man mit Wasser aus, belegt den Boden und den Rand der Form mit feingeschnittenen Apfelsinenscheiben und füllt die Creme hinein. Die Creme kann nach dem Stürzen mit Schlagsahne garniert werden.

Schlagsahnespeisen

Schlagsahnespeise / Grundrezept

Zutaten	6 Port.	100 Port.
Schlagsahne	$^1/_2$ *l*	8 *l*
Geschmackgeb. Flüssigkeit	$^1/_4$ *l*	4 *l*
Gelatine	3 Blatt	50 Blatt
Zucker, nach Geschmack		

Zubereitung

Die Schlagsahne wird mit Zucker oder Vanillezucker abgeschmeckt. Als geschmackgebende Zutaten verwendet man z. B. Kaffee-Extrakt oder gelöste Schokolade (siehe nachstehende Rezepte). Man gibt die aufgelöste Gelatine in die Flüssigkeit. Sobald die Masse anfängt zu gelieren, zieht man die steife Schlagsahne darunter und füllt die Speise sofort in eine Glasschüssel oder in Gläser.

Soll die Speise gestürzt werden, so verwendet man 8 Blatt / 120 Blatt Gelatine. Man verziert die Schlagsahnespeisen mit Schlagsahne und reicht feines Gebäck (Mandelbögen, Biskuits, Makronen) dazu.

Abänderungen der Schlagsahnespeise durch ergänzende Zutaten

Schokoladenschlagsahne	100 g / 1,5 kg Schokolade in der Milch auflösen.
Kaffeeschlagsahne	Aus 80 g / 1 kg Kaffee zubereiten.
Karamelschlagsahne	Aus 100 g / 1,5 kg Zucker Karamel herstellen und mit Wasser ablöschen.
Rumschlagsahne	Flüssigkeit besteht aus zwei Teilen Milch und einem Teil Rum.
Zitronenschlagsahne	Saft von 2—3 / 30—40 Zitronen mit Wasser oder Wein auffüllen.
Apfelsinenschlagsahne	Saft von 3—4 / 50—60 Apfelsinen mit Wein auffüllen.
Fruchtschlagsahne	500 g / 1,6 kg Fruchtmus mit Zitronensaft abschmecken. Gelatinemenge etwas verringern.

Charlotten

Zu Charlotten wird im allgemeinen die Charlottenform mit Löffelbiskuits — für eine Form etwa 15 Stück — oder anderem feinen Gebäck ausgelegt und mit einer Creme gefüllt. Die Speise wird nach dem Festwerden gestürzt und mit Schlagsahne verziert. Man kann die Speise auch in die Form füllen, bevor sie mit Gebäck ausgelegt ist, und die Charlotte nach dem Stürzen mit den Löffelbiskuits und der Sahne garnieren.

Zur Füllung können verwertet werden:

1. Gestürzte, gekochte Cremes mit Gelatine zubereitet (auf ½ *l* Flüssigkeit 10—12 Blatt Gelatine).
2. Kalt gerührte Cremes (auf ¼ *l* Flüssigkeit 8 Blatt Gelatine).
3. Schlagsahnespeisen (statt 3 Blatt Gelatine 6—8 Blatt).

Obstschaumspeisen

Schaumspeise aus Fruchtsaft

Zutaten	4 Port.	100 Port.
Fruchtsaft	¼ *l*	6 *l*
Zucker, nach Geschmack		
Gelatine, rot	4 Blatt	80 Blatt

Als Fruchtsaft eignet sich besonders Johannisbeersaft oder eine Mischung aus Johannisbeersaft und Erdbeersaft. Der Saft kann bis zur Hälfte mit Wasser verdünnt werden. Als Flüssigkeit kann man auch Wein verwenden.

Zubereitung

Die aufgelöste Gelatine wird mit Fruchtsaft, Zucker und nach Belieben mit Zitronensaft vermischt. Dann wird die Flüssigkeit so lange geschlagen, bis sich eine schaumige Masse gebildet hat. Die Speise wird sogleich in eine Glasschüssel oder in Gläser gefüllt.

Schaumspeise aus Fruchtmus

Zutaten	4 Port.	100 Port.
Früchte	250 g	6,2 kg
Zucker, nach Geschmack		
Zitronensaft, nach Geschmack		
Eiklar	1 Stck.	25 Stck.
Gelatine	3 Blatt	72 Blatt

Als Früchte eignen sich besonders Stachelbeeren, Aprikosen, Rhabarber, Äpfel, Erdbeeren.

Zubereitung

Die Früchte werden zu Mus gekocht und durch ein Sieb gerührt. Das Fruchtmus (¼ *l* / 6 *l*) wird mit der aufgelösten Gelatine vermischt und nach dem Erkalten mit dem steifen Eischnee, mit Zucker und Zitronensaft geschlagen, bis die Speise schaumig ist.

Unter die fertige Schaumspeise können kleingeschnittene Früchte gemischt werden.

Saure Sülzen

Sülzen können aus kollagenhaltigen Brühen, die man durch Auskochen von Kalbs- und Schweinsfüßen gewinnt, zubereitet werden oder aus einfachen Fleisch-, Fisch- oder Gemüsebrühen unter Verwendung von Gelatine.

Sülze von Kalbs- oder Schweinsfüßen

Zutaten zu 1 *l* Sülze

500 g leimgebende Stoffe: Kalbsknochen, Kalbs- oder Schweinsfüße, auch Sehnen, Schwarten, Kopf, Fischgräten
2 *l* Wasser
Salz
1 Zwiebel
4—5 Pfefferkörner
1 Lorbeerblatt
Suppengrün: Porree, Sellerie, Petersilienwurzel
½ Zitrone, Wein, Essig
Suppenwürze
1 Prise Zucker

Zubereitung

Die leimgebenden Teile werden gewaschen und mit kaltem Wasser zum Kochen gebracht. Nach dem Abschäumen werden die Gewürze — Zitronenschale, Zitronensaft, etwas Essig — und nach Belieben 500 g mageres Rindfleisch hinzugegeben. Durch Hinzugabe von Rindfleisch erhält die Brühe einen kräftigen Geschmack. Die Brühe wird 3—4 Stunden bei schwacher Hitze gekocht. Das lange Kochen ist notwendig, da die Leimstoffe erst durch mehrstündiges Kochen vollständig gelöst werden. Dann wird die Brühe durch ein feines Sieb oder Tuch gegeben und scharf mit Salz, Wein, Essig und Zitronensaft abgeschmeckt. Durch Suppenwürze oder Zuckerfarbe kann man sie etwas bräunen. Wenn sie zu stark eingekocht ist, wird sie mit Wasser zu 1 *l* aufgefüllt. Nach dem völligen Erkalten wird das Fett abgenommen.

Ist die Sülze nach dem Erkalten nicht so steif, daß sie sich stürzen läßt, so können einige Blatt Gelatine hinzugefügt werden. Die Sülzbrühe kann mit entsprechenden Einlagen in eine Form gefüllt werden.

Sülze mit Gelatine zubereitet

Die für die Herstellung der Sülze zubereitete Brühe wird nach dem Erkalten gegebenenfalls entfettet, dann mit Salz, einer Prise Zucker, Essig, Zitronensaft, Wein und Suppenwürze ziemlich scharf abgeschmeckt. Soll die Brühe gefärbt werden — zu Sülzgerichten von Fleisch und zum Überziehen von Braten goldgelb, zu Würfeln zum Garnieren braun —, so gibt man außerdem Madeira, Kognak oder Burgunder, wenn nötig, Zuckerfarbe hinzu.

Die eingeweichte Gelatine wird fest ausgedrückt in die Brühe gegeben, die Brühe nochmals abgeschmeckt und dann geklärt. Da der Geschmack durch das Geliermittel sehr gemildert wird, muß die Brühe beim Abschmecken zu sauer und zu salzig sein. Soll die Brühe nicht geklärt werden, so wird die eingeweichte Gelatine in 2 Eßlöffel kochendes Wasser gegeben, damit sie sich vollständig löst, und dann mit der Brühe verrührt. Das Mengenverhältnis von Flüssigkeit und Gelatine richtet sich nach der Verwendung der Sülze.

Zu 1 *l* fertiger Sülze werden gerechnet:

12—14 Blatt zum Überziehen von Braten, Fisch, Gemüsen
16—18 Blatt zum Einlegen von Fleisch, Fisch, Gemüsen in Schüsseln
22 Blatt für Sülzspeisen zum Stürzen
30 Blatt zum Schneiden von Würfeln zur Garnierung.

Klären der Sülze

Die Sülze ist um so appetitlicher, je klarer sie ist. Sie darf nicht im Eisentopf gekocht werden, da sie dadurch dunkel und trübe wird. Um sie zu klären, gibt man nach dem Entfetten und Abschmecken 2 Eiklar und 2 zerdrückte Eierschalen mit der Gelatine zu je 1 *l* kalter oder lauwarmer Sülzbrühe und läßt die Brühe unter ständigem Schlagen langsam zum Kochen kommen. Sobald sie aufkocht, nimmt man sie von der Herdstelle und läßt sie fest zugedeckt 15—20 Minuten heiß stehen. Sie darf während dieser Zeit nicht umgerührt werden und nicht kochen. Es bildet sich allmählich an der Oberfläche eine dicke, grauweiße Schicht, durch die das Gelee klar hindurchbricht. Wenn man das Eiklar in heiße Sülzbrühe gibt (statt in lauwarme), so gerinnt es sofort. Die Brühe wird infolgedessen nicht klar.

Inzwischen wird eine Serviette durch heißes, dann durch kaltes Wasser gezogen, fest ausgewrungen und über eine Schüssel gespannt. Die Sülze wird langsam auf die Serviette geschüttet. Man läßt sie durchlaufen, ohne darin zu rühren. Ist die Sülze das erste Mal nicht ganz klar, so läßt man sie noch einmal durchlaufen.

Einfüllen und Garnieren der Sülze

Man streicht eine passende Form mit 1—2 Tropfen Öl aus, füllt dann ½ cm hoch kalte, aber noch flüssige Sülze hinein. Wenn die Sülzbrühe erstarrt ist, legt man eine Garnierung auf. Man kann dazu hartgekochte Eier, saure Gurken, Trüffel, Champignons, Möhrenscheiben, Erbsen, Kapern verwenden. Die Garnierung bedeckt man vorsichtig mit etwas abgekühlter Sülzbrühe. Die Brühe darf nicht ganz kalt sein, da sich sonst der Spiegel beim Stürzen abtrennt. Sobald auch diese Schicht fest geworden ist, gibt man die entsprechende Füllung hinein. Dann füllt man die Form mit der noch übrigen Sülzbrühe. Die Form muß bis zum Rande gefüllt sein, damit die Speise beim Stürzen nicht bricht. Kann man die Sülze nicht im Kühlschrank erstarren lassen, so ist es günstig, sie schon am Tage vor dem Gebrauch zuzubereiten.

Anrichten der Sülze

Vor dem Anrichten wird die Sülze am Rande vorsichtig etwas gelöst, die Form geschüttelt und die Sülze gestürzt. Wenn sie sich nicht stürzen läßt, hält man die Form einen Augenblick in warmes, nicht heißes Wasser, trocknet sie schnell ab und stürzt sie auf eine flache Schüssel. Man umlegt die Sülze mit Zitronenachteln, Petersilie, mit hartgekochten Eiern oder Salat.

Hausmacher Sülze

1 kg Schweinefleisch	1 Lorbeerblatt
2 Schweinsfüße	Salz, Pfeffer
2—3 *l* Wasser	1 Zwiebel
Suppengrün	Essig

Aus den Zutaten wird eine Sülzbrühe hergestellt, die man mit Essig abschmeckt. Das weichgekochte Fleisch wird in Würfel geschnitten und mit der durchgesiebten, abgeschmeckten Brühe vermischt. Man füllt die Sülze ungeklärt in beliebige Formen und läßt sie darin erkalten. Sie muß genügend steif sein, damit sie sich stürzen und schneiden läßt. Wenn nötig, wird sie mit Gelatine gedickt.

Sülzkoteletts

Ein Rückenstück Schweinefleisch wird mit einer Zwiebel und einigen Pfefferkörnern in Salzwasser weichgekocht, nach dem Erkalten in einzelne Koteletts zerlegt, die man eine Zeitlang beschweren kann, damit sie eine gute Form erhalten. Aus der Brühe stellt man mit Gelatine eine geklärte, saure Sülze her. Man gießt die Sülzkotelettsformen damit aus. Wenn die Sülze fest geworden ist, legt man zur Garnierung einen Spiegel von hartgekochten Eischeiben, Möhren- und Gurkenscheiben darauf, gibt etwas Sülzbrühe hinein, wenn die Brühe beinahe fest ist, in jede Form ein Schweinskotelett und darüber wieder Sülzbrühe. Die Koteletts werden gestürzt und mit einer Mayonnaise zu Tisch gegeben.

Zunge in Sülze

Man schneidet frische oder gepökelte, gekochte Zunge in Scheiben, legt sie schuppenförmig auf eine flache Schüssel und überfüllt sie mit klarer Sülzbrühe, die nach S. 136 zubereitet wird. Auf die Schüssel wird vorher ein Spiegel von Sülze gegossen. Die Mitte wird mit Eischeiben und marinierten grünen Erbsen ausgelegt.

Geflügel in Sülze

Hähnchen oder junges Huhn wird in schwachgewürzter Fleischbrühe gar gemacht und nach dem Garen in nicht zu große Stücke zerlegt. Aus der Brühe wird eine geklärte Sülzbrühe hergestellt. Dann füllt man etwas Sülzbrühe in eine Randform und belegt die erstarrte Sülze zur Garnierung mit gekochten Eischeiben, Kapern und Blumenkohlröschen, die vorher in Sülzbrühe getunkt sind.

Wenn die Garnierung fest geworden ist, wird wieder etwas Sülzbrühe daraufgegeben, dann das Geflügelfleisch. Die Form wird mit Sülze gefüllt. Ist die Sülze völlig erstarrt, so wird sie auf eine runde Schüssel gestürzt. Es werden Mayonnaise, grüner Salat, Röstbrot und Röstkartoffeln dazu gereicht.

Fisch in Sülzrand

$^3/_4$ *l* Sülzbrühe	500 g Fisch

Der Fisch (z. B. Kabeljau, Schellfisch, Rotbarsch) wird in gewürzter Fleischbrühe gar gemacht, dann in Stücke zerlegt. Verwendet man Fischfilets, so werden die Filets mit Zitronensaft beträufelt, gesalzen und durch Dämpfen gar gemacht. Nach dem Erkalten wird der Fisch mit saurer Sülze aus Fisch- oder Fleischbrühe in eine Form gefüllt.

Zur Garnierung kann man zwischen die Fischstücke Champignons oder Möhrenscheiben legen.

Eier in Sülze

Man bereitet eine klare Sülze und gießt eine Auflaufform mit einer dünnen Sülzschicht aus. Wenn die Sülze fest geworden ist, belegt man den Boden der Form mit einem Kranz von Eischeiben, gießt einige Löffel abgekühlte Sülzbrühe darüber, läßt sie fest werden, füllt dann die Form mit Eischeiben aus und gießt sie voll Sülzbrühe. Die Sülze wird nach dem Stürzen mit Petersilie garniert.

Gemüse in Sülze

Als Gemüse eignen sich Blumenkohl, Spargel, Möhren, Erbsen, Brechbohnen, Pilze. Die Gemüse werden gedämpft oder in wenig Salzwasser nicht zu weich gekocht. Nach dem Erkalten werden sie in eine Tunke von Essig, Salz und Pfeffer gelegt. Nach kurzer Zeit läßt man sie abtropfen und füllt sie mit Sülzbrühe in eine Randform oder in Becherförmchen.

Verarbeitung von Zucker

Verwendung des Zuckers zum Süßen der Speisen Herstellung von Karamel Herstellung von Zitronen- und Apfelsinenzucker Herstellung von Vanillezucker

Von den Zuckerarten des Marktes — Weißzucker genannt — spielt der Rohr- und Rübenzucker für die Küchentechnik die größte Rolle.

Verwendung des Zuckers zum Süßen der Speisen

Wegen der hohen Süßkraft werden Rohr- und Rübenzucker zum Süßen von Speisen verwendet. Besonders geeignet ist *mittelfeine Raffinade*. Grober Zucker löst sich nur langsam. Für kalt zubereitete Speisen — Gelatinespeisen, Rohkostspeisen, kalte Getränke — ist darum immer mittelfeine Raffinade zu verwenden.

Für die Zubereitung von Kuchenteigen eignet sich besonders *feine Raffinade*.

Zum Süßen von Schlagsahne oder Schlagsahnespeisen verwendet man am besten *Puderzucker* (fein gemahlene und gesiebte Raffinade).

Sollen kalorienreiche Speisen zubereitet werden, dann kann man zum Süßen *Traubenzucker* verwenden. Traubenzucker hat eine geringe Süßkraft, man kann größere Mengen Zucker verwenden, ohne daß die Speise unangenehm süß schmeckt.

Für Milch-Mischgetränke und für Müslis kann man zum Süßen auch statt Zucker *Honig* verwenden.

Saure Speisen — z. B. Obstsuppen — sind n a c h dem Garen zu zuckern. Wenn man Zucker mit Säure erhitzt, so wird er zu Einfachzuckern abgebaut. Die Einfachzucker haben eine geringere Süßkraft als Rohrzucker, folglich ist eine größere Zuckermenge notwendig, um den gewünschten Süßungsgrad zu erreichen.

Herstellung von Karamel

Zucker zersetzt sich beim trockenen Erhitzen. Er schmilzt zunächst — das Kristallwasser verdampft —, bei etwa 160° C zersetzt sich der Zucker.

Er wird braun gefärbt, verliert seine Süßkraft und nimmt den typischen Karamelgeschmack an.

Zur Herstellung von Karamel wird Zucker in einer Pfanne oder in einem Bratentopf langsam erwärmt. Nach dem Schmelzen wird er — unter stetem Rühren mit einem Pfannenmesser oder einem anderen Metallgerät — weiter erhitzt, bis er schäumt und eine braune Farbe annimmt. Dann wird unter Rühren heißes Wasser hinzugegeben, der Karamel wird „abgelöscht".

Der durch die Erhitzung des Zuckers entstandene Karamel wird in der Nahrungszubereitung als Geschmacksbildner, besonders bei Milchspeisen, Getränken, süßen Suppen, Tunken, Cremes und für die Zubereitung von Krokant verwendet.

Dunkel gebräunter Karamel dient als Zuckerfarbe zum Färben von Suppen, Sülzen, Tunken. Er läßt sich lange Zeit aufbewahren.

Herstellung von Krokant

60 g Zucker
20 g Butter
30 g Mandeln, Haselnüsse oder Kokosflocken

Der Zucker wird in einer Stielpfanne oder in einem Bratentopf geschmolzen, dann mit Butter und gehackten Mandeln, gehackten Nüssen oder Kokosflocken vermischt und unter ständigem Rühren so lange erhitzt, bis er hellgelb ist.

Man füllt den Krokant auf ein geöltes oder angefeuchtetes Pergamentpapier und läßt ihn ausgebreitet erkalten. Dann wird der Krokant zerbröckelt.

Krokant wird als Einlage und Verzierung zu Vanillecreme verwendet und zum Bestreuen von Torten.

Die angegebenen Zutatenmengen reichen für eine Schüssel Creme oder für eine Torte.

Herstellung von Zitronenzucker und Apfelsinenzucker

Zitronen oder Apfelsinen werden heiß gewaschen. Nach dem Trocknen wird die Außenschale fein abgerieben und mit feinem Zucker vermischt. Der Zitronenzucker bzw. Apfelsinenzucker wird in einem verschlossenen Glas aufbewahrt. Er wird als Geschmackszutat zu Milch- und Obstspeisen und zu Backwerk verwendet.

Es dürfen nur Zitrusfrüchte verwandt werden, die nicht mit chemischen Stoffen behandelt wurden.

Herstellung von Vanillezucker

Vanillezucker kann durch Verwendung von Vanillestangen zubereitet werden.

Vanillestangen werden der Länge nach durchgeteilt und in feinraffinierten Zucker gelegt. Man rechnet für eine Vanillestange etwa 200 g Zucker. Bereits nach 2—3 Tagen kann der Vanillezucker verwendet werden. Der Zucker läßt sich in einem verschlossenen Glas sehr lange aufbewahren. Die Vanillestange kann 2—3mal auf diese Weise gebraucht werden.

Der im Handel angebotene Vanillezucker wird mit dem synthetisch gewonnenen Geschmacksstoff Vanillin hergestellt.

Verarbeitung der Speisefette

Aufwertung der Speisen durch Fett Bedeutung der Fette beim Garen der Speisen Fett als Trennmittel

Aufwertung der Speisen durch Fett

Speisefette erhöhen den physiologischen Wert der Nahrung. Durch Hinzugabe von Fetten kann die Nahrung *energiereich* zubereitet werden, ohne daß sich das Volumen beachtlich erhöht.

Fettreiche Speisen haben außerdem einen höheren Sättigungswert als fettarme oder fettfreie, weil Fett eine lange Verweildauer im Magen hat.

Auch der Geschmackswert der Speisen wird erhöht durch Fett. Kohlenhydratreiche Speisen, wie z. B. Gemüse, Teigwaren, Reis, werden aus diesem Grund mit Fett zubereitet. Besonders hohen Geschmackswert haben Butter und gute Margarinesorten.

Bedeutung der Fette beim Garen der Speisen

Eine besondere Bedeutung kommt den Speisefetten zu als wärmeübertragendes Medium beim Garen von Speisen.

Während Wasser beim normalen Druck nur eine Temperatur von 100° C erreicht, kann Fett bis zu maximal 200° C erhitzt werden. Damit ermöglicht das Fett charakteristische Garverfahren, das Braten, Schmoren und Fritieren.

Für diese Garverfahren werden reine, wasserarme und hitzebeständige Fette verwendet: Kokosfett, Palmkernfett, Erdnußfett, Öle, Schweineschmalz, Rindertalg. Diese Fette sind nahezu wasserfrei, ihr Wassergehalt liegt unter 1%.

Erdnußfett

Es hat einen besonders hohen Qualmpunkt, etwa 265° C, und eignet sich wegen dieser Hitzebeständigkeit gut zum Fritieren.

Kokosfett

Es zeichnet sich auch durch einen hohen Qualmpunkt und große Hitzebeständigkeit aus. Das Fett hat sehr feste Konsistenz bei Zimmertemperatur, aber einen relativ niedrigen Schmelzpunkt, Kokosfett schmilzt schon bei 23—28 °C und ist darum leicht verdaulich. Es hat einen völlig neutralen Geschmack. Kokosfett wird daher vielfach zum Braten und zum Fritieren verwendet.

Öle

Als Öle kommen für die Speisenzubereitung in Frage: Erdnußöl, Palmkernöl, Olivenöl, Mohnöl.

Sie werden vorwiegend verwendet für die Zubereitung von Marinaden und Mayonnaisen. Erdnußöl und Palmkernöl eignen sich auch zum Braten, Fritieren und Schmoren. Viele Spezialfette des Marktes sind gehärtete Öle. Aus ernährungsphysiologischen und auch aus wirtschaftlichen Gründen sind die Öle diesen gehärteten Spezialfetten vorzuziehen.

Wenn der Ölgeschmack bei den Speisen nicht erwünscht ist, so kann man unmittelbar vor dem Servieren etwas Butter oder Margarine zu den Speisen geben. Auch läßt sich der Geschmack verändern, wenn man eine Mischung von Öl und Speck zum Garen verwendet.

Sachgemäße Lagerung und Verwendung der Öle ist notwendig, um ihre Qualität zu erhalten. Infolge ihres hohen Gehaltes an ungesättigten Fettsäuren zersetzen sich Öle bei der Lagerung schneller als Fette mit gesättigten Fettsäuren. Auch bei starkem und wiederholtem Erhitzen werden Öle leicht zersetzt. Durch die entstehenden Zersetzungsprodukte werden der Geschmack der Öle und ihr ernährungsphysiologischer Wert sehr beeinträchtigt.

Schweineschmalz

Es wird verwendet zum Braten von Schweinefleisch oder derbem Rindfleisch, außerdem zum Dünsten von Kohlgemüse.

Rindertalg

Er wird wegen des ausgeprägten Eigengeschmackes und wegen des hohen Schmelzpunktes nur wenig in der Küchentechnik gebraucht. Wenn Rindertalg jedoch mit Öl oder einem anderen Fett vermischt wird, läßt er sich gut zum Fritieren und zum Braten von Kartoffeln und Fleischstücken in der Pfanne verwenden.

Butter und Margarine

Sie eignen sich nur für Bratvorgänge mit niedrigen Temperaturen, für Omeletts, Eierkuchen und zum Braten von Kalbfleisch, jungem Geflügel und zarten Fischen. Diese Fette finden umfangreiche Verwendung als

Streichfett, außerdem für die Teigbereitung zur Herstellung von Backwaren, als Zugabe zu gekochtem und gedämpftem Nahrungsgut, für die Zubereitung von hellen Mehlschwitzen und zum Garen durch Dünsten.

Butter und Margarine haben einen niedrigen Qualmpunkt. Sie zersetzen sich bei starkem Erhitzen. Außerdem macht der Eiweißanteil sie ungeeignet für Garvorgänge mit höheren Temperaturen. Die Eiweißteilchen zersetzen sich (schwarze Stipchen bei Röstkartoffeln). Auch der hohe Wassergehalt macht Butter und Margarine wenig geeignet als wärmeübertragendes Medium bei höheren Temperaturen. Das Wasser muß verdampfen, bevor die Temperatur des Fettes über 100° C steigen kann. Sonst kann es zu heftigem Schäumen des Fettes kommen.

Das Überhitzen der Fette ist immer zu vermeiden. Wenn der Qualmpunkt erreicht ist oder überschritten wird, so entstehen gesundheitsschädliche Zersetzungsprodukte. Bleiben diese Fette noch längere Zeit an der Luft stehen, wie das oft bei Friteusen der Fall ist, so findet eine weitere Umsetzung der Zersetzungsprodukte statt, die Fette sind für die Speisenbereitung nicht mehr zu verwenden.

Das Fett soll nicht öfter als dreimal erhitzt und zum Fritieren verwendet werden.

Über die Bedeutung der Fette für die Backtechnik vgl. S. 234.

Fett als Trennmittel

In der Küchentechnik und der Backtechnik hat Fett Bedeutung als Trennmittel. Es verhütet das Anbacken und Festhaften von mehlhaltigen und eiweißhaltigen Speisen an Formen und Bratgeschirren.

Für die Verwendung der Fette als Trennmittel eignet sich Öl, es läßt sich leicht verstreichen und verträgt hohe Temperaturen.

Verarbeitung der Milch und Milchprodukte

Inhaltsstoffe der Milch

Die Milch enthält:

die Eiweißstoffe Kasein, Laktalbumin, Laktoglobulin,
Fett in fein emulgierter Form,
Milchzucker,
die Mineralstoffe Kalium, Kalzium, Phosphor und Eisen,
die Vitamine B, A bzw. deren Vorstufe (Karotine), Vitamin C und D nur in geringer Menge.

Die Milch bietet mit ihren Inhaltsstoffen einen guten Nährboden für alle Bakterien, darum sind bei der Verarbeitung und Aufbewahrung der Milch strenge hygienische Maßnahmen zu beachten.

Veränderungen der Inhaltsstoffe bei der Verarbeitung der Milch

Wenn Milch erhitzt wird, treten bereits bei etwa 70° C Veränderungen der Inhaltsstoffe ein. Geschmack, Geruch und Farbton der Milch ändern sich, die Milch nimmt den typischen „Kochgeschmack“ an.

Beim Kochen in offenem Topf bildet sich auf der Oberfläche eine Haut, die aus geronnenem *Albumin*, aus *Kasein* und *Globulin* besteht und auch Fett eingeschlossen hat. Das geronnene Eiweiß setzt sich am Topfboden ab und verursacht das Ansetzen oder Anbrennen der Milch. Bei anhaltender Wärmeeinwirkung nimmt die Gerinnung der Eiweißstoffe zu, sie werden schwerer verdaulich.

Der typische Geschmack der gekochten Milch wird zum Teil verursacht durch die Karamelisierung des *Milchzuckers*. Milchzucker wird schon bei 70° C von alkalisch reagierenden Salzen der Milch abgebaut.

Die *Vitamine* werden durch das Erhitzen nur wenig beeinflußt, lediglich das Vitamin C, besonders, wenn die Milch im offenen Gefäß gekocht wird.

Die in der Milch reichlich enthaltenen *Enzyme und Mikroorganismen* werden zum größten Teil zerstört.

Für die küchentechnische Verarbeitung der Milch ist von Bedeutung, daß das Kasein bei Säureeinwirkung gerinnt und ausflockt. Bei der Zubereitung von sauren Milchmischgetränken oder Salattunken wird die Säure unter Rühren bzw. während des Mixens zu der Milch gegeben. Gebundene Milch gerinnt nicht so schnell und nur sehr fein, die Stärketeilchen wirken als Schutzkolloid und verhindern das Zusammentreten der Kaseinteilchen.

Wenn die Milch ohne Kühlung aufbewahrt wird, wird der Milchzucker durch Milchsäurebakterien in Milchsäure abgebaut, die Milch wird „sauer", das Kasein gerinnt. Beim Kochen der Milch genügt schon ein geringer Säuregehalt, um das Kasein zum Ausflocken zu bringen. Ein Zusatz von Stärke kann die grobflockige Gerinnung verhüten.

Richtlinien für die küchentechnische Verwendung von Milch und Milchprodukten

Frische Milch

Die Milch ist sofort nach dem Einkauf zu verwenden oder in Kühlanlagen aufzubewahren. Beim Erhitzen und beim Abkühlen von Milch sind die für die Bakterien optimalen Temperaturen möglichst schnell zu überbrücken.

Beim Erhitzen saurer Milch — z. B. beim Kochen von Buttermilchsuppe — ist es notwendig, vor dem Kochen angerührte Stärke zu der Milch zu geben und die Milch unter ständigem Rühren zum Kochen zu bringen.

Als Gefäße zum Kochen von Milch sind Töpfe aus einwandfreiem Material zu wählen. Der Markt bietet für die Kleinküche Spezial-Milchtöpfe an mit einem Topfmantel für ein Wasserbad. Das geeignete Gerät in Großküchen ist die Schnellkochgruppe. Sie ist für die Zubereitung aller Milchgerichte geeignet. Die Milch kommt schnell zum Kochen, sie kann nicht anbrennen.

Eingedickte Milch

Eingedickte Milch ist als gezuckerte und ungezuckerte Kondensmilch im Handel.

Kondensmilch findet hauptsächlich als Kaffeemilch Verwendung. Sie eignet sich außerdem — wie Sahne — zur Geschmacks- und Nährwertverbesserung von Tunken und gebundenen Suppen.

Kondensmilch kann anstelle von Frischmilch für die Zubereitung von Milchspeisen aller Art dienen. Weil der Eindickungsgrad etwa 2,5 : 1 beträgt, kann die Milch um das 2,5fache ihres Gewichtes mit Wasser aufgefüllt werden.

Milchpulver (Trockenmilch)

Milchpulver ist als Produkt der Trinkmilch und als Produkt der Magermilch auf dem Markt. Beide Trockenmilcharten werden als Sprüh- oder als Walzen-Trockenmilch angeboten.

Sprüh-Trockenmilch läßt sich in kaltem Wasser auflösen und ist darum einfacher zu verwenden als Walzen-Trockenmilch. Der Geschmack ist dem der Frischmilch sehr ähnlich.

Walzen-Trockenmilch löst sich in kaltem Wasser nicht, der Geschmack weicht von dem der Frischmilch ab.

Trocken-Milchpulver wird im Verhältnis 1 : 7 mit Wasser aufgelöst. 125 g Milchpulver + 875 g Wasser ergeben 1000 g = 1 *l* Milch.

Magermilch-Trockenpulver wird im Verhältnis 1 : 9 mit Wasser aufgelöst. 100 g Pulver ergeben mit 900 g Wasser 1 *l* Magermilch. Das Milchpulver wird nach und nach in das Wasser eingerührt.

Grundsätzlich lassen sich beide Milchpulver anstelle von Frischmilch verwenden, besonders zu Backwerk. Bei der Herstellung ausgesprochener Milchspeisen, wie z. B. von Getränken, Suppen, Flammeris, Cremes, läßt sich Milchpulver am besten in Verbindung mit den geschmackgebenden Zutaten Schokolade und Karamel verwenden.

Kaffeesahne

Kaffeesahne (10% Fettgehalt) wird zu Kaffee und Tee gereicht. Sie eignet sich außerdem zur Geschmacks- und Nährwertverbesserung von gebundenen Suppen, von hellen Tunken und Bratentunken. Auch für die Zubereitung von Marinaden kann sie verwendet werden.

Saure Sahne

Saure Sahne — in vorgeschrittener milchsaurer Gärung befindliche Sahne — eignet sich zum Verbessern von Bratentunken. Außerdem lassen sich aus saurer Sahne sehr schmackhafte Salattunken herstellen, besonders Tunken für grüne Salate.

Schlagsahne

Schlagsahne (28% Mindestfettgehalt) kann wie Kaffeesahne verwendet werden. Infolge des hohen Fettgehaltes kann die Sahne zu einer schaumigen Masse geschlagen werden. Es entsteht ein kolloides System aus Fett und Luft. Damit eine feste, formbeständige Schaummasse entsteht, muß die Sahne frisch sein. Am besten läßt sich die Sahne schlagen, die vom vorhergehenden Tag und sehr kalt ist. Die Sahne muß kräftig geschlagen werden, da sie sonst leicht dünn bleibt. Durch zu langes Schlagen kann sie abbuttern. Die Schlagsahne hat die richtige Beschaffenheit, wenn sie beim Herausnehmen des Schlaggerätes fest am Gerät haftenbleibt und nicht abfällt.

Sollte die Sahne nicht steif genug werden, so kann man aufgelöste Gelatine (2—3 Blatt auf ½ *l* Sahne) hinzugeben und die Sahne weiterschlagen, bis sie steif und schaumig ist. Die Verwendung von Gelatine ist immer dann zweckmäßig, wenn die Sahne länger stehen soll, z. B. bei verzierten Sahnetorten.

Zubereitung süßer Schlagsahne

Für die Zubereitung süßer Schlagsahne wird Puderzucker unter die steife Schlagsahne gegeben. Man rechnet 2 Eßl. Puderzucker auf ½ *l* Schlagsahne.

Geschlagene süße Sahne wird verwendet:

- als Zugabe zu Kaffee, Tee, Kakao
- zum Füllen und Verzieren von Torten
- als Bestandteil kalter Süßspeisen
- zum Garnieren kalter Süßspeisen
- zur Geschmacks- und Nährwertverbesserung von gebundenen Suppen und Getränken.

Zubereitung pikanter Schlagsahne

Steif geschlagene ungesüßte Sahne kann auch mit Salz und anderen Gewürzen vermischt und zu kaltem Fleisch oder Fischgerichten gereicht werden.

Zum Würzen eignen sich: pikanter geriebener Käse und fein geriebener Meerrettich in Verbindung mit Zitronensaft.

Verarbeitung der Milch zu Milchgerichten

Für die Zubereitung von Milchgerichten wird vorwiegend Trinkmilch verwendet.

Buttermilch, Joghurt oder Sauermilch eignen sich für die Zubereitung von Getränken, Kaltschalen und Gelatine-Süßspeisen.

Für die Zubereitung fast aller Milchgerichte läßt sich auch entrahmte Frischmilch verwenden. Sie ist zwar im Einzelhandel nur schwer zu erhalten. Großverbraucher können sie von Molkereibetrieben beziehen. Die fettarme Milch brennt beim Kochen leicht an. Das Anbrennen läßt sich verhüten, indem man den Boden des Milchtopfes mit Margarine oder Butter einfettet oder mit wenig kochendem Wasser bedeckt und die Milch auf das kochende Wasser gießt.

Trinkmilch und entrahmte Frischmilch sind bei Getränken und Kaltschalen möglichst roh zu verwenden. Verlangt die Zubereitung ein Erhitzen der Milch, z. B. beim Binden mit stärkehaltigen Bindemitteln, so genügt es vielfach, nur einen Teil der Milch mit den ergänzenden Zutaten zu erhitzen oder zu kochen und diesen Anteil mit der rohen, kalten Milch zu vermischen.

Milchgetränke

Milch kann in Verbindung mit geschmackgebenden Zutaten zu verschiedenen Milchgetränken verarbeitet werden. Die auf S. 152 angeführten Milchgetränke lassen sich durch Hinzugabe von Eigelb oder Sahne verbessern.

Fruchtmilch kann aus einer Obstart oder aus verschiedenen Obstarten zubereitet werden. Bei der Verwendung von Früchten mit geringem Säuregehalt wird Zitronensaft hinzugegeben.

Gemüsemilch kann ebenfalls aus einer Gemüseart oder aus mehreren Gemüsearten zubereitet werden. Besonders eignen sich Möhren und Tomaten, und zwar in Verbindung mit Zitronensaft, Äpfeln und frischen Kräutern. Die Kräuter werden nur kurz durchgemixt.

Für Milchgetränke kann statt der Trinkmilch auch Buttermilch, Joghurt oder Sauermilch verwendet werden, z. B. für Fruchtmilch, Gemüsemilch, Rummilch, Schokoladen- und Honigmilch.

Milchkaltschalen

Für die Zubereitung von Milchkaltschalen (roh zubereitete Suppen) eignen sich Süßmilch und alle Sauermilcharten.

Joghurt und Sauermilch werden nur glattgerührt und abgeschmeckt.

Süßmilch und Buttermilch können angedickt werden mit Quark, mit püriertem Obst oder mit steifer Schlagsahne.

Milchgetränke

Art des Milchgetränkes	Zutaten je 1 l Milch	Zubereitung
Schokoladenmilch a) mit Kakao	50 g Kakao 50—60 g Zucker	Kakao unter Rühren in die kochende Milch geben, aufkochen lassen und mit Zucker abschmecken. Instantkakao kann mit kalter Milch verrührt werden.
b) mit Schokolade	etwa 250 g Schokolade (die Menge richtet sich nach dem Kakaogehalt der Schokolade) 50—60 g Zucker	Schokolade kleinschneiden oder raspeln, mit etwas heißer Milch auf kleiner Flamme auflösen, mit der übrigen Milch vermischen und mit Zucker abschmecken. Schokoladenmilch kann durch Hinzugabe von etwas Rum oder Kaffee im Geschmack abgeändert werden.
Mokkamilch	50—70 g Kaffee Zucker nach Geschmack	Feingemahlenen Kaffee mit wenig kochendem Wasser aufgießen, filtrieren und mit der Milch vermischen. Instantkaffee kann ohne Aufguß mit der Milch verrührt werden.
Karamelmilch	100 g Zucker	Zucker karamelisieren, mit Wasser ablöschen und zu der Milch geben. Um das Gerinnen der Milch zu verhüten, den heißen Karamel abkühlen lassen oder zu der heißen Milch geben.
Vanillemilch	$^1/_2$ Stange Vanille 30 g Zucker 1 Prise Salz	Vanillestange der Länge nach halbieren, mit der kalten Milch zum Kochen bringen und die Vanillemilch mit Zucker gegebenenfalls abschmecken. Der Geschmack kann durch Hinzugabe von Rum verändert werden.
Rummilch	etwa $^1/_8$ *l* Rum 30 g Zucker	Rum zu der kalten oder heißen Milch geben und die Rummilch mit Zucker abschmecken. Der Geschmack kann durch Hinzugabe von wenig Zitronensaft abgeändert werden.
Honigmilch	etwa 100 g Honig (1—2 Eigelb)	Heiße oder kalte Milch mit dem Honig verrühren. Honigmilch kann mit 1—2 Eigelb gemixt werden.

Art des Milchgetränkes	Zutaten je 1 l Milch	Zubereitung
Mandelmilch	$^1/_2$ Vanillestange 100 g Mandeln 50—60 g Zucker	Milch mit der aufgeschnittenen Vanillestange und dem Zucker zum Kochen bringen, die geschälten und geriebenen Mandeln in die heiße Milch geben und die Mandelmilch in einem geschlossenen Gefäß abkühlen lassen, nach dem Erkalten die Milch sieben. Bei größeren Mengen wird nur ein Teil der Milch erhitzt und nach dem Abkühlen mit dem Rest vermischt.
Biermilch	$^1/_2$ *l* Milch $^1/_2$ *l* helles Bier 1—2 Eigelb 1 Prise Salz 30—40 g Zucker Zitronensaft	Eigelb mit Zucker schaumig rühren, mit kochend heißer Milch auffüllen und mit Bier vermischen. Bei größerer Menge wird nur ein Teil der Milch erhitzt.
Fruchtmilch a) mit Fruchtsaft	etwa $^1/_8$ *l* Fruchtsaft 60—100 g Zucker	Einen Teil der rohen kalten Milch mit dem Zucker in den Mixbecher füllen und den Fruchtsaft während des Mixens zu der Milch geben.
b) mit Fruchtpüree	150—200 g Früchte 60—120 g Zucker Zitronensaft	Die Früchte im Mixbecher pürieren (feste Früchte auf das laufende Messerkreuz geben), Zitronensaft, dann Zucker und die rohe kalte Milch hinzufügen. Bei großer Milchmenge wird nur ein Teil der Milch gemixt und mit der übrigen Milch vermischt.
Gemüsemilch a) mit Gemüsesaft	etwa $^1/_8$ *l* Gemüsesaft Zucker und Zitronensaft nach Geschmack	Gemüsesaft vorsichtig unter Rühren in die rohe kalte Milch geben, mit Zucker und Zitronensaft abschmecken.
b) mit Gemüsepüree	150—200 g Gemüse Zucker und Zitronensaft nach Geschmack	Das in grobe Würfel geschnittene Gemüse im Mixbecher pürieren (auf das rotierende Messerkreuz werfen), Zitronensaft, Zucker und die rohe kalte Milch hinzugeben. Bei großen Mengen wird nur ein Teil der Milch mit dem Mixer verarbeitet.

Geeignete Einlagen zu Milchkaltschalen:

Früchte: roh, gekocht oder getrocknet
Rosinen
Mandelsplitter
Gehackte Nüsse

Geeignete Beigaben zu Milchkaltschalen:

Corn-flakes
Kleingebäck
Honigreis

Milchkaltschale mit püriertem Obst

Zutaten	1 Port.	4 Port.	100 Port.
Trinkmilch oder Buttermilch	$^{1}/_{5}$ *l*	$^{3}/_{4}$ *l*	20 *l*
Früchte	50—100 g	300 g	7 kg
Zucker, nach Geschmack			
Zitronensaft, nach Geschmack			

Zubereitung

Die vorbereiteten Früchte werden mit Zitronensaft püriert, mit der Milch vermischt und mit Zucker abgeschmeckt.

Milchkaltschale mit Quark und Obsteinlage

Zutaten	1 Port.	4 Port.	100 Port.
Trinkmilch oder Buttermilch	$^{1}/_{5}$ *l*	$^{3}/_{4}$ *l*	18 *l*
Quark	50 g	200 g	4 kg
Früchte	50 g	200 g	5 kg
Zitronensaft, nach Geschmack			
Zucker, nach Geschmack			

Zubereitung

Der Quark wird mit etwas Milch glattgerührt und dann mit der übrigen Milch vermischt. Die Milchkaltschale wird mit Zucker und Zitronensaft abgeschmeckt und auf die vorbereiteten Früchte gegeben.

Als Früchte eignen sich besonders Johannisbeeren oder geraspelte Äpfel.

Milchkaltschale mit Schlagsahne und Obsteinlage

Zutaten	1 Port.	4 Port.	100 Port.
Trinkmilch	$^{1}/_{5}$ *l*	$^{3}/_{4}$ *l*	20 *l*
Schlagsahne	2—3 Eßl.	$^{1}/_{8}$ *l*	2 *l*
Früchte	50—100 g	200 g	5 kg
Zucker, nach Geschmack			
Zitronensaft, nach Geschmack			

Zubereitung

Die gezuckerte Milch wird mit der steifen Schlagsahne vermischt und auf die vorbereiteten gezuckerten Früchte gegeben.

Als Früchte eignen sich besonders Erdbeeren, Himbeeren, Blaubeeren, Johannisbeeren.

Sauermilchkaltschale mit Obsteinlage

Zutaten	1 Port.	4 Port.	100 Port.
Joghurt oder Sauermilch	$^1/_5$ *l*	$^3/_4$ *l*	22 *l*
Früchte	50—100 g	250 g	5 kg
Zucker, nach Geschmack			
Zitronensaft oder Rum, nach Geschmack			

Zubereitung

Die Milch wird glattgerührt, mit Zucker und mit Zitronensaft oder Rum abgeschmeckt und auf die vorbereiteten und gezuckerten Früchte gefüllt.

Als Früchte eignen sich alle Obstarten.

Statt der Früchte können die oben angeführten Einlagen oder Beigaben verwendet werden. Man rechnet dann je Portion $^1/_4$ *l* Milch.

Milchsuppen vgl. S. 109

Milchtunken vgl. S. 114

Milch-Süßspeisen vgl. S. 115

Verarbeitung von Quark

Quark ist als Quark mit Sahnezusatz, als einfacher Speisequark und als Schichtkäse auf dem Markt. Diese drei Arten lassen sich küchentechnisch in gleicher Weise vielseitig verwenden.

Küchentechnisch von Bedeutung ist der geringere Wassergehalt bei Schichtkäse. Darum muß bei der Verarbeitung von Schichtkäse zu Quark-Süßspeisen mehr Flüssigkeit hinzugegeben werden als bei der Verwendung von Speisequark. Speisequark läßt sich außerdem schneller glattrühren als Schichtkäse. Quark wird für die Zubereitung folgender Gerichte verwendet:

Brotaufstrich
Süßspeisen, Kaltschalen, Mischgetränke
Tunken
Kuchenfüllungen.

Quark-Süßspeisen

Art der Speise	Zutaten	1 Port.	4 Port.	100 Port.	Zubereitung
Quarkspeise / Stippmilch	Quark Milch Zucker Zitronensaft oder Rum	100 g 3—4 Eßl. 20 g 	375 g $^{1}/_{4}$ *l* 60 g 2 Eßl.	9 kg 5—6 *l* 1,5 kg $^{1}/_{4}$ *l*	Quark mit den übrigen Zutaten glattrühren, mit Zucker und Zitronensaft oder Rum abschmecken.
Quarkspeise mit Sahne	Quark Milch Zucker Schlagsahne Zitronensaft oder Rum	100 g 2 Eßl. 15 g 4 Eßl. 	250 g $^{1}/_{8}$ *l* 50 g $^{1}/_{4}$ *l* 2 Eßl.	7 kg 3 *l* 1,3 kg 3 *l* $^{1}/_{4}$ *l*	Quark mit Milch und Zucker glattrühren und die steife Schlagsahne unterheben, mit Rum oder Zitronensaft abschmecken.
Quarkspeise mit Früchten	Quark Milch oder Fruchtsaft Zucker Zitronensaft Früchte	100 g 2 Eßl. 1 Eßl. 50 g	250 g $^{1}/_{8}$ *l* 60 g 200 g	6 kg 2—3 *l* 1,5 kg 5 kg	Vorbereitete Früchte kleinschneiden und unter die zubereitete Quarkspeise mischen. Bei Quarkspeisen mit Äpfeln können die Äpfel grob geraspelt werden.
Westfälische Quarkspeise	Quark Milch Zucker Pumpernickel Schokolade Früchte	100 g 1 Eßl. 10 g 15 g 15 g 50 g	250 g 4 Eßl. 40 g 60 g 60 g 200 g	6 kg $1^{1}/_{2}$ *l* 1 kg 1,5 kg 1,5 kg 5 kg	Quark mit Milch verrühren, mit Zucker abschmecken, getrockneten Pumpernickel reiben, Schokolade raspeln und beides mit Zucker vermischen. Diese Mischung schichtweise mit der Quarkspeise und den vorbereiteten Früchten einfüllen.
Quarkspeise mit Schokolade	Quarkspeise Schokolade	1 × Rez. 10—20 g	1 × Rez. 50 g	1 × Rez. 800—1000 g	Schokolade raspeln und schichtweise mit der Quarkspeise einschichten.
Quarkspeise mit Kakao	Quarkspeise Kakao	1 × Rez. 1 Tl.	1 × Rez. 30 g	1 × Rez. 800 g	Kakao mit etwas Milch aufkochen, nach dem Abkühlen zu der fertigen Quarkspeise geben.
Quarkspeise mit Nüssen	Quarkspeise Haselnußkerne	1 × Rez. 10—20 g	1 × Rez. 50 g	1 × Rez. bis zu 1 kg	Nüsse raspeln und schichtweise mit der fertigen Quarkspeise einfüllen. Oberste Schicht besteht aus Nüssen oder aus Quark mit Nußkernen garniert.

Quark-Brotaufstrich

Quark kann ohne weitere Zubereitung als Brotaufstrich verwendet werden. Es gibt viele Möglichkeiten, durch ergänzende Zutaten den Quarkaufstrich abzuändern.

Geschmack und Konsistenz von Quark werden verbessert, wenn man den Quark mit etwas Butter oder Margarine verrührt, auf 500 g Quark etwa 50 g Butter oder Margarine.

Als ergänzende Zutaten können verwendet werden auf je 500 g Quark:

1—2 feingeschnittene Essiggurken
1—2 feingeschnittene Zwiebeln
1—2 würflig geschnittene Tomaten
1 Teel. Tomatenmark
2—3 Eßl. gehackte Kräuter
1 Eßl. Kümmel
50 g geriebener Hartkäse
50 g kleingeschnittene Hartwurst
100 g geriebene rohe Möhren und etwas Zucker
1 geriebener Apfel und etwas Zucker.

Verarbeitung von Hartkäse

Hartkäse wird hauptsächlich als Brotbelag verwendet, außerdem kann er für folgende Speisen verarbeitet werden:

Überbackene Schnitten
Salate
Käseplatten
Suppen und Tunken.

Überbackene Käseschnitten

Kleine rechteckige Weißbrotschnitten werden mit Butter bestrichen und mit Auflagen (vgl. unten) belegt. Zuletzt legt man eine Scheibe *fetten* Käse auf — magerer Käse würde beim Überbacken nicht schmelzen. Die Schnitten werden im Backofen bei mittelstarker Hitze oder unter dem Grill so lange überbacken, bis der Käse zerläuft, und dann sofort serviert.

Beispiele für Auflagen:

Scheibe gekochter Schinken, Scheibe Ananas, Tomatenscheiben, Scheibe Käse
Scheibe gekochter Schinken, Tomatenscheiben, Scheibe Käse

Scheibe gekochter Schinken, Spargel, Scheibe Käse
Rührei, Tomatenscheiben, Scheibe Käse
Apfelscheiben, Zwiebelwürfel, Scheibe Käse
Ananasscheibe, Tomatenhälfte, geriebener Käse
Ananasscheibe, Krabben, geriebener Käse
Pilzragout, geriebener Käse
Kalbs- oder Hühnerragout, geriebener Käse.

Käsesalat

Zutaten für 4 Portionen

125 g Edamer Käse	125 g weiche Äpfel
125 g Ananas	Mayonnaise S. 163

Käse, Ananas und Äpfel werden in Streifen geschnitten und mit Mayonnaise, die man mit Zitronensaft abschmeckt, vermischt.

Abänderung

Der Salat kann abgeändert werden durch Hinzugabe von Mandelstiften oder von gekochtem, in Streifen geschnittenem Schinken.

Käseplatten

Käseplatten werden zum Frühstück oder zum Abendessen und vielfach bei Festessen nach der Süßspeise gereicht. Man kann sie auf zweifache Weise herrichten:

1. Die Platte wird fertiggestellt mit verschiedenen Brotarten (Pumpernickel, Vollkornbrot, Weißbrot), mit Butter und mit verschiedenen Käsearten: Hartkäse (Emmentaler, Chesterkäse), Weichkäse (Briekäse, Camembertkäse, Rahmfrischkäse).
2. Die Platte wird fertiggestellt aus Käsegebäck. Man verwendet Käsegebäck aus Mürbeteig, Blätterteig und Brandteig, außerdem Salzmandeln, Salzbrezeln, Käsetrüffeln und Käsewürfel.

Für 10—15 Personen ist folgende Zusammenstellung ausreichend (je einmal das Rezept):

Käsemürbeteig S. 260 für Stangen und Keks
Käseblätterteig S. 249 für gefüllte Schnitten
Käsecreme S. 159 als Füllung für Windbeutel
Käsebutter S. 159 für Käsetrüffeln
Pumpernickelschnitten
Käsewürfel

Käsecreme (Füllung zu Käsegebäck)

$^1/_4$ *l* Milch	25 g Stärke
1 Eigelb	30 g Butter
1 Prise Salz	50 g Käse

Milch, Eigelb, Salz und Stärke werden kalt miteinander verquirlt, im Wasserbad unter stetem Rühren bis zum Kochen gebracht und nach dem Erkalten mit der sahnig gerührten Butter und dem geriebenen Käse vermischt.

Käsebutter I

75 g Butter	75 g Rahmkäse oder Quark

Der Weichkäse wird glattgerührt und nach und nach zu der kalten, sahnig gerührten Butter gegeben.

Außer Weichkäse eignen sich auch Emmentaler-, Tilsiter-, Kräuter- und Parmesankäse zu Käsebutter. Diese Käse werden vorher fein gerieben.

Käsebutter II

100 g Butter	100 g Holl. Käse
100 g Roquefort- oder Camembertkäse	50 g Quark oder Rahmkäse
	3 Eßl. Kognak

Die Käsebutter wird wie Käsebutter I zubereitet.

Käsetrüffeln

Käsebutter oder Käsecreme wird mit geröstetem Pumpernickel vermischt und zu Kugeln geformt, die man in geriebenem und geröstetem Pumpernickel wendet. Das Rösten des Pumpernickels geschieht am besten im Backofen. Die Käsetrüffeln werden in kleinen Konfektmanschetten angerichtet.

Pumpernickelschnitten

Pumpernickelscheiben werden mit Butter bestrichen und mit Käse belegt, dann werden 3 oder 4 Scheiben aufeinandergeschichtet. Die oberste und unterste Schicht bildet Pumpernickel. Die Scheiben werden kurze Zeit beschwert, dann mit scharfem Messer in gerade oder schräge Vierecke oder in Dreiecke geschnitten.

Käsewürfel

Edamer Käse wird in 2 cm große Würfel geschnitten, mit kleinen Spießen werden Weintrauben, Ananasstückchen, Mandarinenstückchen oder Oliven aufgespießt.

Verarbeitung von Ei

Inhaltsstoffe des Eies

Das Ei enthält die Eiweißstoffe Ovalbumin, Ovoglobulin, Ovomucin und Phosphorproteide. Im Eigelb sind außerdem Lezithin und Fett als fein emulgiertes Eieröl enthalten. An Vitaminen liefert das Ei A, D, E, K und einige Vitamine der B-Gruppe. Vitamin C kommt nicht vor. Das Ei ist reich an Phosphor, außerdem sind die Mineralstoffe Kalzium, Eisen, Natrium, Chlor und Schwefel enthalten.

Für die Ernährung findet fast nur das Hühnerei Verwendung. Enten- und Gänseeier müssen, wenn sie in der Nahrung verwendet werden, wenigstens 10 Minuten bei 100° C gegart werden. Sie enthalten häufig Enteritisbakterien, die infektiöse Magen- und Darmerkrankungen verursachen können. Diese Bakterien werden erst bei längerer Hitzeeinwirkung unschädlich.

Veränderungen der Inhaltsstoffe bei der Verarbeitung des Eies

Hühnereier sind in rohem und in gegartem Zustand gleich gut bekömmlich, nur bei zu langer Hitzeeinwirkung werden die Inhaltsstoffe schwer verdaulich.

Beim Erhitzen gerinnen die *Eiweißstoffe* Albumin und Globulin und schließen Wasser ein. Das Ei wird fest, jedoch behält das *Eigelb* infolge seines hohen Fettgehaltes eine pastenartige Konsistenz. Bei anhaltender Hitzeeinwirkung wird das *Eiklar* zu einer schnittfesten Gallerte, das Eigelb wird mehlig und bröckelig.

Werden Eierspeisen zwischen Zubereitung und Ausgabe längere Zeit warm gehalten, so geht die Eiweißgerinnung weiter, die Eier werden sehr fest, schwer verdaulich, und sie nehmen vielfach eine dunkle Farbe an.

Wird das Ei ohne Schale bei *höheren Temperaturen* gegart, z. B. bei der Zubereitung von Spiegelei, dann bilden sich im Eiklar schnell harte Röststoffe, während das Eigelb noch flüssig bleibt.

Verarbeitung des frischen Eies

Das Ei bildet die Grundlage vieler nahrhafter Speisen, es dient außerdem als Lockerungsmittel und Bindemittel, als Klärmittel und Emulgiermittel. Bei der Verwendung von Eiern soll jedes Ei vorsichtig aufgeschlagen werden, um zu prüfen, ob es frisch ist. Verdorbene Eier sind nicht zu verwenden.
Wird das ganze Ei an eine Speise gerührt, so müssen vorher Eiklar und Eigelb miteinander verrührt werden.

Richtlinien für die küchentechnische Verwendung des Eies

Ei als Lockerungsmittel

(Das Schlagen von Eischnee)

Das Eiklar ist eine gallertartige Masse. Sie besteht aus zahlreichen Zellen, die aus feinen Häutchen gebildet werden und im Innern eine fast farblose Flüssigkeit einschließen. Beim Schlagen des Eiklars dringt Luft in die Zellräume ein. Es bildet sich der Eischnee. Infolge der eingeschlagenen Luft kann Eischnee als Lockerungsmittel verwendet werden.
Steifer Eischnee, wie er zum Gelingen vieler Speisen erforderlich ist, wird nur aus frischem kaltem Eiklar gewonnen. Beim Trennen von Eiklar und Eigelb darf der Dotter nicht verletzt werden. Spuren von Eigelb verhindern das Steifwerden des Eischnees.
Das Eiklar wird in einer flachen Schüssel geschlagen, kleinere Mengen schlägt man auf einem tiefen Teller. Schüssel und Schneeschläger müssen kalt und sauber sein. Aluminiumgeräte sind ungeeignet. Am besten eignen sich Porzellan oder Edelstahlgeräte. Beim Schlagen größerer Eiklarmengen können verschiedene Schlaggeräte benutzt werden.
Das Eiklar wird zunächst langsam, dann mit zunehmender Geschwindigkeit immer von der gleichen Seite geschlagen. Durch zu langes Schlagen wird Eischnee körnig. Der Eischnee wird schneller steif, wenn einige Tropfen Wasser oder eine Prise Salz hinzugefügt werden. Durch Hinzugabe von Wasser wird außerdem das Volumen, die Eischneemenge, erhöht. Man kann je Eiklar 1—2 Eßlöffel Wasser (das unbedingt kalt sein muß) rechnen.
Das Eiklar darf erst kurz vor der Verwendung geschlagen werden, da Eischnee bei längerem Stehen wieder zerfließt.

Wird Eischnee zum Lockern gekochter Süßspeisen verwendet, gibt man ihn sofort nach dem Schlagen unter die heiße Masse, damit er garen kann und das Gerüst fest wird. Bei Gelatinespeisen wird er unter die kalte Masse gegeben, wenn die Speise anfängt zu gelieren. Das lockere Gefüge des Eischnees wird dann durch die Gelatine erhalten und dadurch die Speise gelockert.

Ei als Bindemittel

Eier binden beim Erhitzen nicht nur die Eigenflüssigkeit, sie können das Doppelte ihres Gewichtes an hinzugesetzter Flüssigkeit aufnehmen. Bei der Zubereitung von Rührei oder Eierstich z. B. kann man je Ei etwa 2 Eßlöffel Milch oder Wasser hinzugeben.

Das Erhitzen solcher „Eierfladen" soll langsam, bei gleichmäßig schwacher Temperatur geschehen, weil die Gerinnung sonst nicht gleichmäßig verläuft und weniger Wasser gebunden wird.

Die wasserbindende Eigenschaft des Eies hat nicht nur Bedeutung für die Zubereitung von Eierspeisen, sondern auch für andere Gerichte: beim Legieren heller gebundener Suppen und Tunken, bei der Herstellung von Kloßteigen und Kuchenteigen.

Das Legieren

Das Eigelb wird mit etwas kalter Flüssigkeit verrührt und dann in die heiße Speise — Suppe, Tunke oder Creme — gerührt. Legierte Speisen dürfen nicht mehr kochen, das Eiweiß würde ausflocken.

Ei als Klärmittel

Eiklar hat die Fähigkeit, feste Teilchen zu absorbieren. Infolge dieser Eigenschaft kann es zum Klären trüber Brühen verwendet werden.

Man schlägt das Eiklar wenig an, gibt es in die Brühe, bringt die Brühe unter ständigem Schlagen bis zum Kochen. Man läßt die Brühe 10—15 Minuten zugedeckt an warmer Herdstelle stehen. Das Eiklar gerinnt und schließt die Teilchen mit ein. Man gibt die Brühe anschließend durch ein feines Tuch.

Ei als Emulgiermittel

Das Eigelb enthält den wirksamen Emulgator Lezithin, darum wird Eigelb für die Zubereitung von Mayonnaise verwendet. Die Lezithinteilchen umhüllen die Ölteilchen, so daß eine pastenartige Masse entsteht. Bei der Verwendung eines Schlaggerätes oder eines Mixers kann man das ganze Ei für die Mayonnaisezubereitung verwenden.

Mayonnaise I

Zutaten	4 Port.	100 Port.
Eigelb	1 Stck.	25 Stck.
Salatöl	$^1/_8$ *l*	3 *l*
Essig oder Zitronensaft		
Salz, Pfeffer, Zucker		
Menge der fertigen Mayonnaise etwa	**200 g**	**4 kg**

Zubereitung

Die Eigelb werden mit wenig Salz gerührt, bis sie dicklich sind. Dann wird unter stetem Rühren tropfenweise Öl oder — wenn die Mayonnaise zu dick wird — abwechselnd Öl, Essig oder Zitronensaft hinzugegeben. Wird die Säure schon im Anfang zugesetzt, so kann sie das Eigelb zum Gerinnen bringen. Das Eigelb kann auch gerinnen, wenn das Öl zu schnell eingerührt wird.

Beim Gerinnen des Eigelbs kann man mit dem Zubereiten der Mayonnaise noch einmal beginnen, die geronnene Masse wird dann tropfenweise zu einem frischen Eigelb gerührt. Geronnene Mayonnaise läßt sich auch im warmen Wasserbad wieder glattrühren. Oft genügt auch die Zugabe von etwas kaltem Wasser, um die Mayonnaise wieder zu binden.

Schnell und leicht läßt sich Mayonnaise mit Hilfe eines Mix- oder Schlaggerätes herstellen. Man kann dann das Öl schnell hinzugeben.

Die fertig gerührte Tunke wird mit Salz, Pfeffer, Zucker und Essig abgeschmeckt. Der Essig muß scharf sein, damit die Tunke nicht zu sehr verdünnt wird.

Abänderungen

1. Zubereitete Mayonnaise mit einer der nachstehenden Zutaten vermischen:

Senf	Kaviar
Zwiebel, fein geschnitten	Essiggurken, fein geschnitten
Kräuter, fein gehackt	Äpfel, geraspelt
Tomatenmark	Äpfel oder Ananas, mit der Mayonnaise gemixt.

2. Einen Teil des Zitronensaftes durch Apfelsinensaft oder Ananassaft ersetzen. Diese Mayonnaise eignet sich besonders für Obst- und Obstmischsalate und für Fischsalate.

3. Fertige Mayonnaise mit steifer Schlagsahne vermischen, sie wird dadurch schaumig.
4. Ei mit etwas frischer Butter verrühren, bevor das Öl hinzugegeben wird, die Mayonnaise wird sehr steif, aber geschmeidig.
5. Fertige Mayonnaise mit kalter, noch flüssiger Sahne verrühren, dadurch wird sie besonders fest.

Mayonnaise II

Zutaten	4 - 6 Port.	100 Port.
Eier	1 Stck.	20 Stck.
Salatöl	200 g	3,5 *l*
Zitronensaft oder Essig		
Salz, Pfeffer, Zucker		
Menge der fertigen Mayonnaise etwa	**300 g**	**4,5 kg**

Zubereitung

Die Mayonnaise wird wie Mayonnaise aus Eigelb, jedoch aus ganzen Eiern mit dem Mixer oder mit einem Schlaggerät zubereitet.

Die gleichen Abänderungen wie bei der Mayonnaise I sind möglich.

Mayonnaise mit Quark

Zutaten	10 Port.	100 Port.
Eier	2 Stck.	15 Stck.
Salatöl	$^1/_4$ *l*	$2^1/_2$ *l*
Zitronensaft oder Essig		
Salz, Pfeffer, Zucker		
Quark	150 g	1,5 kg
Menge der fertigen Mayonnaise etwa	**500 g**	**5,5 kg**

Zubereitung

Der Quark wird glattgerührt und mit der fertigen Mayonnaise vermischt.

Quarkmayonnaise ist nicht so fetthaltig und darum leichter verdaulich als Mayonnaise I und II.

Die Quarkmenge kann vermindert und erhöht werden. Für Fischsalate und Obstmischsalate eignen sich Mayonnaisen mit einem hohen Quarkanteil.

Die gleichen Abänderungen wie bei Mayonnaise I sind möglich.

Mayonnaise mit einem Mehlkloß

Zutaten	6 Port.	100 Port.
Eigelb	1 Stck.	15 Stck.
Salatöl	$^1/_8$ *l*	2 *l*
Salz, Pfeffer, Zucker		
Essig oder Zitronensaft		
Öl	2 Eßl.	$^1/_2$ *l*
Mehl	20 g	500 g
Wasser, Essig	$^1/_8$ *l*	$1^1/_2$ *l*
Menge der fertigen Mayonnaise etwa	**350 g**	**5,5 kg**

Zubereitung

Man stellt aus Eigelb, Öl, Essig und den Gewürzen eine Mayonnaise her. Dann bereitet man eine helle Mehlschwitze aus Öl und Mehl, füllt sie mit Essigwasser auf und rührt sie zu einem weichen Kloß ab.

Das Öl darf nicht erhitzt werden, bevor das Mehl hinzugegeben wird, da die Mehlschwitze sonst leicht bräunt. Auch darf der Mehlkloß nicht in einem Aluminiumtopf zubereitet werden, da er im Aluminiumtopf eine graue Farbe annehmen kann.

Der Kloß wird nach dem Abrühren in kaltes Wasser gelegt, damit er weich bleibt. Nach dem Erkalten wird das Wasser abgegossen, der Kloß glattgerührt und unter Rühren mit der echten Mayonnaise vermischt. Wenn nötig, wird Milch oder Brühe hinzugegeben.

Remouladenmayonnaise

Zutaten	6 Port.	100 Port.
gekochte Eigelb	2 Stck.	30 Stck.
rohe Eigelb	1 Stck.	30 Stck.
Salatöl	$^1/_8$ *l*	$2^1/_2$ *l*
Kräuter	1 Eßl.	100 g
Essig		
Salz, Pfeffer		
Zucker	1 Prise	1 Eßl.
Kapern	1 Tl.	100 g
Senf	$^1/_2$ Tl.	50 g

Zubereitung

Man mixt die gekochten Eigelb mit den rohen Eigelb und bereitet die Tunke weiter wie Mayonnaise, verrührt sie mit feingehackten Kräutern und Kapern und schmeckt sie mit Essig, Salz, Pfeffer, Zucker und Senf ab. Man kann auch gehacktes Eiweiß und gehackte Gurken, Sardellen und Zwiebeln durch die Tunke mischen.

Verarbeitung des Eies zu Eiergerichten

Kochen der Eier

Die sauberen Eier werden in kochendes Wasser gegeben. Sie müssen vom Wasser bedeckt sein und ununterbrochen bei schwacher Hitze garziehen. Bei größeren Eimengen werden die Eier in einen Siebkorb gegeben.

Garzeit:

3 Minuten = flaumweich (für Kranke)
4 Minuten = Dotter dicklich
8—10 Minuten = Eiweiß und Eigelb fest (zum Garnieren von Gemüsen und Salaten)

Eier, die geschält und weiterverarbeitet werden sollen, sind nach dem Kochen in kaltes Wasser zu geben, damit sie nicht nachhärten und sich leicht schälen lassen. Sie müssen vollständig erkaltet sein, ehe sie geschnitten werden.

Sehr frische Eier (1—2 Tage alte) lassen sich nicht gut abschälen, sie eignen sich darum nicht für die Weiterverarbeitung von gekochten Eiern.

Pochieren der Eier (Verlorene Eier)

Man schlägt die Eier vorsichtig in siedendes Essigwasser und läßt sie 4—5 Minuten garziehen. Durch das Essigwasser gerinnt das Eiklar sehr schnell, das Ei hält zusammen. Bei großen Mengen ist es zweckmäßig, die Eier nach dem Pochieren mit kaltem Wasser abzuschrecken und bis zur Ausgabe in warmem Salzwasser aufzubewahren.

Eier in warmer Tunke

Gekochte Eier oder pochierte Eier werden in einer der nachstehenden Tunken angerichtet: vgl. Tabelle Seite 97.

Kräutertunke	Senftunke
Kaperntunke	Holländische Tunke
Pilztunke	Rahmtunke
Champignontunke	Parmesantunke
Tomatentunke	Bechameltunke

Die mit der Tunke angerichteten Eier sind möglichst schnell zu servieren. Die Eier garen in der heißen Tunke nach und werden durch die Eiweißgerinnung hart.

Eier in kalter Tunke

Gekochte oder pochierte Eier kann man mit kalter Tunke anrichten. Es ist zweckmäßig, gekochte Eier lang oder quer zu halbieren und auf Platten anzurichten.

Man kann sie mit einer Mayonnaise überziehen und mit feingehackten Kräutern, mit gehacktem Lachs oder Schinken überstreuen.

Garziehen der Eier

Eierstich

Das verschlagene Ei verrührt man mit Milch (1—2 Eßl. je Ei) und Salz, gibt es in eine ausgefettete Form und läßt es im Wasserbad garziehen.

(Für kleinere Mengen kann man eine Tasse verwenden, für größere Mengen eignen sich Auflaufformen.)

Die fest gewordene Eimasse wird gestürzt und nach dem Abkühlen oder Erkalten mit dem Buntmesser in Streifen oder Würfel geschnitten.

Eierstich mit Schinken

Er wird hergestellt, indem man vor dem Garen feingewürfelten gekochten Schinken zu der Eimasse gibt.

Eierstich eignet sich als Suppeneinlage, man rechnet 1—2 Eier für 4 Personen. Auch kann Eierstich als selbständiges Eiergericht gereicht werden. Man rechnet je Person ein oder zwei Eier, bereitet die Masse nach obigen Angaben und gart sie in Auflaufformen oder Kuchen-Kastenformen. Zum Garen eignet sich bei größeren Mengen die Kippbratpfanne.

Nach dem Garen wird die Eimasse in Portionen geschnitten — Dreiecke bei runden Formen, Scheiben bei Kastenformen — und mit Kräutertunke oder Tomatentunke gereicht. Kleinere Mengen können in Portionsschälchen — Ragoutfinschälchen — gegart werden.

Braten der Eier

Spiegelei

Man schlägt frische Eier vorsichtig in die mit Fett ausgestrichene Pfanne, am besten in eine Spiegeleierpfanne, streut etwas feines Salz auf das Eiweiß (nicht auf das Eigelb, es würden helle Stellen entstehen) und backt die Eier bei mittelstarker Hitze, bis das Eiweiß fest, aber nicht braun geworden ist.

Spiegeleier können auch auf ausgelassenen Speckscheiben oder Schinkenscheiben gegart werden.

Größere Mengen Spiegeleier lassen sich zweckmäßig in der Kippbratpfanne herstellen. Die Temperatur ist sorgfältig zu regulieren.

Spiegeleier für *Schonkost* werden über Wasserdampf gegart oder auf der temperaturgeregelten Automatikplatte ohne Fett in einer kunststoffbeschichteten Pfanne.

Rührei

Zutaten	1 Port.	4 Port.	100 Port.
Eier	1—2 Stck.	4—6 Stck.	120 Stck.
Milch	2—4 Eßl.	8—12 Eßl.	3 *l*
Salz	1 Prise	$^1/_2$ Tl.	50 g
Margarine oder Butter	10 g	40 g	1 kg

Zubereitung

Die Eier werden mit Salz und Milch verquirlt. Man läßt das Fett — Butter oder Margarine — in einer Stielpfanne bzw. Kippbratpfanne schmelzen, gibt die Eier hinein und läßt sie bei schwacher Hitze stocken. Man streicht mit einem Pfannenmesser strichweise über den Boden der Pfanne, so daß das Ei grobschollig backt.

Man kann das Rührei auch mit Mehl oder Stärke zubereiten. Man rechnet auf 10 Eier $^1/_4$ *l* Milch und 2 Eßl. Mehl oder 1 Eßl. Stärke.

Rührei kann mit folgenden ergänzenden Zutaten zubereitet werden:

Frische gehackte Kräuter
Gekochter Schinken, in Würfel geschnitten
Spargelstückchen, gekocht
Champignons, gedünstet
Tomatenscheiben oder Würfel von Tomatenfleisch.

Die Zutaten werden zu dem Rührei gegeben, kurz bevor es ganz fest ist.

Eierkuchen

Zutaten	4 Port.	100 Port.
Eier	2 Stck.	50 Stck.
Milch	$^1/_4$ *l*	ca. 5 *l*
Salz	$^1/_2$ Tl.	50 g
Mehl	100 g	2,5 kg
Fett	40 g	1 kg

Zubereitung

Milch, Eigelb und Salz werden verquirlt und langsam unter Rühren zu dem Mehl gegeben. Zur Lockerung des Teiges wird das Eiklar als Schnee leicht mit der Masse vermischt. Der Teig wird in die Pfanne mit heißem Fett gegeben und von beiden Seiten gleichmäßig gebacken.

In der Großküche werden die Eierkuchen in der Kippbratpfanne mit Hilfe von Metallringen gebacken. Man stellt den Ring in die Pfanne und füllt den Teig in den Ring. Sobald der Teig angebacken ist, kann der Eierkuchen ohne Ring weiterbacken.

Eierkuchen mit Wurst

100 g / 2 kg Mettwurst oder Brühwürstchen werden in Scheiben geschnitten und in heißem Fett von beiden Seiten angebraten. Dann füllt man den Eierkuchenteig auf die Wurstscheiben und backt die Eierkuchen auf beiden Seiten hellbraun.

Eierkuchen mit Schinken

100 g / 2 kg gekochter Schinken werden in Würfel geschnitten und mit dem Eierkuchenteig vermischt.

Eierkuchen mit Spinat

100 g / 2 kg roher Spinat werden feingeschnitten und mit dem Eierkuchenteig vermischt.

Eierkuchen mit Reis

100 g / 2 kg Reis werden körnig gekocht und nach dem Erkalten mit dem Eierkuchenteig vermischt. Der Teig kann mit ½ Teel. / 3 Eßl. Backpulver zubereitet werden. Die Menge ergibt 16 / 400 kleine Eierkuchen.

Eierkuchen mit Nudeln

100 g / 2 kg Hörnchennudeln werden gekocht und nach dem Abkühlen mit dem Eierkuchenteig vermischt. Der Teig kann mit ½ Teel. / 3 Eßl. Backpulver zubereitet werden. Die Menge ergibt 16 / 400 kleine Eierkuchen.

Eierkuchen mit Kartoffeln

Gekochte Kartoffeln werden in Scheiben geschnitten, die Scheiben nebeneinander in die Pfanne gelegt und leicht angebraten. Dann gibt man den Eierkuchenteig darüber und backt die Eierkuchen auf beiden Seiten hellbraun.

Eierkuchen mit Obst

500 g / 12 kg Früchte werden vorbereitet. Für den Eierkuchenteig werden in diesem Fall 125 g / 3 kg Mehl genommen. Man gibt den Teig in die Pfanne mit heißem Fett, legt die vorbereiteten Früchte auf den Teig, über-

streut sie mit geriebenem Zwieback oder füllt noch etwas Teig auf die Früchte und backt die Kuchen von beiden Seiten gleichmäßig braun. Die Obstseite wird nach dem Backen mit Zucker bestreut.

Als Früchte eignen sich:

Äpfel, in Scheiben geschnitten
Pflaumen, halbiert und entsteint
Kirschen, entsteint
Rhabarber, in kleine Stücke geschnitten
Blaubeeren

Omelett

Zutaten	4 Port.	100 Port.
Eier	4 Stck.	100 Stck.
Wasser oder Milch	1 Eßl.	1/2 *l*
Mehl	1 Eßl.	250 g
Salz	1 Prise	1 Eßl.
Fett	40 g	1 kg

Zubereitung

Eigelb, Milch, Mehl und Salz werden miteinander verrührt und vorsichtig unter den steifen Eischnee gemischt. Zum Backen des Omeletts läßt man das Fett (Butter und Schmalz) flüssig, jedoch nicht heiß werden, gibt den Teig in die Pfanne und läßt das Omelett zugedeckt etwa 1/4 Stunde bei mittlerer Hitze backen. Das Omelett wird nicht gewendet. Wenn die obere Seite trocken ist, ist es gar. Man kann es auch ohne Deckel im Backofen backen.

In der *Großküche* werden Omeletts mit Hilfe von Metallringen in der Kippbratpfanne oder auf der Kuchenplatte im Backofen gebacken. Außerdem ist es möglich, die ganze Fläche der Kippbratpfanne mit Omeletteig zu füllen, den Teig bei sehr schwacher Hitze backen zu lassen und dann in 10 × 20 cm große Einzelportionen zu zerschneiden. Die Rechtecke können aufgerollt oder doppelt geschlagen werden.

Das Omelett muß beim Backen vor Zugluft geschützt werden, da es leicht beifällt. Es fällt weniger leicht, wenn es ohne Milch zubereitet wird, schmeckt dann aber etwas trocken. Man nimmt in diesem Fall nur die Hälfte der angegebenen Mehlmengen.

Beim Anrichten wird die eine Hälfte des Omeletts auf die andere geklappt und das Omelett auf eine längliche Schüssel gelegt. Soll das Omelett gefüllt werden, so wird die fertig abgeschmeckte Füllung auf die eine Hälfte des Omeletts gelegt, die andere Hälfte wird über die Füllung geklappt. Die Füllung wird mit möglichst wenig Tunke zubereitet.

Abänderung

Der Omeletteig kann mit feingehackten Kräutern vermischt werden.

Gefülltes Omelett

Omeletts können mit einer der nachstehenden Füllungen gefüllt werden.

Ragout fin nach S. 188
Braunes Kalbfleischragout nach S. 209
Stangenspargel 500 g / 12 kg
Erbsen ½ Ds. / 10 Dosen
Gedünstete Tomatenscheiben 300 g / 7 kg
Champignons ½ Ds. / 10 Dosen
Kartoffelstifte, in Speck gebraten, 500 g / 10 kg Kartoffeln.

Verarbeitung von Eikonserven

Gefrierei

Gefriervollei

Gefriervollei eignet sich für die Zubereitung von Rührei, Eierkuchen und für Gebäck.

Man läßt die Masse antauen und kann sie dann weiter verwenden.

Etwa 50 g Gefriervollei entsprechen 1 Frischei.

Gefriereigelb

Eigelb läßt sich für Mixgetränke und Cremespeisen verwenden.

Etwa 20 g Gefriereigelb entsprechen 1 Frischeigelb.

Gefriereiweiß

Eiklar läßt sich wie frisches Eiklar verwenden.

Etwa 30 g Gefriereiweiß entsprechen 1 Frischeiweiß.

Alle drei Arten Tiefkühleier lassen sich in angetautem Zustand verarbeiten. Die Antauzeit beträgt etwa 3 Stunden bei Raumtemperatur.

Eipulver

Eipulver ist als Volleipulver, als Eigelbpulver und als Eiweißpulver auf dem Markt.

Bei der Verwendung wird das Pulver mit Milch oder Wasser vermischt und kann weiter verarbeitet werden wie Frischei. Besonders geeignet ist Eipulver für Eierkuchen und für alle Speisen, bei denen das Ei weniger lockernde Aufgaben hat.

100 g Volleipulver entsprechen etwa 8 Frischeiern.
100 g Eigelbpulver entsprechen etwa 13 Frischeigelb.
100 g Eiweißpulver entsprechen etwa 15 Frischeiweiß.

Verarbeitung des Fleisches

Inhaltsstoffe des Fleisches

Das Fleisch ist Träger biologisch wertvoller Eiweißstoffe. Etwa 40% des Fleischeiweißes bestehen aus dem wasserunlöslichen Globulin Myosin. Außerdem sind enthalten: das wasserlösliche Albumin Myogen, das Chromoproteid Myoglobin und die das Bindegewebe aufbauenden Gerüsteiweißstoffe Kollagen und Elastin.

Außer den Proteinen sind Fett, Extraktivstoffe, Mineralstoffe und Vitamine, besonders die Vitamine des B-Komplexes und die Vitamine A und E, im Fleisch enthalten.

Veränderungen der Inhaltsstoffe bei der Verarbeitung des Fleisches

Die Veränderungen der Inhaltsstoffe beim Garen des Fleisches erhöhen den Geschmackswert und die Bekömmlichkeit des Fleisches. Unsachgemäße Zubereitung, besonders zu lange Hitzeeinwirkung, vermindert jedoch den Nährwert. Schon bei einer Temperatur von 60° C gerinnen das Myogen und das Myosin. Bei der Gerinnung geben beide Proteine Wasser ab. Das Fleisch schrumpft zusammen. Die Wasserabgabe kann bei längerer Wärmeeinwirkung bis zu 40% des Frischfleischgewichtes betragen.

Bei Temperaturen von etwa 70° C verfärben sich der *Muskelfarbstoff Myoglobin* und der noch im Muskel vorhandene *Blutfarbstoff Hämoglobin*; das Fleisch nimmt eine graubraune Farbe an.

Bei anhaltender Hitzeeinwirkung wird das Eiweiß der Bindegewebe, besonders *Kollagen*, in eine lösliche Leimsubstanz überführt.

Wenn diese Veränderungen bis zu den Innenschichten des Fleisches vor sich gegangen sind, ist das Fleisch gar, das heißt, es ist nicht mehr zäh und straff, sondern mürbe, weich und gelockert.

Es wäre falsch, das Fleisch über diesen Zeitpunkt hinaus noch der Wärmeeinwirkung auszusetzen. Dadurch werden die Bindegewebe zwar weiterhin gelöst, die intrazellulären Proteine jedoch werden durch die fortschreitende Gerinnung und Wasserabgabe hart, zäh und trocken. Übergares Fleisch fällt zwar auseinander, die einzelnen Fasern jedoch sind zäh und schwer verdaulich.

Beim Garen des Fleisches, besonders beim Garen in feuchter Hitze, treten immer auch Inhaltsstoffe aus, z. B. *Vitamine*, *Mineralstoffe*, *Extraktivstoffe und Fett*. Dieser Vorgang ist jedoch kein Verlust, weil die Garflüssigkeit bei Fleisch immer verwendet wird.

Die durch die Wärmewirkung entstehenden Verluste an wärme- und sauerstoffempfindlichen Vitaminen und Fermenten sind ebenfalls unwesentlich. Die Inaktivierung der *Fermente* kann als positiv angesehen werden; gegartes Fleisch ist länger haltbar als nicht gegartes.

Bei Einwirkung *höherer Temperaturen* bilden sich in den Randschichten des Fleisches wohlschmeckende Röststoffe. Über den chemischen Verlauf der Röstprozesse liegen noch keine exakten Forschungsergebnisse vor.

Verarbeitung von Frischfleisch

Vorbereitung des Fleisches

Vorbereitung des Fleisches von Schlachttieren

Vor dem Garen wird das Fleisch *gewaschen* oder mit einem feuchten Tuch abgerieben. Es darf nicht im Wasser liegen bleiben, auch nicht für kurze Zeit, weil dann wasserlösliche Nährstoffe ausgelaugt werden. Frisch ausgelöste Stücke oder frisch geschnittenes Fleisch werden selbstverständlich nicht gewaschen.

Fleischknochen weisen gelegentlich eine schmierige Beschaffenheit auf. Sie werden nicht angebrüht, sondern gründlich gewaschen. Wenn es notwendig ist, wäscht man die Knochen in einer Essiglösung (auf 1 *l* Wasser 2 Eßl. Essig).

Handelt es sich um Fleischstücke mit Knochen, so werden die Knochen vor dem Garen ausgelöst, und das Fleischstück wird aufgerollt. Das Fleisch bleibt dann saftig und läßt sich nach dem Garen leicht in Portionen schneiden.

Fleisch, das zum Braten, Schmoren oder Grillen verwendet wird, befreit man vor dem Garen von sehnigen Bestandteilen, wie Schwarte, Sehnen, Häuten.

In Großküchen ist es aus wirtschaftlichen Gründen vorteilhaft, Tierhälften oder Tierviertel zu beziehen. Dann fällt auch die Arbeit des *Zerlegens, Auslösens und Schneidens* an. Die einzelnen Teile werden den gewachsenen Muskelbündeln entsprechend ausgelöst. Für das Schneiden von Schnitzeln, Leber, Steaks kann die Aufschnittmaschine verwendet werden, für die Herstellung von Hackfleisch ist der Fleischwolf einzusetzen.

Vorbereitung des Geflügels

Rupfen des Geflügels

Das Rupfen des Geflügels geschieht am besten gleich nach dem Schlachten, solange die Tiere noch warm sind. Man rupft in Richtung der Federn und zieht zuletzt die Flügel- und Schwanzfedern aus. Die Haut darf beim Rupfen nicht verletzt werden.

Altes Geflügel läßt sich schwer rupfen. Das Überbrühen mit heißem Wasser erleichtert das Rupfen, doch ist dieses Verfahren nicht zu empfehlen, da der Geschmack sowie die Haltbarkeit des Fleisches darunter leiden. Soll das Überbrühen doch geschehen, so legt man das Tier vorher $\frac{1}{4}$ Stunde in kaltes Wasser, damit der Schmutz aus den Federn zieht und nicht in das Fleisch hineingebrüht wird. Dann schüttet man das kalte Wasser ab und hält das Tier kurze Zeit in kochendheißes Wasser, um es dann sofort zu rupfen.

Sengen des Geflügels

Nach dem Rupfen des Geflügels werden die kleinen Federn und Haare über einer hellen Flamme (Gas, Spiritus, Papier) abgesengt und die Stoppeln mit Hilfe eines Messers herausgezogen. Gänse und Enten werden nach dem Sengen mit warmem Mehlwasser abgerieben, damit sie weiß werden.

Ausnehmen des Geflügels

Auf der Rückseite des Halses, dicht am Rumpf, wird ein Einschnitt in die Halshaut gemacht, so daß man die Gurgel und den Schlund herausziehen kann. Kopf und Hals werden abgeschnitten, wobei man die Halshaut nach dem Rumpf hin etwas zurückschiebt, damit sie nachher übersteht und zugenäht werden kann.

Zum Ausnehmen der Eingeweide wird der Afterring mit der Fettdrüse fortgeschnitten, diese Öffnung nach der Brust hin so weit aufgeschnitten, daß man mit zwei Fingern, bei größerem Geflügel mit der Hand, hineinfassen kann. Man greift den Magen und zieht mit ihm zugleich Leber, Fett und Eingeweide heraus. Die an den Rippen festhaftenden Lungen sind zu entfernen.

Galle, Lunge und Darm werden zum Abfall gegeben. Bei Gänsen ist das Fett vorsichtig von den Därmen abzulösen. Das Fett wird gründlich gewässert und mit dem Bauchfett ausgelassen.

Leber, Magen und Herz können verwendet werden. Die Leber wird vorsichtig von der Galle befreit. Vom Herz sind die Blutgefäße zu entfernen.

Der Magen wird an der weißen Hautstelle eingeschnitten, der Magenbeutel und die innere harte Haut werden entfernt. Diese Innereien, die bei koch- und bratfertigem Geflügel gesondert beigegeben werden, kann man braten oder für die Zubereitung von Klößen oder Suppen verwenden. Sie sind nicht mit dem Geflügel zusammen zu garen. Der Geschmack des Geflügelfleisches könnte dadurch beeinträchtigt werden. Eine Hühnerbrühe würde durch das Mitkochen der Innereien getrübt.

Die Flügel schneidet man im ersten Gelenk ab, die Beine im Kniegelenk. Dann wird das Geflügel gründlich von innen und außen gewaschen.

Beim Waschen ist zu prüfen, ob die Lungen ganz entfernt worden sind; das gilt auch für koch- und bratfertig geliefertes Geflügel.

Formgeben (Dressieren) des Geflügels

Das Geflügel wird vor dem Braten in eine gute Form gebracht. Man schiebt die Keulen nach dem Rücken zu in die Höhe, damit die Brust hervorsteht. Die Flügel werden auf dem Rücken verschränkt. Dann wird ein Faden durch erste Keule, Rumpf, zweite Keule, dann durch ersten Flügel, Rumpf, zweiten Flügel gezogen. Die Enden des Bindfadens werden verknotet.

Die Brustseite kann mit dünnen Speckscheiben belegt werden. Kleines Geflügel — z. B. Tauben oder Hähnchen — können dadurch eine gute Form erhalten, daß man die Flügelspitzen auf den Rücken legt, die Keulen nach dem Rücken hin in die Höhe schiebt, Brust und Keulen mit Speckscheiben belegt und mit einem Faden umwickelt.

Abstehende Teile würden beim Garen durch Braten oder Grillen zu stark bräunen und trocken werden.

Vorbereitung von Wildgeflügel (Federwild)

An Wildgeflügel werden u. a. angeboten: Fasanen, Wildenten, Rebhühner, Schnepfen.

Bei Fasanen und Rebhühnern ist, wie bei Haarwild, das Abhängen zu empfehlen. Das Fleisch wird dadurch mürber, und der typische Geschmack dieser Tiere wird ausgeprägter. Die weiteren Vorbereitungsarbeiten sind die gleichen wie bei zahmem Geflügel.

Wildgeflügel wird am besten durch Braten gegart, jedoch sind nur junge Tiere für die Zubereitung zu empfehlen.

Vorbereitung von Haarwild

Frisch geschossenes Wild muß je nach der Jahreszeit 8—14 Tage im Fell in einem luftigen, kühlen Raum abhängen, damit sich der typische Wildgeschmack ausbilden kann und das Fleisch mürbe wird. Es darf jedoch keinen unangenehmen Geruch annehmen, der ein Zeichen beginnender Fäulnis ist. Will man das Wild längere Zeit frisch erhalten, so wird es vor dem Aufhängen ausgenommen, jedoch nicht abgezogen.

Großwild wird fast nur abgezogen verkauft, während Hasen und Wildkaninchen auch im Fell geliefert werden.

Abziehen von Haarwild

Beim Abziehen des Hasen schneidet man das Fell rings um die Pfoten ein, hängt den Hasen mit den Hinterläufen gespreizt auf, schneidet dann die Haut der Hinterläufe mit einem scharfen Messer auf und streift sie vom Schwanz und den beiden Keulen ab. Damit das Fleisch nicht verletzt wird, muß mit dem Messer nachgeholfen werden. Dann wird die Haut über den Rücken und die Brust zurückgestreift und über die an den Pfoten eingeschnittenen Vorderläufe gezogen. An den Ohren ist die Haut festgewachsen. Man muß die Ohren deshalb so abschneiden, daß sie am Fell hängenbleiben, dann kann man das Fell über den Kopf herunterziehen. An den Augen muß man mit dem Messer nachschneiden. Nach dem Abziehen werden die Augen ausgestochen.

Ausweiden von Haarwild

Vor dem Ausweiden werden die Knochen der beiden Hinterbeine mit einem scharfen Messer voneinander getrennt, dann macht man einen kleinen Einschnitt in die Bauchhaut, hält sie mit zwei Fingern vorsichtig vom Eingeweide getrennt, schneidet die Haut weiter ein bis zur Brust und

12 Verarbeitung der Lebensmittel (18014)

nimmt Eingeweide, Lunge, Herz, Leber und das in der Bauchhöhle angesammelte Blut heraus. Die Galle wird von der Leber entfernt. Vorderblätter, Bauchlappen und Hals mit dem Kopf werden abgeschnitten.

Von den Innereien werden nur Herz, Leber und Lunge verwendet.

Nach dem Ausweiden wird der Hase schnell in kaltem Wasser gewaschen, gut getrocknet und dann gehäutet.

Zerlegen von Haarwild

Großwild wird meistens zerlegt verkauft: Rücken, Keule, Blatt, Brust und Hals sind getrennt zu kaufen. Auch Hasen und Wildkaninchen werden am besten vor der Zubereitung zerlegt. Kopf, Bauchlappen, Rippen werden abgehackt und mit Leber, Herz und Lunge für die Zubereitung von Ragout, Hasenpfeffer oder Suppe verwendet. Am besten trennt man auch die Läufe vom Rücken ab und gart sie getrennt, weil sie eine unterschiedliche Garzeit haben.

Um das Krümmen des Rückens während des Bratens zu verhüten, schneidet man die Sehne an mehreren Stellen zwischen den Wirbelknochen ein.

Das Fett des Wildfleisches wird vor der Zubereitung entfernt, da es bitter schmeckt. Der mangelnde Fettgehalt des Wildfleisches wird durch Verwendung von Speck, Butter und Sahne ersetzt. Wildfleisch wird meistens vor dem Braten gespickt oder mit Speckscheiben umlegt.

Das Spicken von Fleisch

Magere Fleischstücke, besonders Stücke vom Wildfleisch, können vor dem Braten gespickt werden, damit das Fleisch saftig wird.

Zum Spicken wird fetter Speck in gleichmäßig dicke Streifen geschnitten. Mit Hilfe der Spicknadel werden die Speckstreifen in gleichmäßigen Reihen in das Fleischstück eingezogen.

Beim Spicken werden leicht Fleischfasern zerstört, so daß Fleischsaft ausfließen könnte. Um das zu verhüten, wird das Fleisch besser nicht gespickt, sondern mit Speckscheiben belegt oder umwickelt.

Das Marinieren (Beizen) von Fleisch

Fleisch kann vor der Zubereitung 3—5 Tage in eine Marinade (Beize) gelegt werden. Dadurch wird nicht nur der Geschmack verändert, sondern auch eine Lockerung des Bindegewebes erreicht. Das Fleisch wird bei der Zubereitung schneller gar. Als Marinade eignen sich eine Essiglösung, Buttermilch oder Wein.

Essigbeize

Die Essiglösung wird besonders bei Rindfleisch und Hammelfleisch angewendet. Die Marinade kann kalt über das Fleisch gegeben werden, dann dringt sie intensiver durch, es treten aber auch relativ viel Inhaltsstoffe des Fleisches aus. Gibt man heiße Essiglösung über das Fleisch, so schließen sich die Poren, es treten weniger Inhaltsstoffe aus, die Marinade dringt aber nicht so schnell und intensiv durch.

Die Essigbeize wird aus folgenden Zutaten hergestellt:

1 *l* Essig	4—5 Pfefferkörner
1 *l* Wasser	3—5 Nelken
1—2 Zwiebeln, in Scheiben geschnitten	1—2 Lorbeerblätter

Buttermilchbeize

Buttermilchbeize eignet sich besonders für Wildfleisch. Sie wird ohne weitere Zugaben über das vorbereitete Fleisch gegeben.

Auch Trinkmilch kann verwendet werden. Sie wird schnell sauer und wirkt dann in gleicher Weise wie Buttermilch.

Weinbeize

Rotwein ist eine geschätzte Beize für Haarwild, besonders für Reh und Wildschwein und für magere Schweinebraten, namentlich für Keulenstücke vom Schwein.

Der Wein kann kalt oder heiß als Beize verwendet werden. Man kann als weitere Zugabe je 1 *l* Wein hinzufügen:

$^1/_3$ *l* Essig	1—2 Zwiebeln, in Scheiben geschnitten
1 *l* Wasser	3—4 Pfefferkörner
Schale von einer Zitrone	etwas Ingwer

Das Panieren von Fleisch

Flache Fleischstücke, wie z. B. Schnitzel, Koteletts, Hackfleischbällchen und Hackfleischröllchen, können vor dem Garen paniert werden. Die Panade wirkt wie eine Schutzschicht. Sie verhindert das Austreten des Fleischsaftes und der Inhaltsstoffe und schützt das Fleischeiweiß vor sehr starker Gerinnung und Verkrustung.

Panierte Fleischstücke sind sofort nach dem Panieren zu braten, sonst weicht die Panade auf, und das Braten wird erschwert.

Zum Panieren gehören folgende Arbeitsgänge: das Fleisch würzen — salzen und pfeffern —, dann in Mehl wenden, durch verschlagenes Ei ziehen und in Paniermehl wenden. Heute ist auch schon Fertig-Paniermehl im Handel.

Bei einer großen Anzahl von Fleischstücken wird das Panieren vereinfacht, wenn man die Gewürze mit dem Mehl vermischt. Statt des verschlagenen Eies kann ein Eierkuchenteig oder auch mit Milch angerührtes Mehl verwendet werden, dann erübrigt sich das Wenden in Mehl.

Hackfleisch als Bällchen und als Hackbraten läßt sich gleichmäßiger braten, wenn es nach dem Formen paniert wird. Es genügt, die geformte Fleischmasse nur in Paniermehl zu wenden.

Zubereitung des Fleisches durch Garen

Für das Garen von Fleisch kommen besonders in Betracht: Kochen, Braten, Schmoren, Fritieren und Grillen. Dämpfen und Dünsten werden vorwiegend in der Krankenernährung angewandt.

Es eignen sich	vom Kalb	vom Rind	vom Schwein	vom Hammel
zum Kochen:	Rippenstück Bauchstück Kopf Füße	Rippenstück Beinstück	Rippenstück Schulterstück Kopf, Füße Beinstück	Kopf Hals Füße Bauchstück
zum Dämpfen und Dünsten:	Kalbsnuß Kotelettstück	Filet Roastbeef	Filet Kotelettstück Schulterstück	Kotelettstück Kamm
zum Braten:	Keule Kotelettstück Nierenstück Brust	Filet Roastbeef Hohe Rippe	Filet Kotelettstück Keule Schulterstück	Keule Rückenstück Nierenstück Kamm
zum Schmoren:	Schulterstück Nackenstück Bug Bauchstück	Schwanzstück Schulterstück Bug	Keule Schulterstück	Blatt Keule Brust Halsstück
zum Grillen:	Schnitzel Kotelett	Filet Roastbeef	Filet Schnitzel Kotelett	Schnitzel Kotelett

Die *Garzeit* richtet sich nach der Art und Größe des Fleischstückes und nach der Art der Garmethode. Die Garzeit soll nicht überschritten werden. Das Fleisch ist gar, wenn es beim Aufdrücken nachgibt und sich nicht schwammig zeigt. Einstechen muß vermieden werden, weil dadurch Fleischsaft ausfließt.

Der Garprozeß ist nach Möglichkeit nicht zu unterbrechen. Er darf auf keinen Fall länger als 30 Minuten unterbrochen werden, wenn ein einwandfreier Garerfolg erreicht werden soll.

Bei allen Garverfahren ist der Geschmackswert des Fleisches am höchsten unmittelbar nach der Zubereitung. In *Großküchen* ist es schwierig, große Fleischstücke am Tage des Verbrauchs zuzubereiten. Die Zeit zwischen Fertigstellung des Fleisches und der Essensausgabe ist oft sehr kurz, so daß kaum noch Zeit zum Portionieren bleibt. Außerdem läßt sich heißes, frisch gegartes Fleisch nicht einfach schneiden, besonders nicht bei geringen Mengen je Portion. Darum ist es ratsam, große Fleischstücke am Tage vor dem Gebrauch zu garen, es in erkaltetem Zustand zu schneiden und kurz vor der Speisenausgabe wieder zu erwärmen.

Damit dieses Fleisch noch einen guten Geschmack aufweist, sind verschiedene praktische Hinweise zu beachten.

Das Fleisch muß *richtig durchgegart* werden, weil sonst leicht Zersetzungen stattfinden können.

Nach dem Garen soll das Fleisch *schnell abkühlen*, am besten werden Fleischstücke nebeneinander, nicht übereinander gelegt. Damit das Fleisch nicht austrocknet, wird es mit einem angefeuchteten Tuch abgedeckt.

Das abgekühlte Fleisch wird im Kühlschrank oder *Kühlraum aufbewahrt*, und zwar bis zum Portionieren am Gebrauchstag. Das Schneiden des erkalteten Fleisches kann sehr schnell mit der Aufschnittmaschine durchgeführt werden. Um bei großen Fleischmengen gleich große Portionen zu erzielen, ist es zweckmäßig, die Gesamtmenge zunächst in Stücke mit 10—20 Portionen aufzuteilen. Fleisch wird immer entgegengesetzt der Faserrichtung geschnitten.

Nach dem Schneiden wird das Fleisch erwärmt. Das *Aufwärmen muß langsam geschehen*, und zwar in einer Fleischtunke oder Fleischbrühe. Das Fleisch darf nicht kochen.

Bei der Festlegung der *Gewichtsmenge je Fleischportion* ist der Gewichtsverlust durch das Garen zu berücksichtigen, außerdem der Verlust, der durch Entfernen von Sehnen, Fettansatz oder durch Abbröckeln entsteht. Für diese Verluste müssen etwa 45% (ausgehend von Fleisch ohne Knochen) gerechnet werden.

Fleischmenge je Portion:	Fleisch mit Knochen	125 g
	Fleisch ohne Knochen	100 g
	Hackfleisch	60—80 g

Garen des Fleisches durch Kochen

Beim Garen des Fleisches in siedendem Wasser treten die wasserlöslichen Mineralstoffe und Extraktivstoffe aus. Außerdem gehen bis zu etwa 30% des Fettgehaltes in das Kochwasser über und ein Teil des wasserlöslichen Albumins. Das Albumin setzt sich mit dem ebenfalls extrahierten Myogen und Hämoglobin als grauer Schaum auf dem Kochwasser ab.

Wird das Fleisch mit *kaltem Wasser* angesetzt, so werden die angeführten Stoffe in erhöhtem Maße ausgelaugt, man erhält eine kräftig schmeckende, nahrhafte Fleischbrühe.

Das extrahierte Albumin jedoch geht für die Ernährung verloren, es wird durch die anhaltende Hitzeeinwirkung während des Kochprozesses hart und unverdaulich.

Durch starke *Schaumbildung* wird die Brühe trübe. Um die Trübung zu vermeiden, ist der Schaum zu Beginn des Kochprozesses abzunehmen, die Brühe wird „abgeschäumt".

Wird das Fleisch mit *heißem Wasser* angesetzt, so gerinnt sehr schnell das Eiweiß der Randschichten, dadurch wird das Auslaugen der wasserlöslichen Inhaltsstoffe, namentlich das Austreten von Albumin, weitgehend verhindert. Für die Praxis ergibt sich die Folgerung: mit kaltem Wasser angesetztes Fleisch ergibt eine schmackhafte, gehaltvolle Brühe, jedoch fade schmeckendes, trockenes Fleisch; in heißem Wasser angesetztes Fleisch gibt umgekehrt ein saftiges, schmackhaftes Fleisch, aber eine fade Brühe.

Um saftiges Fleisch zu erhalten, ist außerdem zu empfehlen, das Fleisch nach dem Kochen 10—15 Minuten in der Brühe liegen zu lassen. Man läßt es jedoch nicht in der Brühe erkalten, dann wäre das Fleisch zu lange einem Temperaturbereich ausgesetzt, der für die Wirkung und Entwicklung von Fermenten und Bakterien optimal ist.

Bei Fleisch mit viel Bindegewebe werden während des Kochens die Bindegewebe gelöst und extrahiert. Diese Brühe kann beim Erkalten erstarren. Auf diese Weise wird Sülze hergestellt. Während des Garens darf die Brühe nur schwach sieden, weil sonst das Fleisch hart und die Brühe trübe wird.

Als *Kochgeräte* können einfache Kochtöpfe oder auch Überdrucktöpfe verwendet werden. Garen bei Überdruck verursacht infolge der kurzen Garzeit eine fade Brühe.

In Großküchen eignen sich die Schnellkochgruppe oder aber große Kochtöpfe zum Kochen von Fleisch. Die Kochgeräte sind während des Kochens fest zu verschließen und nicht zu öffnen, damit die Dunststoffe erhalten bleiben und die Garzeit durch den Wärmeverlust nicht verzögert wird.

Garzeit für gekochte Fleischstücke, je ½ kg Fleisch:

Rindfleisch	2—3 Stunden	Huhn	2—3 Stunden
Kalbfleisch	1—1½ Stunden	Pökelfleisch	2—3 Stunden
Hammelfleisch	2 Stunden	Schinken	3—4 Stunden
Schweinefleisch	1—1½ Stunden		

Gekochtes Rindfleisch

Zum Kochen eignen sich am besten die Stücke vom Vorderteil: Brust, hohe und flache Rippe, weil diese Fleischstücke sehr saftig und wohlschmeckend sind.

Das Fleisch wird mit kochendem Wasser aufgesetzt und mit Salz und Suppengrün 2—3 Stunden in fest geschlossenem Topf bei schwacher Hitze gekocht.

Als *Tunke* zu gekochtem Rindfleisch eignen sich: Meerrettich-, Senf-, Zwiebel- und Kaperntunke.

Gekochtes Rindfleisch kann *kalt* in Scheiben oder Würfel geschnitten und mit einer Marinade oder Mayonnaise angerichtet werden.

Rindfleischbrühe

Zutaten	4 Port.	100 Port.
Rindfleisch	500 g	10 kg
Wasser	1½ *l*	28 *l*
Salz	5 g	80 g
Suppengrün	200 g	3 kg

Das Fleisch frisch geschlachteter älterer Tiere ergibt beim Kochen eine klare, kräftig schmeckende Fleischbrühe, und zwar eignen sich das Rippenstück, Schwanzstück und die Oberschale.
Abgehangenes Fleisch ergibt eine trübe Brühe, das Fleisch jüngerer Tiere enthält weniger Extraktivstoffe. Eine besonders feine Brühe erhält man, wenn verschiedene Fleischarten zusammen verwendet werden, z. B. Rindfleisch, Kalbfleisch, Hühnerfleisch.

Zubereitung

Das vorbereitete Fleisch wird in das kochende Wasser gegeben. Sobald das Wasser wieder kocht, ist die Wärmezufuhr zu vermindern; denn starkes Kochen macht die Brühe trübe und das Fleisch hart. Auch erfordert es meist ein Nachfüllen von Wasser, wodurch der Geschmack der Fleischbrühe beeinträchtigt wird.

Wenn sich beim Kochen der Fleischbrühe Schaum auf der Brühe absetzt (geronnenes Eiweiß), wird er sogleich abgenommen, da er sich leicht während des Kochens in der Flüssigkeit fein verteilt und die Brühe unklar macht. Nach dem Schäumen wird das Suppengrün — Sellerie, Porree, Petersilienwurzel — hinzugegeben, Salz erst nach der Hälfte der Kochzeit, weil ungesalzenes Wasser die Geschmackstoffe aus dem Fleisch und Suppengrün besonders gut auslaugen kann.

Dunkle Fleischbrühe erhält man durch Anbräunen des Fleisches und der Knochen oder durch Zugabe von Zuckerfarbe oder geröstetem Suppengrün. Zum Bräunen dient auch eine mit der Schale von allen Seiten gebräunte Zwiebel.

Suppeneinlagen

Eiereinlauf

Zutaten	**4 Port.**	**100 Port.**
Eier	1 Stck.	25 Stck.
Salz	1 Prise	2 Tl.

Zubereitung

Ei und Salz werden geschlagen, langsam in die kochende Brühe gegeben und einmal aufgekocht

Eiereinlauf mit Mehl

Zutaten	**4 Port.**	**100 Port.**
Eier	1 Stck.	20 Stck.
Salz	1 Prise	2 Tl.
Wasser	1 Tl.	$^1/_8$ *l*
Mehl	1 Eßl.	200 g

Zubereitung

Alle Zutaten werden miteinander verquirlt, langsam in die kochende Brühe geträufelt und 3—5 Minuten durch Garziehen gegart.

Eierstich vgl. S. 167.

Schaumklöße

Zutaten	**4 Port.**	**100 Port.**
Eier	1 Stck.	20 Stck.
Grieß	1 Tl.	100 g
Salz	1 Prise	2 Tl.
Muskat		

Zubereitung

Das zu Schnee geschlagene Eiklar wird zunächst mit Eigelb vermischt, dann werden die übrigen Zutaten hinzugegeben. Die Masse wird unter einmaligem Wenden auf heißer Fleischbrühe durch Garziehen gegart, dann in Streifen oder Würfel geschnitten und in die fertige Suppe gegeben.

Rahmklöße

Zutaten	**6 Port.**	**100 Port.**
Saure Sahne	$^1/_4$ *l*	4 *l*
Eier	3 Stck.	48 Stck.
Salz	1 Prise	20 g

Zubereitung

Die Zutaten werden miteinander verquirlt, dann in die mit Butter ausgestrichene Auflaufform gegeben und im Wasserbad gar gemacht (Garzeit ½ Stunde, mehr ziehen als kochen lassen). Von der festgewordenen Masse werden kleine Klöße abgestochen, die man in die fertige Suppe gibt.

Schwammklöße

Zutaten	**6 Port.**	**100 Por**
Milch oder Fleischbrühe	$^1/_8$ *l*	2 *l*
Butter	50 g	800 g
Salz	1 Prise	15 g
Muskat		
Mehl	80 g	1,25 kg
Eier	1—2 Stck.	ca. 20 Stck.

Zubereitung

Milch oder Fleischbrühe wird mit Butter, Salz und Muskat gekocht, das trockene Mehl schnell hineingeschüttet und die Masse gerührt, bis sie sich vom Topf löst. Man nimmt den Topf von der Heizstelle, gibt nach und nach die Eier hinzu, schmeckt die Masse nach Salz und Muskat ab und formt nach dem Erkalten mit 2 Teelöffeln kleine Klöße, die man in leicht kochendem Salzwasser 10 Minuten garziehen läßt. Schwammklöße können auch mit Petersilie oder geriebenem Emmentaler Käse abgeschmeckt werden.

Grießklöße

Zutaten	**6 Port.**	**100 Port.**
Milch oder Fleischbrühe	$^1/_4$ *l*	4 *l*
Salz	$^1/_2$ Tl.	30 g
Muskat		
Butter	30 g	500 g
Grieß	70 g	1,1 kg
Eier	1 Stck.	16 Stck.

Zubereitung

Fleischbrühe oder Milch wird mit Salz, Muskat und Butter gekocht, Grieß hinzugegeben und so lange gerührt, bis er sich vom Topf löst. Man gibt das Eigelb und das zu Schnee geschlagene Eiklar hinzu. Das Ei darf nicht mit durchkochen, da die Klöße sonst nicht zusammenhalten. Dann sticht man mit 2 Löffeln kleine Klöße ab, die man 5—10 Minuten in der Brühe garziehen läßt.

Fleischklöße

Zutaten	**6 Port.**	**100 Port.**
Kalbfleisch	60 g	1 kg
Schweinefleisch	60 g	1 kg
Brot	1 Scheibe	800 g
Eier	1 Stck.	16 Stck.
Salz	1/2 Tl.	30 g
Pfeffer		

Zubereitung

Das Brot wird eingeweicht, fest ausgedrückt, mit dem feingehackten Fleisch und den anderen Zutaten vermengt. Die Masse wird zu kleinen Klößen geformt, die man 5 Minuten in Brühe oder in Salzwasser garziehen läßt.

Weißbrot- oder Zwiebackklöße

Zutaten	**6 Port.**	**100 Port.**
Butter	30 g	500 g
Eier	1 Stck.	16 Stck.
Salz	1/2 Tl.	30 g
Muskat, Petersilie		
Brot oder Zwieback	50 g	800 g

Zubereitung

Die sahnig gerührte Butter wird mit Eigelb, Salz, Muskat, gehackter Petersilie und dem geriebenen Weißbrot oder Zwieback vermengt und das zu Schnee geschlagene Eiklar daruntergerührt. Man läßt die Masse etwa 15 Minuten stehen, damit das Brot quellen kann, formt kleine Klöße, die man 5 bis 10 Minuten in der kochendheißen Suppe oder in Salzwasser garziehen läßt.

Markklöße

Zutaten	**6 Port.**	**100 Port.**
Knochenmark	50 g	800 g
Zwieback	40—50 g	700—800 g
Eier	1 Stck.	16 Stck.
Salz	1 Prise	2 Tl.
Muskat, Petersilie		

Zubereitung
Knochenmark wird sahnig gerührt oder geschmolzen, mit Zwieback oder geriebenem Weißbrot, Eigelb, Salz, Muskat und Petersilie vermengt, das zu Schnee geschlagene Eiklar wird hinzugegeben und die Masse nach 15 Minuten zu kleinen Klößen geformt, die man 5—10 Minuten in der fertigen Suppe garziehen läßt.

Knochenbrühe
Die Knochenbrühe wird wie Rindfleischbrühe zubereitet. Statt Rindfleisch werden Rinderknochen verwendet.
Die Knochen können zwei- bis dreimal für die Zubereitung einer Brühe gekocht werden, je etwa zwei Stunden, bis sie ganz ausgenutzt sind. Nur die erste Brühe wird klar, die des zweiten und dritten Kochverlaufs ist nicht mehr klar. Sie eignet sich für die Zubereitung von gebundenen Suppen, Tunken und Eintopfgerichten.
Die Knochen werden zerkleinert, mit kaltem Wasser und Suppengrün aufgestellt und etwa 2 Stunden gekocht, die Zwiebelscheiben in Fett geröstet und 10 Minuten mit der Brühe gekocht. Dann wird die Brühe gesiebt und mit Salz und Suppenwürze abgeschmeckt.

Gekochte Rinderzunge
Die Zunge wird gewaschen, der Schleim mit grobem Salz abgerieben und die Zunge 3—4 Stunden in Salzwasser mit etwas Sellerieknolle gekocht. Die Zunge ist gar, wenn sie sich an der Spitze leicht durchstechen läßt. Dann wird sie enthäutet und in flache Scheiben geschnitten. Sie kann mit Champignontunke, einer Rahm- oder Rotweintunke gereicht werden.
Gepökelte Zunge wird in kaltem Wasser angesetzt, damit sich die Pökellake gleichmäßig in der Zunge verteilt und sich beim Aufschneiden keine grauen Flecke zeigen.

Gekochte Kalbszunge
Die Kalbszunge wird wie Rinderzunge vorbereitet, gekocht und angerichtet. Die Tunke wird aus der eingekochten Kalbszungenbrühe hergestellt. Sie wird mit Kapern vermischt, mit Zitronensaft abgeschmeckt und mit Eigelb legiert. Die Kalbszunge kann auch in eine braune, mit Muskat und Madeira gewürzte Tunke gegeben werden.

Gekochtes Huhn
Das Huhn wird nach Seite 175 vorbereitet, mit Petersilienwurzel in kochendes Salzwasser gegeben und 2—3 Stunden gekocht. Junge Hühner sind in 1—2½ Stunden gar. Sie werden nach dem Kochen in Stücke zerlegt und zu Hühnerfrikassee oder anderen Gerichten verwandt.
Zur Herstellung einer kräftigen Brühe eignen sich besonders alte Hühner.

Huhn in Mayonnaise

Das vorbereitete Huhn wird gekocht. Nach dem Erkalten wird die Haut entfernt, das Fleisch sorgfältig von den Knochen abgelöst, in große Stücke aufgeteilt und kurze Zeit in eine Tunke von Öl, Essig, Salz und Pfeffer gelegt. Die Fleischstücke werden einzeln in einer steifen Mayonnaise nach Seite 163 gewendet und auf einer Platte angerichtet. Zur Garnierung dienen hartgekochte Eier, Petersilie oder Mandarinen.

Helles Fleischragout

Zutaten	1 Port.	4 Port.	100 Port.
Fleisch	100 g	400 g	10 kg
Salzwasser			
Helle Grundtunke	1/8 *l*	1/4 *l*	6 *l*

Für die Zubereitung von Fleischragout können verschiedene Fleischarten verwendet werden: Kalbfleisch, Schweinefleisch, Hühnerfleisch, Rindfleisch und die Innereien Herz und Zunge von Rind und Kalb.

Zubereitung

Das Fleisch wird gekocht und in grobe Würfel oder Scheiben geschnitten. Man stellt eine helle Grundtunke her, die man mit der Fleischbrühe auffüllt und mit Wein oder Zitrone abschmecken kann. Das Ragout kann legiert werden.

Zungen-, Kalbs- und Hühnerragout kann man mit Champignons vermischen.

Rinds-, Schweins- und Herzragout werden mit wenig Pfeffer abgeschmeckt.

Saures Rindsragout und Herzragout werden mit Essig und Zucker abgeschmeckt und mit feingeschnittenen Essiggurken vermischt.

Ergänzende Zutaten je 500 g Fleisch: etwa 100 g Essiggurken, 5 g Zucker und 1 Zwiebel für die Zubereitung der Tunke.

Frikassee

Ragout von Hühnerfleisch, Kalbfleisch oder Zunge wird mit Spargelstückchen, Champignons, Fleischklößen, Weißbrotklößchen oder Midderstückchen vermischt und mit Eigelb legiert.

Ragout fin — Feines Kalbswürzfleisch

Zutaten für ca. 10 Port.

1 Kalbszunge	40 g Butter
1 Kalbshirn	50 g Mehl
1 Kalbsmidder	1/2 *l* Brühe
50 g Sellerie	Wein, etwas Zitronensaft
1 Möhre	1—2 Eigelb

Zubereitung

Die Kalbszunge wird gewaschen und in Salzwasser mit Sellerie und Möhren weichgekocht. Die Zunge ist gar, wenn sie sich an der Spitze leicht durchstechen läßt. Sie wird nach dem Kochen enthäutet und in feine, gleichmäßige Würfel geschnitten.

Midder und Kalbshirn werden mit Salzwasser überbrüht, dann in etwas Butter gedünstet und in kleine Würfel geschnitten.

Aus Butter, Mehl und der Kochbrühe stellt man eine helle Tunke her, die mit Salz, Wein und Zitronensaft abgeschmeckt und mit Eigelb abgezogen wird. Das Fleisch wird mit der Tunke vermischt.

Ragout fin eignet sich als Füllung für Pasteten, Omeletts und Eierkuchen. Das Einfüllen darf erst kurz vor dem Anrichten geschehen, da Pasteten und Omeletts sonst weich werden. Wird Ragout fin in Muscheln oder Ragoutschälchen angerichtet, so wird es nach dem Einfüllen mit geriebenem Käse und Butterstückchen überstreut und bei Oberhitze goldgelb gebacken.

Gekochte Fleischklopse in Kaperntunke

Der Hackfleischteig wird nach S. 197 zubereitet und zu Klößen geformt. Die Klöße werden in kochendes Salzwasser gegeben und in offenem Topf 10 Minuten gegart.

Aus der Kochbrühe wird eine Kaperntunke zubereitet, die man heiß über die Fleischklopse gibt.

Garen des Fleisches durch Dämpfen

Das Garen des Fleisches durch Dämpfen wird hauptsächlich in der Diätküche angewandt, besonders bei Diätformen, die wenig Fett gestatten und Speisen mit Röststoffen verbieten.

Zum Dämpfen eignet sich zartfaseriges Fleisch. Das vorbereitete Fleischstück wird auf den Siebeinsatz des Dämpftopfes gelegt und im aufsteigenden Wasserdampf gegart. Die Garzeit liegt etwas höher als beim Garen durch Kochen.

Der Siebeinsatz kann mit Pergamentpapier belegt werden, so daß ausfließender Fleischsaft weitgehend aufgefangen wird.

Gedämpftes Fleisch kann ohne Fettzugabe, mit einem Stück unzerlassener Butter oder mit einer hellen Tunke angerichtet werden. Das Fleisch wird mit leicht verdaulichem Gemüse gereicht.

Das Fleisch wird nach dem Dämpfen püriert, wenn die Diät sehr leicht bekömmliche Kost vorschreibt.

Garmachen durch Dämpfen kann man auch anwenden für Fleischstücke, die mit Mayonnaise angerichtet oder für die Zubereitung von Salaten verwendet werden.

Garen des Fleisches durch Dünsten

Das Dünsten hat ebenfalls vorwiegend Bedeutung für die Krankenkost.

Zum Dünsten eignen sich zartfaserige kleine Fleischstücke. Das vorbereitete Fleisch wird mit wenig Wasser unter Hinzugabe von etwas Fett in fest verschlossenem Topf gegart. Das Fleisch kann auch in Aluminiumfolie eingeschlagen werden, so daß der Fleischsaft mit den Nähr- und Geschmacksstoffen voll erhalten bleibt.

Garen des Fleisches durch Braten

Zum Braten eignet sich zartfaseriges Fleisch von Rücken, Keule und Lende.

Gebratenes Fleisch zeichnet sich durch einen hohen Geschmackswert aus. Durch die Einwirkung des heißen Fettes bilden sich in den Randschichten des Fleischstückes schmackhafte Röststoffe. Außerdem ist gebratenes Fleisch reicher an Geschmacksstoffen als in Wasser gegartes Fleisch, weil nicht so viel Inhaltsstoffe extrahiert werden. Der Wasserverlust — bedingt durch die Eiweißgerinnung — kann allerdings beim Braten bis zu 40% betragen. Je zarter das Fleisch ist, um so mehr Wasser gibt es ab.

Als Fett wird zum Braten Öl, Kokosfett oder Schmalz verwendet. Zartfaseriges Fleisch kann in Butter oder Margarine gebraten werden. Das Braten verlangt dann aber sehr sorgfältige Temperaturregulierung, damit das Fett nicht überhitzt wird. Günstiger ist es, zunächst mit hitzebeständigem Fett anzubraten und kurz vor Beendigung der Bratzeit etwas Margarine oder Butter zur Geschmacksverbesserung hinzuzugeben.

Fettmenge je Portion:
zum Braten kleiner Fleischstücke = 10 g
zum Braten großer Fleischstücke = 5—10 g je nach Fleischmenge

Braten größerer Fleischstücke

Das Braten größerer Fleischstücke kann auf dem Herd bzw. in der Kippbratpfanne oder im Backofen durchgeführt werden. Große Fleischstücke lassen sich einfacher und gleichmäßiger im Backofen braten, es wird eine bessere Bräunung erreicht, für kleinere Fleischmengen bis zu 1 kg ist das Braten auf dem Herd wirtschaftlicher.

Das Braten auf dem Herd

Das vorbereitete Fleisch wird getrocknet, mit Salz eingerieben und in heißem Fett schnell — bei starker Hitze — angebraten, bis es gleichmäßig gebräunt ist. Schnelles gleichmäßiges Anbraten ist wichtig, weil nach der Krustenbildung weniger Fleischsaft austritt. Während des Anbratens darf kein kaltes Fett nachgegeben werden, damit die Temperatur nicht gesenkt und das Bräunen des Fleisches nicht beeinträchtigt wird.

Größere Fleischmengen werden nicht gleichzeitig in das Fett gegeben, auch dadurch würde das Fett abkühlen und der Brateneffekt beeinträchtigt. Man gibt die Stücke nach und nach in den Bräter.

Fleisch mit dicker Fettschicht wird *ohne Zusatz von Fett* gebraten. Es wird mit wenig kochendem Wasser angesetzt. Das Fett tritt aus und dient, nachdem das Wasser verdampft ist, als Bratfett.

Nach dem Anbräunen wird der Topf geschlossen und das Fleisch bei verminderter Wärmezufuhr weiter gegart. Zum Weitergaren genügt eine Temperatur von 100° C. Infolge der verminderten Wärmezufuhr werden das Überhitzen des Fettes und die starke Verkrustung des Fleisches vermieden. Sollte das Fett einmal überhitzt sein, so kann man etwas Wasser hinzugeben, um die Temperatur zu senken. Der Brateneffekt wird dadurch aber vermindert.

Während des Bratens ist das Fleisch häufig mit dem Bratenfett zu begießen.

Das Braten im Backofen

Erstes Verfahren

Das Fleisch kann im Backofen in gleicher Weise gebraten werden wie auf dem Herd. Man läßt das Fett in der Röstpfanne heiß werden und gibt das vorbereitete Fleisch hinein. Temperaturverlauf und Gartechnik sind die gleichen wie beim Braten auf dem Herd.

Zweites Verfahren

Immer mehr setzt sich eine andere Methode des Bratens durch, die dem Backen entspricht (bei Öfen mit Zeitautomatik ist diese Methode gegeben): Das vorbereitete Fleisch wird kurz vor dem Braten mit Salz eingerieben, mit Fett bestrichen oder mit Speckscheiben belegt und auf den gefetteten Rost oder auf die gefettete Röstpfanne gelegt. Für kleinere Fleischmengen kann man auch einen Brattopf oder ein flaches Herd-Tisch-Geschirr verwenden.

Fette Fleischteile gibt man in den kalten Backofen, damit das Fett besser ausbraten kann. Mageres zartfaseriges Fleisch mit kurzer Garzeit wird im vorgeheizten Ofen gebraten, sonst würde zu viel Fleischsaft austreten. Besonders, wenn das Fleisch innen rot bleiben soll, ist ein vorgeheizter Ofen notwendig.

Soll das Fleisch während des Bratens gewendet werden, so schiebt man es auf die oberste Schiebeleiste des Backofens. Will man das Fleisch nicht wenden, so wird es auf die mittlere Schiebeleiste geschoben. Das ergibt sich bei Ausnutzung von Zeitautomatik als Notwendigkeit.

Garzeit für gebratene Fleischstücke, je 1/2 kg Fleisch:

Rindfleisch	30—40 Minuten
Filet und Roastbeef, englisch gebraten	8—10 Minuten
Kalbfleisch	10—15 Minuten
Schweinefleisch	15—20 Minuten
Hammelfleisch	20 Minuten

Wenn das Fleisch gar ist, wird es aus dem Bräter herausgenommen, und aus dem Bratensatz wird eine Tunke zubereitet. Vor dem Aufschneiden bleibt das Fleisch 10—15 Minuten stehen, bei sofortigem Schneiden würde zu viel Fleischsaft austreten.

Die Zubereitung der Tunke

Um eine schmackhafte, gut gebräunte Bratentunke zu erhalten, läßt man in den letzten 10—15 Minuten der Bratzeit Zwiebeln, Tomaten oder Pilze mitbräunen. Die Zutaten dürfen nicht während der ganzen Zeit mitbraten. Zwiebeln bräunen sehr schnell, sie würden zu dunkel und bitterschmeckend werden. Tomaten und Pilze enthalten viel Wasser, sie würden die Temperatur des Fettes senken und den Bräunungsprozeß beeinträchtigen.

Eine besonders gute Tunke wird erreicht, wenn man Knochen mitbraten läßt. Die gebräunten Knochen werden ausgekocht, und die Kochbrühe wird zum Auffüllen der Tunke verwendet.

Man gibt so viel Flüssigkeit zu dem Fleischsatz, wie man Tunke herstellen will, siebt die Tunke durch und bindet sie mit Mehl oder mit Stärke. Stärke, besonders Kartoffelstärke, ergibt eine glasige Tunke.

Fettreiche Tunken werden vor dem Binden entfettet. Fettarme Tunken können mit Kondensmilch oder Sahne zubereitet werden. Auch ist es möglich, Sahne oder Joghurt vor der Flüssigkeit zu dem Bratensatz zu geben und mitbräunen zu lassen.

Das Anrichten des Fleisches

Das geschnittene Fleisch wird auf eine Platte gelegt und mit etwas Tunke überzogen. Man kann das Fleisch mit Gemüse anrichten. Zum Garnieren sind besonders Tomaten geeignet, auch in Verbindung mit Ananasscheiben oder Bananenhälften. Als weitere Obstarten eignen sich zum Garnieren von Fleischplatten: kleine Äpfel, Birnenhälften, Aprikosenhälften, Apfelsinenscheiben. Die vorbereiteten Früchte werden kurz gedünstet. Zitronenscheiben oder Zitronenstückchen legt man roh zu den Fleischplatten.

Rinderbraten

Ein Rinderschwanzstück wird gewaschen, getrocknet, geklopft, mit Salz und Pfeffer bestreut, mit Senf bestrichen und in ausgebratenem Speck oder heißem Fett von allen Seiten braun angebraten. Man läßt das Fleisch zugedeckt 2—3 Stunden unter häufigem Begießen braten.

Zubereitung der Tunke Seite 192.

Sauerbraten

Rindfleisch von der Oberschale, vom Nuß- oder Schwanzstück wird mit Zwiebelscheiben, Pfefferkörnern, Nelken, Lorbeerblättern in einen Steintopf gelegt und mit abgekochtem, heißem Essigwasser — gleiche Teile Essig und Wasser — übergossen. Das Fleisch bleibt 4—8 Tage in der Brühe liegen. Es muß mit der Essigbeize vollständig bedeckt sein oder täglich gewendet werden.

Vor dem Anbraten wird das Fleisch abgetrocknet, mit Salz eingerieben, dann in sehr heißem Fett schnell angebraten und unter Hinzugabe von geschnittenen Zwiebeln, einer Brotkruste und einer Möhre unter häufigem Begießen etwa 2 Stunden gebraten.

Kurze Zeit vor dem Anrichten gibt man saure Sahne hinzu, läßt den Bratensatz damit durchkochen und siebt die Tunke durch.

Das Bratenfett muß sehr heiß sein, da der Braten sonst wässerig wird, keine braune Farbe erhält und von außen leicht abbröckelt.

Rinderfilet

Das Filet wird mit einem feuchten Tuch abgerieben, vom Fett befreit, gehäutet und mit Speckscheiben belegt. Man bestreut es mit Salz und Pfeffer, legt es mit den Speckscheiben nach oben in die Bratpfanne, übergießt es mit heißer brauner Butter und läßt es, am besten im Backofen, unter häufigem Begießen auf englische Art braten (10 Minuten Anbratzeit, außerdem 8—10 Minuten Bratzeit für je ½ kg Filet). Das Filet wird vor dem Zerlegen 10 Minuten warm gehalten, damit beim Schneiden nicht zu viel Fleischsaft ausfließt.

Zubereitung der Tunke S. 192.

Gebratenes Rinderfilet kann *nach dem Erkalten* in dünne Scheiben geschnitten, schuppenförmig auf einer Platte angerichtet und mit klarer Sülze überzogen werden.

Roastbeef

Nachdem die Knochen ausgelöst worden sind, wird die obere Sehne des Fleischstückes entfernt und die übrige Haut eingekerbt, weil sich der Braten sonst leicht krümmt. Das Fleisch wird geklopft, mit Salz und Pfeffer eingerieben, dann in heißem Fett unter häufigem Begießen braun angebraten. Man fügt eine Zwiebel hinzu und läßt das Fleisch weiter braten. Die Bratzeit beträgt wie bei Filet außer 10 Minuten Anbratzeit für je ½ kg Fleisch 8—10 Minuten. Man läßt das Fleisch nach dem Braten 10 Minuten stehen, ehe man es schneidet, da sonst zu viel Fleischsaft herausfließen würde.

Die Tunke wird nach Seite 192 hergestellt. Sie kann mit Sahne zubereitet und durch Madeira, Fleischextrakt, Tomatenmark abgeändert werden.

Gebratenes Roastbeef kann *nach dem Erkalten* in dünne Scheiben geschnitten, schuppenförmig auf einer Platte angerichtet und mit klarer Sülze überzogen werden.

Kalbsnuß

Kalbsnuß	Lorbeerblatt
Speck	Zitrone
Salz	Zwiebel
Muskat	

Aus einer enthäuteten Kalbskeule löst man die vier Nüsse. Ihre Lage kann man nach dem Abhäuten leicht finden. Die auf der Innenseite der Keule liegende Nuß ist die beste. Die Nüsse werden gespickt oder mit Speckscheiben belegt, mit Salz bestreut und in heißem Fett angebraten. Man gibt die Gewürze hinzu und läßt das Fleisch im Backofen unter öfterem Begießen gar braten.

Zubereitung der Tunke Seite 192.

Kalbsnierenbraten

Das Fleischstück (Rückenstück) enthält die kurzen Rippenknochen und zwei längere Rippen. Die langen Rippen werden entfernt. Das Fleisch wird gesalzen und das ansitzende Stück Bauchlappen so um das Rippenstück gelegt, daß die Niere eingeschlagen ist. Das Bratenstück wird mit Garn umwickelt, mit Speckscheiben in eine Pfanne gelegt und im Backofen unter öfterem Begießen braun gebraten.

Zubereitung der Tunke Seite 192.

Gefüllte Kalbsbrust

Zutaten für 12—15 Portionen

$1^1/_2$ kg Kalbsbrust
Salz
60 g Fett zum Braten

Weißbrotfüllung:

30 g Butter	$^1/_8$ *l* Milch oder Sahne
1 Ei	Salz, Muskat
200 g Weißbrot	Petersilie, 20 g Mehl

Von der Kalbsbrust werden die Rippen ausgelöst, ohne das Fleisch zu verletzen. Dann löst man die obere Fleischlage, so daß eine Tasche entsteht, und gibt die Füllung hinein. Man rührt Butter sahnig, gibt Eigelb, das geriebene Weißbrot, Milch oder Sahne, Gewürze und zuletzt den Eischnee hinzu. Auch kann man einige Korinthen und gehackte Mandeln durchmischen.

Nach dem Füllen wird die Öffnung zugenäht, das Fleisch mit Salz bestreut und 1½ Stunden zugedeckt unter häufigem Begießen gebraten. Brät man die Kalbsbrust im Backofen, so darf die Oberhitze nicht zu stark sein, weil dann die Haut leicht reißt. Vor dem Anrichten entfernt man die Fäden und bindet die Tunke mit etwas Stärke oder Mehl.

Statt der Weißbrotfüllung kann auch eine Fleischfüllung nach S. 199 verwandt werden. Die Fleischfüllung wird mit einigen Trüffelnscheiben vermengt.

Hammelkeule

Hammelkeule	Lorbeerblatt
Salz	einige Pfefferkörner
Hammelfett	Majoran
Butter	Weinraute oder Thymian
Zwiebel	Senf, Mehl

Der Beinknochen wird aus der Keule ausgelöst oder abgeschlagen, die Keule geklopft, mit Salz eingerieben und mit den übrigen Gewürzen in heißem Fett unter häufigem Begießen 2½—3 Stunden gebraten. Die Tunke wird entfettet, mit Mehl gebunden und mit Senf abgeschmeckt.

Die Hammelkeule kann auch wie Schweinsbraten ohne Fettzusatz gebraten werden.

Hammelrücken

Hammelrücken	einige Pfefferkörner
Speckscheiben	Lorbeerblatt
Fett	Zwiebel
Salz	Mehl oder Kartoffelstärke

Der Hammelrücken wird geklopft, die Rippen werden eingeknickt, Haut und Fett abgelöst. Dann wird das Fleisch gesalzen, mit dünnen Speckscheiben belegt, mit den Gewürzen in heißem Fett unter häufigem Begießen 1½—2 Stunden gebraten.

Die Tunke wird mit angerührtem Mehl oder mit Stärke gebunden und mit saurer Sahne abgeschmeckt.

Schweinebraten

Schweinefleisch	Zwiebel
Fett	Lorbeerblatt
Salz	Wacholderbeeren
Pfeffer	Mehl

Fleisch von der Keule oder vom Schulterstück wird geklopft, mit Salz und Pfeffer bestreut und von allen Seiten braun angebraten. Man gibt Zwiebel, Lorbeerblatt, Wacholderbeeren hinzu und läßt den Braten unter häufigem Begießen gar werden. Ist das Bratenstück sehr fett, so gibt man kein Fett, sondern nur etwas heißes Wasser in die Bratpfanne und legt das Fleisch mit der Fettseite hinein. Das Wasser verdampft, und das Fleisch kann in dem ausgeschmolzenen Fett braten. Zur Tunke läßt man Mehl mit dem Bratenfett schwitzen und die Schwitze mit etwas Wasser aufkochen.

Kasseler Rippespeer

Der gepökelte und geräucherte Rippespeer (Kotelettstück) wird kurze Zeit gewässert, da das Fleisch sonst nach dem Braten leicht salzig, hart und trocken ist. Der Rippespeer wird wie Schweinebraten gegart. In der letzten halben Stunde der Bratzeit gibt man etwas Milch oder saure Sahne zu dem Braten, damit die Tunke wohlschmeckend wird.

Kasseler Rippespeer wird zu Sauerkraut und Kartoffelbrei oder zu Rosenkohl und Kastanien gereicht.

Schweinefilet

Das Schweinefilet wird geklopft, mit Salz bestreut und in heißem Fett braun angebraten. Man gibt etwas saure Sahne hinzu und läßt das Filet unter öfterem Begießen etwa 30 Minuten weitergaren.

Hackfleischteig / Grundrezept

Zutaten	je 4 Port.	je 100 Port.
geh. Rindfleisch	150 g	3—4 kg
geh. Schweinefleisch	150 g	3—4 kg
Brötchen	1 Stck.	15—20 Stck.
Eier	1 Stck.	15—20 Stck.
Salz, Pfeffer		
Zwiebeln	1 Stck.	1 kg
Fett	40 g	750 g—1 kg

Zubereitung

Das eingeweichte, fest ausgedrückte Brot wird mit Salz, Pfeffer, Zwiebel, Eigelb, Eischnee und dem gehackten Fleisch zu einem Teig vermengt.

Statt der Mischung von Rindfleisch und Schweinefleisch können als Mischung verwendet werden:

Rindfleisch und Kalbfleisch
Rindfleisch, Kalbfleisch und Schweinefleisch.

Ein Teil des Fleisches läßt sich durch gegartes Fleisch — Fleischreste, Schinken oder Schinkenwurst — ersetzen.

Das Brot gibt dem Fleischteig eine lockere Beschaffenheit. Statt Brot können körnig gekochter Reis oder gekochte Kartoffeln verwendet werden. Bei Verwendung von gegartem Fleisch erübrigen sich lockernde Zutaten.

Ei wird hinzugefügt, damit das gehackte Fleisch zusammenhält. Das Ei kann ersetzt werden durch Haferflocken oder Grießmehl.

Gegarte Zutaten — z. B. Brot, Fleischreste, körnig gekochter Reis, gekochte Kartoffeln — lockern die Fleischmasse, nicht gegarte Nahrungsmittel — z. B. Ei, Grießmehl, Haferflocken — binden die Fleischmasse.

Hackbraten — Blinder Hase

Hackfleischteig wird zu einem länglichen Ballen geformt, den man in Stoßbrot wendet, zum Anbraten auf Speckscheiben legt, mit heißem Fett begießt und 30—45 Minuten braten läßt.

Brathähnchen

Die vorbereiteten Hähnchen werden auf der Brust mit Speckscheiben umwickelt, gesalzen und in heißer Butter unter häufigem Begießen zunächst 30 Minuten in geschlossenem Topf gebraten. Dann entfernt man den Speck und läßt die Hähnchen 10—20 Minuten im offenen Topf weiterbraten.

Für die Zubereitung der Tunke wird das überflüssige Fett abgeschöpft, etwas Fleischbrühe und süße Sahne werden hinzugefügt. Die Tunke kann mit Kartoffelstärke gebunden werden.

Gebratene Poularde (junges gemästetes Huhn)

Die vorbereitete Poularde wird wie Hähnchen gebraten. Die Garzeit beträgt 1½—2 Stunden.

Gebratene gefüllte Gans

Die nach S. 175 vorbereitete Gans wird gewaschen, getrocknet, mit wenig Salz ausgestreut und mit Obst oder Hackfleischteig gefüllt. Die Öffnung in der Rumpfhaut wird zugenäht. Dann wird die Gans mit der Brust nach oben in etwas kochendes Wasser in eine Bratpfanne gelegt (auf 500 g etwa $^1/_8$ *l* Wasser), mit Salz bestreut und im Backofen zunächst in geschlossenem Topf unter häufigem Begießen gegart.

Wenn genügend Gänsefett ausgeschmolzen ist, wird die Gans in offenem Topf weiter gebraten, bis sie von allen Seiten eine gleichmäßig braune Farbe hat. Vor dem Herausnehmen wird die Gans mit kaltem Wasser übergossen, damit die Haut knusprig wird. Wenn die Gans nicht sehr fett ist, kann sie mit dünnen Speckscheiben belegt und sofort mit geschmolzener Butter gebraten werden.

Die Bratentunke wird entfettet und mit angerührter Kartoffelstärke gebunden.

Beim Zerlegen der gebratenen Gans werden die Keulen abgetrennt und in Hälften geteilt. Das Fleisch am Brustbein wird eingeschnitten, von den Knochen gelöst und jede Brusthälfte in 2—4 Stücke geschnitten.

Obstfüllung

1 kg Äpfel
$^1/_2$ kg Trockenpflaumen
50 g Zucker

Die Äpfel werden geschält und in Viertel oder Achtel geschnitten. Die eingeweichten Trockenpflaumen werden entsteint, mit den Apfelstückchen und dem Zucker vermischt.

Fleischfüllung

375 g Kalbfleisch	20 g Butter
375 g Schweinefleisch	1 Ei
2—3 Brötchen	Salz, Pfeffer

Die Zutaten werden zu einem Hackfleischteig verarbeitet.

Gebratene Ente

Die vorbereitete Ente wird wie die Gans mit kochendem Wasser oder, wenn sie nicht sehr fett ist, mit geschmolzener Butter aufgesetzt und je nach dem Alter der Ente 1—2 Stunden gebraten.

Gebratener Puter — Truthahn

Der Puter muß wenigstens 2—3 Tage vor dem Gebrauch geschlachtet werden. Er wird nach S. 175 vorbereitet, dann gesalzen. Man schiebt die Keulen zur Brust und bindet sie fest. Die Brust wird mit Speckscheiben belegt und der Puter in heißer Butter unter häufigem Begießen gebraten.

Zum Braten eignen sich nur junge Tiere. Ältere Tiere werden geschmort. Die Garzeit beträgt je nach dem Alter des Tieres 2—3 Stunden. Die Tunke wird mit Stärke gebunden.

Gefüllter Puter wird wie gefüllte Gans mit Fleischfüllung zubereitet. Die Füllung wird mit der gehackten Putenleber und einigen Trüffelnscheiben vermischt.

Gebratener Fasan

Der Fasan wird nach S. 175 und S. 177 vorbereitet, gesalzen, mit Speckscheiben umwickelt und in heißer Butter 50—70 Minuten hellbraun gebraten. Das Fleisch muß sich leicht von den Knochen lösen lassen. Vor dem Anrichten werden die Speckscheiben abgenommen, in Streifen geschnitten und mit dem Geflügel angerichtet. Der Fasan wird zu Sauerkraut oder zu Italienischem Salat gegessen. Das Sauerkraut kann mit Wein gekocht werden.

Hasenbraten

Der Hase wird nach S. 177 vorbereitet, dann in zwei Reihen über dem Rücken feingespickt und gesalzen. Damit die Keulen beim Braten eher gar werden, kann man die Knochen aus den Keulen lösen. Man umwickelt die Keulen dann mit einem Bindfaden, damit sie die Form behalten.

Zum Braten läßt man dünne Scheiben Speck anbraten, legt den Hasen mit der ungespickten Seite in die Pfanne, übergießt ihn mit heißer Butter und läßt ihn unter ständigem Begießen 1 Stunde braten. Sobald das Fett klar ist, wird etwas Wasser hinzugegossen, nach und nach auch etwas saure oder süße Sahne, so daß man eine leichtgebundene Tunke erhält. Der Braten ist gar, wenn sich die Rippen leicht herausziehen lassen. Beim Anrichten zerlegt man den Hasenrücken in 6—8, die Keule in 3—4 Querstücke.

Rehbraten / Keulenstück

Aus der gewaschenen Keule werden die Nüsse herausgelöst. Man klopft und häutet sie, spickt sie dicht und bestreut sie mit Salz. Dann läßt man Speck aus, fügt Butter hinzu, legt den Braten mit der ungespickten Seite in das heiße Fett und läßt ihn unter häufigem Begießen 1—2 Stunden braten. In den letzten 30 Minuten gibt man süße Sahne zum Braten.

Gebratener Rehrücken

Das Fleisch wird gewaschen, getrocknet und gehäutet. Damit der Braten seine Form behält, werden die Sehnen zwischen den Wirbelknochen durchgeschnitten. Dann wird der Rehrücken gespickt, gesalzen und in Speck und Butter unter häufigem Begießen etwa 1 Stunde gebraten. Man gibt nach und nach ¼ *l* saure Sahne hinzu, die bräunen muß. Wird die Sahne beim Braten zu dick, so gießt man etwas heißes Wasser hinzu. Die Tunke wird, wenn nötig, mit Mehl gebunden. Der Braten wird von beiden Seiten in schräge Scheiben geschnitten und mit der Tunke angerichtet.

Hirschbraten

Das Hirschfleisch wird wie Rehfleisch zubereitet. Besonders geschätzt ist das Fleisch der ein- bis zweijährigen Tiere. Das Fleisch älterer Tiere wird vor der Zubereitung einen Tag in Buttermilch gelegt.

Wildschweinbraten

Zum Braten eignen sich Keule und Rücken, die übrigen Fleischstücke werden gekocht oder geschmort als Ragout zubereitet. Schinken und Kopf können in Rotwein eingelegt, die Schinken auch eingesalzen werden. Sie sind zartfaserig und eignen sich als Aufschnitt.

Am wohlschmeckendsten ist das Fleisch der bis 2 Jahre alten Tiere. Das Fleisch älterer Tiere wird vor der Zubereitung einige Tage in eine Marinade von Essig, Wein, Zwiebeln, Lorbeerblättern, Gewürzkörnern und Wacholderbeeren gelegt, damit es mürbe wird.

Das vorbereitete Bratenstück wird mit Salz eingerieben und in ausgelassenem Speck und heißer Butter unter häufigem Begießen angebraten. Dann gibt man die Zwiebeln und die Gewürze hinzu und läßt das Fleisch zugedeckt unter häufigem Begießen 2—3 Stunden braten. Sehr mageres Fleisch wird vor der Zubereitung gespickt, fettes Fleisch kann wie Schweinefleisch anstatt mit Fett mit Wasser aufgesetzt werden.

Braten flacher Fleischstücke

Flache Fleischstücke — Steaks, Schnitzel, Koteletts, Leberscheiben — werden in der Pfanne bzw. in der Kippbratpfanne gebraten.

Das Fleisch kann paniert und unpaniert gebraten werden. Unpanierte Fleischstücke müssen sehr sorgfältig und sehr schnell gebraten werden, sonst trocknen sie aus; sie werden nach dem Braten gesalzen.

Bei flachen Fleischstücken ist es besonders wichtig, daß das Fett zu Beginn des Bratens sehr heiß ist und während der ganzen Bratzeit die hohe Temperatur gehalten wird.

Die Bratzeit beträgt 6—8 Minuten. Die Zeit ist unbedingt einzuhalten. Nach dem Braten werden die Fleischportionen sofort serviert, sonst sind sie trocken und zäh.

Eine schmackhafte *Tunke* läßt sich bei den kurzgebratenen Fleischstücken nicht zubereiten. Man läßt den Bratensatz mit etwas Wasser loskochen und gibt ihn über das Fleisch. Wenn eine Tunke gereicht werden soll, muß der Bratensatz mit einer dunklen Knochenbrühe aufgefüllt werden.

In Großbetrieben ist es sehr schwierig, kurzgebratene Fleischscheiben schmackhaft und saftig auszugeben. Das Fleisch darf auf keinen Fall im Wärmeschrank warm gehalten werden, sondern ist sofort nach dem Braten zu servieren. Bei größeren Mengen ist es vorteilhafter, flache Fleischstücke zu schmoren anstatt zu braten.

Filetsteaks

Das Filet wird gehäutet, in fingerdicke Scheiben geschnitten, geklopft und rund geformt. Dann brät man die Steaks in heißer Butter unter fortwährendem Begießen von beiden Seiten in 5—10 Minuten braun und bestreut sie mit Salz und Pfeffer. Bei längerem Braten werden sie zäh.

Rumpsteaks

Das nach S. 194 vorbereitete Roastbeef wird in 2—3 cm dicke Scheiben geschnitten. Die Scheiben werden geklopft, rund geformt und 5—10 Minuten in heißer Butter unter fortwährendem Begießen von beiden Seiten gebraten. Kurz vor Beendigung des Bratens bestreut man die Steaks mit Salz und Pfeffer. Die Garzeit ist einzuhalten, denn bei längerem Braten werden die Steaks zäh.

Gebratene Schnitzel

Zu gebratenen Schnitzeln werden flache Scheiben aus der Keule, Kalbs-, Schweins- oder Rehkeule, geschnitten. Sie werden geklopft, schwach gesalzen, in Ei und Stoßbrot gewendet und 7—8 Minuten in heißem Fett unter ständigem Begießen auf beiden Seiten hellbraun gebraten. Sie werden mit dem Bratfett angerichtet.

Gebratene Koteletts

Koteletts werden aus dem Rückenstück geschnitten. Das Fleisch wird so zerteilt, daß jedes Stück eine Rippe enthält.

Die Koteletts werden geklopft, mit Salz und Pfeffer bestreut, in Ei und Stoßbrot gewendet und in heißem Fett auf beiden Seiten unter stetem Begießen hellbraun gebraten.

Kalbskoteletts	5— 8 Minuten Bratzeit
Hammelkoteletts	5— 8 Minuten Bratzeit
Schweinskoteletts	8—10 Minuten Bratzeit
Rehkoteletts	10 Minuten Bratzeit

Gebratene Leberscheiben

Die Leber wird enthäutet und in fingerdicke Scheiben geschnitten. Sie werden in Mehl gewendet, in heißem Fett 6—8 Minuten unter Begießen hellbraun gebraten und dann mit Salz bestreut. Die Leber darf erst kurz vor dem Anrichten gebraten werden, da sie sonst hart wird. Die Leber ist gar, wenn beim Durchstechen mit einer Spicknadel kein Blut ausfließt.

In dem Bratfett können feingeschnittene Zwiebeln geröstet werden, die man mit der Leber anrichtet. Statt mit Zwiebeln kann die Leber auch mit gedünsteten Apfelscheiben angerichtet werden.

Zum Braten eignet sich am besten Kalbsleber.

Kalbsleber hat eine rotbraune Farbe, Rindsleber eine schwarzbraune, Hammelleber eine braune Farbe, Schweinsleber ist graubraun punktiert.

Deutsche Beefsteaks

Feingehacktes Rindfleisch wird mit Salz und Pfeffer gewürzt und zu Bällchen geformt. Die Fleischbällchen werden 3—5 Minuten in sehr heißem Fett von beiden Seiten braun gebraten. Sie dürfen nur eben durchgebraten sein, da sie sonst hart und trocken werden.

Gebratene Fleischklopse

Der nach Seite 197 zubereitete Hackfleischteig wird zu Bällchen geformt. Die Bällchen werden in heißem Fett 5—8 Minuten unter häufigem Begießen von beiden Seiten braun gebraten.

Frikadellen

Gehackte Fleischreste werden mit Salz, Pfeffer, Zwiebeln und Ei vermengt. Man formt längliche oder runde Bällchen, die man in Ei und Stoßbrot wenden kann, und backt sie von beiden Seiten braun.

Man kann die Fleischreste auch mit etwas frischem, gehacktem Schweinefleisch vermischen.

Bratwurst

Die Bratwurst wird mehrmals eingestochen, damit die Haut nicht zerreißt, dann läßt man sie ohne Fett fest zugedeckt in einer Pfanne mit etwas kochendem Wasser einige Zeit garen und dann in der offenen Pfanne in ausgetretenem Fett auf beiden Seiten braun braten.

Garen des Fleisches durch Schmoren

Das Garen durch Schmoren eignet sich für Fleischstücke mit derber Faser, besonders auch für die Zubereitung von Gulasch und Rouladen.

Das vorbereitete Fleisch wird in heißem Fett schnell gleichmäßig gebraten. Nach dem Bräunen füllt man wenig heißes Wasser auf und löst den Fleischsatz am Boden und am Rand des Bräters.

Es ist angebracht, das aufgefüllte Wasser verdampfen zu lassen, so daß von neuem das Schmoren in Braten übergeht und dieser Vorgang sich noch 1mal wiederholt. Dadurch bilden sich viele Röststoffe ohne eine starke Krustenbildung. Auch der ausgetretene Fleischsatz bräunt intensiv. Durch den wiederholten Wechsel zwischen Schmoren und Braten werden Aussehen und Geschmack des Fleisches und der Tunke verbessert.

Zwiebeln, Suppengrün oder Tomaten bzw. Tomatenmark gibt man während des letzten Bratabschnittes hinzu, läßt diese Zutaten mitbraten und füllt dann Wasser hinzu und läßt das Fleisch gar schmoren.

Als *Fette* werden die gleichen Speisefette verwendet wie beim Braten, möglichst hitzebeständige Fette.

Als *Geräte* eignen sich für kleinere Mengen der Brattopf, für große Mengen ist die Kippbratpfanne das geeignete Gerät. Reicht die Kippbratpfanne nicht für die gesamte Fleischmenge, so kann man das Fleisch in mehreren Portionen anbraten und dann in einem großen Gefäß weiter schmoren lassen.

Beim Anbraten kleiner Fleischstücke — z. B. Gulasch oder Rouladen —, darf man nicht die gesamte Fleischmenge gleichzeitig einfüllen. Dadurch würde das Fett sehr abkühlen, und ein guter Bräunungseffekt würde nicht erreicht. Besonders bei Gulasch würde viel Fleischsaft ausfließen. Das Fleisch wird trocken, es schrumpft zusammen, und eine Bräunung tritt erst ein, wenn der ausgetretene Fleischsaft verdampft ist.

Garzeit für geschmorte Fleischstücke, je ½ kg Fleisch

Rindfleisch	2—3 Stunden
Kalbfleisch	1—1½ Stunden
Hammelfleisch	2 Stunden
Schweinefleisch	1—1½ Stunden

Nach dem Garen wird das Fleisch aus dem Fleischsaft herausgenommen und 10—15 Minuten warm gestellt, bevor es geschnitten wird. In der Zwischenzeit wird die Tunke zubereitet.

Zubereitung der Tunke

Die Schmorflüssigkeit wird mit so viel Wasser aufgefüllt, daß die gewünschte Tunkenmenge erreicht wird, und dann mit Mehl oder Stärke gebunden. Zum Abschmecken eignen sich neben Pfeffer auch Paprika, Fleischbrühwürfel und Tomatenmark.

Rinderschmorbraten

Zutaten	4 Port.	100 Port.
Rindfleisch	500 g	10 kg
Speck oder Mischfett	50 g	1 kg
Zwiebeln	1 Stck.	1 kg
Möhren	1 Stck.	1 kg
Brotkruste	1 Stck.	50 g
Lorbeerblatt	½ Blatt	8—10 Blatt
Pfefferkörner		
Mehl	20 g	400 g
Weißwein	⅛ *l*	1—2 *l*
Essiggurken	1 Stck.	10 Stck.

Zubereitung

Ein Rinderschwanzstück wird nach S. 193 vorbereitet und angebraten. Man fügt die geschnittenen Zwiebeln, die Möhren, Brotkruste und die Gewürze hinzu und füllt nach einiger Zeit etwas heißes Wasser auf.

Das Fleisch wird in geschlossenem Topf etwa 2 Stunden geschmort. Kurz vor dem Anrichten gibt man die feingeschnittenen Gurken und den Wein hinzu.

Nach dem Garen wird das Fleisch herausgenommen und die Tunke mit Mehl gebunden.

Geschmorter Kalbsrücken

Zutaten

Rippenstück	Zwiebeln
Speck	Fleischbrühe
Salz	Mehl
Pfeffer	Madeira

Zubereitung

Die Rückenknochen werden ausgelöst, das Rippenstück der Länge nach geteilt und die Rippen an den äußeren Enden abgeschlagen. Dann wird das Fleisch gespickt, gesalzen, gepfeffert und braun gebraten. Man gibt Zwiebeln und so viel Fleischbrühe hinzu, daß das Fleisch knapp bedeckt ist, und läßt es unter öfterem Begießen garschmoren. Zum Anrichten schneidet man das Fleisch in schräge Scheiben und legt sie so zusammen, daß man die Form des Rippenstückes wieder erhält. Die Tunke wird mit Mehl gebunden und mit Madeira abgeschmeckt.

Geschmorte Hammelkeule

Die vorbereitete Hammelkeule wird in wenig Wasser gedünstet, dann in heißem Fett braun gebraten und unter Hinzugabe von Zwiebeln, Lorbeerblatt, Pfefferkörnern, einer in Würfel geschnittenen frischen Gurke und etwas Wasser etwa 2 Stunden geschmort. ½ Stunde vor dem Anrichten gibt man saure Sahne hinzu.

Frischer Schinken mit Burgunder

Der frische Schinken wird mit Salz eingerieben und 8 Tage in eine Marinade aus Rotwein, verdünntem Essig, Zitronenschale, Lorbeerblatt, Zwiebeln, Pfeffer und etwas Ingwer gelegt. Das Fleisch muß jeden Tag umgelegt werden.

Bei der Zubereitung wird die Marinade durchgesiebt, der Schinken mit einem Teil der Marinade aufgesetzt und im offenen Topf erhitzt, bis die Flüssigkeit verdampft ist. Dann läßt man den Schinken von allen Seiten braun anbraten, füllt die Marinade und etwas saure Sahne hinzu und läßt ihn garschmoren.

Die Tunke wird mit Mehl gebunden.

Geschmorte gefüllte Schweinsrippen

Zutaten für 10 Portionen

1 kg Schweinsrippe	Salz
250 g Äpfel	Pfeffer
250 g Pflaumen	20 g Butter
1 Eßl. Zucker	30 g Mehl

Zubereitung

Die Rippen werden in der Mitte geknickt, oder man löst sie vollständig aus, ohne das Fleisch zu verletzen. Geschälte Äpfel werden in Viertel geschnitten und die eingeweichten Pflaumen entsteint, das Obst wird mit Zucker vermischt und in die Schweinsrippe gefüllt. Dann näht man das Fleischstück von allen Seiten zu, bestreut es mit Salz und Pfeffer und brät es in heißem Fett von beiden Seiten braun, gibt etwas kochendes Wasser hinzu und läßt das Fleisch 1½—2 Stunden schmoren.

Die Tunke wird mit Mehl gebunden und mit Salz abgeschmeckt.

Geschmorte Rinderzunge

Die vorbereitete Zunge wird 2—3 Tage in Essigbeize gelegt. Dann wird sie getrocknet, enthäutet, mit Salz und Pfeffer bestreut, in heißem Fett hellbraun angebraten, mit Brühe aufgefüllt und mit Zwiebeln und Pfefferkörnern 2—3 Stunden geschmort.

Die Tunke wird mit Mehl gebunden und mit Kapern vermischt.

Geschmortes Kalbsherz

Zutaten

Kalbsherz	Zwiebeln
Speck	Möhren
Fett	Salz, Pfeffer

Zubereitung

Das Kalbsherz wird aufgeschnitten, sorgfältig gewaschen — um alles Blut zu entfernen —, getrocknet, mit dünnen Speckscheiben umwickelt und von allen Seiten braun gebraten. Man läßt Zwiebeln und Möhren einige Zeit mitbraten, gibt Salz, Pfeffer und etwas Wasser hinzu und läßt das Kalbsherz etwa 1 Stunde schmoren.

Die Tunke wird mit Mehl gebunden.

Das Kalbsherz kann mit Hackfleischteig gefüllt werden.

Geschmorte Kalbsnieren

Die Nieren werden überbrüht, in Scheiben oder Stücke geschnitten, die Stücke in Mehl gewendet, mit wenig Salz bestreut, angebraten und 20—30 Minuten mit Zwiebelscheiben, saurer Sahne und etwas Wasser geschmort.

Die Tunke kann mit Essig, Zucker und Fleischextrakt abgeschmeckt werden.

Geschmorte Kalbsmidder

Die Kalbsmidder wird mit heißem Wasser überbrüht, dann enthäutet, in Stücke geschnitten, mit Salz bestreut, in Butter hell angebraten und mit etwas Fleischbrühe etwa 20 Minuten geschmort.

Man kann die Midder auch vor dem Braten in Scheiben schneiden und in Ei und Stoßbrot wenden. Sie wird zu feinen Gemüsen gereicht.

Geschmortes Kalbshirn

Kalbshirn wird wie Kalbsmidder vorbereitet, schwach gesalzen, mit Zitronensaft beträufelt und in Butter hell gebraten. Das Kalbshirn wird etwa 10 Minuten geschmort und mit in Butter gedünsteten Apfelscheiben angerichtet.

Geschmorte Rindfleischrouladen

Dünne Rindfleischscheiben werden geklopft, mit Pfeffer und Salz gewürzt, mit dünnen Speckscheiben, gehackten Zwiebeln und feingeschnittenen Essiggurken belegt und aufgerollt. Die Rollen werden mit einer Rouladenklammer gehalten oder mit einem Faden umwickelt, dann in heißem Fett schnell angebraten und unter Hinzugabe von Wasser 1—1½ Stunden geschmort. Zu langes Schmoren macht die Rouladen zäh.

Die Tunke wird mit angerührtem Mehl gebunden.

Geschmorte gefüllte Kalbfleischrollen

Zu gefüllten Kalbfleischrollen wird ein Stück aus der Keule in dünne handgroße Scheiben geschnitten. Die Scheiben werden geklopft, mit Salz und wenig Pfeffer gewürzt, mit einer der nachstehenden Füllungen gefüllt, aufgerollt und $^3/_4$—1 Stunde geschmort.

Füllung I: Hackfleischteig

Die Kalbfleischscheiben werden mit Hackfleischteig bestrichen. Man rechnet die Hälfte der auf S. 197 angegebenen Menge.

Füllung II: Schinken und Ei

Die Kalbfleischscheiben werden je mit einer Scheibe gekochtem Schinken und mit einem gekochten Ei gefüllt. Nach dem Garen werden die Rollen quer durchgeschnitten und so angerichtet, daß die Schnittflächen nach oben gekehrt sind.

Füllung III: Schinken, Ananas, Käse

Die Fleischrollen werden je mit $^1/_2$ Scheibe gekochtem Schinken, einem fingerdicken Käsestift und mit Ananasstückchen gefüllt. Man kann die Kalbfleischrollen mit Ananasscheiben anrichten.

Geschmorte Rindfleischscheiben

Rindfleisch aus der Keule wird in 2 cm dicke Scheiben geschnitten. Die Scheiben werden mit Salz und Pfeffer eingerieben, in heißem Fett auf beiden Seiten schnell gebraten, dann mit reichlich viel Zwiebelscheiben und kleingeschnittenen Tomaten in brauner Grundtunke langsam gargeschmort. Geschmorte Rindfleischscheiben werden mit der ungesiebten Tunke gereicht.

Geschmorte Koteletts

Koteletts von Schweinefleisch, Kalbfleisch oder Hammelfleisch werden vorbereitet, geklopft, mit Salz und Pfeffer eingerieben, in Mehl gewendet, in heißem Fett braun gebraten, dann mit Pfefferkörnern, Suppengrün und etwas heißem Wasser 15—20 Minuten geschmort.

Kurz vor dem Anrichten gibt man 2—3 Zitronenscheiben oder Tomatenstückchen an die Tunke. Die Tunke kann mit Madeira abgeschmeckt werden.

Geschmorte Schnitzel

Kalbs- und Schweinsschnitzel können auf die gleiche Weise wie Koteletts vorbereitet und geschmort werden. Nach dem Anbraten gibt man etwas Apfelwein oder saure Sahne und Tomatenstückchen hinzu.

Geschmorte Fleischklopse

Der nach S. 197 zubereitete Hackfleischteig wird zu Bällchen geformt. Sie werden in Mehl, Ei und Stoßbrot gewendet, in Fett braun gebraten und unter Zugabe von Wasser oder Fleischbrühe 10—15 Minuten geschmort. Die Tunke wird mit Mehl oder Stoßbrot gebunden.

Braunes Fleischragout

Zutaten	1 Port.	4 Port.	100 Port.
Fleisch	100 g	400 g	8—10 kg
Fett	10 g	40 g	1 kg
Salz	1 Prise	1 Tl.	100 g
Zwiebeln	$^1/_2$ Stck.	2 Stck.	2 kg
Wasser	$^1/_8$	$^1/_2$	10 *l*
Mehl	1 Tl.	20 g	400 g

Braunes Fleischragout kann aus Schweinefleisch, Kalbfleisch, Hammelfleisch und Rehfleisch zubereitet werden.

Zubereitung

Die Fleischstücke werden in heißem Fett angebraten. Nach dem Anbraten läßt man die geschnittenen Zwiebeln mitbräunen, gibt das heiße Wasser mit Salz und Lorbeerblättern hinzu und läßt das Fleisch etwa 1 Stunde schmoren. Das Ragout wird mit angerührtem Mehl gebunden.

Kalbfleischragout kann mit Pfifferlingen vermischt werden. Man läßt die Pfifferlinge kurze Zeit mitschmoren.

Hammelfleischragout kann mit Tomatenmark oder geriebenem Käse abgeschmeckt werden.

Wildfleischragout wird mit Nelken und Lorbeerblatt gewürzt und mit Madeira abgeschmeckt.

Geschmortes Huhn

Ein junges Huhn wird nach S. 175 vorbereitet, leicht gesalzen, mit dünnen Speckscheiben umwickelt, in geschmolzene Butter gelegt und unter Begießen von allen Seiten hellbraun angebraten. Dann werden Pfefferkörner, Zwiebeln, ein Stück Sellerie, Zitronensaft und etwas kochendes Wasser hinzugefügt. Das Huhn wird unter mehrmaligem Wenden etwa 2 Stunden geschmort.

Die Tunke wird entfettet, mit angerührtem Mehl gebunden und mit Salz, Wein und Zitronensaft abgeschmeckt.

Garen des Fleisches durch Backen im Fettbad (Fritieren)

Zum Garen im Fettbad eignen sich flache Fleischstücke, wie z. B. Schnitzel, Koteletts, Steaks. Auch junge Hähnchen und Kalbsmidder können gefritet werden, ebenfalls Krusteln aus Fleischhackteig.

Das Garen erfolgt bei etwa 180° C. Wegen der gleichmäßigen direkten Wärmeeinwirkung wird das Fleisch sehr schnell gar. Die Gartemperatur von etwa 180° C ist einzuhalten. Wenn das Fett zu heiß ist, bräunt die Außenschicht des Fleisches zu schnell und das Innere wird nicht gar. Wenn die Gartemperatur zu niedrig liegt, bräunen die Außenschichten nicht schnell genug, das Fleisch nimmt zu viel Fett auf. Damit die Temperatur des Fettes nicht absinkt, werden nicht zu viel Fleischportionen gleichzeitig in das Fett gegeben.

Im Fettbad gegarte Fleischgerichte sind möglichst sofort nach der Fertigstellung zu servieren, da sie leicht trocken und zäh werden.

Gebackene Koteletts und Schnitzel

Schnitzel und Koteletts werden geklopft, gewürzt, paniert und 5—8 Minuten im heißen Fettbad gebacken.

Steaks

Filetsteaks oder Rumpsteaks werden geklopft, gewürzt und unpaniert etwa 5 Minuten im heißen Fettbad gebacken.

Midderschnittchen

Kalbsmidder wird mit heißem Wasser überbrüht, enthäutet und in Scheiben geschnitten. Die Scheiben werden mit wenig Salz gewürzt, paniert und 3—5 Minuten im Fettbad gegart.

Gebackene Hähnchen

Die vorbereiteten Hähnchen werden der Länge nach halbiert, mit wenig Salz und mit Paprikapuder eingerieben und 15—20 Minuten im heißen Fettbad gebacken.

Kalbfleischkrusteln

Zutaten

250 g Kalbsbraten
(Bratenreste)
20 g Butter
1 Eigelb
1 Brötchen

Salz
Muskat
Mehl, Ei, Stoßbrot
Fett zum Backen

Zubereitung

Die Butter wird sahnig gerührt, mit Eigelb, gehacktem Fleisch, Salz, Muskat, gehackter Petersilie und dem eingeweichten ausgedrückten Brötchen vermischt. Aus dieser Mischung werden längliche Bällchen geformt, die in Mehl, Ei und Stoßbrot gewendet und im heißen Fettbad etwa 5 Minuten gebacken werden.

Fleischkrusteln

Hackfleischteig nach S. 197 wird zu flachen länglichen Bällchen oder zu Klößen geformt. Die Krusteln werden in Mehl, Ei und Stoßbrot gewendet und im heißen Fettbad 5—8 Minuten gebacken.

Schinkenkrusteln

Zutaten

125 g roher Schinken
125 g Kalbfleisch
1—2 Brötchen
1 Eigelb
Salz
Pfeffer
Zwiebel
Mehl, Ei, Stoßbrot
Fett zum Backen

Zubereitung

Schinken und Kalbfleisch werden durch den Fleischwolf gegeben und mit den anderen Zutaten vermischt. Man formt längliche Bällchen, die man in Mehl, Ei und Stoßbrot wendet und im heißen Fettbad 5—8 Minuten backt.

Beim Backen sind immer nur wenig Krusteln gleichzeitig in das Fettbad zu geben, damit das Fett die notwendige Temperatur behält, andernfalls löst sich leicht die Panade, und die Krusteln können auseinanderfallen.

Die für die Krusteln angegebenen Zutaten ergeben etwa 4—6 Stück.

Garen des Fleisches durch Grillen

Das Garen des Fleisches durch Grillen wird angewendet bei saftreichem Fleisch mit zarter Faser, besonders bei flachen Fleischteilen, wie z. B. bei Steaks, Schnitzeln, Koteletts, Leber. Ebenso eignet sich das Grillen zum Garen von Geflügel; besonders Hähnchen und Tauben werden gegrillt.

Im Gegensatz zu den anderen Garmethoden tritt beim Grillen nur ein geringer Gewichtsverlust ein. Der Fleischsaft bleibt weitgehend erhalten. Das Fleisch dehnt sich während des Grillprozesses aus.

Das Fleisch kann ohne *Fettzugabe* gegrillt werden. Wenn man das Fleisch vor dem Grillen mit Öl bestreicht, bräunt es gleichmäßiger und stärker. Besonders intensive schnelle Bräunung wird bei Grillgut mit kurzer Garzeit erreicht durch Bestreichen des Fleisches mit flüssiger Butter.

Zum *Würzen* von Fleisch eignen sich Gewürzpulver, besonders Paprika und Pfeffer, ebenso feingehackte frische Kräuter. Gewürze oder Kräuter werden mit Öl vermischt und auf das Fleisch aufgetragen. Kochsalz ist nur in geringen Mengen zu verwenden. Hohe Fleischteile werden kurz vor dem Grillen, kleine flache Teile nach dem Grillen gesalzen. Geflügel kann man vor dem Grillen von innen mit Salz einreiben.

Das Fleisch wird auf den gefetteten heißen Rost gelegt und im *vorgeheizten Grillraum* gegart. Flache Fleischteile werden nach der ersten Hälfte der Grillzeit gewendet und dann von der anderen Seite gebräunt. Hohe Fleischteile müssen mehrmals gewendet werden.

Flache Fleischteile mit kurzer Garzeit werden auf die obere *Schiebeleiste* des Grillraumes gelegt, Fleischteile mit längerer Garzeit sind auf der untersten Schiebeleiste einzuschieben. Wird eine intensive Bräunung gewünscht, kann man das Fleisch zu Beginn der Grillzeit kurz auf die obere Schiene schieben. Bei Verwendung des Grillspießes liegt die Höhe fest, das Wenden erübrigt sich.

Garzeiten beim Grillen

Flache Fleischteile

Filetsteaks, 1½—2 cm dick	3— 4 Minuten
Rumpsteaks, 1½—2 cm dick	5— 6 „
Schnitzel und Kotelett	
vom Kalb, Hammel, Schwein	3— 4 „
Bratwurst	4— 5 „
Hähnchen, halbiert	18—20 „

Hohe Fleischteile

Hähnchen am Spieß	etwa 40 Minuten
Rinderfilet	„ 40 „
Roastbeef	„ 40 „
Schweinsrollbraten	„ 55 „
Kasseler Rippespeer	„ 40 „
Kalbsnuß	„ 50 „
Hammelkeule	„ 60 „
Hasenrücken, gespickt	„ 30 „

Die Garzeit ist genau einzuhalten. Die Garprobe kann mit dem Fingerdruck durchgeführt werden. Wenn sich das Fleisch weich anfühlt, ist es innen noch „blutig“; wenn es elastisch federt, ist es innen rosa. Wenn es sich fest anfühlt und nicht mehr nachgibt, hat es die graue Färbung, das Fleisch ist gar. Gegrilltes Fleisch ist möglichst schnell zu servieren.

Bei gegrilltem Fleisch ist es schwierig, eine schmackhafte *Tunke* zuzubereiten. Man kann gegen Ende der Grillzeit in die Grillpfanne geschnittene Zwiebeln, Tomaten, etwas Fleischextrakt und Würzkräuter geben. Aus diesen Zutaten und dem abgetropften Fleischsaft bereitet man eine Tunke. Der Fleischsatz wird mit Wasser, Wein oder brauner Fleischbrühe aufgefüllt, durchgekocht und mit Mehl oder Stärke gebunden.

Grillen flacher Fleischteile

Steaks, Schnitzel, Koteletts

Die Fleischscheiben werden von Sehnen und Fett befreit, leicht geklopft, von beiden Seiten mit Pfeffer oder Paprika bestreut und mit Öl bestrichen.

Die so vorbereiteten Fleischteile legt man auf den gefetteten Rost und grillt sie auf der oberen Schiebeleiste, zunächst von der einen, dann von der anderen Seite. Nach dem Grillen wird das Fleisch gesalzen.

Leberscheiben

Leberscheiben werden wie Steaks und Schnitzel gegrillt.

Fleischbällchen

Aus Hackfleischteig nach S. 197 werden flache Bällchen geformt, die man mit Öl bestreicht und auf der oberen Schiebeleiste von beiden Seiten grillt.

Bratwurst

Bratwurst läßt man vor dem Grillen 4—6 Minuten in heißem Wasser ziehen. Man kann sie mit Milch bestreichen, damit sie besser bräunt. Um zu verhindern, daß die Wurst platzt, wird sie mehrmals eingestochen und auf der unteren Schiebeleiste gegrillt, der Grill ist nicht sehr stark vorzuheizen. Mehrfaches Wenden der Wurst ist notwendig, um eine gleichmäßige Bräunung zu erreichen.

Grillen von Geflügel

Zum Grillen eignen sich besonders Hähnchen und Tauben oder Geflügelteile.

Hähnchen und Tauben werden am besten unzerlegt am Spieß gegrillt. Sie werden vor dem Grillen von innen gesalzen, mit einem nassen Faden dressiert und so auf dem Spieß festgeklemmt, daß das Gewicht gleichmäßig verteilt ist. Bei ungleichmäßiger Gewichtsverteilung dreht sich das Geflügel nicht mit dem Spieß.

Das Geflügel wird mit Öl bestrichen, mit Paprika bestreut und dann im vorgeheizten Grill gegart. Es kann auch während des Grillens drei- bis viermal mit Öl bestrichen werden. Etwa fünf Minuten vor Beendigung des Grillens kann man kleine Äpfel mitgrillen lassen.

Halbierte Hähnchen und Tauben oder Geflügelteile können auch auf dem *Rost* gegrillt werden. Dabei wird das Fleisch nicht so gleichmäßig gegart und gebräunt wie beim Grillen auf dem Spieß. Einmaliges oder mehrmaliges Wenden — je nach Größe — ist notwendig.

Grillen hoher Fleischteile

Größere Fleischteile — z. B. Schweinsrollbraten, Rinderfilet, Wildfleisch — können auf dem Spieß oder auch auf dem Rost gegrillt werden. Beim Grillen auf dem Spieß verlaufen Garung und Bräunung gleichmäßiger als beim Grillen auf dem Rost. Der durch den Grillspieß verursachte Hohlraum im Fleischinnern ist jedoch weniger vorteilhaft. Am besten ist es, größere Fleischstücke in Scheiben zu schneiden und dann zu grillen.

Grillen auf dem Spieß

Das Fleisch wird vor dem Grillen mit Salz und Pfeffer bestreut und mit Öl bestrichen, mageres Fleisch kann mit Speckscheiben umwickelt werden. Der Spieß ist genau durch die Mitte des Fleischstückes zu stecken, damit sich das Fleisch gleichmäßig dreht.

Grillen auf dem Rost

Das Fleisch wird — wie beim Grillen auf dem Spieß — mit Salz und Pfeffer bestreut und mit Öl bestrichen, mageres Fleisch mit Speckscheiben umwickelt. Das vorbereitete Fleisch legt man auf den gefetteten Rost und grillt es auf der untersten Schiene unter mehrmaligem Wenden. Man kann das Fleisch während des Grillens öfter mit Öl bestreichen.

Die Tunke wird nach den Angaben von S. 213 zubereitet.

Verarbeitung von konserviertem Fleisch

Tiefkühlfleisch

Beim Tiefgefrieren von Fleisch tritt aus den feinen Membranen der Fleischfasern Wasser aus und erstarrt zu kleinsten Kristallen. Dadurch wird das Fleischgefüge gelockert, und beim Auftauen tritt Fleischsaft aus, der bei unsachgemäßem Auftauen bis zu 20% betragen kann.

Um den Saftverlust auf ein Mindestmaß zu beschränken, ist schnelles, vorsichtiges Auftauen geboten. Wenn das Fleisch nicht hinreichend aufgetaut wird, werden beim Garen die Randschichten schon gar, bevor die Innenschichten des Fleischstückes aufgetaut sind.

Das Fleisch bleibt während des Auftauens in der Verpackung, oder man legt es in eine Schüssel und deckt es mit einem feuchten Tuch ab.

Kleinere Fleischstücke — geschnittene Fleischscheiben — läßt man nur kurz auftauen, und zwar 3—4 Stunden bei Raumtemperatur, dann können sie gegart werden. Es ist zweckmäßig, nach der ersten halben Stunde der Auftauzeit die Scheiben voneinander zu lösen, damit das Auftauen schneller erfolgt.

Bei Gulasch dauert das Auftauen trotz der kleinen Stücke länger als bei Scheiben. Um das Auftauen zu beschleunigen, werden die Stücke so bald wie möglich voneinander gelöst.

Größere Fleischstücke zum Kochen, auch Hühner, kann man sofort, ohne Auftauen in das kochende Wasser geben. Die Wärmezufuhr wird vermindert, sobald das Wasser wieder kocht.

Bei Geflügel kann die Auftauzeit sehr verkürzt werden, wenn man die Innereien, die vor dem Einfrieren in den Rumpf des Tieres gesteckt wurden, möglichst schnell entfernt.

Große Fleischstücke zum Schmoren oder Braten kann man im Kühlschrank, im Raum oder auch im Wärmeschrank bzw. im Backofen bei 40—50° auftauen.

	Antauen	*Auftauen*
im Kühlschrank oder Kühlraum	8—10 Std.	14—16 Std.
im Raum bei etwa 20° C	6— 8 Std.	10—12 Std.
im Wärmeschrank oder Backofen bei 40—60° C	90—100 Min.	2—2½ Std.

Tiefgefrierfleisch, das durch *Grillen* gegart werden soll, ist vor dem Garen ganz aufzutauen.

Gefrierfleisch

Für Großküchen kommt die Verwendung von Gefrierfleisch in Betracht, das als Rinderviertel oder Schweinehälften angeboten wird. Gefrierfleisch ist im Gegensatz zu Tiefgefrierfleisch nur für kurzfristige Lagerung haltbar gemacht, i. a. nur für die Zeit des Transportes. Gefrierfleisch ist vielfach sofort nach dem Schlachten ohne Reifungsprozeß eingefroren worden und muß vor der Verwendung nach dem Auftauen noch nachreifen („abhängen“).

Das im Handel angebotene Gefrierfleisch muß gekennzeichnet sein.

Fleisch-Naßkonserven

Einfache Fleischkonserven

Bei den einfachen Fleischkonserven wird das Fleisch roh in die Konserven gefüllt und dann sterilisiert. Dazu gehören z. B.

Corned beef, Luncheon meat, Zunge in Dosen, Schmalzfleisch, Fleisch im eigenen Saft.

Diese Erzeugnisse eignen sich:

als Brotbelag
als Vorspeise in Verbindung mit Salaten oder Toast
als Bestandteil von Salaten
als kalte oder warme Beilage zu Hauptmahlzeiten.

Für warme Beilagen kann das Fleisch paniert und dann gebraten oder im Fettbad gebacken werden.

Zubereitete Fleischgerichte / Konserven

Als zubereitete Fleischgerichte werden z. B. Gulasch und Rouladen in Dosen angeboten. Der Inhalt dieser Konserven ist tischfertig und braucht nur noch erwärmt zu werden.

Wurstwarenkonserven

Von den Wurstwaren kommen für die Weiterverarbeitung hauptsächlich die Brüharten in Frage. Sie lassen sich verwenden als Bestandteil von Salaten, außerdem kann man Brühwurstarten panieren und dann braten oder im Fettbad backen.

Knackwürstchen sind besonders in der Großküche als zeitsparendes Gericht einzusetzen. Sie werden in der Dosenflüssigkeit erwärmt und sind dann tischfertig. Sie eignen sich außerdem, in Scheiben geschnitten, als Bestandteil von Reis- oder Kartoffelsalaten oder von Eierkuchen.

Werden Wurstwaren oder Fleischzubereitungen bei den Hauptmahlzeiten als Fleischgericht eingeplant, so ist der hohe Fett- und Wassergehalt dieser Waren zu berücksichtigen und der Eiweißmangel durch andere Eiweißträger auszugleichen.

Gepökeltes und geräuchertes Fleisch

Als *gepökeltes Frischfleisch* werden heute fast nur noch Schweinefleisch — Eisbein, Rippchen, Schweinskopf — und außerdem Rinderzunge und Rinderbrust auf den Markt gebracht.

Gepökeltes Fleisch wird wie Frischfleisch zubereitet (das Pökeln hat heute kaum noch den Zweck des Konservierens, vielmehr soll eine Veränderung des Geschmacks erreicht werden). Beim Garen ist im allgemeinen das Würzen nicht mehr notwendig.

Für *geräuchertes Fleisch* kommt, wenn es durch Garen weiterverarbeitet werden soll, besonders das Kochen in Frage. Man kann Räucherfleisch oder Räucherwurst am besten in Verbindung mit Eintopfgerichten garen. Die vielfach verwendete *Räucher-Mettwurst* wird etwa 1 Stunde in kaltes Wasser gelegt, damit sie aufquillt, und dann 1—2 Stunden bei schwacher Hitze gegart.

Fleischbrüherzeugnisse

Fleischbrüherzeugnisse kommen als Würfel, als Paste oder gekörnt in den Handel.

Diese Produkte können für die Zubereitung von Bouillon verwendet werden. Man gibt sie in das kochende Wasser. Die Bouillon kann wie Brühe aus Frischfleisch weiterverarbeitet werden. Die auf den Handelspackungen angegebene Portionsmenge ist meistens auf eine Tasse (1/8 *l*) und nicht auf einen Teller (1/4 *l*) bezogen.

Fleischbrüherzeugnisse eignen sich außerdem als Ergänzung zu klaren und gebundenen Suppen (Fleisch-, Fisch-, Gemüse- oder Kartoffelsuppen), zu Tunken und Eintopfgerichten. Bei der Verwendung als ergänzender Geschmacksstoff ist der hohe Kochsalzgehalt zu berücksichtigen, der bis zu 65% beträgt. Die Brühen werden vor dem Salzen zu den Speisen gegeben. Bei der Verwendung von Pasten ist der besonders hohe Fettgehalt zu beachten (Pasten sind wegen des hohen Fettanteils nicht lange haltbar).

Verarbeitung von Fisch

Inhaltsstoffe des Fischfleisches

Fischfleisch enthält wie das Fleisch der Warmblütler biologisch vollwertiges Eiweiß, und zwar 12—20%. Wertvoll für die Ernährung ist das lezithin- und vitaminreiche Fett der Fische. Fettreiche Fische — Hering, Aal und Lachs — können bis zu 19% Fett enthalten.

An Mineralstoffen enthält das Fischfleisch besonders Phosphor, Kalium, Fluor und Jod.

Das Fischfleisch unterscheidet sich vom Fleisch der Warmblütler dadurch, daß die Muskelfasern dicker sind und der Gehalt an Bindegewebe geringer ist. Fischfleisch ist bis auf wenige Ausnahmen nicht rot, sondern weiß, Hämoglobin und Myoglobin fehlen.

Infolge des geringen Anteils an Bindegewebe zeichnet sich das Fleisch aus durch leichte Verdaulichkeit und geringen Sättigungswert. Der Mangel an Bindegewebe — es handelt sich hauptsächlich um Elastin — bedingt auch die lockere Struktur und die kurze Garzeit.

Veränderungen der Inhaltsstoffe bei der Verarbeitung der Fische

Fischfleisch wird in gegartem Zustand verzehrt. Außer der Garung durch Hitzeeinwirkung ist auch eine Zustandsänderung durch chemische Einflüsse — durch Salzen und Säuern — möglich.

Der reiche Wassergehalt verursacht beim Garen starke Dampfbildung innerhalb des Fischfleischgefüges, die Nährstoffe verändern sich schnell.

Bei etwa 70° C gerinnt das *Eiweiß*. Das glasig, wässerig aussehende Fischfleisch nimmt ein milchig trübes Aussehen an. Schon nach kurzer Zeit sind die Leimstoffe gelöst und das Fleisch läßt sich schuppenartig auseinanderlösen. Bei dem Gerinnungsprozeß wird weniger Wasser abgegeben als beim Fleisch der Warmblütler, der eintretende Gewichtsverlust beträgt bis zu 15%.

Das *Fett* wird beim Garen flüssig und tritt zum Teil aus. Bei fettem Fisch braucht man beim Garen kein Fett hinzuzugeben.

Im Fischfleisch gehen sehr schnell zersetzende Veränderungen vor sich, bei denen gefährliche Giftstoffe entstehen können. Darum erfordert die Zubereiturg von Fisch und Fischwaren sachgemäße, *hygienisch einwandfreie Verfahren.*

Verarbeitung von Frischfisch

Vorbereitung der Fische

Töten der Flußfische

Flußfische kommen meist lebend auf den Markt. Beim Einkauf ist darauf zu achten, daß sie sich lebhaft bewegen. Man kann sie in einem großen Behälter, den man mit Fluß- oder Leitungswasser füllt, einige Tage am Leben erhalten. Das Wasser muß zweimal täglich erneuert werden.

Flußfische sind erst kurz vor der Zubereitung zu töten, da das Fleisch am schmackhaftesten ist, wenn die Totenstarre noch nicht eingetreten ist (im Gegensatz zum Fleisch der Schlachttiere).

Die Fische werden durch einen kräftigen Schlag auf den Kopf betäubt, dann durch einen Genickstich oder einen tiefen Einschnitt durch das Genick getötet, wobei das Rückgrat durchgeschnitten wird.

Aale werden mit einem rauhen Tuch am Kopf und am Schwanz gefaßt, betäubt und durch Genickstich getötet, danach wird der Schwanz einige Male eingestochen. Die leichteste Art, Aale zu töten, besteht darin, daß man den betäubten Aal in ein Gefäß mit Essig und Salz (½ *l* Essig, 250 g Salz) legt. Das Gefäß muß schnell zugedeckt werden, damit der Aal nicht herausspringen kann. Schon nach wenigen Minuten ist der Aal tot.

Schuppen der Fische

Fische, die man mit der Haut zubereiten und anrichten will, werden geschuppt. Um das Herumfliegen der Fischschuppen zu verhindern, wird der Fisch am besten unter Wasser geschuppt. Man schuppt mit einem Messer oder Fischschupper, vom Schwanz anfangend zum Kopf hin. Fische, die *blau gekocht* werden, sind nicht zu schuppen. Man legt sie beim Ausnehmen in Wasser oder auf eine nasse Platte, damit der auf den Schuppen haftende Schleim, der die Blaufärbung hervorruft, nicht verlorengeht.

Ebenfalls werden die Kochfische nicht geschuppt, wenn sie zu Gerichten verwandt werden, bei denen die Haut nach dem Kochen abgezogen wird. Die mit den Schuppen gar gemachte Haut läßt sich besonders leicht lösen.

Häuten der Fische

Das Häuten der Fische geschieht vom Kopf zum Schwanz hin. Die Haut wird zu beiden Seiten längs der Rückenflossen und am Kopf, der Form entlang, eingeschlitzt, mit dem Messerrücken etwas abgelöst, mit einem Tuch gefaßt und zum Schwanz hin abgezogen.

Bei der Seezunge wird die Haut vom Schwanz zum Kopf hin mit einem Messer aufgewickelt und so entfernt. Dieses Verfahren kann auch bei andern Plattfischen angewandt werden. Das Häuten der Plattfische wird erleichtert, wenn man die Fische einen Augenblick in heißes Wasser legt.

Ausnehmen der Fische

Zum Ausnehmen der Fische wird ein spitzes Messer an der Afteröffnung eingesteckt und der Bauch zum Kopf hin aufgeschlitzt. Die Galle, die dicht unter dem Kopf liegt, darf dabei nicht verletzt werden. Man nimmt die Eingeweide heraus, reinigt das Rückgrat vom Blut und entfernt die innere schwarze Haut. Falls der Kopf nicht abgeschnitten wird, entfernt man die Kiemen. Die Flossen werden mit einer Schere gekürzt, die Schwanzflosse soll dabei in ihrer Form erhalten bleiben.

Filetieren der Fische

Das Filetieren der Fische wird heute weitgehend von der fischverarbeitenden Industrie, vielfach sofort an Bord auf den „Fabrikschiffen“ maschinell durchgeführt. Nur im Einzelfall, besonders bei kleinen Fischen, hat der Verbraucher noch die Arbeit des Filetierens durchzuführen.

Um Fischfilet herzustellen, wird das Messer oberhalb der Rückenflosse angesetzt und das Fleisch durch einen Längsschnitt vom Kopf zum Schwanz hin vom Rückgrat gelöst. Die noch im Fleisch haftenden Gräten werden herausgeschnitten, die Fischhälften mit der Schuppenseite auf eine Platte gelegt. Man faßt das Schwanzende und löst mit dem schräg gehaltenen Messer die Filets von der Haut.

Bei Plattfischen wird das Fleisch durch einen Längsschnitt bis auf das Rückgrat eingeschnitten. Dann führt man das Messer längs des Rückgrats zum Flossenrand hin und trennt so die Filets ab.

Beim Filetieren ist größte Sauberkeit notwendig. Tischplatten und Arbeitsgeräte müssen sauber sein. Arbeitsflächen aus Holz sind abzulehnen. Die klebrige, schleimige Schuppenhaut der Fische bietet einen guten Nährboden für Bakterien, das Fischfilet soll darum mit der abgezogenen Haut und mit den Eingeweiden möglichst nicht in Berührung kommen.

Säuern der Fische

Der Fisch wird gewaschen und $1/4$ Stunde vor dem Garen mit Essig oder Zitronensaft beträufelt. Durch die Einwirkung der Säure gerinnt Eiweiß, das Fischfleisch wird fester, außerdem verliert sich der Fischgeruch. Bei größeren Mengen wird aus wirtschaftlichen Gründen zum Säuern der Fische nicht Zitronensaft, sondern Essig verwendet und die Zitrone *nach* dem Garen zu dem Fisch gegeben, damit ihr Vitamin C-Gehalt erhalten bleibt.

Salzen der Fische

Das Salzen geschieht unmittelbar vor dem Garen, damit das Salz kein Wasser aus dem Fischfleisch auszieht. Das ist besonders zu beachten, wenn der Fisch gebraten oder gegrillt wird.

Das Säuern und Salzen der Fische kann durch Verwendung einer *Trockenmarinade* (z. B. Maridor) ersetzt werden.

Man wäscht den portionierten Fisch, läßt ihn gründlich abtropfen, bestreut ihn mit der Trockenmarinade, 10—12 g auf 1 kg Fisch, und läßt die Marinade 10—15 Minuten einziehen, bevor der Fisch weiterverarbeitet wird.

Trockenmarinade eignet sich besonders für Bratfisch, weil sich bei dieser Art des Marinierens wenig oder gar keine Flüssigkeit absetzt, das Trocknen des Fisches erübrigt sich.

Wegen der arbeitswirtschaftlichen Vorteile ist Trockenmarinade besonders für Großküchen geeignet.

Zubereitung der Fische durch Garen

Beim Garen der Fische sind Garmethode und Garzeit abhängig von der Art der Fische und der Herrichtungsform (vgl. Tabelle S. 223). Meistens werden Fische durch Dünsten oder Braten, in der Krankenküche auch durch Dämpfen oder Grillen, gar gemacht.

Infolge seiner lockeren Struktur hat das Fischfleisch eine kurze Garzeit. Der Fisch ist gar, wenn das Fleisch milchig aussieht und wenn sich Gräten leicht herausziehen lassen. Ganze Fische und größere Fischstücke (z. B. Schwanzstück) benötigen eine längere Garzeit als kleine portionierte Fischstücke (z. B. kleine Fischfilets, Fischschnitzel, Fischscheiben).

Die Fischmenge je Portion richtet sich nach der Herrichtungsform. Werden Fische im ganzen verarbeitet, so ist — je nach Größe des Fisches — mit einer Abfallmenge von 40—50% zu rechnen. Bei nicht entgräteten Fischstücken fallen etwa 10—20% Abfall an.

Fischmenge je Portion für Hauptmahlzeiten:

ganzer Fisch:	250 g
Fischstück:	200 g
Fischfilet:	150 g

Garen der Fische durch Dämpfen

Das Dämpfen eignet sich besonders zum Garen von ganzen Fischen oder größeren Fischstücken. Als Gerät zum Dämpfen kann ein Spezial-Fischkocher oder ein Dämpftopf mit Siebeinsatz verwendet werden.

Da das Fischfleisch wenig Extraktivstoffe enthält, muß das Dämpfwasser — Fischsud genannt — scharf gewürzt sein.

Gewürze für 1 l Dämpfwasser

1 Eßl. Salz	1 Zitrone oder Essig
1—2 Zwiebeln	4—6 Pfefferkörner
1 Lorbeerblatt	nach Belieben Suppenwürze oder Wein

Der vorbereitete Fisch wird auf den gefetteten Siebeinsatz gelegt und im aufsteigenden Dampf gegart. Der Topf muß gut verschlossen sein. Nach dem Garen hebt man den Fisch mit dem Einsatz aus dem Topf, läßt ihn abtropfen und kann ihn mit heißer Butter oder mit einer Tunke, die aus dem Fischsud zubereitet wird, anrichten. Als Tunken eignen sich:

Senftunke	Käsetunke
Kräutertunke	Tomatentunke
Kaperntunke	Holländische Tunke

Soll das Fischfleisch weiter verarbeitet werden, z. B. für Salat, so wird dem Dämpfwasser nur Salz zugesetzt.

Fisch „blau" gedämpft

Das „Blaudämpfen" wird angewandt beim Garen von Forellen, Karpfen, Barsch und Hecht.

Die Fische werden nicht geschuppt, nur ausgenommen und gewaschen. Sie werden dabei am Kopf gefaßt, damit der Schleim auf den Schuppen erhalten bleibt. Der Farbstoff der Schleimhaut ergibt beim Garziehen die Blaufärbung. Man nimmt die Fische entweder unter Wasser aus oder auf

Das Garen von Fisch

Geeignete Garmethode	Fischart	Herrichtungsform	Garzeit
Dämpfen	Schellfisch, Kabeljau, Karpfen, Hecht, Barsch	ganzer Fisch Fischstück	20—30 Minuten 20—25 Minuten
	Lachs	Fischstück port. Fisch	etwa 40 Minuten etwa 30 Minuten
	Aal	ganzer Fisch	15—20 Minuten
	Forelle, Makrele	ganzer Fisch	10—15 Minuten
Blaudämpfen	Forelle, Makrele	ganzer Fisch	10—15 Minuten
	Schleie, Karpfen	ganzer Fisch	20—30 Minuten
Dünsten	Schellfisch, Hecht	ganzer Fisch Fischstück	20—30 Minuten 15—20 Minuten
	Kabeljau, Zander, Karpfen, Barsch	Fischstück port. Fisch	15—20 Minuten 10—12 Minuten
	Rotbarsch, Seelachs, Weißfisch	port. Fisch	10—12 Minuten
Garziehen in Tunke	Rotbarsch, Schellfisch, Kabeljau, Weißfisch, Seelachs	port. Fisch	20—25 Minuten
	Seelachs, Kabeljau	Fischhackteig/ Klöße	8—10 Minuten
Braten a) in der Pfanne	Rotbarsch, Schellfisch, Kabeljau, Weißfisch, Seelachs	port. Fisch	10—15 Minuten
	Hering, Makrele, Plattfische	ganzer Fisch	10—15 Minuten
b) auf dem Rost	Schellfisch, Kabeljau, Karpfen, Barsch, Hecht	ganzer Fisch Fischstück	25—30 Minuten 20—25 Minuten
Backen im Fettbad	Rotbarsch, Schellfisch, Kabeljau, Weißfisch, Seelachs	port. Fisch	8—10 Minuten
	Plattfische	ganzer Fisch	8—10 Minuten
Grillen	Rotbarsch, Schellfisch, Kabeljau, Weißfisch, Seelachs	Fischstück port. Fisch	15—20 Minuten 8—10 Minuten
	Karpfen	ganzer Fisch	15—25 Minuten
	Makrele, Plattfische	ganzer Fisch	8—10 Minuten

einer nassen Platte, beträufelt die Fische mit Zitronensaft und legt sie auf den Siebeinsatz des Fischkochers. Der Einsatz wird vorher mit geöltem Pergamentpapier bedeckt. Im Fischkocher wird Salzwasser zum Kochen gebracht, der Siebeinsatz mit den vorbereiteten Fischen eingesetzt und der Kocher fest verschlossen. Sie werden im aufsteigenden Dampf gegart und nach dem Garen mit heißer Butter übergossen.

Will man Forellen rund gebogen anrichten, so muß man sie vor dem Garen krümmen, indem man einen Bindfaden durch Schwanz und Maul zieht, den man beim Anrichten wieder entfernt.

Die Blaufärbung wird besonders intensiv, wenn die Fische vor dem Garen mit kochendem Essig übergossen und 10 Minuten der Zugluft ausgesetzt werden. Der Essig beeinträchtigt jedoch den feinen Eigengeschmack der Fische.

Garen der Fische durch Dünsten

Das Dünsten ist zum Garen der Fische besonders geeignet. Diese Garmethode kann für alle Fischarten angewendet werden, und zwar für Fische im ganzen und für Fischfilets. Fischfleisch ist sehr wasserreich, infolgedessen erübrigt sich die Hinzugabe von Flüssigkeit. Der hinzugefügte Zitronensaft oder Essig und der Saft des Fischfleisches genügen als Dünstflüssigkeit.

Zutaten	**1 Port.**	**4 Port.**	**100 Port.**
Fisch	200 g	800 g	20 kg
Zitronensaft oder Essig	1 Tl.	1 Eßl.	$^1/_4$ *l*
Salz			
Fett	5 g	20 g	500 g

Zubereitung

Fett wird in einer Auflaufform oder in einem gut schließenden Topf zerlassen, dann wird der vorbereitete Fisch mit allen Gewürzen hineingegeben und 10—20 Minuten in geschlossenem Gefäß bei schwacher Hitze auf dem Herd oder im Backofen gegart.

Der Fischsud kann nach dem Garen mit angerührtem Mehl gebunden, mit Zitronensaft oder Wein abgeschmeckt und mit frischen gehackten Kräutern vermischt werden.

Bei größeren Fischmengen ist es zweckmäßig, den Fisch in die Röstbratpfanne zu geben und im Backofen zu dünsten.

Dünsten von Fisch ohne Fett

Fisch kann auch ohne Fettzugabe im eigenen Saft und in der zugesetzten Säureflüssigkeit gedünstet werden.

Der gesäuerte und gesalzene Fisch wird in einen flachen Topf oder in eine Auflaufform gelegt, mit Pergamentpapier bedeckt und in geschlossenem Topf gegart. Größere Fischmengen sind in der Röstbratpfanne im Backofen zu dünsten. Dieses Verfahren ist zweckmäßig, wenn das gegarte Fischfleisch weiter verarbeitet werden soll, z. B. zu Salat oder zu überbackenen Gerichten.

Fisch „blau" gedünstet

Auch beim Dünsten kann die Blaufärbung der Fischhaut erreicht werden. Die Vorbereitung der Fische ist die gleiche wie beim „Blaudämpfen".

Fisch mit Gemüse gedünstet

Zutaten	1 Port.	4 Port.	100 Port.
Schellfisch oder Kabeljau[1]	200 g	800 g	20 kg
Zitronensaft oder Essig	1 Tl.	2 Eßl.	$^1/_4$ *l*
Salz, etwa	1 Prise	1 Tl.	200 g
Fett	10 g	40 g	1 kg
Gemüse: Möhren, Porree, Blumenkohl	250 g	800 g	20 kg
gehackte Kräuter	5 g	10 g	200 g

Zubereitung

Die Gemüse werden vorbereitet, kleingeschnitten und in Auflaufformen etwa 15 Minuten gegart, dann gibt man den vorbereiteten Fisch — in ganzen oder in portionierten Stücken — auf das Gemüse und läßt das Gericht 10—15 Minuten weitergaren. Vor dem Anrichten wird das Gericht mit gehackten Kräutern überstreut.

Garen der Fische durch Garziehen

Das Garen durch Garziehen wird angewandt bei der Zubereitung von Fischklößen und beim Garen von Fischfilets in Tunke.

Fischfilets, in Tunke gegart

Die vorbereiteten Fischfilets werden in eine feuerfeste Form gegeben. Man übergießt den Fisch mit einer dicklichen Rahmtunke und läßt ihn im Backofen bei mittelstarker Hitze etwa 30 Minuten garen.

Als Tunken eignen sich auch Tomaten-, Senf-, Kapern- oder Kräutertunke.

---

[1] Man kann auch je Portion 150 g Fischfilet (Schellfisch, Kabeljau, Seelachs oder Rotbarsch) verwenden.

Fischklöße

Aus Fischhackteig nach S. 227 werden Klöße geformt, die man 5—10 Minuten in Salzwasser garziehen läßt. Die Klöße werden in einer der nachstehenden Tunken angerichtet:

Petersilientunke
Kräutertunke
Senftunke
Tomatentunke
Kaperntunke

Garen der Fische durch Braten

Zutaten	1 Port.	4 Port.	100 Port.
Fisch oder Fischfilets	150—250 g	800 g	20 kg
Essig oder Zitronensaft			
Salz	1 Prise	1 Tl.	200 g
(Mehl, Ei, Stoßbrot)			
Fett	5—10 g	40 g	1 kg

Braten auf dem Herd

Kleine Fische und Fischfilets werden im allgemeinen auf dem Herd in offener Pfanne gebraten.

Der hohe Wassergehalt des Fischfleisches erfordert besondere Beachtung. Das Fett muß zu Beginn des Bratprozesses sehr heiß sein, damit eine gute Bräunung erreicht wird. Am besten verwendet man zum Braten Öl.

Der vorbereitete und gesäuerte Fisch wird unmittelbar vor dem Braten getrocknet, mit Salz eingerieben und dann in sehr heißem Fett gebraten.

Fischfilets werden meistens vor dem Braten paniert oder in Mehl gewendet, dadurch wird das Wasser gebunden. Das Panieren geschieht unmittelbar vor dem Braten, weil die Panade bei langem Liegen aufweicht; die Bräunung wird erschwert, und die Panade kann sich beim Braten ablösen.

Braten im Backofen

Für diese Garmethode eignen sich besonders größere Fische im ganzen oder größere Fischstücke. Der Fisch kann nicht gut in der Röstbratpfanne gebraten werden; wegen des hohen Wassergehaltes geht das Braten bald in

Dünsten über, und es kommt nicht zur Bräunung. Darum wird der Fisch auf den Rost gelegt. Der vorbereitete Fisch wird mit heißem Fett bestrichen, auf den gefetteten Rost gelegt und in dem vorgeheizten Backofen 25—30 Minuten gebraten. Man kann den Fisch 7—10 Minuten vor Beendigung des Bratens mit Sahne oder Dosenmilch begießen und mit geriebenem Käse bestreuen.

In die Röstbratpfanne wird wenig Wasser gefüllt. Abtropfende Flüssigkeit wird für die Zubereitung einer Tunke verwendet.

Fischhackbraten

Zutaten	1 Port.	4 Port.	100 Port.
Fischfilets	150 g	500 g	15 kg
frischer Speck	10 g	40 g	1 kg
Brot, etwa	30 g	100 g	2 kg
Eier	$^1/_2$ Stck.	1—2 Stck.	25 Stck.
Zwiebeln	$^1/_2$ Stck.	1—2 Stck.	2 kg
Salz	1 Prise	1 Tl.	200 g
Pfeffer			
Petersilie			
Fett, etwa	10 g	40 g	1 kg

Zubereitung

Die rohen Filets (Kabeljau, Seelachs) werden mit ungeräuchertem Speck durch den Fleischwolf gedreht und mit dem geriebenen Brot, den Gewürzen, mit Eigelb und Eischnee zu einem Fischteig vermengt. Man formt längliche Ballen, die man in Fett 30—40 Minuten unter häufigem Begießen braten läßt.

Die Fischmasse kann abgeändert werden durch Hinzugabe von Senf oder Kapern, geriebenem Käse, Pilzen, Kräutern, würflig geschnittenen Essiggurken. Werden für den Fischhackbraten gegarte Fischreste verwendet, so können die Zutaten im gleichen Mengenverhältnis genommen werden. Das Brot wird nicht gerieben, sondern eingeweicht und fest ausgedrückt. Außerdem ist ein Eßlöffel Mehl hinzuzugeben.

Garen der Fische durch Backen im Fettbad

Das Backen im Fettbad eignet sich besonders für Fischfilets und für Plattfische, wie z. B. Seezungen und Schollen. Der vorbereitete und getrocknete Fisch wird in Mehl, in Panade oder in Ausbackteig gewendet und in sehr heißem Fettbad gebacken.

Der Fisch wird möglichst sofort nach dem Fritieren serviert.

Gebackene Fischfilets

Fischfilets werden vorbereitet, wenn notwendig in Stücke geteilt, die Stücke in dickem Eierkuchenteig gewendet und in heißem Fettbad etwa 5 Minuten gebacken.

Der Eierkuchenteig wird anstatt mit Milch mit Bier angerührt.

Gebackene Seezunge

Der Fisch wird ausgenommen, die Haut von beiden Seiten abgezogen, Kopf, Schwanzspitze und Flossen werden abgeschnitten und der Fisch gewaschen.

Ist der Fisch groß, so zerteilt man ihn in passende Stücke. Die Stücke werden mit Zitronensaft gesäuert, nach einiger Zeit gesalzen, paniert und in heißem Fettbad gebacken.

Scholle wird auf gleiche Weise, jedoch als ganzer Fisch, zubereitet.

Fischkrusteln

Fischteig nach S. 227 wird mit Käse abgeschmeckt und zu runden Klößen oder länglichen Bällchen, die nacheinander in Mehl, Ei und Stoßbrot gewendet und in heißem Fettbad etwa 5 Minuten gebacken werden.

Man kann die Fischmasse auch um Speckstreifen oder um kleine Essiggurken formen und so gefüllte Fischkrusteln herstellen.

Garen der Fische durch Grillen

Das Grillen eignet sich zum Garen von kleinen Fischen und von Fischfilets.

Der vorbereitete, gesäuerte und gesalzene Fisch wird getrocknet, mit Öl bestrichen, auf den eingefetteten Grillrost gelegt und unter einmaligem Wenden etwa 10 Minuten gegrillt. In die Grillpfanne wird etwas Wasser gefüllt. Fettreiche Fische werden ohne Fettzugabe gegrillt.

Weiterverarbeitung von gegartem Fisch

Helles Fischragout

Zutaten	1 Port.	4 Port.	100 Port.
Fisch	200 g	800 g	20 kg
Zitronensaft und Salz			
Fett	10 g	40 g	1 kg
Zwiebeln	1/2 Stck.	1 Stck.	1 kg
Mehl	10 g	40 g	1 kg
Milch und Sahne	2—3 Eßl.	1/8 *l*	3 *l*
Fischbrühe	2—3 Eßl.	1/8 *l*	3 *l*

Zubereitung

Als Fische eignen sich besonders die Konsumfische: Schellfisch, Kabeljau, Seelachs oder Rotbarsch. Der Fisch wird durch Dämpfen oder Dünsten (ohne Fett) gegart, entgrätet und in Stücke zerlegt.

Aus den angegebenen Zutaten und der Fischflüssigkeit bereitet man eine helle Tunke, die mit Salz, Zitronensaft oder Wein abgeschmeckt wird. Dann läßt man die Fischstücke in der Tunke heiß werden, aber nicht kochen.

Fischragout eignet sich zum Einfüllen in einen Reisrand.

Fischfrikassee

Für die Zubereitung von Fischfrikassee werden hauptsächlich Rotbarsch oder Schellfisch verwendet.

Das Gericht wird wie helles Fischragout zubereitet und mit Fischklößchen, Fleischklößchen oder gedünsteten Champignons vermischt, und mit Eigelb legiert.

Überbackener Fisch

Zutaten	1 Port.	4 Port.	100 Port.
Fisch	150 g	600 g	1,5 kg
Reis	40 g	125 g	3 kg
Brühe			
Tomaten	1 kl.	2—3	2—3 kg
geriebener Käse	5 g	20 g	500 g
Stoßbrot			
Butter	10 g	40 g	1 kg

Zubereitung

Der Fisch wird durch Dämpfen oder Dünsten (ohne Fett) gegart und in Stücke zerlegt. Der Reis wird körnig gekocht und dann mit den würflig geschnittenen Tomaten und den Fischstückchen lagenweise in eine ausgefettete Auflaufform gefüllt. Zwischen die einzelnen Lagen werden geriebener Käse und Butterflöckchen gegeben. Die oberste Schicht besteht aus Reis, der mit Käse bestreut und mit Butterflöckchen belegt wird. Das Gericht wird etwa 15 Minuten bei mittelstarker Hitze überbacken.

Man kann zusätzlich kleingeschnittene Champignons hineingeben. Statt Reis können Spaghetti oder Makkaroni verwendet werden.

Fischsalat

Zutaten	1 Port.	4 Port.	100 Port.
Fisch	200—250 g	800—1000 g	20 kg
Mayonnaise nach S. 163			

Der durch Dämpfen oder Dünsten gegarte Fisch wird in Stücke zerlegt und mit scharf abgeschmeckter Mayonnaise vermischt. Das Fischfleisch darf nicht zerfallen.

Zum Anrichten eignen sich Tomaten, Essiggurken, Mandarinen oder Apfelsinen.

Fischobstsalat

Zutaten	1 Port.	4 Port.	100 Port.
Fisch	150 g	600 g	15 kg
Apfelsinen	1 Stck.	2 Stck.	5 kg
Äpfel	$^1/_2$ Stck.	2 Stck.	5 kg
Mayonnaise nach S. 163/164			

Der gegarte Fisch wird in große Stücke zerlegt, Äpfel und Apfelsinen in Stücke geschnitten und mit den Fischstücken und der Mayonnaise leicht vermischt.

Außerdem können als Mischung für Fischobstsalat verwendet werden:

Fisch, Apfelsinen, Äpfel, Ananas
Fisch, Äpfel, Essiggurken
Fisch, Äpfel, Essiggurken, Tomaten

Verarbeitung von vorgefertigten Fisch-Erzeugnissen

Tiefkühlfisch

Alle Seefische und alle Flußfische werden heute auch als Tiefgefrierware angeboten. Die Seefische kommen meistens als Filets, oft zu rechteckigen Kastenformen gepreßt, in den Handel.

Das *Auftauen* der Fische soll so schnell wie möglich geschehen oder vor dem Garen unterbleiben, weil das wasserreiche Fischfleisch beim Auftauen sehr viel Flüssigkeit abgibt.

Kleine Fische und kleine Fischfilets werden in gefrorenem Zustand gegart. Das Auftauen unterbleibt, um Wasser- und damit Nährstoffverluste zu vermeiden. Der Fisch wird gesäuert und gesalzen und dann sofort gegart.

Die im Handel käuflichen panierten Fischstäbchen stellen eine wesentliche Arbeitserleichterung dar. Sie werden ohne weitere Vorbereitungsarbeiten in gefrorenem Zustand gegart, am besten im Fettbad gebacken.

Große Fischfilets — als gepreßte Riegel im Handel — kann man kurz antauen, dann mit einem Sägemesser portionieren, säuern, salzen und anschließend garen. Sollen die Riegel im ganzen gegart werden, dann sind sie 3—4 Stunden bei Raumtemperatur (etwa 20° C) anzutauen. Nach dem Antauen wird der Fisch gesäuert, gesalzen und dann gegart.

In gleicher Weise werden größere Fische im ganzen oder größere Fischstücke behandelt. Bei Tiefgefrierfisch können die gleichen *Garverfahren* angewendet werden wie bei Frischfisch.

Beim Garen durch Dämpfen oder Dünsten wird der Fisch erst gesalzen, nachdem er in den Garbehälter gegeben wurde. Beim Garen des Tiefgefrierfisches durch Braten, Fritten oder Grillen wird der Fisch unmittelbar vor dem Garen gesalzen. Es empfiehlt sich, das Fischfleisch zu panieren und die Panade mit Salz zu vermischen. Beim Backen im Fettbad ist es günstig, den Fisch in Ausbackteig zu wenden. Die Garzeiten bei tiefgefrorenem Fisch liegen etwas höher als beim Frischfisch.

Gesalzener Fisch

An gesalzenen Fischen werden für den Verbrauchermarkt nur gesalzene Heringe und gesalzene Sardellen angeboten. Salzheringe, besonders die schwachgesalzenen Matjesheringe, lassen sich ohne weitere Zubereitung — nachdem sie gewässert sind — zu Salaten verwenden. Viele Verwendungsmöglichkeiten bieten die marinierten (eingelegten) Heringe.

Marinieren der Heringe

Salzheringe werden 24 Stunden gewässert und dann ausgenommen. Man entfernt die innere schwarze Haut und die Augen. Die Heringe werden mehrmals gewaschen, dann in einen Steintopf gelegt, und zwar so, daß eine Lage Heringe mit einer Lage von Gewürzen — Pfeffer- und Senfkörnern, Lorbeerblättern und in Scheiben geschnittenen Zwiebeln — abwechselt. Eine Essiglösung (2 Teile Essig und 1 Teil Wasser) wird gekocht und nach dem Erkalten über die Heringe gefüllt. Die Heringe können auch entgrätet und als Heringsfilets eingelegt werden.

Das Ausnehmen und Säubern der Heringe nimmt sehr viel Zeit in Anspruch. Somit ist es wirtschaftlicher, die auf dem Markt als Halbkonserve angebotenen Heringsmarinaden zu beziehen. Arbeitswirtschaftlich besonders günstig ist die Verwendung der bereits entgräteten Bismarckheringe. Marinierte Heringe lassen sich vielfach weiterverwenden, so z. B. für Salate, Heringsstipp und als Hering in Mayonnaise.

Rollmöpse

Gewässerte, gereinigte Salzheringe werden der Länge nach halbiert und entgrätet. Man bestreut die innere Seite mit feingehackten Kapern und

Essiggurken. Die Heringe werden, vom Kopfende angefangen, aufgerollt, die Röllchen mit dünnen Holzstäbchen befestigt und wie ganze Heringe nach S. 231 in eine Würzbrühe von Essig gelegt.

Heringe in Mayonnaise

1. Eingelegte Heringsfilets werden um hartgekochte halbierte Eier gewickelt und mit Mayonnaise angerichtet. Die Mayonnaise wird nach S. 163 zubereitet und mit gehackter Petersilie bestreut.
2. Die Mayonnaise wird mit Tomatenmark abgeschmeckt. Die Heringshälften werden um kleine Essiggurken gewickelt oder nur aufgerollt und mit einer Salzgurkenscheibe belegt und in die Tomatenmayonnaise gestellt.

Anmerkung:

Geräucherter Fisch, die verschiedenen Fischvollkonserven und Fischhalbkonserven können ohne weitere Verarbeitung in die Speisenfolgen aufgenommen werden, sie eignen sich zum Teil gut für kalte Platten, für die Weiterverarbeitung zu Salaten und als Brotbelag.

Verarbeitung der Lebensmittel zu Backwerk

Lebensmittel für die Zubereitung von Backwerk
Geräte für die Zubereitung von Backwerk
Backen des Teiges

Teigarten

Nudelteig — Strudelteig — Blätterteig — Mürbeteig — Hefeteig — Biskuitteig — Baisermasse und Makronenmasse — Sandkuchenteig — Backpulverteig — Honigkuchenteig — Brandteig

Füllungen für Gebäck
Glasuren für Gebäck

Lebensmittel für die Zubereitung von Backwerk

Grundzutaten	Geschmackszutaten
Mehl	Schokolade
Flüssigkeit	Kaffee
Fett	Mandeln, Nüsse
Eier	Kokosflocken
Zucker	Früchte
	Gewürze

Mehl

Das Mehl bildet die Grundlage jeder Teigbereitung. Für Backwerk wird im allgemeinen Weizenmehl verwendet, und zwar Type 405.

Weizenmehl enthält als Hauptbestandteile Stärke und die Eiweißstoffe Gliadin und Glutelin. Diese Eiweißstoffe quellen in Verbindung mit Wasser. Sie haben die Fähigkeit, das Doppelte ihres Gewichtes an Wasser aufzunehmen. Bei dem Quellungsprozeß kommt es zur Aneinanderlagerung der Gliadin- und Glutelinteilchen; es entstehen Kleberfäden, die den Teig zusammenhalten: Beim Backen wird der Kleber fest, er bildet ein Porennetz, das die verkleisternde Stärke einschließt. So entsteht ein Kleber-Stärke-Gerüst, die Gebäckkrume. Die Kleberbildung erfolgt besonders bei Teigen, die wenig Fett, aber viel Flüssigkeit enthalten, vornehmlich bei der Zubereitung des Nudelteiges. Bei fett- und eierreichen Teigen kommt es weniger oder gar nicht zur Klebergerüstbildung, weil das Fett sich zwischen die einzelnen Eiweißteilchen schiebt und ihre Aneinanderlagerung verhindert.

Das Mehl soll trocken sein. Es ist zweckmäßig, das Mehl vor dem Gebrauch zu sieben. Dadurch wird Luft eingesiebt, das Mehl wird locker und fein verteilt.

Ein Teil des Mehles kann bei verschiedenen Gebäckarten durch Stärke, Zwieback, Mandeln, Nüsse ersetzt werden, und zwar für Teige, bei denen die Kleberbildung unerwünscht ist, z. B. Sandkuchenteig, Biskuitteig, Mürbeteig.

Bei der Verwendung industriell präparierter Kuchenmehle sind die Angaben der Herstellerfirmen zu beachten.

Flüssigkeit

Flüssigkeit ist bei der Zubereitung von Teigen notwendig für die Kleberbildung und für die Verkleisterung der Stärke. Die Flüssigkeitsmenge richtet sich nach der Art des Gebäckes und nach dem Mengenverhältnis von Mehl, Fett und Ei.

Die Flüssigkeit kann auch zur Lockerung des Teiges beitragen. Bei der Backhitze verdampft der Wasserüberschuß — das Wasser, das nicht für die Stärkeverkleisterung verbraucht ist — der Dampf entweicht und hebt das Teiggerüst hoch.

Als Flüssigkeit verwendet man Milch oder Wasser, auch Buttermilch oder Sauermilch können verwendet werden. Saure Milch und Buttermilch verursachen durch den Säuregehalt eine stärkere Quellung des Teiges und machen ihn backfähiger.

Fett

Fett macht den Teig geschmeidig, die Krume mürbe, saftig und locker, die Kruste weich und elastisch. Bei hoher Fettzugabe können Flüssigkeit und Lockerungsmittel fehlen. Das Fett schiebt sich zwischen die Eiweiß- und Stärketeilchen, so daß kein Kleber entstehen kann (vgl. Mürbeteig). Beim Backprozeß gibt das Fett Wasser ab, die Flüssigkeit verdampft und lockert den Teig.

Als Fett werden Margarine, Butter oder Spezialfette verwendet, für einige Backwaren Öl oder Kokosfett.

Ein Teil des Fettes kann durch Mandeln oder Nüsse, die sehr fetthaltig sind, ersetzt werden.

Eier

Eier verbessern wie Fett die Qualität des Teiges. Wenn sie schaumig gerührt oder die Eiklar zu Schnee geschlagen werden, wirken sie lockernd, die eingerührte Luft dehnt sich bei der Backhitze aus und hebt den Teig hoch.

Bei den Rezeptangaben sind Eier mittlerer Größe — Gewichtsklasse B oder C — vorgesehen. Bei Verwendung von Eiern anderer Gewichtsklassen sind die in den Rezepten angegebenen Eimengen entsprechend zu verändern.

Die Eier sind auf Frische zu prüfen, bevor man sie in die Teigmasse gibt.

Statt Frischei können auch konservierte Eier oder Eipulver verwendet werden (vgl. S. 171).

Zucker

Zucker hat die Aufgabe, den Geschmack und Kalorienwert des Gebäcks zu verbessern. Er darf nicht grob sein. Grober Zucker löst sich nicht bei der Teigbereitung, sondern erst beim Backprozeß. Dabei nimmt er Flüssigkeit auf, das Gebäck wird fest und trocken. In den Randschichten karamelisiert der ungelöste Zucker während des Backprozesses und verursacht braune Punkte. Am besten eignet sich für die Teigbereitung feine Raffinade.

Statt der Raffinade können auch Farinzucker, Honig oder Sirup zum Süßen des Teiges verwendet werden.

Einige Teigarten werden ohne Zucker zubereitet, besonders wenn der Teig für salziges Gebäck verarbeitet wird.

Lockerungsmittel

Wenn bei der Teigbereitung keine oder nur wenig lockernde Grundzutaten — Eier, Fett — verwendet werden, ist der Zusatz von Lockerungsmitteln notwendig.

Die Wirkung der Teiglockerungsmittel beruht darauf, daß sie im Teig Gase bilden, meistens Kohlendioxid. Die Gase heben die Teigmasse, es bilden sich kleine Hohlräume. Das Kleber-Stärkegefüge wird in der Backhitze fest, so daß die porige Gebäckkrume entsteht.

Geräte für die Zubereitung von Backwerk

Geräte für die Teigbereitung

Für die Zubereitung von gekneteten Teigen werden benötigt:

Backbrett, Backrolle
Teigschaber, Mehlsieb

Das Backbrett besteht am besten aus Ahorn- oder Buchenholz. Nach dem Gebrauch ist es sofort zu reinigen, zu trocknen und luftig aufzubewahren. Glatte Kunststoffflächen eignen sich nicht zum Ausrollen des Teiges.

Die zum Ausrollen der Knetteige erforderliche Backrolle kann aus Holz oder Kunststoff bestehen. Die Rolle wird nicht mit dem Messer abgeschabt, sondern mit einem Tuch gereinigt. Sie darf bei der Reinigung nicht lange im Wasser liegen bleiben.

Teigschaber aus Kunststoff dienen dazu, die Zutaten miteinander zu verarbeiten und während der Teigbearbeitung die auf dem Backbrett verteilten oder anhaftenden Teigteile zusammenzukneten.

Beim Ausrollen von Mürbeteig ist außerdem ein Pfannenmesser notwendig, um den Teig vor der Formgebung von dem Backbrett zu lösen. Mit dem Mehlsieb wird das Mehl locker und gleichmäßig auf dem Backbrett und auf der Backrolle verteilt, so daß der Teig bei der Verarbeitung nicht haftenbleibt.

Für die Zubereitung von gerührten Teigen werden benötigt:

eine Rührschüssel
ein Rührlöffel bzw. Rührwerk einer Küchenmaschine
Teigschaber
Mehlsieb

Als Rührschüsseln eignen sich besonders Schüsseln aus Edelstahl oder aus hartem Kunststoff mit abgerundetem Boden. Beim Rühren wird die Schüssel auf ein feuchtes Tuch gestellt, damit sie fest steht.

Der Rührlöffel soll glatt und ohne Höhlung gearbeitet sein, damit sich der Teig nicht in der Vertiefung ansetzt. Abgeschrägte Löffel aus Holz oder Kunststoff mit Loch eignen sich besonders gut zum Rühren von Teigen.

Der Teigschaber ist notwendig, um die Teigreste aus der Schüssel zu entfernen und den Teig während des Rührens von der Schüsselwand immer wieder abzuschaben.

Für die Zubereitung von geschlagenen Teigen sind die gleichen Geräte notwendig wie bei der Zubereitung von Rührteigen, statt des Rührlöffels wird ein Schneebesen oder Schlaggerät verwendet.

Bei der Benutzung von elektrisch betriebenen Knet-, Rühr- und Schlaggeräten wird die Teigmasse infolge der hohen Umdrehungszahl dieser Geräte nicht so lange bearbeitet wie bei der Benutzung von Handgeräten.

Geräte zum Backen des Teiges

Backformen und Backplatten können aus Schwarzblech, Weißblech, feuerfestem Glas oder anderen neuartigen Werkstoffen bestehen.

Für das Backen in Elektrobacköfen eignen sich Schwarzblechgeräte, für das Backen in Gasbacköfen Weißblechgeräte.

Geräte aus andern Werkstoffen — auch Gratinettformen — können für Gas- und Elektrobacköfen verwendet werden.

Bevor der Teig zubereitet wird, sind die Formen und Platten vorzubereiten. Die Backformen werden mit Fett sorgfältig ausgepinselt; an nichtgefetteten Stellen setzt sich das Gebäck fest. Zudem können die Backformen nach dem Einfetten mit feinem Stoßbrot ausgestreut werden.

Zum Backen von Torten kann man den gefetteten Boden der Tortenform mit einem rundgeschnittenen, gefetteten Pergamentpapier belegen, bevor der Teig in die Form gegeben wird.

Kuchenplatten werden vor dem Einfetten kurz erwärmt und dann dünn mit Fett bestrichen. Für Blätterteig werden sie nicht eingefettet, sondern mit kaltem Wasser abgespült. Beim Abbacken von Brandteig fettet man die Platten ein und überspült sie mit kaltem Wasser.

Nach dem Gebrauch werden die Formen und Platten, solange sie noch warm sind, mit einem weichen Tuch ausgerieben oder gespült und gründlich getrocknet.

Bei den nachstehenden Rezeptangaben sind die Mengen der Zutaten immer auf Normal-Backplatten der Haushaltsherde bezogen bzw. auf Springformen mit einem Durchmesser von 25 cm und auf entsprechend große Kranz- und Kastenformen. Die für eine Backplatte angegebene Menge reicht im allgemeinen für zwei Springformen.

Backöfen

Als Backöfen kommen vorwiegend gas- und strombeheizte Öfen in Frage.

Backöfen mit Temperaturregler

Moderne Gas- und Elektrobacköfen haben einen Thermostat eingebaut, mit dem die Backofentemperatur reguliert werden kann. Es wird immer nur so viel Energie — Gas oder Strom — zugeführt, wie notwendig ist, um die gewünschte Temperatur zu erreichen und zu erhalten.

Bei Elektrobacköfen ist der Temperaturverlauf zu beobachten an einer Signallampe, die aufleuchtet, solange die eingestellte Temperatur noch nicht erreicht bzw. wieder unterschritten ist. Sie erlischt, wenn die gewünschte Temperatur vorliegt. Eine Überhitzung des Backofens wird verhindert.

Die möglichen Temperaturen liegen zwischen 0° und 300° C. Diese Temperaturen sind auf dem Schalterknopf vermerkt.

Bei thermostatisch geregelten *Gasbacköfen* zeigt der Schalterknopf — je nach Herstellerfirma — die Zahlen 1—6 oder 1—8. Diese Stufen entsprechen dem Temperaturbereich von 150°—300° C.

Bei großen Regler-Backöfen — Etagenbacköfen für Großküchen — können Oberhitze und Unterhitze getrennt eingestellt werden. Die Backtemperatur ist um 10—20° niedriger einzustellen als bei Backöfen von Haushaltsherden.

Backöfen ohne Temperaturregler

Bei *Elektrobacköfen* ohne Temperaturregler kann die Temperatur mit den Stufen 0, I, II, III geregelt werden.

Meistens sind Oberhitze und Unterhitze getrennt einzustellen. Die entsprechende Temperaturhöhe ist in der Tabelle S. 240 verzeichnet.

Bei *Gasbacköfen* ohne Temperaturregler, den sogenannten Flammenbacköfen, kann die Gaszufuhr und damit die Flammengröße beliebig eingestellt werden. Folgende Flammengrößen sind zu unterscheiden:

⅓	= perlgroße Flamme
⅓—½	= erbsengroße Flamme
½—⅓	= bohnengroße Flamme
große Flamme	(nur zum Braten)

Um eine gleichmäßige Einwirkung der Backtemperatur auf das Backgut zu gewährleisten, müssen Kuchenform bzw. Kuchenplatte in richtiger Höhe in den Backofen eingestellt werden. Es gelten folgende Regeln:

obere Schiene:	Platten mit Kleingebäck
mittlere Schiene:	Plattenkuchen
untere Schiene:	hohe Kuchen
	Kuchen mit Obstauflage

Backformen werden auf ein Traggitter gestellt, nicht auf eine Backplatte, damit die heiße Luft die ganze Form umgeben kann.

Während des Backens, besonders zu Beginn des Garprozesses, ist das *Öffnen der Backofentür* unbedingt zu vermeiden, damit die Temperatur nicht plötzlich absinkt.

Durch den *Wrasenschieber* lassen sich Feuchtigkeitsgehalt und Temperatur des Backofens regulieren. Er wird geschlossen beim Backen von Gebäck mit niedrigem Feuchtigkeitsgehalt. Beim Backen von Gebäck mit hohem Feuchtigkeitsgehalt, besonders beim Abbacken von Obstkuchen, wird er nach der Hälfte der Garzeit geöffnet, damit die Feuchtigkeit abziehen und der Kuchen bräunen kann.

Backen des Teiges

Veränderungen der Teigbestandteile beim Garprozeß

Während des Garens durch Backen gehen an den Bestandteilen des Teiges verschiedene Veränderungen vor sich. Der Teig wird gelockert, Verdaulichkeit und Geschmackswert der Bestandteile werden erhöht, und aus dem weichen Teig wird ein formbeständiges, schnittfestes Gebäck.

Das Garen geschieht in heißer Luft im Backofen oder in erhitztem Fett bei Temperaturen von 125—220° C. Diese Temperaturen wirken auf die Oberfläche des Teiges ein und bedingen die Krustenbildung. Die Temperatur im Innern des Teiges steigt nicht über 100° C. Diese Temperatur verursacht die Bildung einer lockeren und schnittfesten Krume.

Vorgänge bei der Krumenbildung

Während des Backprozesses gibt der Kleber bei etwa 60—70° C die aufgenommene Flüssigkeit wieder ab. Die Flüssigkeit wird vom Eiweiß aufgenommen, das Mehl quillt, es entsteht der zusammenhängende Teig. Stärke verkleistert bei den gleichen Temperaturen, bei denen Kleber entquillt. Dabei werden beide Stoffe fest und bilden das Stärke-Kleber-Gerüst, die Krume des Backwerks. Dieser Prozeß hat nicht nur backtechnische, sondern auch physiologische Bedeutung, weil Stärke und Eiweiß des Mehles in eine verdauliche Form überführt werden.

In eihaltigen Teigen gerinnt das Albumin des Eies bei etwa 60° C und schließt dabei Wasser ein. Das Albumin hält die Krume zusammen, wirkt also bindend. Das ist besonders wichtig bei Teigen mit geringer Kleberbildung.

Flüssigkeit, die nicht für die Verkleisterung der Stärke oder für die Gerinnung von Albumin verbraucht wird, verdampft bei etwa 100° C, entweicht und trägt damit zur Lockerung der Krume bei.

Unter dem Einfluß der Backhitze verändern sich auch die *Lockerungsmittel* und entwickeln Gase. Die Gase dehnen sich aus, entweichen und heben das Teiggerüst. Bei Hefeteigen muß die Gärung und die damit verbundene Gasentwicklung schon vor dem Backprozeß beendet sein, weil bei etwa 50° C die Hefepilze absterben und die mehleigenen Fermente inaktiviert werden. Hefegebäck wird erst nach der Teiglockerung gebacken.

Vorgänge bei der Krustenbildung

An der Teigoberfläche gehen infolge der hohen Temperaturen verschiedene Veränderungen vor sich: Stärke wird in Dextrin, Zucker in Karamel, Eiweißstoffe werden in schmackhafte Röstprodukte umgewandelt. Durch diese Veränderungen bildet sich die braune, schmackhafte Kruste, die bei kleberreichen Teigen aus einer festen, dichten Haut besteht. Bestreicht man die Haut nach dem Backen mit Milch oder Wasser, so entsteht durch das Dextrin ein starker Glanz.

Höhe der Backtemperatur

Die Höhe der Backtemperatur richtet sich nach der Art des Gebäcks und nach der Höhe des Teiges.

Temperaturstufen

1. sehr schwache Hitze	= etwa 125° C
2. schwache Hitze	= etwa 150° C
3. mittelstarke Hitze	= etwa 175° C
4. starke Hitze	= etwa 200° C
5. sehr starke Hitze	= etwa 200—220° C

Die Temperaturhöhe muß so gelenkt werden, daß das Festwerden der Krume, die Bildung der Kruste und die Wirkung der Lockerungsmittel aufeinander abgestimmt sind.

Bei *zu niedrigen Temperaturen* entweichen die lockernden Gase, bevor das Teiggerüst fest wird, der Teig fällt wieder zusammen. Bei *zu hoher Temperatur* bildet sich die Gebäckkruste, bevor die Gase voll wirksam werden, das Gebäck wird nicht gleichmäßig gelockert.

Durch verfrühte Krustenbildung besteht außerdem die Gefahr, daß die Hitze nicht in das Teiginnere eindringen kann und eine gleichmäßige Garung — Entquellen des Klebers, Verkleisterung der Stärke, Verdunstung von Flüssigkeit — unterbunden wird. Die ungebundene Flüssigkeit bleibt im Teig zurück, das Gebäck bekommt eine „Wassernaht". Dieser Verlauf ist besonders bei starker Oberhitze zu beobachten.

Eine verfrühte Krustenbildung führt bei hohen Kuchen zu Wölbungen und Rissen in der Oberfläche. Eine ebene, glatte Oberschicht läßt sich bei Torten oder Napfkuchen erhalten, wenn man den Kuchen in den kalten oder schwach vorgeheizten Backofen stellt und die Temperatur allmählich ansteigen läßt. Nur langsam bildet sich dann eine elastische Kruste, die den entweichenden Gasen nachgibt, Risse und Wölbungen in der Oberfläche werden vermieden.

Fehlt an dem Backofen die Regulierungsmöglichkeit der Ober- und Unterhitze, so kann man bei starker Unterhitze eine Backplatte einschieben, bei starker Oberhitze den Kuchen mit Pergamentpapier abdecken.

Backzeit

Die Dauer der Backzeit ist jeweils in den Rezepten angegeben, doch sind die Angaben nicht unbedingt gültig, da das Garwerden von der vorhandenen Backofenhitze abhängt.

Bei zu langer Garzeit wird das Gebäck trocken und fest, bei zu kurzer Garzeit besteht die Gefahr, daß das Gebäck nicht gar ist und nach dem Herausnehmen zusammenfällt.

Garprobe

Um das Garsein zu erproben, sticht man gegen Ende der Backzeit mit einem Holzstäbchen an mehreren Stellen in den Kuchen. Bleibt das Stäbchen trocken, so ist der Kuchen gar, hängt noch Teig daran, so muß er noch einige Zeit backen. Ein sicheres Zeichen des Garseins ist es, wenn sich der Kuchen ringsum von der Form löst.

Hohe Kuchen werden nach dem Backen etwa 5 Minuten an einen zugfreien Ort gestellt, dann stürzt man den Kuchen oder öffnet den Rand der Springform und stürzt den Kuchen auf einen Tortendraht zum Ausdampfen. Wenn der Kuchen an der Form festhaftet, bedeckt man die umgestürzte Form mit einem nassen Tuch. Durch die Abkühlung löst sich das Gebäck von der Form.

Nudelteig

Nudelteig ist ein fettfreier, gekneteter Teig, der nicht gelockert und nicht gebacken wird. Er wird ausgerollt und getrocknet.

Grundzutaten des Nudelteiges

250 g Mehl	2 Eier
2—4 Eßl. Wasser	1 Prise Salz

Zubereitung des Nudelteiges

Das Mehl wird auf ein Backbrett gesiebt und in der Mitte vertieft, Wasser mit Ei und Salz verquirlt, in die Vertiefung gegeben, zunächst mit wenig Mehl zu einem Brei verrührt, dann mit dem übrigen Mehl verknetet und so lange geschlagen, bis er beim Ziehen nicht mehr leicht bricht. Es bildet sich ein kleberreicher Teig, der durch gründliches Kneten, Werfen und Schlagen sehr geschmeidig und elastisch wird.

Formgebung des Nudelteiges

Der Nudelteig muß nach der Zubereitung etwa 30 Minuten ruhen. Dann wird er mit einer Nudelmaschine zu Nudeln verarbeitet, oder der Teig wird zu einer gleichmäßig dünnen Fläche ausgerollt. Man läßt die Teigplatte in einem warmen Raum schnell antrocknen, schlägt die angetrocknete Platte mehrfach übereinander und schneidet sie in Streifen. Die Nudeln werden nachgetrocknet und luftig und trocken aufbewahrt.

Verwendung des Nudelteiges

Nudelteig ist die Grundlage

für die Herstellung von Teigwaren
für die Zubereitung des Strudelteiges
für die Zubereitung des Blätterteiges

Strudelteig

Strudelteig ist wie Nudelteig ein gekneteter Teig. Er wird mit etwas Fett verarbeitet und ungelockert zu einer hauchdünnen Platte ausgerollt, mit einer Füllmasse gefüllt und durch Backen gargemacht.

Fett und Flüssigkeit machen den Teig geschmeidig und ermöglichen das dünne Ausrollen des Teiges.

Das Gebäck ist hautartig und ohne ausgeprägten Geschmack.

Grundzutaten des Strudelteiges

250 g Mehl	4—6 Eßl. Wasser
30 g Butter	1 Eigelb
1 Prise Salz	

Zubereitung des Strudelteiges

Mehl, die flüssige, abgekühlte Butter, lauwarmes Wasser, Eigelb und Salz werden zum Nudelteig verarbeitet. Der Teig wird so lange geschlagen, bis er ganz elastisch ist und nicht mehr klebt. Der Teig soll vor der Weiterverarbeitung etwa 30 Minuten ruhen, dann wird er zur Rolle geformt und die Rolle mit wenig Öl bestrichen, damit der Teig nicht austrocknet.

Formen und Backen des Strudelteiges

Der Teig wird auf einem bemehlten Tuch zu einer gleichmäßigen dünnen Platte ausgerollt, dann auf den Handrücken so lange gezogen, bis er dünn ist wie Seidenpapier.

Man bestreicht den ausgezogenen Teig mit flüssiger Butter, bestreut ihn mit feinem Stoßbrot, gibt die Füllmasse darauf und rollt den Teig mit Hilfe des Tuches zu einer festen Rolle auf.

Der ausgerollte Teig muß sogleich gefüllt werden, beim längeren Liegen an der Luft trocknet er aus und kann leicht brechen.

Süße Strudel werden vor dem Backen mit Butter bestrichen und nach dem Backen mit Puderzucker bestäubt; salzige Strudel werden vor dem Backen mit Eigelb bestrichen.

Der Strudel wird auf einer gefetteten Backplatte gebacken.

Einschiebehöhe: mittlere Schiene
Temperaturstufe: mittelstarke Hitze
Backzeit: 30—45 Minuten

Verwendung des Strudelteiges

Aus Strudelteig lassen sich herstellen:

Süße Strudel
Salzige Strudel
Umhüllungen für Pasteten

Apfelstrudel

Strudelteig/Grundrezept

Füllung

500 g Äpfel	20 g Mandeln
50 g Rosinen	30 g Zucker
50 g Korinthen	Puderzucker

Die Äpfel werden geschält, zunächst in Viertel, und dann in dünne Scheiben geschnitten. Man gibt die Äpfel mit den Rosinen und Korinthen, den geschälten, gehackten Mandeln und dem Zucker auf die Teigplatte. Der Strudel wird nach obigen Angaben geformt und gebacken.

Reisstrudel

Strudelteig/Grundrezept

Füllung

50 g Butter	$^1/_8$ *l* Wasser
2 Eier	$^1/_4$ *l* Wein
2 Eßl. Zucker	30 g Zucker
100 g Reis	1 Zitrone, Salz

Ausgerollter Strudelteig wird mit einer Schaummasse von Butter, Eigelb, Zucker und Eischnee bestrichen. Darüber wird der erkaltete Reis gefüllt, der mit Zucker, Salz, Zitronenschale in Wasser und Wein gekocht und mit Zitronensaft abgeschmeckt wird. Man kann auch Rosinen und Mandeln mit dem Reis vermischen. Der Strudel wird nach S. 243 geformt und gebacken.

Quarkstrudel

Strudelteig/Grundrezept

Füllung

20 g Butter, 1 Ei	Zitronenschale
250 g Quark	50 g Rosinen
4 Eßl. saure Sahne	50 g Korinthen
Zucker, Salz	Butter zum Bestreichen

Butter wird sahnig gerührt und mit Ei, Quark und Sahne vermischt. Man schmeckt die Masse mit Zucker, Salz und abgeriebener Zitronenschale ab, streicht sie auf den ausgerollten Strudelteig und streut Korinthen und Rosinen darüber. Der Strudel wird nach obigen Angaben geformt und gebacken.

Fleischstrudel

Strudelteig/Grundrezept

Füllung: Hackfleischteig nach S. 197.

Der zubereitete Hackfleischteig wird mit einer feingewürfelten Essiggurke vermischt und auf den ausgerollten Strudelteig gestrichen. Der Teig wird aufgerollt, die Rolle mit Eigelb bestrichen und bei mittelstarker Hitze etwa 40 Minuten gebacken.

Blätterteig

Blätterteig ist ein Nudelteig mit Buttereinlage. Die Blätterung wird durch die besondere Verarbeitung hervorgerufen, durch die in dem Teig viele Teigschichten und Fettschichten im Wechsel entstehen.

Grundzutaten

Nudelteig	Buttereinlage
250 g Mehl	250 g Fett
$^1/_8$ *l* Wasser	
1 Tl. Salz	

Mehl und *Fett* werden im Verhältnis 1 : 1 verwendet. Der Nudelteig kann mit 30 g flüssiger, abgekühlter Butter und 1 Eßl. Rum verarbeitet werden.

Als Fett eignen sich am besten die wasserarme Ziehbutter oder Ziehmargarine. Butter oder Margarine müßten zunächst mit einem Rührlöffel durchgeknetet werden, damit das Wasser austritt.

Alle Zutaten, besonders das Fett, müssen kalt sein und kalt verarbeitet werden, sonst mißlingt der Blätterteig.

Mehl und Fett können auch im Verhältnis 3 : 2 verwendet werden. 50 g Mehl werden dann mit dem Fett zu einem Butterteig verarbeitet.

Nudelteig	**Butterteig**
250 g Mehl	50 g Mehl
$^1/_8$ *l* Wasser	200 g Fett
1 Tl. Salz	

Dieses Mengenverhältnis eignet sich besonders dann, wenn nicht Ziehfett, sondern Margarine oder Butter verwendet wird.

Zucker wird bei der Zubereitung von Blätterteig nicht verwendet. Bei Zuckerzugabe würde der Teig nicht aufgehen. Man kann wohl beim Ausrollen des fertigen Teiges eine Mischung von Puderzucker und Mehl verwenden.

Kleingebäck kann man nach dem Formen mit Eigelb oder Kondensmilch bestreichen und dann mit grobem Zucker bestreuen, oder man überzieht das Gebäck sofort nach dem Backen mit einem Zuckerguß.

Zubereitung des Blätterteiges

Aus Mehl, Wasser und Salz wird zunächst ein Nudelteig gearbeitet. Es können 30 g Butter und etwas Rum hinzugefügt werden. Der Teig wird geknetet, bis er nicht mehr an den Händen klebt und beim Auseinanderziehen nicht leicht bricht. Dann wird er zur Rolle geformt und zum Ruhen kalt gelegt. Nach einer halben Stunde wird er mit wenig Mehl bestäubt und zu einer quadratischen, gleichmäßig dicken Platte ausgerollt.

Die feste, durchgekühlte Butter oder den Butterteig legt man zwischen ein Pergamentpapier und formt die Masse mit der Backrolle zu einer quadratischen Platte.

Die geformte Butter wird auf die Mitte der Teigscheibe gelegt, die Ränder des Teiges werden von allen Seiten über die Butter geschlagen, so daß sie vollständig bedeckt ist. Danach wird der Teig mit einem Tuch bedeckt und kalt gelegt.

Nach etwa 10 Minuten wird der Teig mit etwas Mehl bestäubt und so gleichmäßig wie möglich durch leichtes Aufdrücken mit der Backrolle, die ebenfalls mit Mehl bestäubt wird, zu einer schmalen, fingerdicken Platte ausgerollt. Diese Teigplatte wird so zusammengeschlagen, daß drei

übereinanderliegende Teigblätter entstehen. Man legt den Teig mit der offenen Seite zu sich hin und rollt ihn wieder zu einer rechteckigen Platte aus, indem man die Backrolle von sich fortbewegt. (Beim Hin- und Herrollen reißt der Teig leicht.) Der Teig darf nicht umgewendet werden. Das Mehl muß zwischendurch vom Teig abgepinselt werden. Nachdem der Teig wieder dreifach übereinandergelegt ist, läßt man ihn zugedeckt eine Viertelstunde in einem kalten Raum liegen.
Dieses doppelte Ausrollen und Zusammenlegen des Teiges bezeichnet man als Doppeltour. Sie wird noch zweimal wiederholt, so daß der Teig insgesamt in drei doppelten Touren gearbeitet wird. Nach der ersten und zweiten Doppeltour muß er je eine Viertelstunde kalt stehen. Bei der dritten doppelten Tour wird der Teig ausgerollt, geformt und sofort gebacken. Blätterteig kann auch nach der zweiten Doppeltour eingefroren werden. Die dritte Doppeltour wird dann am Tag der Verwendung vor dem Formen durchgeführt. Der Teig wird bei Zimmertemperatur solange aufgetaut, bis er sich ausrollen läßt.

Lockerung des Blätterteiges

Blätterteig wird ohne Zusatz eines Lockerungsmittels verarbeitet. Die Teiglockerung wird durch das Fett verursacht. Durch die Art der Verarbeitung entstehen im Teig viele Fettschichten, die jeweils mit kleberreichen Teigschichten wechseln. In der Backhitze gibt das Fett Wasser ab. Das Wasser verdampft, die Schichten bilden für den entweichenden Wasserdampf einen Widerstand, so daß sie gehoben werden und das Gebäck eine blätterige Beschaffenheit bekommt.
Voraussetzung für eine gleichmäßige Lockerung sind kalte Zutaten; das Fett darf nicht vor dem Backprozeß schmelzen. Außerdem sind hohe Backtemperaturen notwendig, denn das Fett muß plötzlich schmelzen und Wasser abgeben, die Teigschichten, die das Fett auffangen, müssen gleichzeitig backen.

Formen und Backen des Blätterteiges

Beim Schneiden oder Ausstechen werden die oberen Schichten des Teiges leicht verschoben, dadurch kann das gleichmäßige Aufgehen behindert werden. Wenn diese Schichten auf der heißen Platte liegen, blättern sie gleichmäßiger, darum wird der geformte Teig mit der oberen Schicht nach unten auf die Backplatte gelegt. Beim Bestreichen des geformten Blätterteigs mit Eigelb darf das Eigelb nicht an den Schnittflächen herunterlaufen, weil der Teig an diesen Stellen zusammenklebt und nicht mehr aufgehen kann.

Beim Formen des Teiges anfallende Teigreste werden nicht zusammengeknetet, sondern man legt sie aufeinander und rollt sie mit dem Rollholz breit. Durch Kneten werden die Teig-Fettschichten zerstört.

Backplatten und Backformen werden beim Abbacken von Blätterteig nicht eingefettet, sondern mit kaltem Wasser überspült. Dadurch wird starkes Bräunen der Unterseite verhindert. Durch das Verdampfen des Wassers wird der Lockerungsvorgang unterstützt.

Blätterteig wird bei *sehr starker Hitze gebacken*, da sonst die Butter ausfließt und die Teigschichten nicht mehr steigen. Das Gebäck muß während des Backens vor Temperaturschwankungen und vor Zugluft geschützt werden.

Einschiebehöhe:	Mittlere Schiene
Temperaturstufe:	Sehr starke Backhitze / vorgeheizter Backofen
Backzeit:	15—20 Minuten bei Kleingebäck
	20—30 Minuten bei Torten

Verwendung des Blätterteiges

Blätterteig wird auch industriell vorgefertigt und als Tiefkühlware im Handel angeboten. Weil Blätterteig ohne Zucker zubereitet wird, kann er für süßes und für salziges Gebäck verwendet werden.

Süßes Gebäck	Salziges Gebäck
Torten	Pasteten (Hohlpasteten)
Kleingebäck	Gefüllte Blätterteigrollen
	Käsekleingebäck

Blätterteig-Sahnetorte

Blätterteig/Grundrezept
außerdem
100 g Kirschkonfitüre
$^1/_4$—$^1/_2$ *l* Schlagsahne

Der Blätterteig wird ausgerollt und zu 3 Tortenböden ausgestochen. Die Böden werden bei sehr starker Hitze 15—20 Minuten gebacken.

Nach dem Erkalten bestreicht man die Böden mit Sahne und Kirschkonfitüre, schichtet sie aufeinander und bestreicht und bespritzt die Torte dick mit geschlagener Sahne.

Blätterteig-Kleingebäck

Blätterteig/Grundrezept

Der ausgerollte Blätterteig kann zu verschiedenen Formen verarbeitet werden. Als Füllung eignen sich Marmelade oder steifes Apfelmus mit Rosinen und Mandeln.

1. Der Teig wird in 10 × 10 cm große Quadrate geschnitten. Man gibt etwas Marmelade darauf und legt die vier Ecken zur Mitte hin zusammen.

2. Kleine quadratische Böden wie unter 1 werden von jeder Ecke aus ungefähr bis zur Hälfte eingeschnitten. Dann biegt man von jeder Ecke eine Spitze um und legt sie auf die Ecke des Teiges.

3. Zu Apfelrollen werden aus dem ausgerollten Blätterteig 12 × 12 cm große Quadrate geschnitten, man gibt etwas steifes Apfelmus auf die Mitte und schlägt die Längsseiten übereinander. Die Oberfläche verziert man mit zwei ausgeräderten Blätterteigstreifen.

Das Kleingebäck wird mit Eigelb bestrichen, mit Hagelzucker oder feingehackten Mandeln bestreut und bei sehr starker Hitze 10—15 Minuten gebacken.

Das Gebäck kann auch vor dem Backen mit Eigelb bestrichen und sogleich nach dem Backen mit Zuckerglasur überzogen werden.

Außerdem ist es möglich, das Gebäck nach dem Erkalten mit Kuvertüre zu überziehen. Der Teig wird dann vor dem Backen nicht mit Eigelb bestrichen.

Die im Grundrezept angegebenen Mengen ergeben etwa 20 Teile Kleingebäck.

Blätterteigpasteten

Blätterteig/Grundrezept

Blätterteig wird ausgerollt und zu runden Teigböden von etwa 9 cm Durchmesser und dazu passenden Ringen und Deckeln ausgestochen. Die runden Teigböden werden auf eine mit Wasser abgespülte Backplatte gelegt, die Ränder der Böden mit Wasser bestrichen und mit den Ringen belegt. Man bestreicht die Ringe mit Eigelb und backt die Pasteten bei sehr starker Hitze 15—20 Minuten.

Die beim Ausstechen der Ringe anfallenden kleinen Teigplatten werden 10—15 Minuten gebacken. Sie dienen als Deckel für die Pasteten.

Die im Grundrezept angegebenen Mengen ergeben etwa 10 Pasteten.

Als Füllung für die Pasteten eignen sich:

Ragout fin nach S. 188
Hühnerfrikassee nach S. 188
Gemüsemischung in Tunke:
750 g Gemüse (Spargel, Erbsen, Champignons), $^1/_4$ *l* helle Grundtunke

Gefüllte Blätterteigrollen

Blätterteig/Grundrezept

Der Blätterteig wird ausgerollt und in 10 Quadrate (10 × 10 cm) geschnitten, die mit einer der nachstehenden Füllungen belegt, danach aufgerollt und bei starker Hitze etwa 20 Minuten gebacken werden.

Füllung I

200 g Hartkäse
10 Scheiben gekochter Schinken

Der Käse wird in 10 etwa 6 cm lange Stifte geschnitten, jeder Käsestift in eine Scheibe gekochten Schinken gerollt und diese Rolle als Füllung in den Blätterteig eingeschlagen.

Füllung II

Hackfleischteig nach S. 197 von 500 g Fleisch

Der zubereitete Fleischteig wird zu 10 Rollen geformt und als Füllung in den Blätterteig eingeschlagen.

Füllung III

etwa 500 g frische Bratwurst

Die Bratwurst wird in 10 Portionen geteilt, und die einzelnen Portionen werden als Füllung in den Blätterteig eingeschlagen.

Käseblätterteig

250 g Mehl	1 Prise Salz
250 g Butter	Pfeffer
1 Eigelb	$^1/_2$ Zitrone
$^1/_8$ *l* Wasser	100 g Emmentaler Käse

Aus Mehl, 50 g Butter, Eigelb, Wasser, Zitronensaft, Salz und Pfeffer knetet man einen Teig, den man ½ Stunde kalt stellt. Der Rest der Butter wird mit dem geriebenen Käse verarbeitet. Man streicht die Käsemasse fingerdick auf die Mitte des ausgerollten Teiges, schlägt den Teig wie Blätterteig zusammen und macht insgesamt 4 Einzeltouren. Der Teig muß zwischen den Touren jedesmal ¼ Stunde ruhen. Bei der letzten Tour sticht man runde Plätzchen aus, die man bei starker Hitze backen läßt. Nach dem Erkalten setzt man je zwei Plätzchen mit einer 3—4 cm hohen Füllung von Käsecreme (S. 159) zusammen.

Mürbeteig

Mürbeteig ist ein fettreicher, gekneteter Teig, der nur wenig gelockert wird.

Das Gebäck hat eine mürbe Beschaffenheit, die verursacht wird durch Art und Mengenverhältnis der Zutaten und durch die Verarbeitungstechnik.

Grundzutaten des Mürbeteiges

Für die Zubereitung des Mürbeteiges wird viel Fett und wenig Flüssigkeit verwendet. Aus dem unterschiedlichen Mengenverhältnis von Fett zu Mehl ergeben sich verschiedene Rezepte:

Mengenverhältnis	Grundrezept I	Grundrezept II	Grundrezept III
Fett : Mehl	1 : 1	1 : 2	1 : 4
Mehl	250 g	250 g	250 g
Fett	250 g	125 g	65 g
Zucker	65 g	65 g	65 g
Ei	1 Eigelb	1 ganzes Ei	1 ganzes Ei
Wasser	—	—	2 Eßl.
Backpulver	—	—	1 Tl.

Fett gibt dem Gebäck die mürbe Beschaffenheit und dient zugleich als Lockerungsmittel. Es wird nicht flüssig gemacht, sondern nur fein zerhackt und mit den übrigen Zutaten verarbeitet. Bei der Teigbereitung schieben sich die Fetteilchen zwischen die einzelnen Eiweißteilchen und Stärketeilchen des Mehles, so daß die Kleberbildung verhindert wird und beim Backen kein Porengerüst entstehen kann.

Als Fett werden Butter, Margarine oder Spezialbackfette verwendet.

Beträgt die Fettmenge nur ¼ der Mehlmenge, vgl. Rezept III, so muß der Teig mit 1—2 Eßl. Wasser zubereitet werden, damit er zusammenhält. Man kann das Fett auch sahnig rühren. In beiden Fällen kann sich im Teig Kleber bilden, so daß das Gebäck beim Backen fest wird. Es ist daher notwendig, dem Teig etwas Backpulver zuzusetzen. Dieses Gebäck ist weniger mürbe als Gebäck mit höherer Fettmenge nach Rezept I und Rezept II.

Mehl kann bis zur Hälfte durch die entsprechende Menge geriebener Mandeln oder Nüsse ersetzt werden. Bei Käsegebäck kann man etwa 50% des Mehles durch geriebenen Käse ersetzen.

Das *Ei* verbessert Aussehen, Geschmack und Nährwert des Gebäcks und hält auch den Teig zusammen. Es macht aber das Gebäck fest, weshalb größere Eimengen für Mürbeteiggebäck nicht angebracht sind. Das Gebäck bleibt mürber, wenn nicht das ganze Ei, sondern nur Eigelb, insbesondere gekochtes Eigelb, verwendet wird.

Für den Mürbeteig wird verhältnismäßig wenig *Zucker* verwendet, und zwar feine Raffinade. Grober Zucker löst sich nicht gleichmäßig, da der Teig nur kurz verarbeitet und ohne Flüssigkeit zubereitet wird. In der Backhitze karamelisiert er, das Gebäck erhält an diesen Stellen leicht braune Punkte.

Für würziges Gebäck — z. B. Pasteten oder Käsegebäck — wird der Teig ohne Zucker zubereitet.

Zubereitung des Mürbeteiges

Für das gute Gelingen des Mürbeteiges ist es notwendig, daß sich bei der Teigbereitung kein Kleber bildet. Kleberbildung wird verhindert, wenn alle Zutaten *kalt* sind, der Teig in einem kalten Raum zubereitet und möglichst nicht mit den Händen, sondern mit Teigschabern verarbeitet wird. Wärme bringt das Fett zum Schmelzen und flüssiges Fett ermöglicht Kleberbildung. Auch langes Kneten führt zur Kleberbildung. Man verarbeitet die Zutaten nur so lange, bis der Teig eben zusammenhält.

Krümelig gewordener Teig kann durch Hinzugabe von Eigelb oder sahnig gerührter Butter wieder glatt gearbeitet werden.

Das Mehl wird auf eine Backbrett gesiebt. Man schiebt das Mehl in der Mitte auseinander, verteilt die Butter in Flöckchen auf den Mehlrand. In die Vertiefung gibt man den Zucker und das verquirlte Ei, man verrührt es mit etwas Mehl. Dann mischt und zerhackt man alle Zutaten mit zwei Teigschabern oder Messern so lange, bis der Teig zusammenhält, und knetet ihn dann kurz mit der Hand durch.

Für das Grundrezept III können Butter, Zucker und Ei schaumig gerührt werden. Wasser und ein Teil des Mehles werden hinzugerührt, der Rest des Mehles mit dem Backpulver locker über den Teig gesiebt und schnell, zunächst mit Teigschabern, dann mit der Hand, untergeknetet.

Lockerung des Mürbeteiges

Mürbeteig wird nur wenig gelockert. Als Lockerungsmittel dient Fett, das im Teig fein verteilt ist und bei der Backhitze Wasser abgibt. Der Wasserdampf lockert das Gebäck.

Mürbeteig mit verminderter Fettmenge wird mit einem Triebmittel zubereitet (vgl. Rezept III).

Formen und Backen des Mürbeteiges

Der Teig soll vor dem Ausrollen ½ Stunde kalt stehen, besonders wenn er zu Kleingebäck verarbeitet wird. Das Fett, das bei der Teigzubereitung weich geworden ist, wird dann wieder hart. Der Teig läßt sich besser verarbeiten.

Backbrett und Backrolle werden mit Mehl bestäubt (mit Hilfe eines Mehlsiebes), jedoch darf nur wenig Mehl verwendet werden, weil Mehl den Teig trocken macht. Der Teig wird gleichmäßig ausgerollt, zwischendurch immer wieder geschoben oder mit einem Pfannenmesser angehoben, damit die Teigplatte nicht festklebt.

Mürbeteig wird immer im vorgeheizten Backofen gebacken.

Gebäckart	Einschiebhöhe	Temperaturstufe	Backzeit
Gedeckte Torten mit Füllung	untere Schiene	starke Hitze	30—45 Min.
Tortenböden Gefüllte Schnitten	mittlere Schiene	starke Hitze	15—20 Min.
Kleingebäck	obere Schiene	starke Hitze	10—15 Min.

Verwendung des Mürbeteiges

Torten	Kaffeegebäck	Kleingebäck
offene Torten	Törtchen	süßes Kleingebäck
gedeckte Torten	Fruchttaschen	salziges Kleingebäck
Lagentorten	gefüllte Schnitten	

Mürbeteigtorte mit Obstauflage

Mürbeteig/Grundrezept II
Kompott von ¾—1 kg Früchten
Tortenguß von ¼ *l* Fruchtsaft und 4 Blatt Gelatine

Aus dem Mürbeteig wird ein *Tortenboden* hergestellt:

Der Teig wird ausgerollt, in die vorbereitete Tortenform gelegt, mehrmals eingestochen, damit er keine Blasen wirft, und bei starker Hitze etwa 15 Minuten gebacken.

Soll der Boden sehr dünn werden, so kann man die Zutatenmenge verringern und folgendermaßen zusammenstellen:

50 g Zucker, 100 g Butter, 150 g Mehl, 1 Eigelb

Nach dem Erkalten wird der Tortenboden mit den abgetropften Früchten belegt und mit einem Tortenguß überzogen.

Für den Tortenguß kann man ¼ *l* Fruchtsaft mit 4 Blatt weißer Gelatine binden und den Guß, wenn er anfängt zu gelieren, über die Früchte füllen.

Mürbeteig-Obsttorten können mit Schlagsahne gereicht werden.

Mürbeteigtorte mit Äpfeln

¾ kg Äpfel werden geschält, in Achtel oder Sechzehntel geschnitten und portionsweise in Zuckerlösung gar gemacht. Die Zuckerlösung wird aus ¼ *l* Wasser, etwas Wein, 60 g Zucker, etwas Zitronensaft zubereitet. Die Äpfel werden nach dem Erkalten schuppenförmig auf den gebackenen Tortenboden gelegt und mit einem Tortenguß überzogen.

Mürbeteigtorte mit Cremeauflage

Mürbeteig/Grundrezept II
Fruchtcreme von ¼ *l* Flüssigkeit nach S. 131
Früchte zum Garnieren

Aus dem Mürbeteig wird ein Tortenboden hergestellt, der nach dem Erkalten mit einer Fruchtcreme gefüllt und mit Früchten garniert wird.

Für die Füllung eignen sich kalt gerührte Cremes von Apfelsinen, Ananas oder Aprikosen.

Gedeckte Mürbeteig-Obsttorte I

Mürbeteig/Grundrezept II oder III
außerdem
750 g Früchte
100 g Puderzucker
Mandel- oder Nußspäne

Der Mürbeteig wird mit einem Teelöffel Backpulver zubereitet. Er wird dünn ausgerollt und zu einer runden Teigplatte, die einen 2—3 cm größeren Durchmesser hat als der Boden der Springform, ausgerädert. Die Teigplatte wird in die gefettete Springform gelegt, so daß der Rand hochsteht. Sie wird kurz vorgebacken, mit geriebenem Zwieback bestreut und mit rohen oder eingemachten Früchten belegt (entsteinte saure Kirschen, Johannisbeeren, Stachelbeeren, Rhabarber oder Pflaumenhälften).

Man deckt eine zweite Teigplatte darüber, drückt den Teigrand fest an, backt die Torte bei mittelstarker Hitze ¾—1 Stunde, bestreicht sie heiß mit Zuckerguß und bestreut sie mit Mandel- oder Nußspänen.

Die Torte kann auch vor dem Backen mit Eigelb bestrichen und mit Hagelzucker bestreut werden.

Die Menge reicht für eine mittelgroße Springform. Für eine Backplatte (Haushaltsherd) braucht man Mürbeteig von 625 g Mehl und die doppelte Menge Obstfüllung.

Zu gedeckter *Apfeltorte* werden 750 g geschälte Äpfel in Scheiben geschnitten, mit 3 Eßlöffeln Zucker und 60 g vorbereiteten Korinthen vermischt. Man kann die Äpfel roh auflegen oder sie mit einem Eßlöffel Rum und etwas Butter dünsten.

Zu gedeckter *Rhabarbertorte* wird Rhabarber feingeschnitten und mit 60 g Zucker vermischt. Nach 15 Minuten wird der Saft abgeschüttet und der Rhabarber mit 30—50 g geriebenem Zwieback vermischt auf den Tortenboden gelegt.

Gedeckte Mürbeteig-Obsttorte II

Mürbeteig/Grundrezept II

außerdem

gestoßener Zwieback	Zitronenschale
750 g Früchte	50 g Zwieback
2 Eier	30 g Mandeln
100 g Zucker	Puderzucker

Der Tortenboden wird nach S. 253 vorbereitet und vorgebacken, mit Zwieback bestreut und mit den vorbereiteten Früchten belegt.

Die Eigelb werden mit Zucker schaumig gerührt, abgeriebene Zitronenschale, geriebener Zwieback und Eischnee werden hinzugegeben. Die Masse wird über die Früchte gefüllt, mit Mandelstiften belegt und die Torte bei mittelstarker Hitze 20 Minuten gebacken.

Sie kann heiß mit Puderzuckerguß bestrichen oder kalt mit Puderzucker besiebt werden.

Aus den angegebenen Zutaten kann man auch gedeckte Mürbeteig-Obsttörtchen herstellen.

Mürbeteig-Käsetorte I

Mürbeteig/Grundrezpt II

außerdem

2 Eier	1 Zitrone
150 g Zucker	125 g Rosinen
500 g Quark	50 g Mandeln oder Zitronat
5 Blatt Gelatine	$^1/_4$ *l* geschlagene Sahne

Aus dem Mürbeteig werden zwei dünne Tortenböden in der Springform gebacken.

Für die Quarkfüllung werden Eigelb mit Zucker schaumig gerührt, Quark, aufgelöste Gelatine, die übrigen Zutaten und zuletzt Eischnee und geschlagene Sahne hinzugegeben. Man legt den gebackenen Mürbeteigboden in die Springform, füllt die Quarkmasse auf und belegt die Torte mit der zweiten Mürbeteigplatte.

Sobald die Quarkfüllung erstarrt ist, wird die Springform gelöst und die Torte mit Puderzucker bestäubt.

Mürbeteig-Käsetorte II

Mürbeteig/Grundrezept II

außerdem

60 g Butter	$^1/_2$ Tl. Backpulver
2 Eier, 90 g Zucker	90 g Mehl
60 g Rosinen	500 g Quark

Butter, Eigelb und Zucker werden schaumig gerührt und mit den übrigen Zutaten vermischt. Zuletzt werden Quark und Eischnee hinzugegeben.

Man füllt die Masse auf einen halbgargebackenen Mürbeteigboden, bestreicht sie mit Eigelb und läßt die Torte bei mittelstarker Hitze 50—60 Minuten backen.

Mürbeteig-Lagentorte

Mürbeteig/Grundrezept I oder II (2mal Rezept)
Buttercreme nach S. 302
80—100 g Gelee

Es werden 4—5 Mürbeteigböden ohne Rand gebacken.

Die Böden werden nach dem Backen und Erkalten abwechselnd mit Buttercreme und Gelee gefüllt. Die oberste Lage bestreicht man mit Creme und garniert die Torte mit beliebigem Muster.

Mürbeteig-Obsttörtchen

Der zubereitete Mürbeteig wird in Kuchenförmchen gegeben und bei starker Hitze 15—20 Minuten gebacken.

Die Mengen des Grundrezeptes reichen für etwa 15 Törtchen.

Die gebackenen Törtchen werden nach dem Erkalten mit Kompott gefüllt und mit Tortenguß überzogen (vgl. S. 253).

Mürbeteig-Fruchttaschen

Mürbeteig/Grundrezept II oder III

Füllung

Mus von etwa 500 g Früchten oder etwa 250 g Marmelade

Der Mürbeteig wird dünn ausgerollt. Dann sticht man kleine runde Böden aus. Die Hälfte der einzelnen Böden belegt man mit der Füllung (Marmelade oder frischem Fruchtmus), jedoch muß der Rand frei bleiben. Er wird ringsum mit etwas Wasser oder Ei bestrichen. Dann klappt man die unbelegte Hälfte über die Füllung, so daß man die Form eines Halbkreises erhält, bestreicht die Fruchttaschen mit Eigelb, bestreut sie mit feinem Zukker oder Hagelzucker und backt sie bei mittelstarker Hitze 15—20 Minuten. Die Mengen des Grundrezeptes ergeben etwa 20 Fruchttaschen.

Gefüllte Mürbeteigschnitten

Mürbeteig/Grundrezept II

Der Mürbeteig wird dünn ausgerollt und zu etwa 5 cm breiten Teigstreifen ausgerädert. Man bestreicht die Längskanten mit etwas Wasser, belegt sie mit einem schmalen Rändchen, das man mit Eigelb bestreicht. Dann belegt man die Streifen mit einer Füllung (vgl. nachstehende Rezepte). Die gefüllten Teigstreifen werden bei mittelstarker Hitze 10—15 Minuten gebacken und sofort nach dem Backen in 2—3 cm breite, schräge Streifen geschnitten.

Schokoladenschnitten

Füllung

2 Eischnee	25 g Kakao
200 g Zucker	100 g Mandeln oder Nußkerne

Der steife Eischnee wird mit Zucker verschlagen, dann mit Kakao und grobgehackten Mandeln vermischt.

Makronenschnitten

Füllung

Makronenmasse nach S. 280

Man kann die Längsstreifen der Teigstreifen mit Makronenmasse belegen und die Teigstreifen bei mittelstarker Hitze backen und sofort nach dem Backen in 3 cm breite Streifen schneiden. Die freie Mitte wird nach dem Erkalten mit Gelee gefüllt.

Fürstenschnitten

Füllung

2 Eiweiß, 1 Eigelb	2 Eßl. Mehl
125 g Zucker	40 g Korinthen
125 g Mandeln	30 g Zitronat
oder Kokosflocken	40 g flüssige Butter

Das Eiweiß wird zu Schnee geschlagen, mit Zucker und den übrigen Zutaten vermischt.

Streuselschnitten

Füllung

Marmelade	80 g Butter
80 g Zucker	20 g gehackte Mandeln
80 g Mehl	1 Msp. Zimt, Zitronenschale

Die Teigstreifen werden mit Marmelade bestrichen und mit der Streuselmasse, die aus den übrigen Zutaten bereitet wird, belegt.

Mürbeteig-Kleingebäck I

Mürbeteig/Grundrezept II oder III

Der zubereitete Mürbeteig wird dünn ausgerollt und zu verschiedenem Kleingebäck verarbeitet.

Mandelplätzchen

Mürbeteig wird zu runden Plätzchen, Kränzen, Halbmonden oder anderen beliebigen Formen ausgestochen, mit Eigelb oder Milch bestrichen, mit der bestrichenen Seite in gehackte Mandeln oder in Zucker getaucht und bei starker Hitze etwa 10 Minuten gebacken.

Terrassen

Mürbeteig wird zu kleinen runden Plätzchen von 3 oder 4 verschiedenen Größen ausgestochen. Nach dem Backen werden je 3 oder 4 Plätzchen mit Gelee oder Marmelade zu Terrassen aufeinandergesetzt und dann mit Puderzucker bestäubt.

Schnecken

Man vermischt die Hälfte des Mürbeteiges mit etwas Kakao, rollt die beiden Teigstücke aus, legt den dunklen Teig auf den hellen und rollt den Teig fest zusammen. Man schneidet die Teigrolle in ½ cm dicke Scheiben, die man bei starker Hitze etwa 10 Minuten backen läßt.

Gefüllte Schokoladenplätzchen

Mürbeteig wird zu kleinen runden oder rechteckigen Plätzchen ausgestochen und gebacken. Nach dem Erkalten füllt man zwischen je 2 Plätzchen etwas Gelee oder Marmelade oder Marzipan oder Nougatmasse und überzieht die Doppelplätzchen mit Schokoladenguß (S. 307). Sie können mit gehackten Pistazien bestreut oder mit einer Mandel belegt werden.

Keks

60 g Butter	1 Ei, 250 g Mehl
125 g Zucker	$^1/_2$ Tl. Backpulver
1 P. Vanillezucker	1 Prise Salz

Butter, Zucker und Eier werden schaumig gerührt, die übrigen Zutaten hinzugegeben. Der Teig wird leicht durchgeknetet, ausgerollt, mit einer Keksrolle oder durch leichtes Aufdrücken einer Reibe verziert und zu runden Plätzchen ausgestochen oder zu Vierecken ausgerädert. Die Kekse werden bei mittelstarker Hitze hellgelb gebacken.

Mürbeteig-Kleingebäck II

Rahmkränze

250 g Mehl	Eigelb
150 g Butter	Zucker, Zimt
5—8 Eßl. saure Sahne	gehackte Mandeln

Mehl, Butter und Sahne werden schnell zu einem gekneteten Teig verarbeitet. Der Teig wird ausgerollt, zu Kränzen ausgestochen, die vor dem Backen mit Eigelb bestrichen und in eine Mischung von Zucker, Mandeln und sehr wenig Zimt getaucht und bei mittelstarker Hitze gebacken werden. Das Gebäck hat blätterteigähnliche Beschaffenheit. Es kann auch in Form von runden Plätzchen gebacken werden.

Mandelschnitten

250 g Mehl	80 g Zucker
200 g Butter	1 Ei
125 g gehackte Mandeln	1 Eßl. Vanillezucker

Aus den Zutaten wird ein Mürbeteig hergestellt, den man fingerdick ausrollt und zu kleinen Schnitten (1—2 cm breit, 6—8 cm lang) ausschneidet. Die Schnitten werden 10—15 Minuten bei schwacher Hitze gebacken und nach dem Erkalten mit den Längsenden in Kuvertüre getaucht.

Nußstangen

25 g Butter	150 g Nußkerne
50 g Zucker	100 g Mehl
2 Eier, Vanille	$^1/_2$ Tl. Backpulver

Butter, Zucker und Eier werden schaumig gerührt, die übrigen Zutaten, wenn nötig, auch 1 Teel. Wasser, hinzugegeben. Die Masse wird zu runden Stangen geformt, die mit Eigelb bestrichen und bei schwacher Hitze gebacken werden. Man kann sie nach dem Backen zur Hälfte mit Schokolade überziehen.

Marzipan-Plätzchen

100 g Marzipan	1 Ei
125 g Butter	1 Msp. Zimt
150 g Zucker	etwas Vanille
250 g Mehl	1 Tl. Kakao
Überzug:	
100 g Schokolade	20 g Palmin

Die Marzipanmasse wird mit der weichen Butter verrührt, dann mit den übrigen Zutaten schnell zum Teig verknetet. Der Teig wird ausgerollt, zu runden Plätzchen ausgestochen, die mit Eigelb bestrichen und hellbraun gebacken werden. Nach dem Erkalten wird die untere Seite mit flüssiger Schokolade überzogen.

Wiener Kipfel

120 g Butter	70 g feingeriebene Mandeln
170 g Mehl	Puderzucker zum Bestreuen
70 g Zucker	

Die Butter wird sahnig gerührt und mit den übrigen Zutaten zu einem weichen Teig verarbeitet. Aus dem Teig formt man mit Hilfe eines Holzbrettchens 3—5 cm lange Röllchen, die man wie Hörnchen biegt, dann hellgelb backen läßt und sofort nach dem Backen in feinem Zucker wendet oder nach dem Erkalten mit Puderzucker bestäubt.

Spekulatius

I.

250 g Butter	1 Tl. Zimt
200 g Farinzucker	1 Tl. gemahlene Nelken
500 g Mehl	1 Msp. Hirschhornsalz
$^1/_2$ Tl. Kardamom	$^1/_2$ Tl. Wasser

Butter und Zucker werden schaumig gerührt, das in ½ Teel. Wasser gelöste Hirschhornsalz wird hinzugegeben, dann das gesiebte, mit den Gewürzen vermischte Mehl darübergestreut und der Teig sehr schnell geknetet. Der Teig soll möglichst bis zum folgenden Tag kalt stehen. Er wird zur Rolle geformt und in Holzformen, die mit Mehl ausgestäubt sind, eingedrückt und darauf ausgerollt. Der überstehende Teig wird abgeschnitten und der Spekulatius vorsichtig herausgenommen. Die Plätzchen werden auf einer gefetteten Backplatte bei mittelstarker Hitze hellbraun gebacken.

II.

200 g Butter	500 g Mehl
200 g Zucker	Gewürze
2 Eier	2 gestrichene Tl. Backpulver

Der Teig wird nach obigen Angaben zubereitet und gebacken.

Mutze-Mandeln

50 g Butter	375 g Mehl
125 g Zucker	$1^1/_2$ Tl. Backpulver
2 Eier	2 Eßl. Rum oder Kognak
	Fett zum Backen

Aus den angegebenen Zutaten wird ein Mürbeteig nach S. 251 hergestellt, der $^3/_4$ cm dick ausgerollt und dann mit der Mutzemandelform zu mandelförmigen Plätzchen ausgestochen wird. Die Mutze-Mandeln werden in heißem Fettbad gebacken und nach dem Abtropfen in Zucker gewendet.

Man kann auch etwas weniger Mehl und Fett nehmen und dafür gehackte Mandeln in den Teig geben.

Mürbeteig-Kleingebäck III

Käsestangen

30 g Butter	2—3 Eßl. saure Sahne
60 g Mehl	1 Prise Salz, 1 Prise Zucker
30 g Käse	1 Prise Ingwer

Die Butter wird sahnig gerührt und sehr schnell mit den übrigen Zutaten zu einem glatten Teig verarbeitet, den man messerrückendick ausrollt und in Streifen (1 cm breit, 8 cm lang) schneidet. Die Streifen werden mit Eigelb bestrichen, beliebig mit Käse bestreut und bei mittelstarker Hitze hellgelb gebacken. Man kann die Stangen auch vor dem Backen etwas drehen.

Käsekeks

Der Käsemürbeteig wird ausgerollt und zu markgroßen Scheiben ausgestochen. Je zwei Scheiben werden nach dem Backen mit Käsebutter bestrichen und mit geriebenem Käse bestreut.

Hefeteig

Hefeteig ist ein durch Einwirkung von Hefepilzen gelockerter, kleberreicher Teig. Die Krume des Hefegebäcks besteht aus einem Porengerüst, die Kruste hat hautartige Beschaffenheit.

Grundzutaten des Hefeteiges

Art und Mengenverhältnis der Grundzutaten ergeben sich aus den Lebensbedingungen der Hefepilze.

Grundzutaten	**Grundrezept I** leichter Teig	**Grundrezept II** schwerer Teig
Mehl	500 g	500 g
Hefe	30 g	40 g
Milch	$^1/_4$ *l*	$^1/_8$ *l*
Zucker	50—80 g	100—150 g
Fett	50—80 g	100—150 g
Salz	5 g	5 g
Ei	—	1—2 Eigelb

Die *Hefe*menge wird auf 60 g/500 g Mehl erhöht, wenn schwere Füllmassen oder schwere Auflagen verwendet werden. Die Hefemenge wird im Verhältnis zur Mehlmenge verringert, wenn große Teigmengen zubereitet werden. Dann genügen für je 1 kg Mehl 40—50 g Hefe.

Die *Zucker*menge kann erhöht oder vermindert werden, jedoch soll der Zuckergehalt möglichst 200 g/500 g Mehl nicht überschreiten, weil der Teig sonst zu schwer und nicht genügend gelockert wird. Beim Vorteig darf nur wenig Zucker hinzugefügt werden, durch das Lösen des Zuckers könnte den Hefepilzen das Eigenwasser entzogen werden.

Hefeteig kann auch ohne Zucker zubereitet werden. Zuckerfreier Teig wird für Brot verarbeitet oder für salziges Gebäck. Die Salzmenge kann bei diesem Gebäck erhöht werden.

Der *Fett*anteil kann vermindert werden oder ganz entfallen. Eine Erhöhung ist nur begrenzt möglich. Die Fettmenge soll nicht mehr als $^1/_3$ der Mehlmenge betragen.

Der Hefeteig kann mit *Eiern* zubereitet werden, dann ist die Flüssigkeitsmenge zu vermindern. Man verwendet am besten nur Eigelb. Durch Eigelb erreicht man einen hochtreibenden, nicht breitfließenden Teig. Ganze Eier im Teig bewirken, daß das Gebäck schnell austrocknet.

Bei Hefeteig ist es nicht möglich, *Mehl* gegen Stärke, Zwieback, Nüsse oder Mandeln auszutauschen, weil der Kleber des Mehles für die Bildung der Krume notwendig ist. Außerdem ist das mehleigene Ferment Diastase an der Teiglockerung beteiligt.

Zubereitung des Hefeteiges

Erste Art der Zubereitung

Gleichzeitige Verarbeitung aller Zutaten

Alle Zutaten werden erwärmt und dann miteinander verarbeitet, nur ein Teil des Mehles bleibt zum Ausrollen des Teiges zurück. Der Teig wird so lange geschlagen, bis Luftblasen sichtbar werden. Dann läßt man den Teig aufgehen. Wenn er das Doppelte seines Volumens angenommen hat, wird er noch einmal durchgeknetet, dann geformt und gebacken.

Bei der Benutzung einer *elektrischen Küchenmaschine* kann diese Methode gut angewandt werden: Alle Zutaten werden etwa 5 Minuten mit dem Knetwerk verarbeitet, dann stellt man den Teig mit der Schüssel warm, läßt ihn nach dem Aufgehen noch einmal durchkneten und formt ihn dann.

Zweite Art der Zubereitung

Ansetzen eines Vorteiges

Um die Garfähigkeit der Hefe zu prüfen, wird zunächst ein Vorteig — das sogenannte Hefestück — angesetzt. In die Mitte des gesiebten Mehles wird eine Vertiefung gemacht, die mit etwas lauwarmer Milch und ½ Teelöffel Zucker verrührte Hefe wird hineingegeben und mit etwas Mehl bestreut. Die Butter wird in Flöckchen auf den Mehlrand gelegt. Der Vorteig wird mit Mehl überstäubt und zugedeckt warm gestellt.

Wenn er genügend aufgegangen ist, d. h. etwa doppelt so hoch geworden ist (20 Minuten), werden Zucker, Salz, der Rest der warmen Milch hinzugegeben und mit dem Mehl und dem Vorteig verarbeitet. Der Teig wird so lange geschlagen, bis er weich und geschmeidig ist und sich von der Schüssel löst. Dann wird er mit dem Handballen auf bemehltem Backbrett noch einige Zeit durchgeknetet und anschließend geformt.

Diese Art der Zubereitung kann für beide Grundrezepte angewandt werden. Bei Benutzung einer Küchenmaschine wird der Vorteig getrennt in einem kleinen Gefäß angesetzt.

Dritte Art der Zubereitung

Schaumigrühren der Fett-Zucker-Ei-Masse

Zunächst wird ein Vorteig angesetzt, wie bei der zweiten Zubereitungsart. Dann wird Butter mit Zucker und Ei schaumig gerührt, die Schaummasse mit dem aufgegangenen Vorteig, mit Mehl und Salz zu einem lockeren Teig verarbeitet. Der Teig wird weiterbehandelt wie bei der zweiten Zubereitungsart.

Diese Art der Zubereitung eignet sich besonders für schwere Hefeteige.

Vierte Art der Zubereitung

Teiglockerung im Wasser

Aus den Zutaten, außer Zucker, wird ein Hefeteig nach Grundrezept II gearbeitet. Zucker und $\frac{1}{4}$ der Mehlmenge hält man zunächst zurück. Die flüssige, abgekühlte Butter wird nach Hinzugabe der Milch mit dem Teig verarbeitet.

Der Teig wird zum Aufgehen nicht warm gestellt, sondern in einem bemehlten Tuch in kaltes Wasser gelegt, bis sich der Teig infolge der eingetretenen Gasentwicklung hebt und umwendet.

Dann wird der Zucker mit dem Rest des Mehles durch den Teig geknetet und der fertige Teig geformt.

Diese Art der Zubereitung eignet sich besonders für die Herstellung von Napfkuchen, Stollen, Hefekranz, Hefezopf.

Lockerung des Hefeteiges

Hefeteig wird durch die Einwirkung der Hefepilze gelockert. Die käufliche Backhefe — auch Preßhefe genannt — besteht aus einzelligen Sproßpilzen. Die Wirkung der Hefepilze ist an bestimmte Lebensbedingungen gebunden: Wärme, Luft, Feuchtigkeit und Teig als Nährboden.

Wärme

Hefe entwickelt sich am besten bei einer Temperatur von 30—37° C; bei einer Temperatur von 50° C wird sie unwirksam. Alle Zutaten müssen darum warm sein. Zum Aufgehen wird der Teig an einen warmen Ort gestellt, jedoch nicht auf kochendes Wasser und nicht in den Backofen. Die Mindesttemperaturen bei den meisten Backöfen liegen zu hoch, so daß die Hefepilze nicht lebensfähig bleiben.

Luft

Außer Wärme brauchen die Hefepilze zu ihrer Entwicklung Luft. Darum ist es zweckmäßig, das Mehl zu sieben und den Teig kräftig zu schlagen, bis er Luftblasen zeigt.

Beim Aufgehen wird der Teig nicht mit einem festschließenden Deckel, sondern mit einem Tuch abgedeckt. Abdecken ist jedoch wichtig, weil das Aufgehen des Teiges durch Luftzug beeinträchtigt wird, aufgegangener Teig kann zusammenfallen.

Flüssigkeit

Ohne Flüssigkeit können die Hefepilze nicht wirksam werden. Als Flüssigkeit werden warme Milch oder warmes Wasser für die Teigbereitung verwendet. Man kann auch Buttermilch und Sauermilch verwenden.

Nährboden

Die Bestandteile des Teiges — Zucker, Fett und Eiweiß — sind geeignete Nahrung für die Hefepilze. Die Hefe enthält alle Fermente, um diese Stoffe zu spalten: Zymase, Maltase, Invertase, Lipasen und Proteasen, das stärkespaltende Ferment Diastase jedoch nur in sehr geringer Menge.

Von backtechnischer Bedeutung ist die Fähigkeit der Hefepilze, Disaccharide und Monosaccharide zu spalten. Beim Abbau der Monosaccharide werden Alkohol und Kohlendioxid frei. Das Kohlendioxid wirkt als Teiglockerungsmittel. Das stärkespaltende Ferment Diastase ist in so geringer Menge enthalten, daß es kaum Bedeutung für die Lockerung des Teiges hat. Diastase ist aber auch im Mehl selbst enthalten, sie wird jedoch nur langsam wirksam. Somit wird die Gärung beschleunigt, wenn man dem Teig Zucker zusetzt.

Fettzugabe ist für die Wirkung der Hefe nicht notwendig. Es wird hinzugegeben, um die Qualität des Teiges zu verbessern. Die Fettmenge soll aber nicht mehr als ⅓ der Mehlmenge betragen. Bei hohem Fettanteil werden die Hefepilze von den Fetteilchen umhüllt und in ihrer Wirksamkeit beeinträchtigt. Das ist besonders beim Ansetzen des Vorteiges zu berücksichtigen.

Wenn alle Lebensbedingungen der Hefe gegeben sind, werden die Fermente der Hefe und auch die mehleigenen Fermente wirksam:

Die Diastase des Mehles spaltet Stärke in Malzzucker
Die Maltase der Hefe spaltet Malzzucker in Traubenzucker
Die Zymase der Hefe spaltet Traubenzucker in Kohlendioxid und Alkohol

Kohlendioxid und Alkohol dehnen sich in der Wärme aus und bewirken die Teiglockerung. Die Gärung wird beschleunigt, wenn man dem Teig etwas Zucker zusetzt. Es können dann sofort die Maltase und anschließend die Zymase wirksam werden.

Formen und Backen des Hefeteiges

Hefeteig muß nach dem Formen noch aufgehen, bis er die gewünschte Höhe hat, dann wird er sofort in vorgeheiztem Backofen gebacken.

Gebäckart	Einschiebhöhe	Temperaturstufe	Backzeit
Hohes Gebäck	untere Schiene	mittelstarke Hitze	etwa 60 Min.
Halbhohes Gebäck	untere Schiene	mittelstarke Hitze	etwa 45 Min.
Flaches Gebäck	mittlere Schiene	mittelstarke Hitze	20—30 Min.
Kleingebäck	mittlere Schiene	starke Hitze	etwa 15 Min.

Verwendung des Hefeteiges

Hefeteig läßt sich für süßes und salziges Gebäck verarbeiten.

Süßes Gebäck

Rodonkuchen
Geformte Kuchen (Kranz, Zopf)
Plattenkuchen
Kleingebäck
Brot, Brötchen

Salziges Gebäck

Brot
Brötchen
Gefüllte Rollen
Käsegebäck

Rodonkuchen

Hefeteig/Grundrezept II

außerdem

2 Tropfen Zitronenöl
125 g Rosinen und Korinthen
50 g Mandeln
50 g Zitronat

Der Hefeteig wird mit 40—50 g Hefe zubereitet. Unter den locker gearbeiteten Teig werden die oben angegebenen Zutaten gemischt.

Der Teig wird sogleich in eine gut eingefettete, mit Stoßbrot ausgestreute Backform gegeben. Er muß zu doppelter Höhe aufgehen und bei mittelstarker Hitze etwa 1 Stunde backen.

Hefezopf

Hefeteig/Grundrezept I

außerdem

150 g Marmelade
1 Eigelb
Zucker

Der aufgegangene ausgerollte Hefeteig wird in drei 5—8 cm breite Streifen geschnitten. Die Teigstreifen werden mit Marmelade oder mit Apfelmus bestrichen, aufgerollt und dann zum Zopf zusammengeflochten.

Nachdem der Hefezopf genügend aufgegangen ist, wird er mit Eigelb bestrichen, mit Zucker bestreut und bei mittelstarker Hitze 30—40 Minuten gebacken.

Der Hefezopf kann auch mit einer Füllung wie beim Hefekranz zubereitet werden.

Gefüllter Hefekranz

Hefeteig/Grundrezept I

Füllung

200 g Marzipan
30 g Butter
60 g Zucker
60 g gehackte Mandeln
60 g Korinthen
60 g Rosinen
30 g Zitronat
1 Msp. Zimt

Glasur

100 g Puderzucker

Der aufgegangene Hefeteig wird ausgerollt und mit Marzipanmasse, die mit Butter glattgerührt wird, bestrichen. Die übrigen Zutaten werden vermischt und auf den Teig gestreut. Der Teig wird aufgerollt, die Rolle der Länge nach auseinandergeschnitten, die beiden Teile werden lose miteinander verschlungen und als Kranz auf die gefettete Backplatte gelegt. Der Kranz wird nochmals zum Aufgehen warm gestellt, nach Belieben mit Eigelb bestrichen und mit grobgehackten Mandeln bestreut. Er wird bei mittelstarker Hitze 30—40 Minuten gebacken und sofort nach dem Backen mit dicker Zuckerglasur bestrichen.

Aus dem Teig können 10—12 kleine Kränze geformt werden. Man kann sie ohne Marzipan zubereiten.

Schneckenkuchen

Hefeteig/Grundrezept I
Füllung wie zu Hefekranz
150 g Puderzucker

Der Hefeteig wird zu einer dünnen viereckigen Platte ausgerollt, mit der mit Marzipanmasse verrührten Butter bestrichen, mit den anderen Zutaten bestreut und aufgerollt. Die Rolle wird in 3—5 cm breite Stücke geschnitten, die man, mit der Schnittseite nach oben, in eine vorbereitete Springform stellt. Sie müssen so weit auseinanderstehen, daß sie Platz zum Aufgehen haben. Nach dem Aufgehen wird der Kuchen bei mittelstarker Hitze 30—45 Minuten gebacken und, solange er noch heiß ist, mit Zuckerglasur überzogen.

Butterkuchen

Hefeteig/Grundrezept I

außerdem

Saft $^1/_2$ Zitrone	$^1/_2$ Tl. Zimt
75 g Butter	100 g Zucker

Der Hefeteig wird mit abgeriebener Zitronenschale und mit Zitronensaft durchgeknetet. Er wird ausgerollt, auf eine gut eingefettete Backplatte gelegt, nach dem Aufgehen an mehreren Stellen mit der Gabel eingestochen, mit Butterflöckchen belegt und mit einer Mischung von Zucker und Zimt bestreut.

Der Butterkuchen wird bei mittelstarker Hitze 20—25 Minuten gebacken.

Streuselkuchen

Hefeteig/Grundrezept I

Streusel

150—200 g Mehl
150 g Zucker
150 g Butter

Der Hefeteig kann mit 125 g Rosinen verknetet werden. Nach dem Aufgehen wird er flach auf einer eingefetteten Platte ausgerollt und nochmals 15—20 Minuten zum Aufgehen warm gestellt, dann mit zerlassener Butter oder warmer Milch bestrichen und mit der Streuselmasse belegt.

Nachdem der Teig wieder aufgegangen ist, wird der Kuchen bei mittelstarker Hitze 20—30 Minuten gebacken.

Für den *Streusel* wird Zucker mit Mehl vermischt, die zerlassene, abgekühlte Butter langsam hinzugegeben und die Masse zwischen bemehlten Händen verkrümelt.

Der Streusel kann auch mit etwas Zimt, mit grobgehackten Mandeln oder mit Stoßbrot vermischt werden. Stoßbrot macht den Streusel kroß.

Bienenstich

Hefeteig/Grundrezept I

Auflage:

100 g Honig
175 g Butter
175 g Zucker
150 g Mandeln
oder Nußkerne
oder Kokosflocken

Der Honig wird mit Butter und Zucker langsam erwärmt und mit den geschälten gehackten Mandeln oder Nußkernen oder mit Kokosflocken verrührt. Die Masse wird vor dem Aufgehen des Teiges auf die Teigplatte gestrichen. Der Teig wird an mehreren Stellen mit der Gabel eingestochen und nach dem Aufgehen bei mittelstarker Hitze 20—30 Minuten gebacken. Der Kuchen kann nach dem Erkalten durchgeteilt und mit Creme gefüllt werden (für eine Platte $^3/_4$—1 *l* Creme nach S. 304).

Hefekuchen mit Fruchtmus

Hefeteig/Grundrezept I

außerdem

Fruchtmus von $1^1/_2$—2 kg frischen Früchten
Eigelb
Zucker

$^3/_4$ des Hefeteiges ($^1/_4$ bleibt für Teigstreifen zurück) werden auf einer Backplatte 1 cm dick ausgerollt. Der aufgegangene Teig wird mit Apfelmus, Pflaumenmus oder anderem Fruchtmus bestrichen und mit einem Teiggitter belegt. Die Teigstreifen werden mit Eigelb bestrichen und mit Zucker bestreut.

Der Kuchen muß nochmals aufgehen. Er wird bei mittelstarker Hitze 20—30 Minuten gebacken.

Statt des Teiggitters kann man auch eine Teigdecke auf das Fruchtmus legen.

Hefekuchen mit Apfelstückchen

Hefeteig/Grundrezept I

außerdem

$1^1/_2$ kg Äpfel
50 g Mandeln
50 g Korinthen
50 g Zucker
Streusel nach S. 267

Die geschälten Äpfel werden in Achtel oder Sechzehntel geschnitten und auf den ausgerollten Hefeteig gelegt. Man streut gehackte Mandeln, gequollene Korinthen, den Zucker und die Streusel darüber und läßt den Kuchen bei mittelstarker Hitze 20—30 Minuten backen.

Hefekuchen mit Pflaumen

Hefeteig/Grundrezept I
außerdem
2 kg Pflaumen
100 g Zucker

Der aufgegangene Hefeteig wird ausgerollt und auf die Backplatte gelegt, mit flüssiger Butter bestrichen und dicht mit Pflaumen belegt. Jede Pflaumenreihe muß die vorherige zum Teil bedecken, da der Kuchen sonst nach dem Backen nicht genügend gefüllt ist. Die Pflaumen werden vorher entsteint und die Hälften noch einmal eingeschnitten. Der Pflaumenkuchen wird bei mittelstarker Hitze etwa 30 Minuten gebacken. Nach dem Backen wird er sogleich dick mit Zucker bestreut (nicht vor dem Backen).

Hefeteigkleingebäck

Hefeteig/Grundrezept
Füllung wie zu Hefekranz
250 g Puderzucker

Der aufgegangene Hefeteig wird ausgerollt, mit der sahnig gerührten Butter und mit Marzipanmasse bestrichen und mit der Füllung belegt. Man schlägt den Teig so zusammen, daß drei Lagen übereinander liegen, schneidet 3 cm breite Streifen und formt die Streifen zu Halbmonden, Kränzen, Flechten oder Löwentatzen, legt sie auf eine Backplatte, läßt sie noch kurze Zeit aufgehen und backt sie bei starker Hitze etwa 10 Minuten.

Das Gebäck wird nach dem Backen sogleich mit dicker Zuckerglasur überzogen oder mit flüssiger Butter bestrichen und in Zucker gewendet.

Statt der angegebenen Füllung können Marmelade, Apfelmus oder Creme nach S. 119 zum Füllen dienen.

Hefeteig von 500 g Mehl ergibt etwa 20 Teile.

Hefeschnecken

Der Hefeteig wird wie bei Schneckenkuchen nach S. 266 zu einer Rolle verarbeitet, die man in 2—3 cm breite Stücke schneidet. Die Stücke werden als Hefe-Kleingebäck nach obigen Angaben gebacken und mit Zuckerglasur überzogen.

Berliner Ballen

Hefeteig/Grundrezept I

außerdem

2 Eier	Fettbad
Marmelade	Zucker zum Wenden

Hefeteig wird mit 2 Eiern zubereitet und nach dem Aufgehen zu kleinen Ballen geformt. Nachdem die Ballen aufgegangen sind, wird etwas Marmelade eingespritzt.

Man kann den Teig auch auf bemehltem Backbrett ausrollen. Auf einer Hälfte der Teigplatte werden mit rundem Ausstecher Kreise angedeutet. Auf die Mitte der Kreise wird Marmelade gegeben und ringsherum Milch oder Wasser gestrichen. Die zweite Hälfte der Teigplatte wird nun herübergeschlagen und um die kleinen Marmeladenerhöhungen angedrückt. Dann werden die Kuchen ausgestochen und auf ein bemehltes Brett gelegt. Die aufgegangenen Ballen werden mit der obenliegenden Seite nach unten in das heiße Fettbad gegeben und bei 180° C 8—10 Minuten gebacken.

Das Fettbad wird während des Backens in den ersten 3—5 Minuten zugedeckt, da die Ballen dann besser aufgehen. Sie werden möglichst nur einmal gewendet. So behalten sie in der Mitte die weiße Naht, die ein Zeichen für das gute Gelingen der Berliner Ballen ist. Die fertigen Ballen müssen gut abtropfen, bevor sie in Zucker gewendet werden.

Hefeteig von 500 g Mehl ergibt 18—20 Berliner Ballen.

Ölkrapfen

Hefeteig/Grundrezept I

außerdem

2 Eier	Fettbad
125 g Rosinen und Korinthen	Zucker zum Wenden

Der Hefeteig wird mit 2 Eiern zubereitet und mit Korinthen und Rosinen durchgeknetet. Nachdem der Teig gut aufgegangen ist, taucht man einen Löffel in das heiße Fettbad, sticht damit Bällchen aus dem Teig und läßt sie 10—12 Minuten im Fettbad hellbraun backen. Nach dem Backen wendet man die Ölkrapfen in Zucker.

Hefeteig von 500 g Mehl ergibt etwa 18—20 Ölkrapfen.

Weißbrot

Hefeteig/Grundrezept I

Der Teig wird nach der ersten oder zweiten Zubereitungsart hergestellt und in eine ausgefettete Brotform gelegt. Man läßt den Teig nochmals

30—40 Minuten aufgehen und backt das Brot bei mittelstarker Hitze 1 Stunde.

Nach dem Backen wird das Brot sogleich mit etwas heißer Milch bestrichen, damit die Oberfläche glänzend wird.

Weißbrot mit Korinthen

Vor dem Formen werden 125 g Korinthen und Rosinen durch den Teig geknetet. Korinthenbrot muß wenigstens 1 Stunde backen.

Weißbrot ohne Zucker

Weißbrot kann auch ohne Zucker und mit verringerter Fettmenge hergestellt werden. Es ist zweckmäßig, diesen Teig nach der zweiten Art der Zubereitung herzustellen und den Vorteig mit einem Teelöffel Zucker anzusetzen.

Brötchen

Hefeteig nach Grundrezept I wird mit 60 g Hefe zubereitet. Die Brötchen werden dann besonders locker. Der Teig muß 30—40 Minuten aufgehen. Man formt zunächst eine lange Rolle, die man in 16—20 Stücke einteilt. Dann werden mit der Hand runde Brötchen geformt, die auf einer eingefetteten Backplatte nochmals zum Aufgehen warm gestellt und dann bei starker Hitze 10—15 Minuten gebacken werden.

Sobald die Brötchen gar sind, werden sie dünn mit Milch oder heißer Butter bestrichen. Sehr glänzend werden sie, wenn sie vor dem Backen mit verschlagenem Eigelb bestrichen werden. Sie dürfen dann beim Aufgehen nur mäßig warm stehen, weil das Eigelb leicht austrocknet und die Brötchen dann nicht gut aufgehen.

Korinthenbrötchen

Der vorbereitete Teig wird mit 125 g Rosinen und Korinthen verknetet.

Zwieback

Hefeteig nach Grundrezept I wird nach dem Aufgehen zu länglichen Brötchen geformt, die reihenweise nebeneinander auf eine gefettete Backplatte gelegt und bei starker Hitze 15—20 Minuten gebacken werden.

Der Teig kann auch zu 2 Einzelbroten geformt und gebacken werden.

Am folgenden Tag wird das Gebäck in Zwiebackform geschnitten und im Backofen bei mittelstarker Hitze auf beiden Seiten hellbraun geröstet.

Gußzwieback

Ein ganzes Ei wird mit so viel Puderzucker gerührt, daß man eine steife schaumige Masse erhält. Mit dieser Masse werden die Zwiebäcke, sobald sie nach dem Rösten aus dem Backofen genommen werden, gleichmäßig bestrichen. Sie müssen im offenen Backofen bei sehr schwacher Hitze nachtrocknen.

Die Schaummasse kann durch Kakao, Zimt oder Anis abgeändert werden.

Wurstbrötchen

Hefeteig/Grundrezept I
500 g Bratwurst oder Hackfleischteig nach S. 197, $^1/_2$ Rezept

Man stellt Hefeteig ohne Zucker her. Nach dem Aufgehen wird der Teig ausgerollt und in rechteckige Stücke geschnitten. Die Stücke werden mit frischer Bratwurst oder mit Würstchen, die man aus dem Hackfleischteig formt, gefüllt. Die Rollen werden mit Eigelb bestrichen und nach dem nochmaligen Aufgehen bei mittelstarker Hitze gebacken.

Hefeteig von 250 g Mehl ergibt etwa 10 Wurstbrötchen.

Käsebrötchen

Der Hefeteig wird ohne Zucker (1 Prise zum Vorteig) mit 2—3 Eßlöffeln geriebenem Käse zubereitet und nach dem Aufgehen zu kleinen Kugeln geformt; die Teigkugeln werden auf eine eingefettete Backplatte gelegt, je 2 Kugeln aneinander, dann mit Eigelb bestrichen und nach dem nochmaligen Aufgehen etwa 10 Minuten bei starker Hitze gebacken.

Hefeteig von 500 g Mehl ergibt 35—40 kleine Doppelbrötchen.

Salzstangen

Hefeteig wird ohne Zucker zubereitet, nach dem Aufgehen ausgerollt und zu 1 cm breiten Streifen ausgerädert. Die Streifen werden mit Eigelb bestrichen, mit Salz und Kümmel bestreut und nach dem nochmaligen Aufgehen bei starker Hitze 5—10 Minuten gebacken.

Biskuitteig

Biskuitteig ist ein schaumiger Teig, der aus vielen Eiern zubereitet wird und ein feinporiges, elastisches Gebäck ergibt.

Grundzutaten	**Grundrezept I** echtes Biskuit	**Grundrezept II** Backpulverbiskuit
Ei	1 Stck. (50 g)	1 Stck. (50 g)
Zucker	25 g	50 g
Mehl	25 g	50 g
Backpulver	—	eine Messerspitze
Wasser	—	ein Eßlöffel

Die besondere Beschaffenheit des Teiges ist auf den hohen Gehalt an *Eiern* zurückzuführen. Nur Eier mit einem Mindestgewicht von 50 g ermöglichen einen schaumigen Teig und ein lockeres, elastisches Gebäck.

Eipulver und eingelegte Eier eignen sich weniger gut für die Zubereitung von Biskuitteig.

Es ist zweckmäßig, das *Mehl* ganz oder zur Hälfte durch Speisestärke zu ersetzen. Bei ausschließlicher Verwendung von Mehl kommt es leicht zur Kleberbildung, die typische Beschaffenheit des Biskuits wird nicht erreicht.

Mehl kann außerdem fast ganz durch Mandeln, Nüsse oder Zwieback ersetzt werden. Bei dem Backpulverbiskuitteig empfiehlt es sich, nur die Hälfte des Mehles auszutauschen.

Außerdem kann durch Hinzugabe von Schokolade, Kakao oder Kaffeemehl der Geschmack verändert werden. Die im Handel angebotenen Biskuit-Fertigmehle ergeben nicht die für das Biskuitgebäck erwartete Beschaffenheit.

Die Hinzugabe von *Wasser* ist nur notwendig bei dem Backpulverbiskuit. Das Wasser wird vor dem Zucker zum Ei gegeben. Man verwendet lauwarmes Wasser, wenn die ganzen Eier oder das Eigelb schaumig geschlagen werden, kaltes Wasser, wenn nur das Eiklar mit dem Zucker schaumig geschlagen wird.

Beim Biskuitteig wird *Zucker* immer in gleicher Menge verwendet wie Mehl. Feiner Zucker ist zu bevorzugen.

Biskuitteig wird im allgemeinen ohne *Fett* zubereitet. Soll Fett verarbeitet werden, so verwendet man je Ei 10 g Butter oder gute Margarine. Man läßt das Fett schmelzen, erkalten und gibt es in den fertigen Teig.

Zubereitung des Biskuitteiges

Erste Art der Zubereitung

Schaumigschlagen von Eigelb und Eiklar getrennt

Eigelb und Zucker werden schaumig geschlagen. Einen Teil des Zuckers läßt man zurück, gibt ihn löffelweise zu dem steifen Eischnee und schlägt die Masse so lange, bis sie ganz steif ist. Hierdurch wird das Zusammenfallen des Eischnees beim Einrühren in den Teig verhütet.

Der Eischnee wird schnell und leicht unter die schaumig gerührten Eigelb gemischt, die Geschmackszutat hinzugegeben, dann das Mehl portionsweise über die Schaummasse gesiebt und leicht durchgehoben. Der Teig darf mit dem Mehl nicht länger gerührt werden, da das Gebäck sonst infolge der Kleberbildung nicht locker und elastisch wird.

Bei Backpulverbiskuit gibt man je Ei einen Eßlöffel warmes Wasser vor dem Zucker zum Eigelb. Das Backpulver wird mit dem Mehl vermischt.

Zweite Art der Zubereitung

Schaumigschlagen der ganzen Eier

Die ganzen Eier werden mit Zucker schaumig geschlagen, die Geschmackszutat und das feingesiebte Mehl portionsweise leicht untergemischt. Bei dieser Art der Zubereitung wird der Kuchen feinporig, bei der ersten Art wird er etwas lockerer. Die zweite Art der Zubereitung eignet sich besonders gut bei Verwendung einer Küchenmaschine.

Bei Backpulverbiskuit gibt man je Ei einen Eßlöffel warmes Wasser vor dem Zucker zum Ei.

Dritte Art der Zubereitung

Schaumigschlagen des Eiklars (Schnellbiskuit)

Der steife Eischnee wird 1—2 Minuten mit dem Zucker geschlagen, dann gibt man das Eigelb hinzu und hebt danach das feingesiebte Mehl leicht unter die Schaummasse.

Diese Art der Zubereitung nimmt nur kurze Zeit in Anspruch und wird darum als Schnellbiskuit bezeichnet. Das fertige Gebäck ist nicht so feinporig wie bei der ersten und zweiten Zubereitungsart, denn die Feinporigkeit wird besonders durch langes und gleichmäßiges Schlagen der Eier hervorgerufen.

Bei Backpulverbiskuit gibt man je Ei einen Eßlöffel kaltes Wasser vor dem Schneeschlagen zum Eiklar.

Vierte Art der Zubereitung

Zubereitung im Wasserbad

Die ganzen Eier werden mit dem Zucker schaumig geschlagen und dann im warmen Wasserbad geschlagen, bis das Muster des Schneebesens stehen bleibt und die Masse lauwarm geworden ist. Sie darf nicht heiß werden, weil dann das Eiweiß fest und der Teig zäh wird. Dann schlägt man die Masse bis zum Abkühlen weiter, gibt die Geschmackszutaten hinzu und hebt das feingesiebte Mehl leicht unter. Diese Art der Zubereitung wird nur für echtes Biskuit verwandt.

Das auf warmem Weg zubereitete Biskuit ist feinporiger als das kalt gerührte. Die Zubereitung setzt jedoch Übung voraus.

Lockerung des Biskuitteiges

Bei dem echten Biskuit wird die Lockerung durch die Eier hervorgerufen. Während der Teigzubereitung wird Luft in die Ei-Zucker-Masse eingeschlagen. Die Luft dehnt sich in der Backhitze aus, entweicht und lockert den Teig.

Erhöht sich die Mehlmenge im Verhältnis zur Eimenge (vgl. Rezept II), so muß je Ei eine Messerspitze Backpulver hinzugefügt werden. Dieser Teig eignet sich gut für Torten und Kaffeegebäck. Das Gebäck ist aber nicht so elastisch und feinporig wie echtes Biskuit.

Backen des Biskuitteiges

Biskuitteig wird *sogleich nach der Zubereitung* gebacken. Während der Backzeit darf man Biskuitteig nicht verstellen; auch muß der Zutritt kalter Luft zum Backofen verhindert werden.

Für Torten wird der Boden der Springform eingefettet und mit einem gefetteten Pergamentpapier belegt. Der Rand der Springform wird nicht eingefettet. Torten werden zunächst bei schwacher, dann bei mittelstarker Hitze 30—40 Minuten gebacken. Nach dem Backen sollen sie etwa 5 Minuten im geöffneten Backofen stehen bleiben, bevor sie aus der Form genommen werden.

Gebäckart	Einschiebhöhe	Temperaturstufe	Backzeit
Hohe Kuchen	untere Schiene	schwache Hitze mittelstarke Hitze	etwa 10 Min. etwa 30 Min.
Halbhohe Kuchen	untere Schiene	mittelstarke Hitze	etwa 30 Min.
Flache Kuchen	mittlere Schiene	starke Hitze	7—12 Min.
Kleingebäck	obere Schiene	starke Hitze	7—10 Min.

Biskuittorte I

10 Eier	250 g Mehl
250 g Zucker	Schale $^1/_2$ Zitrone oder $^1/_2$ Stg. Vanille

Der Biskuitteig wird nach den Angaben auf S. 274 zubereitet. Besonders eignen sich die erste und die vierte Art der Zubereitung. Der Teig wird sofort nach der Zubereitung zunächst bei schwacher, dann bei mittelstarker Hitze 30—40 Minuten gebacken.

Biskuittorte II

5 Eier	250 g Mehl
5 Eßl. Wasser	2 Tl. Backpulver
250 g Zucker	

Der Biskuitteig wird nach den Angaben auf S. 274 zubereitet. Besonders eignen sich die erste und zweite Art der Zubereitung. Der Teig wird sofort nach der Zubereitung zunächst bei schwacher, dann bei mittelstarker Hitze gebacken.

Über das Füllen und Garnieren von Torten vgl. S. 302.

Mokkabiskuittorte

Zutaten nach Biskuittorte II
außerdem
25 g Kaffeebohnen
Mokkabuttercreme nach S. 303
Mokka-Schokoladenbohnen

25 g feingemahlener Kaffee oder 1 Eßl. Kaffeepulver werden mit Mehl, Vanillepulver und Backpulver vermischt und die Mischung portionsweise locker unter den Teig gerührt. Die Torte wird zunächst bei schwacher, dann bei mittelstarker Hitze gebacken. Sie wird mit Mokkabuttercreme gefüllt und mit der Creme und mit Mokka-Schokoladenbohnen garniert.

Schokoladenbiskuittorte

Zutaten nach Biskuittorte II
außerdem
50 g Schokolade
Schokoladenbuttercreme nach S. 303

Die Biskuitmasse wird mit geriebener Schokolade vermischt und zunächst bei schwacher, dann bei mittelstarker Hitze gebacken. Nach dem Erkalten wird die Torte in 3 Lagen geschnitten, die beiden unteren Lagen werden mit Creme bestrichen, die Torte wird mit Schokoladenbuttercreme überzogen.

Für die Füllung und Garnierung wird die Buttercreme nach S. 303 mit 2—3 Eßl. gesiebtem Kakao verrührt. Die Torte kann mit geschabter Schokolade und mit Schokoladentrüffeln belegt werden.

Die Schokolade zum Aufstreuen wird zunächst mit etwas Palmin im Wasserbad geschmolzen, dann auf eine mit einem Tropfen Öl gefettete Platte oder auf gefettetes Pergamentpapier gegossen und nach dem Erstarren mit einem großen Messer grobschollig abgeschabt.

Mandel- oder Nußbiskuittorte

5 Eier	*Füllung*
200 g Zucker	2 Eßl. Rum
125 g Mehl	$^1/_2$ *l* Schlagsahne
125 g Mandeln oder Nüsse	2 Eßl. geriebene Mandeln oder Nußkerne
2 Tl. Backpulver	

Der Biskuitteig wird nach den Angaben von S. 274 zubereitet. Die gemahlenen Nußkerne oder die geschälten und gemahlenen Mandeln werden mit dem Mehl und Backpulver locker unter die Schaummasse gegeben.

Der Teig wird bei mittelstarker Hitze 30—40 Minuten gebacken.

Nach dem Backen und Erkalten wird die Torte in zwei oder drei Lagen geschnitten, und die Schnittflächen werden mit etwas Rum beträufelt.

Füllen und Garnieren einer Nußtorte:

Zur Füllung und Garnierung wird steifgeschlagene Sahne mit Vanillezucker abgeschmeckt, ein Teil der Sahne mit geriebenen Nüssen vermischt und zwischen die Tortenböden gefüllt. Die übrige Sahne wird zum Spritzen verwandt.

Zur Garnierung werden kleine karamelierte Nußkerne in die Sahne eingedrückt. Man läßt 1—2 Eßl. Zucker ohne Wasserzusatz in einer Pfanne braun werden. Hierin werden die Nußkerne einzeln gewendet, man legt sie zum Abkühlen auf ein mit Öl gefettetes Pergamentpapier, damit sie nicht zusammenkleben.

Die Torte kann auch mit gemahlenen Nüssen garniert werden.

Füllen und Garnieren einer Mandeltorte:

Die Mandeltorte kann mit Kuvertüre überzogen und mit Mandelhälften oder Mandelsplittern garniert werden. Man kann die Torte auch mit Nougatbuttercreme (s. S. 303) füllen und garnieren.

Zwiebacktorte

10 Eier
300 g Zucker
300 g gehackte Mandeln
200 g Zwieback
1 P. Backpulver
Saft einer Zitrone
etwas abgeriebene Zitronenschale

Eigelb und Zucker werden schaumig gerührt. Dann gibt man Zitronensaft, den steifen Eischnee, die geschälten, feingehackten Mandeln, den geriebenen Zwieback und das Backpulver hinzu, mischt den Teig leicht durch und läßt ihn bei mittelstarker Hitze eine Stunde backen. Die Torte kann mit einer Zuckerglasur nach S. 305 oder mit Kuvertüre nach S. 307 überzogen werden.

Biskuittorte mit Früchten

Zutaten nach Biskuittorte II
außerdem
$^1/_2$ *l* Schlagsahne
Eine 1/1 Dose Früchte: Ananas, Mandarinen, Sauerkirschen oder
500 g frische Erdbeeren

Der Biskuitteig wird in einer Tortenform gebacken. Nach dem Erkalten schneidet man die Torte in zwei oder drei Lagen und bestreicht die Schnittflächen mit Schlagsahne. Man legt die Schichten wieder übereinander und schichtet einen Teil der Früchte dazwischen. Dann wird die Torte mit Schlagsahne bestrichen und mit Schlagsahne und Früchten garniert.

Der Rand kann mit gerösteten Mandelscheiben, gerösteten Kokosflocken oder Schokoladenraspeln bestreut werden.

Biskuitrolle

3 Eier
3 Eßl. Wasser
150 g Zucker
150 g Mehl
1 Tl. Backpulver

Füllung
Gelee oder Buttercreme von 100 g Butter

Überzug
Zuckerglasur von 125 g Puderzucker oder
Buttercreme von 125 g Butter

Der Teig wird nach S. 274 zubereitet und auf einer mit gefettetem Pergamentpapier belegten Platte dünn und gleichmäßig ausgebreitet. Er wird bei starker Hitze 10—12 Minuten gebacken. Sobald er gar ist, wird die Platte auf ein mit Zucker bestreutes Tuch gestürzt. Das Papier wird mit

Wasser angefeuchtet und abgezogen. Die Biskuitplatte wird mit Gelee oder Marmelade bestrichen und mit Hilfe des Tuches aufgerollt. Das Bestreichen und Aufrollen muß schnell gehen, da die abgekühlte Rolle leicht bricht.

Soll die Biskuitrolle mit Creme gefüllt werden, so rollt man das Biskuit sofort nach dem Backen mit dem Pergamentpapier auf. Nach dem Erkalten wird die Rolle von dem Papier abgenommen, mit Creme bestrichen und wieder aufgerollt.

Die gefüllte Biskuitrolle kann mit Puderzucker bestäubt oder mit Buttercreme bestrichen oder mit Zuckerglasur überzogen werden.

Gefüllte Biskuitröllchen

2 Eier	Mokkacreme S. 303
50 g Zucker	Kuvertüre S. 307
50 g Mehl	

Die ganzen Eier werden mit dem Zucker schaumig geschlagen. Das Mehl wird durch ein Sieb langsam hinzugegeben und leicht untergehoben. Man gibt den Teig auf eine mit trockenem Pergamentpapier belegte Backplatte, so daß sie etwa zu drei Viertel belegt ist. Der Teig wird bei starker Hitze 8—10 Minuten gebacken.

Die Gebäckplatte wird nach dem Backen mit der oberen Seite auf ein trockenes Tuch gelegt, das Pergamentpapier mit Wasser befeuchtet und abgezogen. Dann wird die Gebäckplatte sofort umgelegt, damit die obere Seite nicht am Tuch klebt.

Nach dem Erkalten teilt man die Gebäckplatte in 10—12 gleichmäßige Rechtecke, bestreicht die untere Seite mit Mokkabuttercreme und rollt die Biskuits auf. Die beiden Enden werden zur Garnierung in Kuvertüre getaucht.

Biskuitplätzchen

2 Eier	80 g Mehl
80 g Zucker	1 Msp. Backpulver

Die ganzen Eier werden mit Zucker schaumig gerührt und leicht mit dem Mehl und Backpulver vermischt. Man legt mit dem Teelöffel kleine Plätzchen auf die gefettete Backplatte und läßt sie bei mittelstarker Hitze hellbraun backen.

Biskuitplätzchen können auch zu gefüllten Plätzchen zusammengesetzt werden.

Man füllt sie mit Nougatmasse nach S. 303 und überzieht sie mit Kuvertüre.

Baisermasse und Makronenmasse

Baisermasse ist eine schaumig geschlagene Masse aus Eischnee und Zucker, die bei sehr schwacher Hitze ohne Bräunung getrocknet, nicht gebacken wird.

Das Gebäck ist hohl, trocken und sehr süß.

Makronenmasse ist eine schaumig geschlagene Masse aus Eischnee und Zucker, die mit einem Zusatz von Mandeln, Nüssen oder Kokosflocken vermengt wird.

Das Gebäck ist locker, trocken und süß.

Grundzutaten	**Baisermasse**	**Makronenmasse**
Eiklar	1 Stck.	1 Stck.
Zucker	80 g	80 g
Zitronensaft oder	1 Tl.	1 Tl.
Vanillezucker	1 Eßl.	—
Mandeln, Nüsse oder Kokosflocken	—	80 g

Eine wesentliche Veränderung der Mengenverhältnisse ist nicht möglich, weil dann die Masse nicht die richtige Konsistenz erhält, darum ist auf die Größe der Eier zu achten.

Werden bei der Makronenmasse zu wenig Mandeln, Nüsse oder Kokosflocken hinzugegeben, dann ist die Masse zu weich, das Gebäck wird beim Backen hohl oder fließt auseinander. Werden zu viel hinzugegeben, wird der Teig zu fest, das Gebäck wird hart und trocken.

Der Zucker muß sehr fein sein, bei der Baisermasse kann auch Puderzucker verwendet werden.

Nur einwandfreies, kaltes Eiklar, das frei von jeder Eigelbspur ist, ergibt die richtige Konsistenz.

Zitronensaft wird tropfenweise hinzugegeben, das Eiweiß quillt durch Säureeinwirkung und beschleunigt das Steifwerden der Masse.

Zubereitung der Baisermasse

Erste Art der Zubereitung

Kalt geschlagene Masse

Das Eiweiß wird zu sehr steifem Schnee geschlagen, der feingesiebte Zucker unter stetem Schlagen löffelweise hinzugegeben und die Schaummasse mit etwas Vanille gewürzt. Um das Steifwerden des Schaumes zu fördern, gibt man einige Tropfen Zitronensaft hinzu.

Die Masse wird auf eine gefettete und bemehlte Backplatte gespritzt und bei sehr schwacher Hitze getrocknet. Das Gebäck darf nicht bräunen, es muß sehr leicht sein.

Zweite Art der Zubereitung

Im Wasserbad geschlagene Masse

Die Schaummasse wird nach obigen Angaben zubereitet, dann im Wasserbad bei etwa 50° C weitergeschlagen, bis sie glänzend und zähflüssig ist.

Anschließend ist die Masse noch so lange zu schlagen, bis sie standfest ist, dann wird der Rest Zitronensaft hinzugegeben und durchgeschlagen.

Formen und Trocknen erfolgt wie bei der ersten Zubereitungsart.

Zubereitung der Makronenmasse

Erste Art der Zubereitung

Kalt geschlagene Masse

Eiklar wird zu steifem Schnee geschlagen, mit dem Zucker noch kurze Zeit weitergeschlagen, dann mit den geriebenen Nüssen oder Mandeln oder mit Kokosflocken vermischt.

Man formt mit zwei Teelöffeln Bällchen, die man auf einer gefetteten Backplatte bei sehr schwacher Hitze backt. Die Backplatte kann zusätzlich mit Mehl bestäubt werden.

Zweite Art der Zubereitung

Im Wasserbad geschlagene Masse

Eiklar wird zu steifem Schnee geschlagen, dann werden Zitronensaft und Zucker löffelweise hinzugegeben, die Masse wird einige Minuten weitergeschlagen.

Diese Masse wird im Wasserbad bei etwa 50° C weitergeschlagen, bis sie glänzend und zähflüssig ist. Anschließend ist die Masse noch so lange zu schlagen, bis sie standfest ist. Dann werden die Mandeln, Nüsse oder Kokosflocken hinzugegeben.

Durch das Abschlagen im Wasserbad erhalten die Makronen Glanz und eine gute Form.

Die Makronen werden geformt und gebacken wie bei der ersten Zubereitungsart.

Schaumgebäck (Baisers)

Baisermasse von 3 Eiklar wird nach dem Grundrezept zubereitet.

Man legt mit einem Löffel oder mit der Spritztülle kleine Bällchen auf ein gefettetes Papier, bestäubt sie mit feinem Zucker, läßt den Zucker einziehen und die Baisers bei sehr schwacher Hitze mehr trocknen als backen. Die Oberfläche darf nicht bräunen, sie muß glänzend und spröde sein.

Baisermasse von 3 Eiklar ergibt etwa 40 Baisers.

Baiserstangen

250 g Mehl
200 g Butter
1 Eßl. Zucker
3 hartgekochte Eigelb
Baisermasse von 2 Eiklar

Die Eigelb werden durch ein feines Sieb gestrichen und mit den übrigen Zutaten schnell zu einem gekneteten Teig verarbeitet. Der Teig wird ½ cm dick ausgerollt und in Streifen geschnitten (1 cm breit, 4—6 cm lang). Die Teigstreifen werden mit der nach dem Grundrezept zubereiteten Baisermasse bestrichen und bei schwacher Hitze goldgelb gebacken.

Zimtsterne

3 Eiweiß
250 g Puderzucker
250 g Mandeln
½ Tl. Zimt
Zitronenschale und Zitronensaft
Puderzucker zum Ausrollen

Die Eiweiß werden zu sehr steifem Schnee geschlagen und mit Zucker und etwas Zitronensaft zur Baisermasse gerührt. Feingeriebene, ungeschälte Mandeln werden mit Zimt, abgeriebener Zitronenschale, mit Zitronensaft und mit der Hälfte der Schaummasse vermengt. Der Teig wird ½ cm dick ausgerollt und mit einer kleinen Sternform ausgestochen. Zum Ausrollen verwendet man eine Mischung von gleichen Teilen Mehl und Puderzucker. Die Oberfläche der Zimtsterne bestreicht man sorgfältig mit der zurückgehaltenen Schaummasse und läßt die Plätzchen sogleich bei sehr schwacher Hitze mehr trocknen als backen.

Mandelmakronen

Makronenmasse von 3 Eiklar nach Grundrezept von S. 280
außerdem
30 g Mandelstifte mit Schale
60 g Zitronatswürfel
10 g Pistazienstifte

Die Makronenmasse wird nach dem Grundrezept — zweite Art der Zubereitung — hergestellt. Man gibt in die fertige Schaummasse die geschälten, geriebenen Mandeln, die Mandel- und Pistazienstifte und die Zitronatswürfel. Die Makronen werden bei sehr schwacher Hitze gebacken.

Makronenmasse von 3 Eiklar ergibt 40—50 Makronen.

Nußmakronen

I. Nußmakronen werden wie Mandelmakronen mit steifgeschlagener Eiklar-Zuckermasse zubereitet und als lockere Makronen gebacken.

II. Für die Schaummasse können auch Eiklar und Zucker schaumig gerührt werden. Man gibt 250 g geriebene Nußkerne hinzu, formt von der Masse kleine Kugeln und drückt auf jede Kugel einen Nußkern.

Nußmakronen müssen bei sehr schwacher Hitze langsam backen. Dunkelbraun gebackene Nußmakronen schmecken bitter.

Makronenmasse von 3 Eiklar ergibt 40—50 Nußmakronen.

Nußecken

Mürbeteig/Grundrezept II
Makronenmasse von 3 Eiklar nach Grundrezept S. 280
Kuvertüre nach S. 307

Der Mürbeteig wird ausgerollt und in lange, 6 cm breite Streifen geschnitten. Die Streifen werden mit der weichen, streichfähigen Nußmakronenmasse belegt und auf der unteren Leiste des Backofens bei schwacher Hitze gebacken.

Die Nußmasse muß weich und streichfähig sein, darum verwendet man auf 1 Eiklar 50 g Nußkerne statt 80 g. Um das Abspringen der Makronenmasse beim Schneiden des Gebäcks zu verhüten, schneidet man die Streifen, bevor sie fertig gebacken sind, in Dreiecke und läßt sie dann gar backen.

Nach dem Erkalten überzieht man die Spitzen der Dreiecke mit Kuvertüre.

Nußschnitten

3 Eiweiß	125 g Mandeln
125 g Puderzucker	125 g Nußkerne
etwas Vanille	

Eiweiß wird zu steifem Schnee geschlagen, der Zucker langsam hinzugegeben, dann Vanille hinzugefügt und die Masse sehr schaumig gerührt. Die Hälfte der gerührten Masse wird für den Guß zurückgestellt, die andere Hälfte mit den geriebenen Mandeln und Nüssen verknetet. Der Teig wird ziemlich dick ausgerollt und in fingerlange Streifen geschnitten. Die Schnitten werden mit dem Guß bestrichen und bei schwacher Hitze hellbraun gebacken.

Kokosmakronen

Makronenmasse von 3 Eiklar nach Grundrezept S. 280

Die Kokosmakronen werden nach der ersten oder zweiten Zubereitungsart hergestellt.

Da die Kokosflocken nicht immer gleich trocken sind und daher verschieden viel Eiweiß zum Binden notwendig haben, gibt man zuerst weniger Kokosflocken hinzu als im Grundrezept angegeben ist und backt eine Probe von der hergestellten Masse. Wenn die Makronen auseinanderfließen, kann man noch Kokosflocken hinzugeben.

Die im Wasserbad warm gerührte Schaummasse bindet besser und verleiht den Makronen einen besseren Glanz.

Makronenmasse von 3 Eiklar ergibt 40—50 Makronen.

Sandkuchenteig

Sandkuchenteig ist ein gerührter Teig, der aus gleichen Gewichtsmengen Butter, Ei, Zucker und Mehl besteht.

Sandkuchengebäck hat kein Porengerüst; Krume und Kruste zeichnen sich durch eine sandartige Beschaffenheit aus.

Grundzutaten	je Ei	für eine Torte
Fett	50 g	500 g
Zucker	50 g	500 g
Eier	1 Stck. (50 g)	10 Stck. (500 g)
Mehl	50 g	500 g
Rum	—	1 Eßl.

Das Mengenverhältnis darf nicht wesentlich verändert werden, wenn das Gebäck die sandartige Beschaffenheit erhalten soll.

Statt Mehl wird für den echten Sandteig Speisestärke verwendet, damit sich kein Kleber bilden kann.

Mehl oder Stärke können zum Teil durch Mandeln, Nüsse oder Zwieback ersetzt werden (vgl. Rezepte).

Zubereitung des Sandkuchenteiges

Die Butter wird sahnig gerührt, dann werden abwechselnd unter regelmäßigem Rühren Eigelb und feiner Zucker hinzugegeben (am besten immer 1 Eigelb, 2 Eßl. Zucker). Je schaumiger Butter, Eigelb und Zucker gerührt werden, desto lockerer, feinporiger und sandiger wird das Gebäck. Das übrige Mehl wird gesiebt und mit der geschmackgebenden Zutat hinzugegeben. Zwischendurch gibt man auch schon ⅓ des sehr steif geschlagenen Eischnees hinzu, damit der Teig nicht zu fest wird. Der übrige Eischnee wird zuletzt hinzugegeben und nur locker unter den Teig gemischt.

Sandkuchenteig kann mit ganzen Eiern gearbeitet werden, ohne daß Eiklar zu Eischnee geschlagen wird. Dieses Verfahren wird bei Benutzung einer Küchenmaschine angewandt.

Lockerung des Sandkuchenteiges

Die Lockerung des Teiges erfolgt durch den hohen Eier- und Fettgehalt. Durch die Verarbeitung wird viel Luft in den Teig eingerührt. Die Luft dehnt sich beim Erhitzen aus und lockert den Teig. Auch das Fett trägt zur Lockerung bei (vgl. Mürbeteig).

Man kann die Lockerung unterstützen durch Hinzugabe von etwas Alkohol.

Backen des Sandkuchenteiges

Sandkuchenteig wird fast ausschließlich in Formen gebacken.

Der zubereitete Teig wird in die vorbereitete Form gefüllt und sofort gebacken. Bei längerem Stehen würde die eingerührte Luft wieder entweichen.

Es ist zweckmäßig, den Kuchen in den kalten Backofen zu geben und dann erst die Temperatur einzuschalten. Bei der allmählich ansteigenden Temperatur kann eine gleichmäßige Lockerung vor sich gehen. Erst langsam bildet sich eine Kruste, so daß der Kuchen an der Oberfläche keine Risse und keine Wölbung bekommt, sondern eben und glatt aufgeht.

Sandkuchen müssen sehr vorsichtig gebacken werden. Bei Temperaturschwankungen, Zugluft und Erschütterungen während des Backens fallen die Kuchen leicht zusammen.

Es ist günstig, den Kuchen nach dem Abbacken 5—10 Minuten im ausgeschalteten Backofen stehen zu lassen und ihn dann vorsichtig zu stürzen.

Einschiebhöhe:	unterste Schiene
Temperaturstufe:	mittelstarke Hitze, Ofen nicht vorgeheizt
Backzeit:	60—75 Minuten

Verwendung des Sandkuchenteiges

Sandkuchenteig wird hauptsächlich für Torten — auch in Kastenform gebacken — verwendet.

Gefüllte Sandtorte

Sandkuchenteig/Grundrezept

Der Sandkuchenteig wird nach S. 284 zubereitet und gebacken, die Sandtorte nach dem Erkalten in 3 Lagen geteilt. Die einzelnen Lagen werden mit einer Füllung bestrichen und wieder zusammengesetzt. Die Torte kann man mit einer Glasur überziehen oder mit Buttercreme oder Schlagsahne bespritzen, den Rand der Torte mit Brösel oder gehackten Nußkernen belegen.

Baumkuchentorte

Sandkuchenteig/Grundrezept

außerdem

1 Stg. Vanille	3 Eßl. Rum
1 Prise Kardamom	$1/2$ Zitrone
60 g Mandeln	$1/2$ P. Backpulver

Der Teig wird nach S. 284 zubereitet und mit den angegebenen Zutaten vermischt. Man füllt 2 Eßl. Teig in eine gut ausgefettete Springform und backt die Lage bei mittelstarker Hitze.

Auf die gargebackene Lage streicht man eine neue Teiglage und läßt sie möglichst nur bei Oberhitze ebenfalls backen. Die folgenden Lagen backt man auf die gleiche Art. Damit die untere Schicht nicht zu dunkel und zu hart wird, kann man die Form während des Backens auf ein Gefäß mit heißem Wasser stellen.

Die Torte wird mit einem hellbraunen Schokoladenguß oder mit weißer Zuckerglasur überzogen und mit kandierten Früchten oder Mandelhälften belegt.

Mandel- oder Nußtorte

250 g Butter	125 g Mandeln oder Haselnußkerne
250 g Zucker	150 g Mehl
8 Eier	$1/2$ P. Backpulver
1—2 Eßl. Rum	
oder Schale einer Zitrone	

Zu der sahnig gerührten Butter gibt man abwechselnd Zucker und Eigelb, dann Rum oder die abgeriebene Zitronenschale, die geschälten und feingeriebenen Mandeln oder Nußkerne, zuletzt Mehl, Backpulver und

Eischnee. Die Torte wird zunächst bei schwacher, dann bei mittelstarker Hitze 1 Stunde gebacken.

Schokoladentorte

125 g Butter
125 g Zucker
3 Eier
125 g geriebene Nüsse
125 g geriebene Schokolade
$^{1}/_{2}$ Tl. Zimt
30 g Mehl

Füllung
250 g Marmelade
Schokoladenguß nach S. 307

Butter, Zucker und Eigelb werden schaumig gerührt und unter den steifen Eischnee gegeben, dann werden Nüsse, Schokolade, Zimt und Mehl leicht untergemischt. Die Torte wird in einer mittelgroßen Springform zunächst bei schwacher, dann bei mittelstarker Hitze 40—50 Minuten gebacken. Nach dem Erkalten wird sie in zwei Lagen geschnitten, mit Marmelade gefüllt und mit Schokoladenguß von 200 g Schokolade überzogen.

Kaiserin-Friedrich-Torte

200 g Palmin oder
100 g Palmin und
100 g Butter
200 g Zucker
6 Eier
$^{1}/_{2}$ Stg. Vanille
250 g Mehl
60 g Mondamin
1 P. Backpulver
2 Eßl. Rum oder Arrak
einige gehackte Mandeln

Zuckerguß
250 g Puderzucker
1 Eiweiß
1 Prise Ingwer
etwas Zitronensaft
80 g Zitronat

Das Fett wird flüssig gemacht und nach dem Abkühlen nach und nach zu dem mit Zucker schaumig gerührten Eigelb gegeben. Auch werden 1—2 Eßl. Mehl hinzugefügt. Die Mischung von Palmin und Butter zu gleichen Teilen läßt sich gut verarbeiten. Wird der Kuchen ohne Palmin zubereitet, so erhält er nicht den charakteristischen Geschmack.
Man gibt die übrigen Zutaten zu der Schaummasse, zuletzt den Eischnee, füllt den Teig in eine Sternform und backt den Kuchen zunächst bei schwacher, dann bei mittelstarker Hitze eine Stunde.
Aus Puderzucker und Eiweiß rührt man einen weißen durchscheinenden Guß, den man mit Zitronensaft und geriebenem Ingwer abschmeckt. Der Kuchen wird nach dem Erkalten mit dem Guß überzogen und mit dem feinwürflig geschnittenen Zitronat bestreut.
Die Kaiserin-Friedrich-Torte läßt sich längere Zeit frisch halten.

Backpulverteig / Rührteig

Backpulverteig ist ein gerührter Teig, der neben den lockernden Grundzutaten Fett und Ei das Lockerungsmittel Backpulver enthält. Backpulverteig kann als abgeänderter Sandkuchenteig angesehen werden. Er wird auch als Rührteig bezeichnet.

Das Gebäck weist nicht die gleiche sandartige Beschaffenheit auf wie Sandkuchengebäck.

Grundzutaten	Grundrezept I	Grundrezept II
Fett	250 g	100 g
Zucker	250 g	250 g
Eier	5 Stck. (250 g)	2 Stck. (100 g)
Mehl	500 g	500 g
Milch	$^1/_8$ *l*	$^1/_8$—$^1/_4$ *l*
Backpulver	1 P.	$1^1/_4$ P.

Die Fett- und Eiermenge kann im Verhältnis zur Mehlmenge vermindert oder erhöht werden. Je mehr Fett und Eier verarbeitet werden, um so sandiger wird das Gebäck. Die sandige Beschaffenheit wird außerdem begünstigt, wenn man das Mehl etwa zur Hälfte durch Speisestärke ersetzt.

Mehl kann bis zur Hälfte durch Mandeln, Nüsse, Zwieback ausgetauscht werden.

Zubereitung des Rührteiges

Die Butter wird sahnig gerührt, dann werden abwechselnd unter regelmäßigem Rühren Zucker und Ei hinzugegeben, am besten immer 2—3 Eßl. Zucker, 1 Ei. Je schaumiger Butter, Zucker und Ei gerührt werden, desto lockerer, feinporiger und sandiger wird das Gebäck.

Das gesiebte Mehl wird im Wechsel mit der kalten Milch zu der schaumig gerührten Masse gegeben, das Backpulver unter den Rest des Mehles gemischt. Der Teig soll dann sogleich gebacken werden.

Lockerung des Rührteiges

Durch das Rühren der Fett-Zucker-Ei-Masse wird Luft in den Teig gerührt, die sich beim Backen ausdehnt und den Teig lockert. Die Lockerung wird auch hervorgerufen durch das Backpulver, das unter Einwirkung von Feuchtigkeit und Backhitze wirksam wird.

Backpulver ist ein Gemisch von Natron und einem Säureträger, z. B. Natriumhydrogenpyrophosphat oder Weinstein. Bei Einwirkung von

Flüssigkeit geht das Natrium des Natrons mit dem Säureträger eine Verbindung ein, so daß die Bildung von Soda vermieden wird. Es bildet sich freies Kohlendioxid, das den Teig lockert.

Backpulver enthält außer den wirksamen Bestandteilen als Trennmittel Stärke. Durch die Stärke wird die vorzeitige Entwicklung von Kohlendioxid verhindert. Die volle Triebkraft wird erst beim Backprozeß wirksam.

Um jedoch die Kohlendioxidentwicklung vor Beginn des Backprozesses gänzlich zu unterbinden, ist es notwendig, das Backpulver trocken aufzubewahren.

Backen des Rührteiges

Gebäckart	Einschiebhöhe	Temperaturstufe	Backzeit
Hohe Kuchen	untere Schiene	mittelstarke Hitze, Ofen nicht vorgeheizt	60—75 Min.
Halbhohe Kuchen	mittlere Schiene	mittelstarke Hitze, Ofen vorgeheizt	50—60 Min.
Plattenkuchen	mittlere Schiene	mittelstarke Hitze, Ofen vorgeheizt	20—30 Min.

Verwendung des Rührteiges

Der Rührteig läßt sich vielseitig abändern und auf verschiedene Weise backen. Daraus ergibt sich eine umfangreiche Verwendungsmöglichkeit des Rührteiges.

Kastenkuchen und Kranzkuchen
- aus dem Rührteig/Grundrezept
- aus dem Rührteig/Grundrezept mit ergänzenden Zutaten

Rührkuchen mit Obstauflage
- in der Springform gebacken
- auf der Backplatte gebacken

Torten, mit Creme gefüllt und garniert
Schnitten, mit Creme gefüllt und garniert
Mohrenköpfe
Waffeln
Kleingebäck

Rodonkuchen

Rührteig/Grundrezept I

außerdem

150 g Rosinen
50 g Zitronat
50 g Mandeln
abgeriebene Zitronenschale
Puderzucker

Der Teig wird nach S. 288 zubereitet, mit den ergänzenden Zutaten vermischt und in einer vorbereiteten Rodonkuchenform bei mittelstarker Hitze 1 Stunde gebacken. Der Kuchen wird nach dem Erkalten mit Puderzucker bestäubt.

Marmorierter Kuchen

Rührteig/Grundrezept I

außerdem

$^1/_2$ Stg. Vanille
30 g Kakao

Man stellt einen Rührteig nach S. 288 her und mischt unter $1/3$ des Teiges Kakao. Dann gibt man zunächst einen Teil der hellen Kuchenmasse, dann braune und zuletzt wieder helle Masse in die gefettete Spring- oder Kranzform. Man hebt mit einem Löffel die drei Schichten, wodurch die Marmorierung entsteht. Der Kuchen wird bei mittelstarker Hitze 1 Stunde gebacken und nach dem Erkalten mit Puderzucker bestäubt oder mit Schokoladenguß nach S. 307 überzogen.

Kranzkuchen mit Schokoladenguß

Rührteig/Grundrezept I

Der Teig wird nach S. 288 zubereitet und in einer vorbereiteten Kranzform bei mittelstarker Hitze 1 Stunde gebacken.

Man kann 50 g grobgeschnittene Schokolade und 50 g Mandelstifte unter den zubereiteten Teig mischen.

Der Kranzkuchen wird nach dem Erkalten mit Schokoladenguß nach S. 307 überzogen.

Zwiebackkuchen

50 g Butter
250 g Farinzucker
2 Eier
250 g Zwieback
etwa $^1/_4$ *l* Milch
250 g Mehl
1 Msp. Zimt
$1^1/_2$ P. Backpulver

Die Butter wird sahnig gerührt. Nach und nach werden Zucker, Eier, feingestoßener Zwieback, Mehl, Zimt, Backpulver hinzugerührt.

Man läßt den Teig ½ Stunde stehen, damit der Zwieback quellen kann, füllt ihn in eine Springform und backt ihn bei mittelstarker Hitze etwa 1 Stunde.

Rehrücken

100 g Butter	100—125 g Zwieback
125 g Zucker	1—2 Eßl. Mehl
3—5 Eier	½ P. Backpulver
100 g Mandeln oder Nußkerne	100 g Schokoladenstreusel

Überzug

1 Tafel Schokolade	50 g Marzipan
	30 g Puderzucker

Der Teig wird nach S. 288 zubereitet. Ungeschälte Mandeln oder Nußkerne werden gerieben und mit Schokoladenstreusel oder grobgehackter Schokolade zu dem Teig gegeben. Zuletzt hebt man den Eischnee unter den Teig. Der Kuchen wird sogleich in einer gut vorbereiteten Form bei schwacher Hitze gebacken.

Nach dem Erkalten wird der Rehrücken mit flüssiger Schokolade überzogen und mit einer Marzipanrolle oder mit Mandelstiften garniert.

Königskuchen

Mürbeteig/Grundrezept II

Rührteig:

7 Eier	125 g Rosinen
250 g Zucker	30 g Zitronat
300 g Butter	1 Zitrone oder 1 Eßl. Rum
500 g Mehl	1 Tonkabohne
⅛ *l* Milch	knapp 1½ P. Backpulver
50 g gehackte Mandeln	

Zunächst wird ein Mürbeteig nach S. 250 geknetet und ausgerollt. Mit dem Teig wird eine gefettete Kastenform ausgelegt.

Für den Rührteig wird Eigelb mit Zucker schaumig gerührt, die Butter mit dem Mehl feingehackt und abwechselnd mit den übrigen Zutaten zu der Schaummasse gegeben. Die Tonkabohne wird gerieben, der Eischnee zuletzt hinzugegeben.

Der Teig wird in den Mürbeteigboden gefüllt und der Kuchen bei mittelstarker Hitze 1—1½ Stunden gebacken.

Anmerkung:

Der Teig kann in kleinen Förmchen gebacken werden. Man benötigt für 15—18 mittelgroße Törtchen Mürbeteig von 250 g Mehl und die Hälfte der angegebenen Mengen für den Rührteig. Die gleichen Mengen reichen für eine mittelgroße Kastenform.

Frankfurter Kranz

150 g Butter
125 g Zucker
4 Eier
Vanille oder Zitrone
200 g Weizenmehl
50 g Kartoffelstärke
$^1/_2$ P. Backpulver

Buttercreme

250 g Butter
250 g Puderzucker
1 Eigelb, Vanille
3 Eßl. Rum

Krokant

60 g Mandeln
60 g Zucker

Der Teig wird nach S. 288 hergestellt und in einer vorbereiteten Kranzform bei mittelstarker Hitze 40—50 Minuten gebacken. Nach dem Erkalten wird der Kuchen durchgeschnitten, mit Buttercreme gefüllt und überzogen und mit Krokant bestreut.

Für die Buttercreme wird Butter mit Puderzucker und Eigelb schaumig gerührt und mit Vanille und Rum abgeschmeckt. Krokant bereitet man nach S. 142. Man zerkleinert ihn erst kurz vor dem Gebrauch, da die Stückchen leicht zusammenkleben.

Apfelkuchen

Rührteig/Grundrezept I ($^1/_2$ Rezept)
$^1/_2$—$^3/_4$ kg Äpfel

Rührteig wird in die Springform gefüllt. Dann werden geschälte Äpfelviertel mehrmals eingeschnitten und geordnet in den Teig eingesteckt. Der Kuchen wird bei mittelstarker Hitze 50—60 Minuten gebacken.

Statt Äpfel können beliebige andere Früchte verwendet werden. Es eignen sich Pfirsiche, Kirschen, Stachelbeeren, Weintrauben.

Quark-Öl-Rührkuchen

150 g Quark
5 Eßl. Milch
5 Eßl. Öl
80 g Zucker
1 Ei
300 g Mehl
1 P. Backpulver

Der Quark wird mit Milch, Öl, Zucker und Ei glattgerührt. Danach gibt man $^2/_3$ des mit Backpulver vermischten Mehles darunter. Der Rest des Mehles wird untergeknetet. Der Teig kann zu allen Gebäckarten verwendet werden, die sich aus Hefeteig herstellen lassen: Plattenkuchen, Schneckenkuchen, Kranz, Kleingebäck.

Plattenkuchen mit Früchten und Streusel

Rührkuchen/Grundrezept I
Streusel nach S. 267

Der Teig wird nach S. 288 zubereitet, auf eine gefettete Backplatte gegeben und mit Obst belegt (Kirschen, Apfelscheiben, Rhabarberstückchen). Auf die Obstfüllung gibt man den Streusel und backt den Kuchen bei mittelstarker Hitze 30—40 Minuten.

Der Kuchen kann auch ohne Früchte, nur mit Streusel, hergestellt werden.

Schokoladenschnitten

Rührteig/Grundrezept I ($^1/_2$ Rezept)
außerdem
1—2 Eßl. Kakao
Buttercreme

Der Teig wird in einer Kastenform bei mittelstarker Hitze 30—40 Minuten gebacken. Nach dem Erkalten wird der Kuchen in zwei oder drei Lagen geschnitten, mit Buttercreme gefüllt, bestrichen und garniert. Zum Garnieren können außerdem Krokant, Mandeln, Nüsse, Kirschen oder Mandarinen verwendet werden.

Der Kuchen wird in 3—4 cm breite Stücke geschnitten.

Mohrenköpfe

Rührteig/Grundrezept I ($^1/_2$ Rezept)

Der Teig wird mit 200 g Weizenmehl und 50 g Mondamin zubereitet und in Mohrenkopfformen gebacken.

Nach dem Erkalten werden die Kuchen von der unteren Seite her ausgehöhlt und mit Creme gefüllt. Die Cremefläche wird mit etwas feingeriebener Krume bedeckt. Dann werden die Kuchen mit Schokoladenguß nach S. 307 überzogen.

Mohrenköpfe können auch aus Biskuitteig nach S. 273 zubereitet werden.

Kleingebäck aus Rührteig

150 g Butter
150 g Zucker
2 Eier
125 g Mondamin
250 g Mehl
$^{3}/_{4}$ P. Backpulver

Streumasse

etwas Milch
4 Eßl. Zucker
1 kleine Msp. Zimt
3—4 Eßl. Kokosflocken oder Mandeln

Butter wird mit Zucker und Eiern schaumig gerührt. Dann gibt man nach und nach Mondamin, Mehl und Backpulver hinzu und verknetet die Zutaten zu einem glatten, weichen Teig, den man zu walnußgroßen Kugeln formt. Zum Bestreuen werden Zucker und Zimt und gehackte Mandeln miteinander vermischt, die Kugeln erst durch Milch, dann durch die Streumasse gerollt und nicht zu dicht auf eine gefettete Backplatte gestellt.

Sie werden bei mittelstarker Hitze 10—15 Minuten gebacken, bis sie sich trocken von der Platte abheben lassen.

Spritzgebäck

125 g Butter
125 g Zucker
1 Ei
$^{1}/_{2}$ Tl. Wasser
250 g Mehl
etwas Zitronenschale

Die Butter wird sahnig gerührt, nach und nach werden Zucker, Wasser, Eier, Zitronenschale und zuletzt das Mehl locker hinzugegeben. Der Teig wird mit der Spritze zu S-Formen, Kränzen oder Stangen geformt. Er muß im kühlen Raum schnell gespritzt und sogleich bei mittelstarker Hitze gebacken werden. Man kann dem Teig eine Messerspitze Backpulver zusetzen, das Gebäck wird dann lockerer, es verliert aber leicht die Form. Nach dem Abkühlen wird das Gebäck teilweise mit flüssiger Schokolade überzogen.

Waffeln

1—3 Eier
50—150 g Butter
$^{3}/_{4}$—1 *l* Milch
1 Prise Salz
150 g Zucker
500 g Mehl
1 Msp. Backpulver

Butter, Zucker und Eigelb werden schaumig gerührt, die übrigen Zutaten, zuletzt Eischnee, hinzugegeben. Man gibt den Teig portionsweise in das gefettete heiße Waffeleisen, backt die Waffeln von beiden Seiten hellbraun und bestreut sie dann mit Zucker.

Die Menge ergibt 10—12 Waffeln.

Honigkuchenteig

Honigkuchenteig ist ein Teig, der mit Honig oder Sirup und Gewürzen zubereitet und durch anorganische Triebmittel gelockert wird.

Das Gebäck hat eine porige Krume, einen würzigen Geschmack und durch die Hinzugabe von Honig oder Sirup eine braune Farbe.

Honigkuchenteig wird besonders für die Herstellung von Weihnachtsgebäck verwendet.

Grundzutaten des Honigkuchenteiges

Mehl	500 g	Gewürze	20 g
Honig	250 g	Triebmittel	
Zucker	125 g	Backpulver oder	1 P.
Fett	65 g	Hirschhornsalz oder	8 g
Ei	1 Stck.	Pottasche	8 g

Der *Honig* kann durch Sirup (Rübenkraut) oder durch Kunsthonig ersetzt werden.

Als *Zucker* verwendet man bei Honigkuchenteig vielfach Farinzucker.

Als *Fett* eignet sich neben Margarine und Butter Schweineschmalz. Der Teig kann ohne Fett zubereitet werden, jedoch sind fetthaltige Honigkuchenteige nicht so trocken und so hart wie fettfreies Gebäck.

Der Teig kann *ohne Ei* zubereitet werden.

An *Gewürzen* können verwendet werden: Kardamom, Zimt, Anis, geriebene Nelken. Das käufliche Honigkuchengewürz ist eine Mischung dieser Gewürze.

Honigkuchenteig, als Kleingebäck gebacken, wird *ohne Flüssigkeit* zubereitet.

Honigkuchenteig, auf der Backplatte gebacken, wird mit 3—4 Eßl. Milch zubereitet.

Honigkuchenteig, in der Kastenform gebacken, wird mit $^1/_8$ *l* Milch zubereitet.

Zubereitung des Honigkuchenteiges

Zunächst werden Honig (Sirup), Zucker und Fett geschmolzen und dann kalt gestellt. Die Zutaten dürfen nur langsam erwärmt und nicht zu heiß werden, sonst bildet sich Karamel, und der Teig wird hart.

Inzwischen wird das Mehl mit den Gewürzen vermischt, auf das Backbrett gesiebt und in der Mitte des Mehles eine Vertiefung gemacht.

Die abgekühlte Honigmasse wird — falls im Rezept vorgesehen — mit dem verquirlten Ei vermischt, in die Vertiefung des Mehles gegeben und mit allen Zutaten zum Teig verknetet. Falls der Teig mit Milch zubereitet wird, verquirlt man das Ei mit der Milch.

Backpulver wird mit Mehl vermischt.

Pottasche, Natron und Hirschhornsalz werden in 1 Eßl. Alkohol, Rosenwasser oder Wasser aufgelöst und durch ein feines Sieb in den Teig gegeben.

Bevor das Triebmittel hinzugefügt wird, muß der Teig ganz kalt sein, weil sonst die Triebmittel schon wirken. Das gilt besonders bei Verwendung von Backpulver und Hirschhornsalz.

Honig, Zucker und Fett werden beim Abkühlen des Teiges fest, darum ist unnötige Mehlzugabe zu vermeiden.

Lockerung des Honigkuchenteiges

Für die Lockerung des Honigkuchenteiges werden künstliche Lockerungsmittel verwendet: Backpulver, Hirschhornsalz, Pottasche oder Natron. Bei allen Triebmitteln wird während des Backprozesses durch chemische Reaktionen ein Gas frei — meistens Kohlendioxid — das den Teig lockert.

Lockerung durch Backpulver vgl. Backpulverteig S. 288.

Lockerung durch Pottasche

Da Pottasche nur in Verbindung mit Säuren wirksam ist, läßt man den Teig vor dem Backen einige Tage bzw. 2—3 Wochen an einem nicht zu kühlen Ort ruhen. Es bildet sich dann durch die aus der Luft in den Teig gelangenden Milchsäurebakterien Milchsäure, die aus der Pottasche langsam Kohlendioxid entwickelt.

Lockerung durch Hirschhornsalz

Hirschhornsalz ist Ammoniumhydrogenkarbonat. Es zerfällt beim Erhitzen in die Gase Kohlendioxid und Ammoniak, die den Teig hochtreiben.

Wegen seiner starken Triebkraft wird Hirschhornsalz nur in geringer Menge — 1 Messerspitze auf ½ kg Mehl — verwandt. Es wird stets aufgelöst. Auch eignet es sich nur für flach abzubackende Teige, aus denen das Ammoniak leicht entweichen kann. Bei Gebäck mit höherer Krume würde leicht ein Geschmack nach Ammoniak zurückbleiben.

Lockerung durch Natron

Natron ist Natriumhydrogenkarbonat. Sobald es mit Wasser in Berührung kommt, zerfällt es in Kohlendioxid, Wasser und Soda. Das Kohlendioxid lockert den Teig, die im Teig zurückbleibende Soda beeinträchtigt den Geschmack des Gebäcks. Bei fetthaltigen Teigen kann sich aus Soda und Fett Seife bilden, wodurch der Geschmack verderben kann. Natron darf deswegen nur in geringer Menge — 1 gestrichener Teelöffel Natron auf ½ kg Mehl — verwandt werden. Nur stark gewürzte Teige werden heute noch mit Natron gelockert.

Formen und Backen des Honigkuchenteiges

Für Kleingebäck wird der Teig ausgerollt und je nach Rezeptangabe geformt.

Für Plattenkuchen wird der weiche Teig zu einer Kugel oder einer Rolle geformt und auf der gut gefetteten Backplatte ausgerollt.

Für hohe Kuchen wird der weiche Teig in die gut gefettete Kastenform gefüllt.

Wegen des hohen Zuckergehaltes fällt der Kuchen leicht zusammen, er ist darum vor Temperaturabfall, Zugluft und Erschütterungen zu schützen. Man kann Papier auf die Form legen, bis der Kuchen aufgegangen ist, und dann das Papier entfernen.

Gebäckart	Einschiebhöhe	Temperaturstufe	Backzeit
Kleingebäck	obere Schiene	mittelstarke Hitze, Ofen vorheizen	15—20 Min.
Plattenkuchen	mittlere Schiene	mittelstarke Hitze, Ofen vorheizen	40—50 Min.
Hoher Kuchen	untere Schiene	mittelstarke Hitze, Ofen nicht vorheizen	1½—2 Std.

Verwendung des Honigkuchenteiges

Honigkuchenteig kann für folgende Gebäckarten verwendet werden:

- Kuchen in Kasten- oder Springformen
- Plattenkuchen
- Kleingebäck: Printen, Pfeffernüsse, Plätzchen

Honigkuchen / Kastenkuchen

Honigkuchenteig/Grundrezept

außerdem

$^1/_8$ *l* Milch

Der Teig wird mit $^1/_8$ *l* Milch zubereitet. Als Lockerungsmittel verwendet man Backpulver.

Der Teig wird in einer ausgefetteten Kastenform bei mittelstarker Hitze 1½ Stunden gebacken.

Der Kuchen ist während des Backens vor Stoß und Luftzug zu schützen, weil er infolge des hohen Zuckergehaltes sehr leicht zusammenfällt.

Gefüllter Honigkuchen (Messinakuchen)

250 g Honig
40 g Butter
40 g Schmalz
150 g Farinzucker
1 Ei
50 g grobgehackte ungeschälte Mandeln
500 g Mehl
1 Eßl. Kakao
10 g Honigkuchengewürz
1 P. Backpulver

Füllung

50 g ungeschälte gehackte Mandeln
50 g Zucker
50 g Korinthen
50 g Zitronat
50 g Rosinen

Überzug

Schokoladenguß nach S. 307

Der Teig wird nach S. 295 zubereitet. Die Hälfte des Teiges wird auf der Backplatte zu einer 1 cm dicken Platte ausgerollt, nach Belieben mit 100 g weichgerührter Marzipanmasse bestrichen und mit der Mischung von Mandeln, Zucker, Zitronat, Rosinen und Korinthen bestreut. Die zweite Teigplatte wird darübergedeckt und der Kuchen bei mittelstarker Hitze 40—50 Minuten gebacken, nach dem Abkühlen in rechteckige oder quadratische Stücke geschnitten, die mit Schokoladenguß überzogen werden.

Pfeffernüsse

Honigkuchenteig/Grundrezept

Der Teig wird zu kleinen Kugeln geformt, die bei mittelstarker Hitze 15—20 Minuten gebacken und nach dem Backen mit einer Zuckerglasur nach S. 305 überzogen werden.

Die Mengen des Grundrezeptes ergeben etwa 80 Pfeffernüsse.

Spitzkuchen

Honigkuchenteig/Grundrezept

Der Teig wird zu 2—3 cm breiten Rollen geformt, die bei mittelstarker Hitze 15—20 Minuten gebacken und nach dem Backen in Dreiecke geschnitten werden.
Die Dreiecke überzieht man mit Kuvertüre.
Die Mengen des Grundrezeptes ergeben 60—70 Spitzkuchen.

Printen

Honigkuchenteig/Grundrezept

Der Teig wird nach dem Grundrezept zubereitet. Außer Farinzucker werden dem Teig 60 g gehackter Kandiszucker zugesetzt. Als Gewürze kann man auch Anis, Ingwer und Muskatblüte hinzugeben. Ist der Teig zu hell, färbt man ihn mit etwas Kakao oder mit einigen Tropfen Zuckerfarbe dunkler. Wenn er gut verarbeitet ist und möglichst einen Tag gestanden hat, rollt man ihn aus, schneidet ihn in Streifen (3 : 8 cm) und backt die Printen bei mittelstarker Hitze 10—15 Minuten.
Nach dem Backen bestreicht man sie sogleich mit schwarzem Kaffee oder Zuckerwasser und läßt sie noch einige Minuten nachbacken.
Man kann die Printen auch vor dem Backen mit verdünntem Ei bestreichen und mit Hagelzucker oder gehackten Mandeln bestreuen oder sie nach dem Erkalten mit Zuckerglasur nach S. 305 oder mit flüssiger Kuvertüre nach S. 307 überziehen.

Brandteig

Brandteig ist ein eierreicher und wasserreicher Teig, der zunächst als Kloß abgebrannt und dann durch Backen gegart wird. Das Gebäck zeichnet sich aus durch eine hautartige feste Kruste, die Krume fehlt, unter der Kruste befindet sich ein großer Hohlraum.

Grundzutaten	Grundrezept I	Grundrezept II
Wasser	$^1/_4$ *l*	$^1/_4$ *l*
Butter	125 g	60 g
Salz	1 Prise	1 Prise
Mehl	125 g	125 g
Eier	4 Stck.	4 Stck.

Die Grundzutaten Wasser, Mehl, Eier können im Mengenverhältnis nicht wesentlich verändert und nicht durch andere Zutaten ersetzt werden. Die Fettmenge kann man auf die Hälfte vermindern (s. Grundrezept II). Dieses Mengenverhältnis eignet sich besonders für das Backen im Fettbad.

Der Teig kann mit 1—2 Eßlöffeln *Zucker* gesüßt werden. Der Zucker wird dann, mit den Eiern verquirlt, in den abgekühlten Teig gegeben. Bei größeren Zuckermengen wird der Teig zu schwer, das Gebäck kann nicht die typische Beschaffenheit erreichen.

Zubereitung des Brandteiges

Wasser wird mit Butter und Salz schnell zum Kochen gebracht, der Topf einen Augenblick von der Herdstelle genommen, das trockene Mehl schnell hinzugegeben und die Masse so lange auf der Herdstelle gerührt, bis sie sich vom Topfe löst.

Der abgebrannte heiße Teigkloß wird zunächst mit einem Ei verrührt. Er wird dann geschmeidiger und läßt sich leichter verarbeiten. Die übrigen Eier werden mit dem Teig verschlagen, wenn er abgekühlt ist.

Bei der Zubereitung des Teigkloßes ist darauf zu achten, daß keine Flüssigkeit verdampft, damit das Mengenverhältnis Mehl: Wasser: Fett erhalten bleibt und der Teig nicht zu fest wird. Brandteig kann auch zu fest werden, wenn die Eier sehr klein sind, große Eier dagegen machen den Teig dünn. Es empfiehlt sich, das letzte Ei zu verquirlen und, wenn der Teig dünn genug ist, nur teilweise zum Teig zu geben.

Brandteig hat die richtige Beschaffenheit, wenn er schwer vom Rührlöffel abfällt und lange Teigspitzen hängenbleiben.

Lockerung des Brandteiges

Die Lockerung des Brandteiges erfolgt durch eingerührte Luft und durch Wasserdampf. Fett und Mehl werden mit dem Wasser zu einem Teigkloß abgebrannt. Die Stärke verkleistert und nimmt den größten Teil des Wassers auf.

Der gegarte Kloß wird mit den Eiern verarbeitet, dann geformt und bei sehr starker Hitze gebacken. Durch Einwirkung der Backhitze bildet sich an der Oberfläche eine feste elastische Haut, die eingerührte Luft dehnt sich aus. Die Flüssigkeit verdampft, jedoch die hautartige Kruste bildet für den entweichenden Wasserdampf einen Widerstand, so daß das ganze Teiggefüge hochgetrieben wird und ein großer Hohlraum entsteht. Eine Krumenbildung wie bei anderen Teigen kommt nicht zustande, weil sich kein Kleber bilden konnte und die Stärke bereits beim Abbrennen des Kloßes verkleistert ist.

Voraussetzung für die ungleichmäßige Lockerung ist eine sehr hohe Backtemperatur. Die äußere Teigschicht muß schnell fest werden und die

Flüssigkeit schnell verdampfen. Bei schwacher Hitze fällt der Teig zusammen, und das Fett tritt aus.

Formen und Backen des Brandteiges

Der fertige Teig wird geformt, auf eine gefettete und mit kaltem Wasser überspülte Backplatte gegeben und im vorgeheizten Backofen bei sehr starker Hitze gebacken.

Um die notwendig hohe Temperatur zu gewährleisten, darf der Backofen in den ersten 10—15 Minuten der Backzeit nicht geöffnet werden. Nach dieser Zeit ist die Hitzezufuhr zu vermindern, damit das Gebäck auch von innen gart, ohne eine zu starke Bräunung der Außenschicht.

Einschiebhöhe:	mittlere Schiene
Temperaturstufe:	sehr starke Hitze
Backzeit:	30—40 Minuten

Windbeutel

Brandteig/Grundrezept I
Creme nach S. 304 oder Schlagsahne

Der Brandteig wird nach S. 300 zubereitet. Nachdem er 10—15 Minuten gestanden hat, formt man mit dem Löffel oder mit der Teigspritze walnußgroße Stücke, die man auf eine gefettete, mit kaltem Wasser überspülte Backplatte setzt.

Der Teig wird bei sehr starker Hitze 30—40 Minuten gebacken. Der Backofen soll in der ersten Viertelstunde nicht geöffnet werden. Nach der oben angegebenen Backzeit nimmt man zunächst eine Probe heraus. Wenn sie sich leicht anfühlt und nicht zusammenfällt, kann man die ganze Platte herausnehmen.

Nach dem Abkühlen werden die Windbeutel aufgeschnitten, dann mit Schlagsahne oder mit Gelee und Tortencreme gefüllt und mit Puderzucker bestäubt. Die Tortencreme (½ Rezept) wird mit 100 g Butter verrührt.

Die Menge ergibt 20—24 Windbeutel.

Windbeutel mit Schokoladenguß

Nach vorstehender Nummer werden kleine Windbeutel gebacken. Sie werden nach dem Backen nicht seitlich aufgeschnitten, sondern durch einen kleinen Schnitt an der Unterseite geöffnet, dann mit Schlagsahne oder mit Mokkabuttercreme gefüllt, mit Schokoladenguß nach S. 307 überzogen und in Papiermanschetten angerichtet

Gefüllte Spritzkuchen

Brandteig nach S. 299, Grundrezept I wird mit der Teigspritze zu fingerlangen Stangen auf eine vorbereitete Backplatte gespritzt und gebacken. Nach dem Erkalten werden die Stangen der Länge nach aufgeschnitten. Die oberen Hälften werden mit Kuvertüre überzogen und die Spritzkuchen dann mit Mokkacreme oder Schlagsahne gefüllt.

Spritzkuchen im Fettbad gebacken

$^1/_4$ *l* Wasser	125 g Mehl
1 Prise Salz	1 Msp. Backpulver
60 g Butter	4 Eier

Der Brandteig wird nach S. 300 zubereitet und 30 Minuten kühl gestellt. Man spritzt Kränze oder S-Formen auf ein gefettetes Pergamentpapier, legt es mit der teigbespritzten Seite in das heiße Fettbad und läßt das Gebäck bei anfangs geschlossenem Topf unter mehrmaligem Umwenden hellbraun backen. Das Umwenden soll ein ungleichmäßiges Aufgehen und damit das Aufbrechen des Gebäcks verhindern. Über Temperatur und Behandlung des Fettbades vgl. S. 37. Die gebackenen Spritzkuchen werden nach dem Erkalten mit Puderzucker bestäubt oder mit Rumglasur bestrichen.

Die Menge ergibt etwa 25 Stück.

Füllungen für Gebäck

Kalt gerührte Buttercreme

zum Füllen einer Torte für zwei Zwischenlagen

150 g Butter
150 g Puderzucker

zum Überziehen und Garnieren einer Torte

200 g Butter
200 g Puderzucker

Die Butter wird sahnig gerührt und der feingesiebte Puderzucker hinzugegeben. Die Masse wird gerührt, bis sie weiß und schaumig ist. Durch Hinzugabe von etwas Vanille oder einigen Tropfen Rum oder Arrak kann der Geschmack abgeändert werden.

Abänderungen:

Die nachstehend angeführten Mengen geschmackgebender Zutaten sind für Buttercreme von 150 g Butter berechnet.

Schokoladenbuttercreme

Die Buttercreme wird mit 2—3 Eßl. feingesiebtem Kakao oder mit 100 g im Wasserbad weichgerührter, abgekühlter Schokolade vermischt.

Mokkabuttercreme

Auf 20—30 g gemahlenen Kaffee gibt man $^1/_8$ *l* kochendes Wasser, läßt den Kaffee einige Minuten ziehen und filtriert ihn. Nach dem Erkalten gibt man diesen Extrakt tropfenweise unter Rühren zu der Buttercreme. Es muß sehr vorsichtig geschehen, da sich die Butter durch den starken Kaffee leicht absetzt und die Creme nicht geschmeidig bleibt. Wenn sich Mokkabuttercreme absetzt, kann man sie unter Rühren leicht erwärmen und wieder glattrühren.

Nußbuttercreme

Buttercreme wird mit Vanille abgeschmeckt und mit 60 g gerösteten, geriebenen Haselnußkernen vermischt. Diese Creme kann nicht zum Spritzen gebraucht werden.

Mandelbuttercreme

125 g geriebene Mandeln werden mit der Buttercreme verrührt.

Nougatbuttercreme

100 g Nougatmasse wird mit etwas Palmin im Wasserbad weichgerührt und nach und nach unter die mit Vanille gewürzte Buttercreme gegeben.

Gekochte Buttercreme

zum Füllen, Überziehen und Garnieren einer Torte:

$^1/_4$ *l* Milch oder Wasser	50 g Zucker
1 Prise Salz	20 g Mondamin
250 g Butter	

Alle Zutaten, außer Butter, werden kalt verquirlt und dann bis zum Kochen geschlagen (vgl. Creme S. 120). Die Creme wird bis zum Abkühlen gerührt und noch lauwarm langsam unter die sahnig gerührte Butter gegeben.

Die gekochte Creme darf nicht kalt sein, weil die Butter sonst bei der Zugabe leicht gerinnt. Diese gemischte Buttercreme verträgt keinen Temperaturwechsel. Man soll sie deshalb nicht in den Kühlschrank stellen.

Die Creme wird mit Puderzucker abgeschmeckt und mit geschmackgebenden Zutaten verrührt.

Abänderungen:

1. Die gekochte Buttercreme kann wie kalt zubereitete Buttercreme durch geschmackgebende Zutaten abgeändert werden.

   Bei Verwendung von 2—3 Eßl. Kakao oder 100 g Schokolade oder Kaffee-Extrakt werden diese Zutaten mit der Milch warm abgeschlagen.

2. Soll die Creme zum Spritzen verwendet werden, so kann man etwa 30 g geschmolzenes Kokosfett tropfenweise zu der sahnig gerührten Butter geben, danach die gekochte Milchcreme. Die Creme wird durch Palmin besonders fest.

3. Die Buttercreme kann durch Schlagsahne oder durch Zugabe von 1—2 Eigelb verfeinert werden. Die Eigelb werden mit der Milchcreme im kochenden Wasserbad abgeschlagen.

Abgeschlagene Tortencreme

1—2 Eigelb	1 *l* Milch
60 g Zucker	1 Prise Salz, Vanille
100 g Vanillepulver	3 Blatt weiße Gelatine

Man bereitet aus den angegebenen Zutaten außer Gelatine eine abgeschlagene Creme (vgl. S. 120). In die fertige heiße Creme gibt man die eingeweichte Gelatine. Die Creme muß beim Erkalten häufig umgerührt werden.

Sie kann verfeinert werden, indem man 50—100 g Butter mit der Creme abschlägt.

Die abgeschlagene Creme eignet sich besonders zum Füllen von Bienenstich, Cremeschnitten, Mohrenköpfen, Windbeuteln.

Marzipanfüllung

Für 2 Lagen braucht man 200 g Marzipanmasse

I. Die Marzipanmasse wird mit der gleichen Menge Puderzucker verarbeitet, ausgerollt und als Zwischenlage verwendet.

II. Die Marzipanmasse wird durch 100 g eingekochten Zucker streichfähig gemacht. Beim Klarkochen des Zuckers kann man etwas Rosenwasser hinzusetzen.

Man kann die Marzipanplatte mit 125 g flüssiger Schokolade überziehen und darüber eine zweite Marzipanplatte legen. Marzipanlagen werden immer in Verbindung mit Buttercreme, Gelee, Marmelade oder Schokolade verwendet, da die Füllung sonst leicht trocken wird.

Schlagsahnefüllung

Zum Füllen und Garnieren einer Torte braucht man $1/2$ *l* Schlagsahne.

Die nach S. 150 steifgeschlagene süße Schlagsahne kann ohne weitere Zugaben zum Füllen und Garnieren von Torten verwendet werden. Man kann sie durch Hinzugabe von Vanille, Rum, Kaffee, Schokolade oder Fruchtsäften geschmacklich abändern.

Fruchtschlagsahne

$1/2$ *l* Schlagsahne	4—6 Eßl. Fruchtsaft
2 Eßl. Puderzucker	2—3 Blatt Gelatine

Die aufgelöste Gelatine wird zu dem Fruchtsaft gegeben und der Saft vorsichtig unter die steife Schlagsahne gerührt.

Schokoladenschlagsahne

$1/2$ *l* Schlagsahne	etwa 500 g Kuvertüre
2 Eßl. Puderzucker	

Die steife Schlagsahne wird mit der verflüssigten und erkalteten Kuvertüre langsam verschlagen.

Mokkaschlagsahne

$1/2$ *l* Schlagsahne	40 g Kaffee
2 Eßl. Puderzucker	2 Blatt Gelatine

Aus dem Kaffee wird mit etwa 4 Eßl. Wasser ein Kaffee-Extrakt hergestellt, den man mit der aufgelösten Gelatine vermischt und nach dem Erkalten langsam mit der steifen Schlagsahne verrührt.

Anmerkung:

Füllungen aus Quark, Nüssen, Mandeln, Früchten, Marmelade sind bei den Rezepten angegeben. Vgl. S. 254-256, S. 266-269, S. 277.

Glasuren für Gebäck

Zuckerglasur

Mengen zum Überziehen einer Torte

250—300 g Puderzucker
2—3 Eßl. Wasser
etwas Zitronensaft

Der Puderzucker wird fein gesiebt, mit Wasser und einigen Tropfen Zitronensaft glattgerührt. Durch Säure wird die Glasur glänzender und fester

Besonders schön wird die Glasur, wenn man dem Zucker nicht kaltes, sondern lauwarmes Wasser zusetzt und die Glasur längere Zeit rührt. Man kann statt Wasser auch ein Eiweiß hinzugeben, die Glasur wird dadurch weißer und trocknet sehr schnell. Die Glasur darf nicht zu dünn sein.

Torten werden vor dem Glasieren sorgfältig abgepinselt. Dann gibt man die Glasur auf die Torte und läßt sie gleichmäßig auseinanderfließen. Wenn nötig, kann man mit einem langen Messer oder Pfannenmesser nachstreichen.

Für Hefeteig, Blätterteig und für gedeckte Mürbeteig-Obstkuchen wird die Glasur mit 1 Teelöffel Eiweiß zubereitet und auf das heiße Gebäck gegeben. Die Glasur wird dann besonders glänzend und durchscheinend.

Abänderung:

Die weiße Zuckerglasur kann in Farbe und Geschmack verändert werden durch Hinzugabe von Vanille, Rum, Kaffee-Extrakt oder flüssiger Kuvertüre. Kakao eignet sich nicht gut für diese kalt gerührte Glasur. Rosenwasser mit einem Tropfen Mandelöl gibt Marzipangeschmack, Rosenwasser mit einer Prise Zimt erzeugt eine lichtbraune Färbung, zur Gelbfärbung dient etwas Eigelb. Bei Zitronen- oder Apfelsinenglasur wird die abgeriebene Schale chemisch unbehandelter Früchte mit etwas Wasser kurz aufgekocht. Die Flüssigkeit wird durch ein Sieb gegeben, mit dem Saft der Früchte vermischt und mit Puderzucker zu einer ziemlich dicken Glasur verrührt.

Ungekochte Schokoladenglasur

1 Ei	60 g Palmin
125 g Puderzucker	60 g Schokolade

Das ganze Ei wird mit dem gesiebten Puderzucker schaumig gerührt, nach und nach das geschmolzene Palmin und zuletzt die geriebene Schokolade hinzugegeben. Die Glasur muß sogleich aufgetragen werden.

Karamelglasur

250 g Zucker werden zu Karamel gebräunt. Der Karamel wird nicht mit Wasser abgelöscht. Man läßt ihn zugedeckt etwas abkühlen und gießt ihn dann über das Gebäck.

Gekochte Schokoladenglasur

150 g Schokolade	$^1/_{16}$ *l* Wasser
1 Tl. Kakao	1 Eßl. Milch oder Sahne
125 g Zucker	10 g Butter

Die Schokolade wird gerieben und mit den übrigen Zutaten im Wasserbad unter mehrmaligem Umrühren gekocht. Der Guß ist gut, wenn sich auf der Oberfläche ein feines Häutchen bildet.

Die angegebene Menge reicht zum Überziehen einer Torte.

Kuvertüre (Überzugschokolade)

250 g Kuvertüre werden mit etwa 50 g Palmin im Wasserbad warm gestellt und glattgerührt. Sie darf nicht zu heiß werden, da sie dann leicht streifig wird. Auch muß sie etwas abkühlen, ehe sie gebraucht wird. Wenn der Guß zu dünn geworden ist, so daß er abfließt, kann man etwas Kuvertüre hinzusetzen. Durch die Fettzugabe wird der Überzug glänzend.

Der Überzug muß im warmen Raum erstarren, durch zu schnellen Temperaturwechsel wird die Kuvertüre grau und blind.

Statt Kuvertüre kann zum Überziehen Block- oder Tafelschokolade — keine Milchschokolade — verwendet werden. Sie wird in gleicher Weise im Wasserbad unter Zusatz von Palmin geschmolzen.

Die Menge reicht für eine Torte.

Haltbarmachung der Lebensmittel

Tiefgefrieren
Einkochen / Sterilisieren
Einlegen in Zuckerlösung
Einlegen in Essig-Zuckerlösung
Einlegen in Essiglösung
Haltbarmachen durch milchsaure Gärung
Haltbarmachen der Fruchtsäfte
Haltbarmachen der Fruchtsäfte durch Zubereitung von Gelee
Haltbarmachen des Fruchtmarks durch Zubereitung von Marmelade

An den Lebensmitteln vollziehen sich fortwährend Veränderungen, die ihren physiologischen Wert beeinträchtigen oder sie ungenießbar machen können.

Diese Veränderungen werden verursacht durch den Einfluß von Luft, Licht, Wärme, durch lebensmitteleigene Fermente und vor allem durch die Einwirkung von Mikroorganismen (Kleinstlebewesen).

Die Mikroorganismen brauchen, um wirken zu können, Wärme, Wasser, Nährboden und im allgemeinen auch Sauerstoff (Luft). Zweck der Haltbarmachungsverfahren ist es, den Mikroorganismen diese Bedingungen zu entziehen. Dafür gibt es verschiedene Möglichkeiten:

Einwirkung niedriger Temperaturen
Einwirkung hoher Temperaturen
Entziehung von Wasser
Einwirkung von Säuren

Bei den üblichen Haltbarmachungsverfahren werden eine oder mehrere dieser Möglichkeiten ausgenutzt. Die Industrie hat, besonders in den letzten Jahrzehnten, wirksame Konservierungsmethoden entwickelt und dadurch den Lebensmittelmarkt entscheidend beeinflußt. In der Familien- und Anstaltsküche sind heute vielfach noch verschiedene Verfahren üblich (vgl. die nachstehenden Ausführungen).

Bei der Durchführung aller Konservierungsverfahren ist auf größte Sauberkeit zu achten. Konservierungsgut und Konservierungsbehälter (Gläser, Flaschen, Dosen, Krüge) sowie alle Hilfsgeräte müssen vor dem Gebrauch in heißer Spülmittellösung gereinigt werden.

Zum Konservieren werden nur frische einwandfreie Lebensmittel verwendet. Die Konservierungstechniken sind so durchzuführen, daß der physiologische Wert der Lebensmittel weitgehend erhalten bleibt.

Haltbarmachen durch Tiefgefrieren

Durch Tiefgefrieren können Lebensmittel für längere Zeit haltbar gemacht werden, ohne daß ihr physiologischer Wert vermindert wird. Der Frischezustand der Lebensmittel bleibt weitgehend erhalten. Nährwert, Form, Farbe und Aroma des Tiefkühlgutes werden bei sachgemäßer Verarbeitung nicht beeinträchtigt. Ein weiterer Vorteil ist der geringe Zeitaufwand, der für das Tiefgefrieren notwendig ist.

Tiefgefrieranlage

Als Tiefkühlanlagen sind Truhen und Schränke verschiedener Größen im Handel, für hauswirtschaftliche Großbetriebe kommen außerdem Tiefkühlschrankanlagen und Tiefkühlräume in Frage. Auch in die modernen Kühlschränke ist vielfach ein Tiefkühlfach eingebaut.

Verpackungsmaterial

Vor dem Einlegen in die Tiefgefrieranlage werden die Lebensmittel verpackt. Dadurch wird das Austrocknen des Tiefkühlgutes verhindert, die Übertragung von Geschmack und Geruch ausgeschlossen und der Gefrierraum saubergehalten. Man kann ohne Bedenken verschiedenartige Lebensmittel zusammen lagern. Damit das Verpackungsmaterial diesen Zweck erfüllt, soll es keinen Geschmack und Geruch übertragen oder abgeben, es muß luftdicht und wasserdicht, fest und doch schmiegsam sein.

Der Markt bietet verschiedenartiges Spezial-Verpackungsmaterial für die Tiefkühlkonservierung an:

1. Kunststoffolien als Meterware, Schlauch oder Beutel, sie werden mit Gummiringen oder Klebestreifen verschlossen.
2. Aluminiumfolie als Meterware, sie hält ohne Verschluß, man kann sie mit Klebestreifen verkleben.
3. Aluminiumbehälter (Gratinettbehälter) in verschiedenen Formen und Größen aus fester Aluminiumfolie, sie werden mit Deckel geliefert.
4. Pergamentbecher, sie werden mit einer Metallklammer verschlossen, dafür ist eine Spezialzange notwendig.
5. Dosen aus Kunststoff oder Aluminium, deren Deckel zusätzlich mit einem Klebestreifen gehalten wird. Neuerdings verwendet man mit dem Deckel luftdicht zu verschließende Kunststoffbehälter.

Beim Einfüllen und Verschließen soll nach Möglichkeit keine Luft mit eingeschlossen werden. Behälter sind bis zum Rand zu füllen, Folien müssen eng anliegen. Die Lebensmittelmenge je Packung ist dem späteren Verbrauch der Mahlzeit anzupassen. Die verpackten Lebensmittel werden beschriftet mit Angaben über Art und Menge des Gefriergutes und über das Datum des Einfrierens.

Dann werden sie schnell eingefroren. Das Verpackungsmaterial kann bei gründlicher Reinigung mehrmals verwendet werden.

Vorbereiten und Verpacken des Tiefgefriergutes

Obst

Obst wird geputzt und gewaschen, dann ohne weitere Vorbereitung eingefroren. Nur Früchte, die sich leicht verfärben, wie z. B. Äpfel und Birnen, werden kurze Zeit blanchiert.

Je nach dem späteren Verwendungszweck kann man Obst einfrieren:

1. ohne Hinzugabe von Zucker
2. mit Trockenzucker
   etwa 1 kg auf 10 kg Obst
3. mit einer 35%igen Zuckerlösung
   etwa 1 kg Zucker und 3 *l* Wasser auf 10 kg Obst

Bei Verwendung von Zucker werden die Zwischenräume in den Packungen besser ausgefüllt, und die Luft wird verdrängt, Trockenzucker fördert das Aroma der Früchte, Zuckerlösung verhindert das Bräunen der Früchte. Infolgedessen werden Beerenfrüchte meistens mit Trockenzucker, Stein- und Kernobst mit Zuckerlösung eingefroren.

Aprikosen und Pfirsiche werden vor dem Einfrieren geschält und halbiert.

Als Verpackungsmaterial für Obst eignen sich Plastikbeutel und Plastikdosen; beim Einfrieren mit Zuckerlösung sind stets Pergamentbecher oder Plastikdosen zu verwenden. Die Lösung muß vor dem Auffüllen erkalten.

Gemüse

Gemüse wird nur in frischem, erntereifem Zustand eingefroren.

Vor dem Einfrieren wird das Gemüse mit Hilfe eines Siebeinsatzes 2—4 Minuten blanchiert, damit die Oberflächenenzyme unwirksam werden.

Nach dem Blanchieren ist das Gemüse kurz in kaltes Wasser zu tauchen, somit kühlt es schnell ab. Durch langes Warmbleiben werden Farbe, Aroma und Askorbinsäuregehalt negativ beeinflußt. Nach dem Abtropfen wird das Gemüse schnell verpackt.

Zum Verpacken von Gemüse eignen sich Beutel oder Schläuche aus Kunststoff. Für Spinat und Tomatenmark verwendet man zweckmäßig Becher oder Dosen.

Fleisch

Fleisch muß vor dem Einfrieren abgehangen sein. Die Fleischstücke werden glatt hergerichtet, die Knochen am besten ausgelöst und gesondert eingefroren. Die Fleischstücke dürfen nicht schwerer als 3 kg sein. Bei kleinen flachen Fleischstücken, z. B. Koteletts, legt man zwischen die einzelnen Teile eine Kunststoffolie. Bei Geflügel werden die Innereien gesondert verpackt und in den Rumpf des vorbereiteten Geflügels gegeben.

Als Verpackungsmaterial für Fleisch eignen sich Aluminiumfolie oder Plastikschläuche.

Fisch

Fische werden in Haushalten im allgemeinen nicht eingefroren, wohl gelegentlich Flußfische. Die frischen Fische werden ausgenommen, gewaschen, von innen getrocknet und wie Fleisch verpackt.

Fertiggerichte

Fertiggerichte dürfen vor dem Einfrieren nicht stark gewürzt und nicht völlig gegart sein. Nach der Zubereitung werden sie schnell abgekühlt und in Becher, Dosen oder Gratinettbehälter gefüllt.

Durch das Einfrieren von Fertiggerichten kann sehr viel Zeit eingespart werden, besonders bei Fleischgerichten, von denen größere Mengen ebenso schnell zubereitet werden wie kleine Mengen. Es ist zweckmäßig, Mengen für mehrere Mahlzeiten zuzubereiten, einen Teil sogleich zu servieren und die übrige Menge einzufrieren.

Backwaren

Backwaren werden frisch eingefroren, sie dürfen noch lauwarm sein. Torten sind ungefüllt einzufrieren, Cremes, Glasuren und besonders Sahne werden beim Tiefkühlgefrierprozeß unansehnlich. Will man gefüllte Torten einfrieren, so stellt man sie zunächst unverpackt zum Vorfrosten ein und verpackt sie anschließend.

Durch das Einfrieren von Backwaren kann ebenfalls Zeit eingespart werden, wenn man gleichzeitig Teig für mehrere Kuchen zubereitet und backt.

Als Verpackungsmaterial für Backwaren eignen sich Kunststoffmeterware und besonders Aluminiumfolie. Zweckmäßig sind Gratinettformen, in denen Kuchen abgebacken und eingefroren werden können. Rohe Teige werden sofort nach der Zubereitung eingefroren. Zum Einfrieren eignen sich besonders Blätterteig und Mürbeteig, ebenfalls Backwaren aus diesen Teigarten. Sie werden in Plastik- oder Aluminiumfolie verpackt.

Tiefgefrierprozeß

Das vorbereitete Lebensmittel wird zunächst in den Vorfroster gelegt, damit der Tiefgefrierprozeß schnell verläuft. Ist in die Tiefkühlanlage kein Vorfroster eingebaut, legt man das Nahrungsgut an die kälteste Stelle der Tiefkühlanlage. Beim Anfrosten dürfen die Lebensmittel nicht übereinander, sondern nur nebeneinander liegen, damit die Kälte schnell durchdringen kann. Werden größere Mengen eingefroren — z. B. bei großem Marktangebot oder beim Einschlachten — so kann man einen Teil der vorbereiteten Lebensmittel zunächst für etwa acht Stunden in den Kühlschrank legen.

Die konservierende Wirkung wird durch die niedrigen Temperaturen verursacht, die mindestens bei —18° C liegen. Bei diesen Temperaturen werden die Mikroorganismen zwar nicht vernichtet, aber unwirksam gemacht. Sobald das Tiefkühlgut wieder höheren Temperaturen ausgesetzt wird, können die Mikroorganismen wieder wirksam werden. Darum muß Tiefkühlgut, sobald es aus der Tiefkühlanlage herausgenommen ist, verbraucht werden.

Kurzfristige Lagerung tiefgefrorener Lebensmittel ist möglich, und zwar im Kühlschrank bis zu 2 Tagen, im Verdampferfach bis zu 24 Tagen und im Tiefgefrierfach bis zu 3 Monaten. Diese Angaben gelten auch für die eingekaufte Tiefkühlware des Marktes. Angetautes Tiefkühlgut darf nicht wieder eingefroren werden.

Lagerzeit des Tiefgefriergutes

Die Lagerzeit ist bei den einzelnen Lebensmitteln unterschiedlich. Es lagern:

die meisten Obst- und Gemüsearten	bis zu 12 Monaten
Mageres Fleisch	bis zu 12 Monaten
Fettes Fleisch	4—6 Monate
Fisch	1—2 Monate
Sehr magere Fische	bis zu 6 Monaten
Fertiggerichte	bis zu 3 Monaten

Speisereste	3—4 Wochen
Backwaren	bis zu 6 Monaten
Teige	bis zu 1 Monat

Spezielle Einzelheiten über die Lagerzeit sind den Schriften zu entnehmen, die von den Herstellerfirmen zu ihren Tiefkühlanlagen ausgegeben werden.

Haltbarmachen durch Einkochen

Beim Einkochen (Sterilisieren) wird die Haltbarkeit der Lebensmittel durch Luftabschluß und Hitze bedingt. Durch Erhitzen werden die Mikroorganismen unwirksam gemacht. Außerdem dehnt sich die im Behälter befindliche Luft aus und entweicht; beim Abkühlen entsteht ein luftverdünnter Raum. Durch den stärkeren äußeren Luftdruck wird der Behälter geschlossen, so daß keine Mikroorganismen eindringen können.

Als Behälter für das Einkochen können Spezialgläser, -dosen oder -krüge verwendet werden. Es ist wichtig, daß die Ränder der Behälter und der Deckel glatt und unbeschädigt sind, damit keine Luft eindringen kann und die Behälter geschlossen bleiben. Vor dem Gebrauch werden sie in heißer Spülmittellösung gereinigt und in heißem Wasser nachgespült.

Auch die Gummiringe müssen unbeschädigt und passend sein. Sie werden in warmer Salzlösung gewaschen, dann in kaltem Wasser nachgespült.

Das vorbereitete Einkochgut wird bis zum Rande der Behälter eingefüllt, die Flüssigkeit jedoch nur 1—2 cm unterhalb des Randes, damit sich der luftverdünnte Raum bilden kann.

Man reibt die Ränder sauber, legt Gummiringe und Deckel auf und verklammert die Behälter. Die Klammern müssen einen genügend starken Druck auf die Behälter ausüben.

Das Sterilisieren im Einkochtopf

Das Sterilisieren wird meistens im Einkochtopf durchgeführt. Man stellt die Behälter in den Topf, füllt soviel Wasser in den Einkochtopf, daß die Behälter fast bis zum Rand von Wasser umspült sind.

Sobald das Sterilisieren beendet ist, werden die Behälter aus dem Einkochtopf genommen. Man stellt sie an einen zugfreien Ort, nimmt die Klammern aber erst ab, wenn die Behälter völlig erkaltet sind.

Ist ein Behälter nicht geschlossen, so ist die Ursache zu prüfen und das Einkochgut gegebenenfalls noch einmal 20 Minuten zu sterilisieren.

Das Sterilisieren im Backofen

Für das Sterilisieren im Backofen eignet sich besonders Obst. Die Behälter werden in die mit Wasser gefüllte Grillpfanne gestellt und auf die unterste Schiene geschoben.

Obst wird bei starker Hitze (200° C) 60—70 Minuten sterilisiert, bis im Glas Perlen aufsteigen. Dann schaltet man die Hitzezufuhr ab und läßt das Einkochgut noch etwa 20 Minuten im Backofen stehen.

Gemüse muß bei sehr starker Hitze (220° C) sterilisiert werden. Die Einkochzeit beträgt nach dem „Perlen" noch eine Stunde, insgesamt also zwei Stunden. Dann kann die Hitzezufuhr abgestellt werden, man läßt das Gemüse im Backofen abkühlen.

Die Gummiringe werden durch die starke Hitze leicht brüchig.

Das Einkochen der Früchte / Grundrezept

Mengen für 10 *l* eingekochte Früchte

10 kg Früchte
500—700 g Zucker
3 *l* Wasser

Einkochtemperatur: 70—80° C
Einkochzeit: 20 Minuten bei 2 *l* Behälter; 45 Minuten bei 10 *l* Behälter

Die Menge des Zuckers richtet sich nach der Art der Früchte. Wird sehr viel Zucker zugesetzt, dann schrumpfen die Früchte, sie werden hart und steigen im Behälter hoch. Um das zu verhindern, nimmt man zweckmäßig nicht mehr als 50—70 g auf 1 kg Früchte. Soll bei sauren Früchten die Zuckermenge erhöht werden, so ist es zweckmäßig, beim Sterilisieren nicht höher als auf 75° C zu erhitzen.

Erstes Verfahren

Die vorbereiteten Früchte werden in die Behälter gefüllt, mit der Zuckerlösung — 3 *l* Wasser, 500—700 g Zucker — aufgefüllt und sterilisiert.

Damit die Gläser gut gefüllt werden, kann man die Früchte vor dem Einfüllen in Zuckerlösung ziehen lassen. Man gibt die Früchte portionsweise in die kochendheiße Lösung, läßt sie einige Sekunden ziehen, nicht kochen.

Zweites Verfahren

Die Früchte werden mit Trockenzucker sterilisiert. Man schichtet sie lagenweise mit dem Zucker in die Behälter. Dieses Verfahren eignet sich besonders für saftreiche Früchte: Beerenobst, Rhabarber, Pflaumen.

Sehr süße Früchte können auch ohne Zuckerzugabe eingekocht werden.

Stachelbeeren

Die vorbereiteten Stachelbeeren läßt man portionsweise einige Sekunden in kochendheißer Zuckerlösung ziehen, nicht kochen, füllt sie nach dem Abtropfen in Gläser, schüttelt die Gläser leicht, damit die Stachelbeeren etwas zusammensinken, und füllt die Zuckerlösung ein.

Blaubeeren

Die verlesenen und gewaschenen Beeren werden lagenweise mit Zucker fest in die Gläser gefüllt und 15 Minuten bei 75° C sterilisiert. Sie können mit Zuckerlösung eingekocht werden.

Kirschen

Die Kirschen erfordern, je nachdem, ob sie süß oder sauer sind, mehr oder weniger Zucker. Sie werden entstielt, fest in Gläser eingefüllt und mit der heißen Zuckerlösung übergossen.

Die Kirschen können auch entsteint und ohne Zucker in Gläser gefüllt und sterilisiert werden.

Pflaumen, Mirabellen, Reineclauden

Die Früchte werden gewaschen oder mit einem Tuch abgerieben. Pflaumen, die abgerieben sind, zeigen beim Sterilisieren nicht den hellen Belag. Sie werden mehrmals mit der Nadel eingestochen, damit die Haut nicht platzt, dann wie Kirschen weiter behandelt. Man kann sie vor dem Einfüllen auch entsteinen und wieder zusammenklappen oder halbieren und entsteinen. Die Zuckerlösung kann mit ¼ Stange Zimt gewürzt oder auch mit etwas Rotwein gekocht werden.

Birnen

Die Birnen müssen reif sein (an der dunkelbraunen Färbung der Kerne zu erkennen), sie dürfen jedoch nicht überreif sein, weil sie sonst in den Gläsern leicht zerfallen. Die Birnen werden mit einem Nirosta-Messer geschält, halbiert, vom Kerngehäuse befreit, gewaschen, in Zuckerlösung gekocht, bis sie sich durchstechen lassen. Man darf nur wenige Birnen gleichzeitig in die kochende Zuckerlösung geben, die Lösung muß wieder kochen, ehe man weitere Birnen hinzufügt. Auf diese Weise zubereitet, behalten die Birnen ihre weiße Farbe. Nach dem Kochen werden die Birnen in Gläser geschichtet, mit Zuckerlösung überfüllt und 20 Minuten bei 90° C sterilisiert. Die Zuckerlösung kann mit Ingwer oder Stangenzimt gewürzt und mit etwas Wein, Zitronensaft oder Essig abgeschmeckt werden.

Die Birnen roh in die Gläser zu füllen, ist nicht ratsam, da sich die Garzeit nicht genau bestimmen läßt.

Äpfel

Zum Einmachen verwendet man Äpfel, die sich roh nicht lange aufbewahren lassen. Sie werden geschält, vom Kerngehäuse befreit, fest in Gläser gefüllt und wie Birnen sterilisiert. Kleine Äpfel können ganz eingekocht werden. Äpfel, die leicht zerkochen, werden zu steifem Apfelmus eingekocht und sterilisiert.

Pfirsiche, Aprikosen

Reife Pfirsiche werden sowohl ungeschält als auch geschält eingemacht. Sollen sie vor dem Einmachen geschält werden, taucht man sie in kochendes Wasser, zieht mit einem rostfreien Messer die Haut ab, halbiert und entsteint die Früchte. Damit sie hell bleiben, werden sie nach dem Schälen sogleich in die Gläser gefüllt und mit Zuckerlösung sterilisiert.

Rhabarber

I. Der vorbereitete Rhabarber wird in einer starken Zuckerlösung vorgekocht, dann mit Zuckerlösung (auf 1 *l* Wasser 200 g Zucker) 15 Minuten bei 75° sterilisiert.

II. Die Rhabarberstückchen werden mit Zucker bestreut. Am nächsten Tag wird der Saft eingekocht und auf den in Gläser gefüllten Rhabarber gegeben.

III. Der Rhabarber wird gewaschen, in Stücke geschnitten, mit Zucker fest in die Gläser gefüllt und 25 Minuten bei 75° C sterilisiert (auf 1 kg Rhabarber 200 g Zucker).

Das Einkochen der Gemüse / Grundrezept

Mengen für 10 *l* eingekochtes Gemüse

10 kg Gemüse
etwa 3 *l* Wasser
15 g Salz

Einkochtemperatur: 100° C
Einkochzeit: 1½—2 Stunden

Gemüse enthält Eiweiß und wird darum auch von Fäulnisbakterien befallen. Diese Bakterien sterben erst bei 100° C ab. Darum ist für das Sterilisieren von Gemüse immer eine lange Hitzeeinwirkung bei 100° C notwendig.

Gemüse können vor dem Einfüllen überbrüht oder roh eingefüllt werden.

Erstes Verfahren

Die vorbereiteten Gemüse werden gründlich gewaschen und in die Behälter gefüllt. Man stellt eine Salzlösung her und füllt die Lösung heiß auf das Gemüse.

Zweites Verfahren

Die vorbereiteten Gemüse werden in wenig Salzwasser portionsweise kurz gekocht und nach dem Abkühlen in die Behälter gefüllt. Als Flüssigkeit zum Auffüllen verwendet man das Kochwasser, eine Salzlösung oder abgekochtes, ungesalzenes Wasser.

Spargel

Der nach S. 45 vorbereitete Spargel wird roh in die Gläser gefüllt, und zwar mit den Köpfen nach unten, damit sie beim Herausnehmen nicht abbrechen.

Erbsen

Die vorbereiteten Erbsen werden 1½—2 Stunden sterilisiert. Da Erbsen leicht gären, ist es ratsam, sie am ersten oder zweiten Tag nach dem Einkochen nochmals 20 Minuten zu sterilisieren.

Möhren

Junge Möhren werden abgeschabt oder kurz in kochendes Salzwasser gegeben, bis sich die Haut leicht abstreifen läßt.

Grüne Bohnen oder Schnittbohnen

Junge Bohnen werden abgezogen, gewaschen, geschnitten, 5 Minuten in schwachem Salzwasser gekocht, nach dem Abtropfen in Gläser gefüllt, mit dem Kochwasser übergossen und 1½—2 Stunden sterilisiert.

Prinzeßbohnen

Prinzeßbohnen werden wie Schnittbohnen behandelt, jedoch ungeschnitten eingekocht.

Dicke Bohnen

Junge Dicke Bohnen werden 5 Minuten in ungesalzenem Wasser gekocht und dann wie Erbsen weiter behandelt. Beim Abkochen dürfen nur kleine Portionen in das brausend kochende Wasser gegeben werden. Das Wasser muß immer wieder zum Kochen kommen, ehe Bohnen hinzugegeben werden. Auf diese Weise verhütet man, daß die Bohnen hart bleiben.

Die Gläser dürfen nicht bis zum Rand gefüllt werden, da Dicke Bohnen noch quellen und dunkel werden, wenn sie nicht mit Wasser bedeckt sind. Für 10 *l* Behälter beträgt die Einkochzeit wenigstens 2 1/2 Stunden.

Haltbarmachen durch Einlegen in Zuckerlösung

In einer konzentrierten Zuckerlösung können sich Gärungserreger nicht entwickeln. Den Mikroorganismen wird durch den Zucker das zum Leben notwendige Wasser entzogen, in sehr konzentrierter Lösung wird ihnen sogar das Eigenwasser entzogen, so daß sie absterben.

Das Haltbarmachen durch Einlegen in konzentrierte Zuckerlösung wird besonders angewandt bei Johannisbeeren, Preiselbeeren, Aprikosen, Pfirsichen, Kirschen, Rhabarber.

Haltbarmachen durch Einlegen in Zuckerlösung / Grundrezept

1/2 *l* Wasser
1 kg Zucker
2 kg Früchte

Die vorbereiteten Früchte werden portionsweise in der geklärten Zuckerlösung gekocht. Nach dem Erkalten werden sie in saubere Gläser oder Krüge gefüllt. Der eingekochte abgeschäumte Saft wird darübergegeben. Er muß die Früchte vollständig bedecken. Dann werden sie mit einem Rumpapier bedeckt und die Behälter mit Einmach-Cellophan zugebunden. Das Papier wird zugeschnitten, auf der obersten Seite angefeuchtet, damit es geschmeidig wird, dann über das Glas gespannt.

Will man beim Gebrauch der konservierten Früchte nur einen Teil des Gefäßinhaltes verwenden, so nimmt man die Früchte am besten mit einem Kunststofflöffel heraus, und zwar von der Mitte her. Das Gefäß muß sofort wieder zugebunden werden, Reste gibt man nicht in den Behälter zurück.

Sollten Früchte anfangen zu gären, so wird der Saft abgeschüttet, aufgekocht und abgeschäumt. Die Früchte werden in dem Saft kurz aufgekocht und zweckmäßig bald verbraucht.

Haltbarmachen durch Einlegen in Essig-Zuckerlösung

Beim Einmachen in Essig-Zuckerlösung wird die Haltbarkeit ebenso wie beim Einlegen in Zuckerlösung dadurch hervorgerufen, daß die Gärungserreger keine Lebensbedingungen finden. Die Lösung muß entsprechend stark sein.

Diese Haltbarmachungsmethode wird heute noch angewandt zum Konservieren von Gurken und Kürbis.

Gurken

2 kg gelbe Gurken	Ingwer
750 g Zucker	Zimt
1 *l* Essig	

Große gelbe Gurken werden geschält und der Länge nach durchgeschnitten. Man entfernt mit einem nicht oxidierenden Löffel das Kerngehäuse, wäscht die Gurken, trocknet sie und schneidet sie in Streifen. Dann stellt man eine Essig-Zuckerlösung her, kocht die Gurken darin, bis sie gar und glasig sind. Sie dürfen nicht zu weich werden, weil sie dadurch an Geschmack verlieren, unansehnlich werden und sich nicht halten. Nach dem Erkalten wird die Lösung abgegossen und eingekocht. Die Gurken werden mit der eingedickten Flüssigkeit in die vorbereiteten Gläser gefüllt.

Der Saft muß nach zwei bis drei Tagen noch einmal aufgekocht werden. Die Gläser werden dann vorschriftsmäßig verschlossen.

Kürbis

2 kg Kürbisstücke	etwa 8 Nelken
1 kg Zucker	2 Stck. Ingwer
1 *l* Essig	1 Zitrone
1 Stg. Zimt	

Der Kürbis wird geschält, ausgehöhlt, in Streifen oder Würfel geschnitten und in der Essig-Zuckerlösung mit den Gewürzen, die man in einen kleinen Beutel gibt, gar, aber nicht zu weich gekocht.

Dann läßt man den Kürbis mit dem Saft 24 Stunden stehen, gießt den Saft ab, kocht ihn ein und gibt ihn kochend über den Kürbis.

Der Saft muß nach 2—3 Tagen noch einmal aufgekocht werden. Die Gläser werden vorschriftsmäßig verschlossen.

Haltbarmachen durch Einlegen in Essiglösung

Mikroorganismen bevorzugen einen neutralen oder schwach alkalischen Nährboden. In stark sauren Lösungen sind sie nicht wirksam, so daß Nahrungsmittel in einer Essiglösung längere Zeit haltbar bleiben.

Das Konservierungsgut wird im allgemeinen roh in die Behälter gefüllt, es muß ganz von der Lösung bedeckt sein.

Kleine Essiggurken

2 kg kleine grüne Gurken (etwa 40 Stück)
200 g Salz

	Lösung
Perlzwiebeln	2 *l* Essig
Senfkörner	$^1/_2$ *l* Wasser
Dill, Estragon	1 Eßl. Salz
Meerrettich	1 Eßl. Zucker

Die Gurken werden gewaschen, gebürstet, mit einem Holzstäbchen einige Male eingestochen und mit Salz bestreut. Man läßt sie 24 Stunden stehen, wäscht und reibt sie nochmals ab und füllt sie mit den Gewürzen und den vorbereiteten Perlzwiebeln in die Gläser. Der Essig wird mit Wasser, Salz und Zucker aufgekocht und erkaltet über die Gurken gegeben, so daß sie bedeckt sind. Die Gläser werden vorschriftsmäßig verschlossen und trocken und luftig aufbewahrt.

Man kann die Essiglösung mit weniger Essig zubereiten, die Gurken in Einkochgläser füllen und 20 Minuten bei 60° C sterilisieren.

Schlangengurken in Essig (Samba)

2 kg grüne Schlangengurken	1 *l* Essig
200 g Salz	125 g Zucker
	1 Eßl. Salz
	2—3 Zwiebeln

Grüne Schlangengurken werden geschält, entkernt, in feine Streifen geschnitten und mit Salz bestreut. Man läßt sie 24 Stunden stehen und dann auf einem Durchschlag abtropfen. Dann gibt man zunächst eine Lage Zwiebelscheiben in die Gläser, dann die Gurken und als oberste Lage wieder Zwiebelscheiben. Man füllt die erkaltete Essig-Zuckerlösung darüber und behandelt die Gurken weiter wie Essiggurken.

Rote Rüben (Rote Bete)

2 kg Rote Rüben	6 Nelken
Salzwasser	2 Eßl. Zucker
	6 Pfefferkörner
	2 Lorbeerblätter
	2—3 Zwiebeln
	2 Eßl. Zucker
	1 *l* Essig

Die roten Rüben werden nach S. 46 vorbereitet und gar gemacht. Nach dem Erkalten schneidet man sie in dünne Scheiben, die schichtweise mit den Gewürzen und mit Zucker in einen Steintopf gegeben und mit abgekochtem Essig übergossen werden.

Haltbarmachen durch milchsaure Gärung

Gemüse können haltbar gemacht werden durch die Einleitung einer milchsauren Gärung. Mit Hilfe geringer Salzmengen wird dem Gemüse Saft entzogen. Mit dem Saft tritt auch Zucker aus. Die aus der Luft einfallenden Milchsäurebakterien spalten den Zucker in Milchsäure. In der Milchsäurelösung können sich Fäulnisbakterien und Krankheitskeime nicht entwickeln, das Gemüse bleibt haltbar, nimmt einen angenehmen Geschmack an, und die sauerstoffempfindlichen Vitamine bleiben weitgehend erhalten.

Grundrezept

10 kg Gemüse
125 g Salz
(Kümmel, Wacholderbeeren)

Wasserreiche, grobfaserige Gemüse werden feingeschnitten und mit dem Salz eingestampft, so daß das Wasser aus den Gemüsen austritt und sie damit bedeckt sind.
Zartfaserige Gemüse, wie z. B. Blumenkohl, Möhren, Gurken, werden nicht eingestampft. Man streut Salz zwischen das Gemüse und gießt soviel Wasser hinzu, daß alles Gemüse mit Flüssigkeit bedeckt ist.
Das Gemüse wird mit einem Tuch bedeckt und mit einem Holzdeckel und einem Stein beschwert. Es muß stets mit Flüssigkeit bedeckt sein, damit die obere Schicht nicht verdirbt. Wenn notwendig, muß man kaltes Wasser hinzugießen.
Für diese Art des Einmachens eignen sich besonders Rillentöpfe. Die stets mit Wasser gefüllte Rille schließt das Gemüse von der Luft ab und verhindert, daß Gärungserreger aus der Luft das Gemüse verderben.

Weißkohl / Sauerkraut

Das Haltbarmachen durch milchsaure Gärung wird hauptsächlich angewendet zur Konservierung von Weißkohl. Aus dem festen Kohl bildet sich das schmackhafte und gutbekömmliche Sauerkraut.
Zum Einmachen eignet sich am besten fester Weißkohl. Nachdem die losen Blätter, die groben Blattrippen und der Strunk entfernt sind, wird

der Kohl feingeschabt, danach mit Salz vermengt und mit Pfefferkörnern oder Wacholderbeeren in ein Faß oder einen Steintopf fest eingestampft. Das Gefäß kann vorher mit Sauerteig ausgerieben werden, damit die Gärung schneller einsetzen kann. Den Boden des Topfes bedeckt man mit Weinlaub oder mit Weißkohlblättern und Salz. Als oberste Lage gibt man ebenfalls Weißkohlblätter in den Topf. Man legt ein reines Tuch auf den Kohl, darauf einen Holzdeckel, der mit einem Stein beschwert wird.

Das Gemüse wird nach den obigen Angaben weiter behandelt.

Haltbarmachen von Fruchtsäften

Haltbarmachen der Fruchtsäfte durch Hitzeeinwirkung / Grundrezept

1 kg Früchte
400—500 g Zucker

Die Menge ergibt etwa 1 Liter fertigen Fruchtsaft

Die Früchte werden gewaschen und geputzt. Kernobst wird zerkleinert, Schale und Kerngehäuse braucht man nicht zu entfernen. Steinobst wird entsteint, Beerenobst entstielt, Johannisbeeren können mit den Stielen verarbeitet werden. Rhabarber wird ungeschält in Stücke geschnitten.

Der Fruchtsaft kann auf verschiedene Weise aus den vorbereiteten Früchten gewonnen werden.

1. Saftgewinnung durch Kochen der Früchte

Bei diesem Verfahren wird außer den oben angegebenen Zutaten ¼ *l* Wasser gebraucht. Die vorbereiteten Früchte werden in dem Wasser weichgekocht, bis sie genügend Saft gezogen haben, dann gibt man sie auf ein Tuch, damit der Saft abfließen kann.

Der so gewonnene Fruchtsaft wird mit dem Zucker 10—15 Minuten gekocht, dann abgeschäumt und heiß in die sauberen, vorgewärmten Flaschen gefüllt. Die Flaschen müssen bis zum Rand gefüllt sein, sie werden sofort mit Gummikappen verschlossen.

(Die Rückstände können zur Weinbereitung oder für die Zubereitung von Obstsuppen verwendet werden.)

2. Saftgewinnung durch die Fruchtpresse

Die vorbereiteten Früchte werden durch die Fruchtpresse gegeben. Die Spezial-Fruchtpressen lassen sich unterschiedlich einstellen. Bei schwachem Pressen erhält man einen klaren Saft, aber viel Rückstände. Bei starkem Pressen wird der Saft leicht getrübt, es bleiben nur noch wenig Rückstände.

Der gewonnene Saft wird mit Zucker gekocht und weiter verarbeitet wie beim ersten Verfahren.

3. Saftgewinnung durch den Dampfentsafter

Der Dampfentsafter besteht aus drei Behältern; dem Wasserbehälter, dem Behälter zum Auffangen des Fruchtsaftes und dem durchlöcherten Behälter für die Früchte. Der Behälter faßt etwa 4 kg Früchte.

Man gibt Wasser in den untersten Behälter, füllt bis zu 4 kg Früchte in den Einsatz, gibt den Zucker hinzu und bringt das Wasser zum Kochen. Sobald das Wasser verdampft, werden die Früchte von dem heißen Dampf erhitzt, die Zellen zerspringen, der Saft fließt aus.

Schon während des Entsaftens kann man den Saft ablaufen lassen und in die vorgewärmten Flaschen füllen. Die Flaschen werden bis zum Rand gefüllt und sofort mit Gummikappen verschlossen.

Bei diesem Verfahren werden die Früchte ganz ausgenutzt.

Haltbarmachen der Fruchtsäfte durch Konservierungsstoff / Grundrezept

20 g Weinstein oder Zitronensäure
$^1/_4$ *l* Wasser
1 kg Früchte
Zucker

Die Menge ergibt etwa 2 Liter Fruchtsaft

Weinstein oder Zitronensäure wird in Wasser gelöst. Diese Lösung wird über die vorbereiteten Früchte gegeben. Man läßt die Früchte etwa 24 Stunden stehen und gibt sie dann auf ein Tuch, damit der Saft abfließen kann.

Den erhaltenen Saft verrührt man mit Zucker — auf 1 *l* Saft 1 kg Zucker. Der Saft muß häufig umgerührt werden, damit sich der Zucker löst. Wenn der Zucker vollständig gelöst ist, wird der Saft in die sauberen Flaschen gefüllt, die Flaschen werden mit einem Mulläppchen verschlossen.

Fruchtsaft, der mit Weinstein oder Zitronensäure bereitet wurde, soll bei der Verwendung nicht gekocht werden.

Haltbarmachen der Fruchtsäfte durch Zubereitung von Gelee

Zu Gelees werden am besten Früchte verwertet, die nicht ganz reif sind, weil die Früchte mit der Reife an Gelierkraft verlieren. Das Gelieren wird durch die in den Früchten enthaltenen Geleestoffe (Pektine) bewirkt, die durch Kochen aus den Früchten herausgelöst werden und zusammen mit Zucker und den Säuren der Fruchtsäfte das Steifwerden verursachen. Der Fruchtsaft wird nach einer der auf S. 322 angegebenen Methoden ohne

Zuckerzusatz gewonnen und zu Gelee zubereitet (vgl. nachstehende Rezepte).
Man stellt den Fruchtsaft zum Kochen auf, streut unter Rühren nach und nach den Zucker hinein und läßt den Saft langsam zum Kochen kommen. Nachdem er ein- oder zweimal aufgekocht hat, nimmt man die Schaumschicht ab und macht die Gelierprobe. Man gibt einen Tropfen der Geleemasse auf einen kalten Teller; wenn sich kein Wasser absetzt, ist das Gelee gut und kann in die Gläser eingefüllt werden. Nach dem Erkalten des Gelees werden die Gläser verschlossen. Das Gelee wird zunächst mit einem Rumpapier bedeckt, dann werden die Gläser mit Cellophan verschlossen.
Gelees lassen sich auch aus vollreifen Früchten herstellen unter Verwendung von Pektin-Präparaten, z. B. Opekta. Pektin-Präparate werden aus den natürlichen Geleestoffen der Früchte gewonnen. Die Art der Verwendung ist aus den Angaben der Herstellerfirmen ersichtlich.

Johannisbeergelee

1 kg Johannisbeersaft
1 kg Zucker

Den nach S. 322 gewonnenen Saft stellt man zum Kochen auf, streut unter Rühren nach und nach den Zucker langsam hinein (auf 1 kg Saft 1 kg Zucker) und läßt den Saft allmählich zum Kochen kommen. Der Saft darf nur einmal aufkochen, da er sonst nicht geliert.
1 kg Johannisbeeren ergibt etwa 1 kg Gelee.

Apfelgelee

1 kg Apfelsaft
Vanille
$^1/_2$ kg Zucker

Unreife Äpfel werden gewaschen, in Viertel geschnitten und knapp mit Wasser bedeckt, mit Kerngehäuse und Schale weichgekocht. Blüte und Stiel werden vorher entfernt. Man läßt die Äpfel mit dem Wasser mehrere Stunden kalt stehen, schüttet sie auf ein Tuch und läßt den Saft durchlaufen. Der Saft wird mit dem Zucker und der Vanille so lange eingekocht, bis er am Rührlöffel breit zieht und abtropft. Das Gelee wird um so klarer, je schneller der Saft einkocht. Es empfiehlt sich, den Saft eine Zeitlang einzukochen, bevor man den Zucker hineingibt, da der Zucker durch langes Kochen leicht karamelisiert und das Gelee eine braune Farbe erhält.
Aus Kerngehäusen und Schalen läßt sich ebenfalls gutes Gelee herstellen, da diese Bestandteile vorwiegend Geleestoffe enthalten.

Quittengelee

1 kg Quittensaft
750 g Zucker

Zubereitung wie Apfelgelee

Quittengelee kann auch wie Johannisbeergelee zubereitet werden. Man braucht dann auf 1 kg Saft 1 kg Zucker. Das so zubereitete Gelee behält die natürliche helle Farbe.

Haltbarmachen des Fruchtmarks durch Zubereitung von Marmelade

Marmelade ist mit Zucker eingedicktes Fruchtmark. Über die Auswahl der Früchte gilt, was bei Gelees, Seite 323, angegeben ist.

Heute werden Marmeladen vielfach mit Pektinpräparaten, z. B. Opekta, eingekocht. Diese Kochweise hat den Vorteil, daß die Marmeladen nur kurze Zeit kochen und daß auch pektinarme Früchte verwendet werden können. Man richtet sich bei der Zubereitung nach den Angaben der Herstellerfirmen.

Bei den nachfolgenden Rezepten ist die Zugabe von Pektinpräparaten nicht vorgesehen.

Herstellung von Marmelade / Grundrezept

1 kg Früchte
600 g Zucker

Die vorbereiteten Früchte werden mit dem Zucker vermischt. Wenn sich Saft absetzt, läßt man die Früchte allmählich zum Kochen kommen und dicklich einkochen.

Bei sehr wasserhaltigen Früchten kann man das Wasser etwas einkochen lassen, ehe man langsam unter Rühren den Zucker hinzufügt und die Marmelade fertig kocht. Zur Probe wird etwas Marmelade auf einen kalten Teller gegeben. Wenn sich kein Wasser absetzt, ist die Marmelade gut. Alle Marmeladen werden kochendheiß in die erwärmten Gläser gefüllt. Damit sich keine Schimmelpilze entwickeln können, müssen die Gläser bis zum Rande vollständig gefüllt und sogleich mit einseitig angefeuchtetem Cellophan verschlossen werden.

Zur Herstellung von *Fruchtmus* werden die Früchte durch ein Passiergerät gegeben und mit Zucker weiterbehandelt wie bei der Herstellung von Marmelade.

Pflaumenmarmelade

Die entsteinten Pflaumen werden mit dem Zucker vermischt. Wenn sich Saft absetzt, läßt man die Früchte allmählich zum Kochen kommen und dicklich einkochen.

Zu *Pflaumenmus* wird der Zucker mit etwas Wasser zu dickem Sirup gekocht, die vorbereiteten, durch ein Passiergerät gegebenen Pflaumen hinzugefügt und unter Rühren zu einem steifen Mus gekocht. Das Mus wird heiß in Gläser oder Steintöpfe gefüllt, die man sogleich verschließt.

Stachelbeermarmelade

Unreife Stachelbeeren werden entstielt, gewaschen, mit wenig Wasser erwärmt, bis sie Saft gezogen haben, dann eben aufgekocht. Man streicht sie durch ein Sieb, gibt unter Rühren Zucker hinzu (auf 1 kg Fruchtmark 600 g Zucker), läßt das Fruchtmark langsam zum Kochen kommen und 5 Minuten kochen. Stachelbeermarmelade wird verfeinert, wenn man die Stachelbeeren mit Erdbeeren oder entsteinten Kirschen zusammen kocht.

Mehrfruchtmarmelade

Man wählt Früchte aus, die leicht gelieren und eine schmackhafte, preiswerte Marmelade ergeben: z. B. 1 kg Stachelbeeren, 1 kg Erdbeeren, ½ kg Rhabarber. Die vorbereiteten Früchte werden zum Teil zerkleinert, zum Teil ganz verwendet. Die Zubereitung erfolgt wie oben angegeben. Auf 1 kg Fruchtmark rechnet man 600 g Zucker.

Hygiene der Lebensmittelverarbeitung

Durch eine qualitativ oder quantitativ falsche Ernährung können gesundheitliche Störungen verursacht werden. Zu schweren gesundheitlichen Schäden kann es aber auch kommen durch den Verzehr von giftigen, zersetzten oder bakteriell infizierten Nahrungsmitteln. Aufgabe der Lebensmittelhygiene ist es, die letztgenannten Ursachen nach Möglichkeit auszuschalten.

Chemisch bedingte Lebensmittelvergiftungen

Lebensmittel mit giftigen Inhaltsstoffen

Natürlich vorkommende Giftstoffe sind in einigen *Pilzarten* enthalten. Der Genuß dieser Pilze führt zu dem sogenannten Myzetismus, bei dem verschiedene Störungen auftreten können: akute Lebererkrankung, Krämpfe und Lähmungen. Pilzvergiftungen können den Tod verursachen.

Auch eßbare Pilze können Vergiftungen herbeiführen, denn infolge des hohen Wasser- und Stickstoffgehaltes bilden sich in den Pilzen schnell sehr giftige Abbaustoffe. Pilze dürfen darum nur in frischem Zustand verzehrt werden. Das Aufbewahren und Aufwärmen zubereiteter Pilze ist zu vermeiden.

Bei Lorcheln, besonders bei Frühjahrslorcheln, ist große Vorsicht geboten. Sie enthalten einen Giftstoff, der durch Hitzeeinwirkung zerstört wird. Darum müssen Lorcheln vor dem Genuß mindestens 5 Minuten gekocht werden. Das Kochwasser darf nicht verwendet werden.

Grüne Bohnen enthalten das giftige Phasin, das durch Hitze unwirksam gemacht wird. Bohnen sind in rohem Zustand nicht zu verzehren.

Bittere Mandeln und die Kerne der Aprikosen und Pfirsiche enthalten die sehr giftige Blausäure (an Amygdalin gebunden). Größere Mengen dieser Kerne können gesundheitsschädlich oder sogar tödlich wirken.

Giftige Metallverbindungen

Bei der Verwendung von Metallgeräten und Metallbehältern in der Lebensmittelverarbeitung können giftige Metallverbindungen in das Lebensmittel übergehen.

Sehr giftig sind *Bleiverbindungen.* Die Verwendung von Blei für die Herstellung von Eß-, Trink- und Kochgeschirren ist darum gesetzlich geregelt.

Zink bildet mit den Säuren der Nahrungsmittel giftige Zinksalze, weshalb verzinkte Geräte für die Zubereitung und Aufbewahrung von Nahrungsgütern zu vermeiden sind.

Kupfer geht ebenfalls mit den sauren Bestandteilen von Speisen giftige Kupferverbindungen ein, die zu schweren gesundheitlichen Störungen führen können.

Zinn wird für die Herstellung vieler Geräte und Behälter als Überzug oder Legierungsbestandteil verwendet. Bei längerem Aufbewahren von Lebensmitteln in Zinnbehältern ist es möglich, besonders unter Einwirkung von Luftsauerstoff, daß sich Zinnteilchen ablösen und in das Nahrungsgut übergehen. Zinn ist nicht giftig, jedoch werden Aussehen, Geschmack und Vitamingehalt des Konservierungsgutes negativ beeinflußt. In geöffneten verzinnten Konservendosen soll darum kein Nahrungsgut aufbewahrt werden, das gilt besonders für saure Speisen.

Bakteriell bedingte Lebensmittelvergiftungen

Ursachen der Vergiftungen

Bakteriell bedingte Vergiftungen werden durch Nahrungsgüter verursacht, die mit mikrobiellen Krankheitserregern befallen sind, oder durch Nahrungsgüter, die sich im Zustand bakterieller Zersetzung befinden und giftige Zersetzungsstoffe — Toxine — enthalten.

Lebensmittel können von den verschiedensten krankheitserregenden Mikroben befallen werden, und zwar durch primäre oder sekundäre Infektion. Eine primäre Infektion liegt z. B. vor beim Fleisch oder bei der Milch von erkrankten Tieren. Sekundäre Infektion ist möglich durch Unsauberkeit, durch Zwischenträger — besonders Fliegen kommen in Frage — oder durch infizierte Personen, die mit Lebensmitteln umgehen.

Lebensmittelzersetzende Mikroben wirken nicht immer gesundheitsschädlich; so wird z. B. durch die Gärungserreger und die Schimmelpilze das Nahrungsgut im allgemeinen nur in der Beschaffenheit verändert, ohne daß giftige Stoffe entstehen. Fäulnisbakterien dagegen können bei der Eiweißzersetzung sehr giftige Stoffe bilden.

Etwa 75% aller bakteriellen Vergiftungen werden durch *Salmonellen* verursacht. Zu dieser Bakteriengruppe rechnet man Typhus-, Paratyphus- und Enteritiserreger.

Salmonellen sind enthalten im Fleisch erkrankter Tiere, oder sie werden durch sekundäre Infektion übertragen. Salmonellenträger oder Salmonellenausscheider dürfen in Großküchen nicht tätig sein.

Von Salmonellen besonders befallen wird das Fleisch von Rindern, Kälbern, Hammeln, ferner Fische und andere eiweißhaltige Nahrungsmittel. Selbst in eiweißfreien Lebensmitteln werden die Erreger gefunden. Die Salmonellen können auch Eierschalen durchdringen und so das Eiinnere infizieren. Das geschieht leicht beim Abwaschen verschmutzter Eier.

Das befallene Lebensmittel wird im Geruch, im Geschmack und in der Beschaffenheit nicht wahrnehmbar verändert.

Auch die Infektion mit *Ruhrbakterien* (Shigellen) geschieht oft durch infizierte Lebensmittel. Alle Lebensmittel können befallen werden. Im Gegensatz zu Typhus, Paratyphus und Enteritis ist Ruhr nicht eine Erkrankung des Dünndarms, sondern des Dickdarms.

Infektionsquelle ist der erkrankte Mensch. Durch Unsauberkeit oder durch Zwischenträger, wie z. B. Fliegen, werden die Bakterien auf das Nahrungsgut übertragen.

Eine Infizierung durch *Scharlach-, Diphtherie- und Tuberkelerreger* ist auf gleichem Wege möglich. Tuberkelbazillen können auch durch den Genuß roher Milch von tuberkulös erkrankten Kühen übertragen werden.

Lebensmittel werden oft auch von den überall verbreiteten *Staphylokokken* befallen. Diese Gruppe der Eitererreger führt zu verschiedenen Erkrankungen. Besonders leicht übertragen werden sie von Menschen, die mit eitrigen Wunden oder mit Pickeln an den Händen Lebensmittel verarbeiten.

Die gefährlichste Lebensmittelvergiftung wird von den *Botulinusbazillen* verursacht. Diese anaeroben Sporenbildner sind sehr hitzeresistent, sie sind besonders im Erdreich zu finden und gelangen durch Unsauberkeit in die Nahrungsmittel. Von dem anaeroben Bazillus werden vorwiegend Fleischkonserven und die Innenschichten von Wurst und Schinken befallen. Das Nahrungsgut weist bald einen Fäulnisgeruch auf, bei Konserven kommt es zu Bombagen. Vom Botulinusbazillus vergiftetes Nahrungsgut darf auf keinen Fall verzehrt werden.

Bestimmte Gruppen von Schimmelpilzen bilden starke Gifte, so die Aflatoxine, die sich bei Tierversuchen bereits in geringster Menge als krebserregend erwiesen. Deshalb dürfen verschimmelte Lebensmittel (Nüsse, Obsterzeugnisse, Getreideprodukte, Fleischwaren, Saucen usw.) nicht verbraucht werden. Die zu Käsegewinnung benutzten Schimmelsorten sind ungiftig. Verschimmelte Gelees und Marmeladen sind harmlos, da sich infolge des hohen Zuckergehaltes keine Gifte bilden.

Zu den Fäulniserregern gehören die *Proteusbakterien*, die in der Natur überall verbreitet sind. In unsachgemäß zubereiteten oder aufbewahrten Nahrungsmitteln vermehren sie sich sehr schnell, besonders während der warmen Sommermonate. Sie zersetzen Eiweiß zu giftigen Stoffen. Nach Verzehr dieser zersetzten Nahrungsstoffe treten Enteritis und Erbrechen auf.

Außerdem ist es möglich, daß durch pflanzliche Lebensmittel Würmer übertragen werden. Besonders an Rohgemüse befinden sich oft Wurmeier, die nur durch gründliches Waschen — am besten unter fließendem Wasser — zu entfernen sind.

Maßnahmen zur Verhütung bakteriell bedingter Lebensmittelvergiftungen

Um mikrobiologisch bedingte Lebensmittelvergiftungen zu verhüten, ist eine äußerst saubere und sachgemäße Verarbeitung der Lebensmittel notwendig. Dabei ist zu berücksichtigen, daß optisch wahrnehmbare Sauberkeit keine hygienisch einwandfreie Sauberkeit bedeutet.

Raumhygiene

Alle Vorrats- und Zubereitungsräume müssen trocken und gut zu lüften sein. Zu enge Räume sind abzulehnen.

Um eine gute Lüftung bei Küchen zu gewährleisten, sind Wrasenabzüge oder Lüftungsanlagen einzubauen. Die Fenstergröße soll wenigstens $^1/_5$ der Fußbodenfläche betragen. Die Wände sind 1,5—2 m hoch mit abwaschbarem Material — am besten mit Kacheln — zu verkleiden, die übrigen Wandflächen und die Decken sind mit Kalkfarbe zu streichen, die möglichst einmal im Jahr erneuert werden soll. Leicht zu reinigende, wasserundurchlässige Fußböden ohne Fugen sind zu fordern, ebenso genügend große Wasserabflüsse ohne Rückstaumöglichkeit. Regelmäßige gründliche Reinigung der Fußböden und der Wände, nach Möglichkeit mit einem desinfizierenden Reinigungsmittel, gehört zu den hygienischen Grundforderungen.

Ungeziefer aller Art, besonders Fliegen, sind mit geeigneten Mitteln zu bekämpfen.

Genügend große Kühlräume oder Kühlschränke müssen vorhanden sein. Die Kühlräume sind mit Ventilationsvorrichtungen auszustatten, die Wände und Fußböden sind zu kacheln.

Gerätehygiene

Alle Küchengeräte und Behälter sind nach jedem Gebrauch gründlich zu reinigen. Selbst Spuren von Speiserückständen bieten einen günstigen Nährboden für die Mikroben. Geräte aus Holz erfordern eine besonders sorgfältige Reinigung, weil sich in der porösen Oberfläche leicht Lebensmittelreste ansetzen und Keime ansammeln. Ebenso sorgfältig zu reinigen sind alle Warmhaltegeräte. Spuren von Speiseresten genügen, um Mikroben anzusammeln und die neu eingefüllten Speisen zu infizieren.

Küchengeräte dürfen nicht für artfremde Zwecke verwendet werden. Das gilt ebenso für Geschirrtücher und Spültücher. Spül-, Wisch- und Geschirrtücher bieten den Mikroben einen guten Nährboden. Die Tücher sind oft auszuwechseln, nach Möglichkeit sind Spültücher durch Bürsten zu ersetzen bzw. durch Einmalmaterial. Gebrauchtes Speisegeschirr soll nicht zur Küche zurückkommen, sondern sofort zum Spülraum transportiert werden. Abfalleimer sind immer fest zu verschließen, regelmäßig zu entleeren und gründlich zu reinigen. Es widerspricht den hygienischen Grundforderungen, wenn nicht geleerte oder nicht gesäuberte Abfalleimer über Nacht in der Küche stehen bleiben.

Hygiene der Arbeitskräfte

Alle mit der Nahrungsmittelverarbeitung beschäftigten Personen haben auf peinliche Sauberkeit zu achten. Gründliches Waschen der Hände und der Unterarme vor Arbeitsbeginn und nach jeder Arbeitsunterbrechung ist notwendig. Saubere Handtücher und Waschbecken sind dringend zu fordern. Hygienisch einwandfrei sind Einmalhandtücher aus Wegwerfmaterial. Bei Verwendung von Stofftüchern empfiehlt es sich, daß jede Arbeitskraft ein eigenes Handtuch benutzt, das jeden Tag zu erneuern ist. Löffel und Geräte sind am Griff zu fassen, nicht an den Stellen, die mit der Nahrung in Berührung kommen.

Teller, Platten und Schüssel werden am Rand gefaßt, darum muß der Rand beim Auffüllen der Speisen frei bleiben. Besondere Vorsicht ist auch beim Abschmecken der Speisen notwendig, Nachlässigkeiten können zur Infizierung der Nahrungsmittel führen.

In Großküchen beschäftigte Personen tragen waschbare Kleidung, die oft gewaschen und nicht außerhalb der Küche getragen wird. Eine Kopfbedeckung ist notwendig.

Das Rauchen ist in den Lager-, Vorbereitungs- und Zubereitungsräumen nicht statthaft.

Hygiene der Lebensmittel durch sachgemäße Verarbeitung

Die Mikroben wirken und vermehren sich am meisten bei Temperaturen von 25—37° C. Dieser Temperaturbereich ist darum bei der Verarbeitung und Aufbewahrung von Nahrungsmitteln möglichst zu vermeiden oder schnell zu überbrücken. Schnelles Ankochen der Speisen und schnelles Abkühlen von Speiseresten ist unerläßlich. Das Warmhalten zwischen Zubereitung und Ausgabe der Speisen ist weitgehend zu unterbinden.

Bei Temperaturen, die *unter 20° C* liegen, werden die Mikroben in ihrer Wirksamkeit begrenzt gehemmt. Frische Nahrungsmittel sind darum kühl, nach Möglichkeit im Kühlschrank oder im Kühlhaus, aufzubewahren. Das gilt noch mehr für fertige Speisen oder für Speisereste. Zubereitete Speisen oder Speisereste müssen jedoch abkühlen, bevor sie in den Kühlschrank oder in den Kühlraum gestellt werden, sonst können sie — besonders bei hochaufgeschichteten Speisen — nicht gleichmäßig durchkühlen. In den unteren Schichten finden dann die Mikroben günstige Lebensbedingungen. Außerdem werden bei heißen Speisen Wärme und Wasserdampf an den Kühlraum abgegeben und die Temperatur des Raumes gesenkt. Immer ist zu berücksichtigen, daß die Aufbewahrung verderblicher Nahrungsgüter im Kühlraum oder Kühlschrank nur begrenzt möglich ist. Die Dauer richtet sich nach der Leistung der Kühleinrichtung.

Durch Tiefkühltemperaturen (mindestens —18° C) werden die Mikroben in ihrer Wirksamkeit gehemmt, jedoch nicht vernichtet. In angetautem oder aufgetautem Gefriergut ist die Wirksamkeit der Mikroben besonders intensiv, weil durch den Tiefgefrierprozeß die Zellstruktur verändert wurde und günstige Lebensbedingungen für die Mikroben vorliegen. Tiefgefrorene Nahrungsmittel sind darum sofort nach der Entnahme aus dem Tiefkühlgerät zu verwenden. Sie dürfen nicht wieder eingefroren werden. Auch die Unterbrechung der Tiefkühlkette ist unbedingt zu verhüten.

Bei einer *Temperatur von 100° C* werden die meisten Mikroben vernichtet. Infolgedessen sind gegarte Nahrungsmittel weniger mit Keimen behaftet als rohe Nahrungsmittel. Das setzt jedoch voraus, daß die Nahrungsmittel vollständig durchgegart wurden. Das Garen hat nur dann desinfizierende

Wirkung, wenn alle Schichten des Nahrungsgutes auf 100° C erhitzt worden sind.

Bei eiweißhaltigen Nahrungsmitteln ist zu bedenken, daß Sporenbildner vorhanden sein können, deren Sporen auch bei mehrstündigem Erhitzen auf 100° C nicht absterben und nach dem Abkühlen wieder wirksam werden. Diese hitzeresistenten Sporen werden unwirksam gemacht durch hohe Temperaturen (meistens bei 130° C) oder durch wiederholtes Erhitzen. So ist es z. B. zu empfehlen, Erbsenkonserven nach dem ersten Sterilisieren 1—2 Tage stehenzulassen und dann noch einmal zu sterilisieren.

Speisereste sind vor der Verwendung möglichst auf 100° C zu erhitzen, und zwar sofort, nachdem sie aus dem Kühlraum kommen. Längeres Stehen von Speiseresten im warmen Küchenraum ist unbedingt zu vermeiden, weil dann die angesammelten Mikroben günstige Lebensbedingungen finden.

Bakteriell bedingte Vergiftungen kommen besonders vor bei Milch und Milchspeisen, Mayonnaise, Wurst und Hackfleisch und bei allen zubereiteten Fleischspeisen. Bei diesen Nahrungsgütern ist darum größte Sorgfalt geboten. Hackfleisch darf nicht aufbewahrt werden, es ist sofort nach dem Zerkleinern zu verarbeiten. Auch Hackfleischspeisen erfordern strenge hygienische Maßnahmen.

Speisen, bei denen die hygienisch einwandfreie Beschaffenheit nicht eindeutig feststeht, sollen nicht verzehrt werden, das gilt besonders für alle eiweißhaltigen Nahrungsmittel.

Die Hygiene bei der Lebensmittelverarbeitung wird *gesetzlich geregelt* durch die Verordnungen des Lebensmittelgesetzes § 3 und § 4, durch das Bundesseuchengesetz § 17 und § 18 und durch die Hygieneverordnungen des Landes oder der Ortsbehörden. Die Kontrolle über die Durchführung dieser Maßnahmen in Anstaltshaushalten obliegt dem Ordnungsamt, Abteilung Lebensmittelaufsicht.

In großen Verpflegungsbetrieben empfiehlt es sich, täglich eine Portion der zubereiteten Speisen in verschlossenen Behältern 1—2 Tage im Kühlraum aufzubewahren. Die Probe kann als Sicherheit dienen, wenn bei den Verpflegungsteilnehmern Erkrankungen auftreten, die auf Infektionsverdacht beruhen.

Alle mit der Nahrungszubereitung beschäftigten Personen müssen die Gefahrenquellen kennen und sich ihrer Verantwortung bewußt sein, sie müssen außerdem mit den gesetzlichen Vorschriften der Lebensmittelhygiene bekannt gemacht werden.

Speisenplanung für verschiedene Verpflegungsgruppen

Allgemeine Richtlinien für die Speisenplanung und für Nährwertkontrollen

Allgemeine Richtlinien für die Speisenplanung

Für die Zusammenstellung von Speisenfolgen sind in erster Linie ernährungsphysiologische Grundsätze maßgebend. Die Speisen sind so auszuwählen, daß alle *Nähr- und Wirkstoffe* in ausreichender Menge und in der richtigen Zusammenstellung enthalten sind. Die einseitige Auswahl eines Nährstoffes ist zu vermeiden. Eine Speisenfolge, die fast nur aus kohlenhydratreichen Gerichten besteht, entspricht nicht den ernährungsphysiologischen Forderungen. Jede Speisenfolge muß biologisch vollwertiges Eiweiß und Wirkstoffe enthalten.

Damit die Kost sättigend und doch gut bekömmlich ist, werden nicht ausschließlich leichte bzw. nicht ausschließlich schwere Speisen zusammengestellt.

Für reichliche Abwechslung der Speisen ist zu sorgen. Wiederholungen innerhalb einer Speisenfolge, einer Tagesverpflegung und auch im Wochenspeiseplan sind weitgehend zu vermeiden.

Die Gerichte einer Speisenfolge sind im *Geschmack* aufeinander abzustimmen. Zu zart schmeckenden Gemüsen passen Fleischgerichte, die einen kräftigen Geschmack haben, z. B. Rumpsteak zu Blumenkohl, Kasseler Rippespeer zu Schwarzwurzeln.

Speisenfolgen mit verschiedenen Säuren werden von vielen Verpflegungsteilnehmern nicht gut vertragen. Daher soll eine Speisenfolge nur eine oder zwei saure Speisen enthalten.

Auch eine gut gewählte *Farbzusammenstellung* ist zu beachten, so daß z. B. nicht nur helle Speisen gereicht werden: helle Suppe, helles Fleischgericht, helles Gemüse und helle Nachspeise. Farblich passen nicht zusammen: Möhren, Tomaten, Rotkohl.

Bei der Speisenplanung ist Rücksicht zu nehmen auf *Jahreszeit* und Witterung. Im Sommer werden möglichst keine heißen Suppen, sondern kalte Mischgetränke, frisches Obst oder Salate gereicht; als Nachspeise keine warmen Puddings, sondern Fruchtgelees, Obstspeisen oder kalt gerührte Cremes. Im Winter sind die kalten Speisen im allgemeinen weniger erwünscht.

Mit der Jahreszeit ist auch die *Marktlage* zu berücksichtigen. Man kann zwar jederzeit konservierte Gemüse und Früchte reichen, jedoch sind die frischen Nahrungsmittel, die der Markt jeweils bietet, zu bevorzugen, im Winter z. B. Feldsalat, Endiviensalat, rote Bete, Rosenkohl. Frische Gemüse sind für die Ernährung besonders wertvoll. Auch sind die der Jahreszeit entsprechenden Gemüse im allgemeinen preiswert einzukaufen.

Die *finanziellen Gegebenheiten* haben Einfluß auf die Auswahl der Speisen. Bei guter Planung sind sie jedoch kein Hindernis für eine gesunde Ernährung. Auch mit verhältnismäßig geringen Kosten lassen sich vollwertige Speisen zubereiten.

Auch die zur Verfügung stehende *Arbeitszeit* ist bei der Speisenwahl einzuplanen. Es ist unzweckmäßig, in einer Speisenfolge mehrere Gerichte zu wählen, die je viel Zeitaufwand bei der Zubereitung verlangen.

Allgemeine Richtlinien für Nährwertkontrollen

Nährwertkontrollen haben die Aufgabe, den ernährungsphysiologischen Wert von Speisenfolgen, besonders den Nährstoff- und Kaloriengehalt, zu überprüfen.

Für die Durchführung von Nährwertkontrollen müssen folgende Angaben bekannt sein:

1. Art und Menge der verwendeten Lebensmittel
2. Nährstoffgehalt der verwendeten Lebensmittel
3. Energiegehalt (Joule) der in den Lebensmitteln enthaltenen Nährstoffe.

Die *Menge* der Nahrungsmittel ist in Gewichtseinheiten oder entsprechenden Volumeneinheiten zu erfassen. Das Schätzen der Mengen kann zu erheblichen Fehlberechnungen führen.

Der *Nährstoffgehalt* der Nahrungsmittel kann in Nährwerttabellen nachgeschlagen werden. (Kleine Nährwerttabelle der Deutschen Gesellschaft für Ernährung e. V., Umschau-Verlag, Frankfurt. Nährwerttabellen in Wirths, Lebensmittellehre, Verlag Schöningh, Paderborn). Einige Firmen, die vorgefertigte Speisen auf den Markt bringen, geben auf der Verpackung oder in ergänzenden Verzeichnissen den Nährstoffgehalt ihrer Produkte an.

Der *Energiegehalt* einer Speisenfolge ergibt sich aus dem Nährstoffgehalt der verwendeten Nahrungsmittel. Der *Energiegehalt* der Lebensmittel wurde bislang nach der Wärmeeinheit Kalorie (kcal) berechnet. Heute wird der Brennwert ihrer Nährstoffe gemäß internationaler Vereinbarung mit der Einheit für *jede* Energie — Joule (J) — angegeben: 1 kcal = 4,186 kJ 1 kJ = 0.24 kcal. Bei der Umsetzung der Nährstoffe im Organismus werden je Gramm etwa folgende Energiemengen frei:

Eiweiß 17,2 kJ (4,1 kcal)
Fett 39,9 kJ (9,3 kcal)
Kohlenhydrate 17,2 kJ (4,1 kcal)

Der Energiewert von *100 g Milch* z. B. kann durch folgende Berechnung ermittelt werden:

Eiweißgehalt	= 3,5 g, Joule: 3,5 × 17,2 =	52 kJ
Fettgehalt	= 3,5 g, Joule: 3,0 × 39,9 =	117 kJ
Kohlenhydratgehalt	= 5,0 g, Joule: 5,0 × 17,2 =	86 kJ
Kalorienwert von 100 g Milch	=	255 kJ

Auf diese Weise kann der Energiewert der verschiedenen Nahrungsmittel errechnet werden. Die Werte sind aber auch in den angeführten Nährwerttabellen angegeben.

Die Angaben in den Nährwerttabellen bezeichnen nur abgerundete Werte. Nur bei sehr wenigen Nahrungsmitteln ist der Nährstoffgehalt immer gleich, so z. B. bei reinem Öl und bei Zucker. Bei fast allen Nahrungsmitteln schwankt der Nährwert und damit auch der Energiegehalt. Die Zusammensetzung tierischer Nahrungsmittel wird u. a. beeinflußt durch Rasse, Fütterung und Alter der Tiere; die Zusammensetzung der pflanzlichen Nahrungsmittel durch Witterung, Düngung und Bodenbeschaffenheit.

Auch können Inhaltsstoffe der Nahrungsmittel während der *Lagerung* durch nahrungsmitteleigene Fermente und durch Licht, Luft und Wärme verändert werden, so daß Nährstoffverluste entstehen. Bei der Kartoffel z. B. sinkt im Laufe der Lagerungsmonate der Gehalt an Vitamin C, an Wasser und Stärke.

Zu erheblichen Nährstoffverlusten kann es bei der *Zubereitung* der Nahrungsmittel kommen, und zwar durch Abfall, durch die Einwirkung von Wasser, Luft und Wärme.

Nährwertkontrollen führen nur dann zu einem annähernd richtigen Ergebnis, wenn die aufgezeigten Schwankungsmöglichkeiten berücksichtigt werden.

Die ermittelten Nährwertmengen müssen dem Nährstoffbedarf der Verpflegungsteilnehmer entsprechen. Sie dürfen nicht unter den Bedarfszahlen der zu Verpflegenden liegen. Besonders zu überprüfen ist der Gehalt an Vitaminen, Mineralstoffen und biologisch vollwertigem Eiweiß. Der Bedarf an Fett und Kohlenhydraten wird meistens durch die Kost gedeckt.

Exakte Nährwertkontrollen sind aus Zeitmangel nicht immer durchführbar. Die Speisenpläne sollten jedoch stets ausreichend Milch und Milchprodukte, Frischkost und Vollkornprodukte einplanen. Durch diese Nahrungsmittel wird im allgemeinen der Bedarf an vollwertigem Eiweiß, an Vitaminen und Mineralstoffen sichergestellt. Es empfiehlt sich, täglich ½ *l* Milch einzuplanen.

Bei den nachstehenden Tagesverpflegungen mit Nährwertkontrollen sind Vitamine und Mineralstoffe nicht verzeichnet, sie sind aber bei der Auswahl der Nahrungsmittel berücksichtigt worden. Es ist sehr schwierig, diese Werte genau zu ermitteln, weil der Vitamin- und Mineralstoffgehalt der fertigen Speisen weitgehend von der Art und dem Verfahren der Lebensmittelverarbeitung abhängt. Die in den Speisenfolgen enthaltenen Milch-, Frischkost- und Vollkorngerichte gewährleisten eine ausreichende Versorgung mit den essentiellen Stoffen.

Speisenplanung für verschiedene Formen der Normalkost

Kost des wachsenden Menschen

Für den wachsenden Menschen ist eine gesunde, ausreichende Ernährung von großer Bedeutung. Ernährungsfehler während der Wachstumszeit können zu schweren gesundheitlichen Schäden führen, die oft nicht wieder zu beheben sind.

Während der ganzen Wachstumszeit ist der Bedarf an *Eiweiß* sehr hoch. Eiweiß dient dem wachsenden Organismus als Baustoff und ist außerdem eine wichtige Grundlage für den intensiven Stoffwechsel des wachsenden Menschen. Der erhöhte Eiweißbedarf wird am besten gedeckt durch Milch, Milchprodukte und Fisch. Täglich ist ½ *l* Milch zu reichen. Fleisch und Eier sind für das Kleinkind und das Kind einzuschränken.

Der Energiebedarf (Joule) je kg Körpergewicht ist in der Wachstumszeit ebenfalls hoch, bedingt durch den erhöhten Grundumsatz und den hohen Leistungsstoffwechsel. Der Leistungsstoffwechsel liegt verhältnismäßig hoch, weil der wachsende Mensch sich viel bewegt. Der Energiebedarf wird zu etwa 15% durch den Eiweißanteil der Kost gedeckt, zu 25—30% durch Fett und zu 50—60% durch Kohlenhydrate.

Als Speisefette sind Milchfett und pflanzliche Fette zu empfehlen. Als Kohlenhydratträger eignen sich: Nährmittel, Kartoffeln, Brot, besonders Vollkornbrot und Vollkornprodukte. Der reichliche Verzehr von Süßigkeiten führt oft zu Zahnkaries. Dem Bedürfnis nach Zucker ist zu entsprechen durch Honig, Frischobst, Trockenobst und rohe Möhren.

Der Wachstumsprozeß kann nur normal verlaufen, wenn genügend *Vitamine* und *Mineralstoffe* zur Verfügung stehen. Darum ist viel Frischkost zu reichen, für das Kleinkind werden Obst und Gemüse fein zerkleinert oder gepreßt.

Durchschnittlicher Nährstoff- und Energiebedarf des wachsenden Menschen je kg seines Körpergewichts[1]

Alter	Durchschnitts-gewicht	Eiweiß in g	Fett in g	Kohlenhydrate in g	kJ
Kleinkind 4—6 Jahre	16—20 kg	2,5	2,5	9—10	315
Schulkind 7—9 Jahre	22—30 kg	2,0	2,2	8—9	273
Schulkind 10—14 Jahre	30—50 kg	1,8	2	6—8	231
Jugendlicher 15—18 Jahre					
Mädchen	50—55 kg				
Junge	50—65 kg	1,5	1,8	6—7	210

[1] Nach den Angaben des Ausschusses für Nahrungsbedarf der Deutschen Gesellschaft für Ernährung.

Für den wachsenden Menschen ist *alkohol- und koffeinfreie Nahrung* zu fordern. Bohnenkaffee, schwarzer Tee und Alkohol belasten den Kreislauf und das Nervensystem; sie sind beim Kind und Kleinkind ganz zu vermeiden und beim Jugendlichen weitgehend einzuschränken.

Auf *Schmackhaftigkeit* der Speisen und auf appetitliches Aussehen ist zu achten, besonders bei Kindern mit geringem Appetit. Die Speisen sind schwach zu würzen. Sie dürfen nicht zu heiß und nicht zu kalt sein. Müde Kinder und Jugendliche sind oft appetitlos. Darum ist es günstig, das Mittagessen nicht unmittelbar nach Schulschluß einzunehmen. Die letzte Mahlzeit am Abend liegt, je nach Alter, zwischen 18 und 19 Uhr.

Während der ganzen Wachstumszeit sind 5 Tagesmahlzeiten zu reichen. Zwischen den Mahlzeiten werden den Kindern und Jugendlichen keine Eßwaren gegeben. Die Gewöhnung an Regelmäßigkeit ist sehr wichtig. Jedoch kann, besonders beim Kleinkind, keine starre Norm für den Rhythmus festgelegt werden. Konstitution und Gesundheit, körperliche und psychische Beanspruchung des Wachsenden sind zu berücksichtigen.

Kost des erwachsenen Menschen unter Berücksichtigung seiner Tätigkeit

Die Leistungsfähigkeit des Menschen wird wesentlich beeinflußt durch die Ernährung. Die Ernährung kann als Grundlage der Leistung angesehen werden. Das gilt für die körperliche und für die geistige Tätigkeit. Müdigkeit und Mangel an Leistungsfrische sind oft die Folge einer unzureichenden oder falschen Ernährung.

Die Nahrung ist der Art und der Schwere der Arbeit anzupassen. Ein körperlich schwer arbeitender Mensch benötigt eine andere Kost als ein Mensch mit vorwiegend geistiger Beanspruchung.

Ernährung bei überwiegend körperlicher Tätigkeit

Eine körperliche Leistung ist nicht möglich ohne Energie; sie muß dem Körper durch die Nahrung zugeführt werden. Die Höhe des Energiebedarfs (Joule) richtet sich nach der Schwere und dem Umfang der Arbeit.

Der Tagesbedarf beträgt:

bei leichter Arbeit	9240—11760 kJ
bei mittelschwerer Arbeit	11760—15120 kJ
bei schwerer Arbeit	15120—17640 kJ
bei sehr schwerer Arbeit	17640 und mehr kJ

Der Joulebedarf soll gedeckt, aber nicht überschritten werden. Es ist nur in beschränktem Maße möglich, Energiereserven zu speichern. Reichliche Fettdepots, die sich bei Jouleüberschuß ansammeln, können die Leistungsfähigkeit eher hindern als fördern. Der hohe Energiebedarf bei den Schwer- und Schwerstarbeitern kann nicht ausschließlich oder zum größten Teil mit Kohlenhydraten gedeckt werden, der Arbeitende müßte dann eine viel zu große Nahrungsmenge aufnehmen. Etwa $\frac{1}{3}$ des Gesamtjoulebedarfs ist durch Fett zu decken. Der Schwerarbeiter benötigt doppelt so viel Fett wie der Normalverbraucher. Außer dem Streichfett sind reichlich gefettete Speisen und fettes Fleisch zu reichen.

Der *Eiweißbedarf* liegt im allgemeinen nicht höher als beim Normalverbraucher. Die Zufuhr ist jedoch etwas zu erhöhen, um den Bedarf unbedingt sicherzustellen. Während der Anpassung an eine neue körperliche Schwerarbeit, wenn sich neues Muskeleiweiß bildet, ist täglich eine Eiweißmenge von 1,5 g je kg Körpergewicht zu reichen. Um den Bedarf zu decken, werden viel Milch und Milchprodukte in den Speisenplan aufgenommen.

Hoher Leistungsstoffwechsel verlangt auch eine erhöhte Zufuhr von *Vitaminen* und *Mineralstoffen*. Der Bedarf wird gedeckt durch eine abwechslungsreiche Ernährung mit viel Frischkost und viel Vollkornprodukten.

Ernährung bei überwiegend geistiger Tätigkeit

Für den Menschen mit überwiegend geistiger Tätigkeit ist die Gefahr der Überernährung gegeben. Die geistige Arbeit verursacht nur einen geringen Energieverbrauch. Das Gehirn benötigt zwar fortwährend Energie, dieser Bedarf wird aber bei der Arbeit des Gehirns, z. B. bei scharfem Nachdenken, nicht erhöht. Eine Zufuhr an Nährstoffen über den Normalbedarf hinaus kann die Funktion des Gehirnes nicht fördern, jedoch lassen die Funktionen sofort nach bei unzureichender oder falscher Ernährung. Das Gehirn leidet bei Unterernährung oder Fehlernährung mehr als alle anderen Körperteile. Schon ein geringes Absinken des Blutzuckers kann die geistige Leistungsfähigkeit beeinträchtigen. Mangel an Konzentrationsfähigkeit oder an gutem Gedächtnis sind nicht selten Folge einer falschen Ernährung.

Der überwiegend geistig Arbeitende benötigt eine geringere Energiezufuhr als der überwiegend körperlich Arbeitende. Man reicht fettarme Speisen, als Streichfett nicht mehr als 20—25 g pro Tag. Fettüberschuß und viele Süßigkeiten führen zu Fettansatz. Jedoch muß jede Unterversorgung, besonders Mangel an Kohlenhydraten, vermieden werden.

Der tägliche Energiebedarf (in Joule) beträgt:

für die Frau 9240 kJ, davon sind 2310 durch Fett (60 g) zu decken
für den Mann 10500 kJ, davon sind 2730 durch Fett (70 g) zu decken

Eiweiß soll in der Kost des Geistesarbeiters reichlich enthalten sein, und zwar 1,2 g je kg Körpergewicht, um die Deckung des Bedarfs unbedingt sicherzustellen. Geeignete Eiweißträger sind mageres Fleisch, magerer Fisch, Magerkäse, Quark, nach Möglichkeit täglich ½ *l* Milch, am besten Buttermilch, Joghurt oder Sauermilch.

Bei der körperlichen Arbeit wird der Stoffwechsel durch die Bewegung angeregt. Diese Antriebe fehlen bei geistiger Arbeit. Darum gewinnen die *Vitamine* als Regulatoren des Stoffwechsels an Bedeutung, ebenso die *Mineralstoffe.* Der Geistesarbeiter soll also viel Frischkost, viel Vollkornprodukte und vitaminreiche Fette zu sich nehmen.

Umfang und Einteilung der Mahlzeiten sind für den Geistesarbeiter wichtig. Übermäßige Nahrungsaufnahme hindert die geistige Arbeit ebenso wie das Hungergefühl. Das Frühstück sei reichlich, Frischkost ist zu empfehlen.

Das Mittagessen ist nach Möglichkeit als Hauptmahlzeit einzunehmen. Die Zwischenmahlzeiten am Vormittag und am Nachmittag dürfen nicht fehlen. Beim Nachlassen der Leistungsfrische handelt es sich meistens um ein Absinken des Blutzuckers. Es genügen im allgemeinen für die Zwischenmahlzeiten Obst, Milch oder Brot mit Marmelade bzw. einige Kekse.

Die Abendmahlzeit sei nicht zu spät und nicht zu umfangreich, damit die Nachtruhe nicht leidet. Das gilt besonders für ältere Menschen. Wenn es nicht zu umgehen ist, daß die Hauptmahlzeit am Abend liegt, dann wählt man Speisenfolgen mit leichtbekömmlichen Gerichten.

Eine ausgleichende körperliche Betätigung regt den Stoffwechsel an und erleichtert dadurch die Speisenwahl.

Kost des Menschen im höheren Lebensalter

Die Kost des Menschen im höheren Lebensalter hat die physiologischen Veränderungen beim alternden Menschen zu berücksichtigen.

Der Grundumsatz sinkt mit zunehmendem Alter; auch der Leistungsstoffwechsel sinkt infolge der begrenzten körperlichen Tätigkeit. Der *Energiebedarf* beträgt nach dem 65. Lebensjahr nicht mehr als etwa 8800 kJ. Die Energiezufuhr ist daher einzuschränken, um Übergewicht zu vermeiden. Die tägliche Fettmenge soll nicht mehr als 50—60 g betragen, den Fettgehalt der Nahrungsmittel mit eingeschlossen. Um diese Menge nicht zu überschreiten, sind fettarme Nahrungsmittel zu verwenden. Als Speisefette eignen sich besonders Milchfett und pflanzliche Fette.

Die Zufuhr der Kohlenhydrate ist ebenfalls dem verminderten Energiebedarf anzugleichen. Die Kohlenhydrattoleranz nimmt im Alter ab, darum sind leicht resorbierbare Kohlenhydrate — Traubenzucker, zuckerhaltige Nahrungsmittel und alle Süßigkeiten — einzuschränken. Dagegen sind solche Kohlenhydrate zu bevorzugen, die nur langsam, nach und nach, in das Blut übergehen und leicht für die Energiebildung ausgewertet werden können.

Eiweiß ist in gleicher Menge zuzuführen wie in der Normalkost. Ernährungsphysiologische Untersuchungen führten zu dem Ergebnis, daß die Eiweißresorption auch im höheren Lebensalter normal verläuft. Die Tagesmenge von 1 g je 1 kg Körpergewicht ist jedoch nicht zu unterschreiten, wohl zu erhöhen. Zu empfehlen sind Milch, besonders alle Sauermilcharten, Quark und fettarmer Käse. Ferner sind Fischgerichte häufig in den Speisenplan einzubauen. Für Fleischspeisen ist mageres Fleisch zu bevorzugen.

Eine ausreichende Versorgung mit *Vitaminen und Mineralstoffen* ist notwendig zur Anregung des verlangsamten Stoffwechsels. Besonders wichtig ist die Zufuhr von Kalzium und Phosphor, um dem Abbau der Knochensubstanz vorzubeugen; ebenso die hinreichende Versorgung mit Eisen, um die im Alter oft auftretende Anämie zu verhüten. Frischkost und Vollkornprodukte — in leichtbekömmlicher Form — sowie Milch und Milchprodukte gewährleisten eine ausreichende Versorgung mit Vitaminen und Mineralstoffen.

Die Kost für den alternden Menschen soll *gut bekömmlich* sein, um die Verdauungsorgane zu entlasten. Hülsenfrüchte und ballastreiche Nahrungsmittel werden schlecht vertragen, ebenso blähende Kohlgemüse. Bei der Zusammenstellung und der Zubereitung der Kost ist auch das verminderte Kauvermögen vieler älterer Menschen zu berücksichtigen. Die Kost darf aber nicht einseitig ballastarm sein, das könnte Darmträgheit, die im vorgeschrittenen Alter häufig auftritt, begünstigen.

Der alternde Mensch hat oft geringen Appetit, darum ist Wert zu legen auf appetitanregende Speisen. Obst und Obstspeisen in gut bekömmlicher Form, auch vor der Mahlzeit gereicht, wirken günstig. Die Speisen werden schmackhaft zubereitet und appetitlich angerichtet. Alle in- und ausländischen Gewürze dürfen verwendet werden, um die Kost möglichst schmackhaft zuzubereiten, Kochsalz ist einzuschränken.

Die *Speisenmenge einer Mahlzeit* darf nicht zu umfangreich sein. Fünf Tagesmahlzeiten mit jeweils kleinerer Nahrungsmenge sind zu empfehlen. Zu den Zwischenmahlzeiten können Obst oder Obstsäfte, besonders Milchgetränke gereicht werden.

Bei der Kostplanung ist der Gesundheitszustand des alternden Menschen verständnisvoll zu berücksichtigen.

Der Tageskostplan auf Seite 349 entspricht den hier angeführten Richtlinien.

Nährwertkontrolle:

Tagesverpflegung für ein Kleinkind
Lebensalter: 5 Jahre / Körpergewicht: 20 kg

Gericht oder Lebensmittel	Menge in g	Eiweiß in g	Fett in g	Kohlenhydrate in g	kJ
Vollmilch, 1 Glas	200	6,00	6,00	10,00	512
Weißbrot, 1 Scheibe	25	1,75	0,25	14,50	292
Butter	10	0,10	8,10	0,10	317
Speisequark	20	3,40	0,20	0,40	74
Erstes Frühstück:		11,25	14,55	25,00	1195
Müsli					
Haferflocken	15	2,10	1,05	9,90	253
Apfel	100	0,30	—	11,00	202
Zucker	10	—	—	10,00	165
Joghurt	50	2,50	2,00	2,50	155
Zweites Frühstück:		4,90	3,05	33,40	775
Fleischklops					
Hackfleisch	50	10,00	7,00	—	440
Brot	10	0,70	0,10	5,80	117
Ei	12,5	1,75	1,50	—	88
Pflanzenfett	10	—	10,00	—	389
Gedünstete Äpfel	125	0,38	—	13,75	252
Kartoffelschnee	100	2,00	—	19,00	357
Vanillecreme					
Milch	125	3,75	3,75	6,25	320
Zucker	10	—	—	10,00	165
Vanillepulver	5	0,25	0,10	4,00	77
Ei	12	1,75	1,50	—	88
Mittagessen:		20,58	23,95	58,80	2295
Knäckebrot, 2 Scheiben	25	2,50	0,25	19,25	402
Margarine	5	0,05	3,90	—	154
Honig	5	—	—	4,05	64
Apfelsinenmilch					
Buttermilch	100	4,00	1,00	4,00	115
Apfelsine	100	0,70	—	7,00	164
Zucker	10	—	—	10,00	165
Nachmittagskaffee:		7,25	5,15	44,30	1100
Grießauflauf					
Milch	125	3,75	3,75	6,25	320
Zucker	5	—	—	5,00	83
Grieß	20	2,00	0,20	15,00	311
Ei	25	3,50	3,00	—	176
Pflaumenkompott					
Pflaumen	50	0,35	0,50	6,00	105
Zucker	10	—	—	10,00	165
Abendessen:		9,60	7,45	42,25	1160
Gesamtwerte / Tag		53,58	54,15	203,75	6525
Sollwerte / Tag		*~ 50*	*~ 50*	*~ 200*	*~ 6300*

Nährwertkontrolle:

Tagesverpflegung für ein Schulkind
Lebensalter: 9 Jahre / Körpergewicht: 30 kg

Gericht oder Lebensmittel	Menge in g	Eiweiß in g	Fett in g	Kohlenhydrate in g	kJ
Honigmilch	210	6,00	6,00	18,10	641
Mischbrot, 1 Scheibe	40	2,80	0,40	20,80	423
Weizen-Vollkornbrot, 1/2 Sch.	20	1,60	0,20	9,40	202
Butter	10	0,10	8,10	0,10	317
Marmelade	20	0,20	—	13,00	230
Erstes Frühstück:		10,70	14,70	61,40	1813
Möhre	100	1,00	—	6,00	122
Mischbrot, 1 Scheibe	50	3,50	0,50	26,00	529
Margarine	5	0,05	3,90	—	154
Leberwurst	10	1,70	2,10	0,20	113
Zweites Frühstück:		6,25	6,50	32,20	918
Fischragout im Reisrand					
Schellfisch	100	10,00	—	—	193
Margarine	5	0,05	3,90	—	154
Zwiebel	5	0,05	—	0,45	9
Mehl	8	0,88	0,08	5,92	124
Milch	30	0,90	0,90	1,50	77
Reis	50	3,50	0,50	39,50	773
Margarine	5	0,05	3,90	—	154
Kopfsalat					
Salat	50	0,50	—	0,50	21
Öl	5	—	5,00	—	195
Zitrone	25	0,13	—	1,25	19
Zucker	10	—	—	10,00	165
Stärkeflammeri mit Saft					
Milch	125	3,75	3,75	6,25	320
Zucker	10	—	—	10,00	165
Stärke	10	0,10	—	8,30	152
Ei	12,5	1,75	1,50	—	88
Brombeersaft	30	—	—	2,40	44
Mittagessen:		21,66	19,53	86,07	2655
Buttermilch	200	8,00	2,00	8,00	302
Zucker	20	—	—	20,00	331
Mischbrot, 1 Scheibe	40	2,80	0,40	20,80	423
Margarine	5	0,05	3,90	—	154
Apfelkraut	20	0,20	—	13,00	230
Nachmittagskaffee:		11,05	6,30	61,80	1440
Eierkuchen					
Eier	28	3,50	3,00	—	176
Milch	60	1,80	1,80	3,00	154
Mehl	25	2,25	—	18,75	395
Margarine	5	0,05	3,90	—	154
Mischbrot, 1 Scheibe	40	2,80	0,40	20,80	423
Butter	5	0,05	4,05	0,05	159
Kräutertee	125	—	—	—	—
Zucker	10	—	—	10,00	165
Abendessen:		10,45	13,15	52,60	1626
Gesamtwerte / Tag		60,11	60,18	294,07	8452
Sollwerte / Tag		*~ 60*	*~ 60*	*~ 300*	*~ 8400*

Nährwertkontrolle:

Tagesverpflegung für ein Schulkind
Lebensalter: 12 Jahre / Körpergewicht: 40 kg

Gericht oder Lebensmittel	Menge in g	Eiweiß in g	Fett in g	Kohlenhydrate in g	kJ
Kakao					
Milch	200	6,00	6,00	10,00	512
Kakao	5	1,00	1,25	1,90	99
Zucker	20	—	—	20,00	331
Brötchen	50	3,50	0,50	29,00	588
Vollkornbrot, 1 Scheibe	50	3,50	0,50	23,00	502
Butter	10	0,10	8,10	0,10	317
Honig	40	—	—	32,40	512
Erstes Frühstück:		14,10	16,35	116,40	2860
Mischbrot, 1 Scheibe	50	3,50	0,50	26,00	529
Margarine	5	0,05	3,90	—	154
Hartkäse	20	6,40	4,40	0,20	287
Birne	100	0,50	—	13,00	231
Zweites Frühstück:		10,45	8,80	39,20	1201
Wirsing-Eintopf					
Rindfleisch	60	9,00	6,60	—	436
Wirsing	200	4,00	—	6,00	202
Kartoffeln	150	3,00	—	28,50	536
Margarine	10	0,10	7,80	—	308
Fruchtquark					
Quark	60	10,20	0,60	1,20	222
Milch	30	0,90	0,90	1,50	77
Zucker	20	—	—	20,00	331
Frische Kirschen	50	0,35	0,50	6,50	120
Mittagessen:		27,55	16,40	63,70	2230
Milchkaffee					
Mischkaffee	100	—	—	—	—
Milch	100	3,00	3,00	5,00	256
Zucker	20	—	—	20,00	331
Vollkornbrot, 1 Scheibe	50	3,50	0,50	23,00	502
Margarine	5	0,05	3,90	—	154
Marmelade	20	0,20	—	13,00	230
Nachmittagskaffee:		6,75	7,40	61,00	1473
Tomatenspaghetti					
Spaghetti	50	6,50	1,50	36,00	819
Margarine	10	0,10	7,80	—	308
Tomaten	50	0,50	—	1,50	38
Ei, gekocht	57	7,00	6,00	—	353
Endiviensalat					
Endiviensalat	50	0,50	—	1,00	27
Öl	5	—	5,00	—	195
Zitrone	5	—	—	0,40	5
Zucker	10	—	—	10,00	156
Abendessen:		14,10	20,30	48,90	1900
Gesamtwerte / Tag		72,95	69,25	329,20	9664
Sollwerte / Tag		*70-75*	*60-70*	*300-340*	*9240-10080*

Nährwertkontrolle:

Tagesverpflegung für einen Jugendlichen
Mädchen / Lebensalter: 16 Jahre / Körpergewicht: 55 kg

Gericht oder Lebensmittel	Menge in g	Eiweiß in g	Fett in g	Kohlenhydrate in g	kJ
Milchkaffee					
Kaffee	100	—	—	—	—
Milch	50	1,50	1,50	2,50	128
Vollkornbrot, 1 Scheibe	50	3,50	0,50	23,00	502
Grahambrot, 1 Scheibe	50	3,50	0,50	26,00	531
Margarine	10	0,10	7,80	—	308
Zwiebelquark					
Quark	50	8,50	0,50	1,00	185
Zwiebeln	10	0,10	—	0,90	18
Marmelade	30	0,30	—	19,50	345
Erstes Frühstück:		17,50	10,80	72,90	2017
Mischbrot, 2 Scheiben	100	7,00	1,00	52,00	1058
Margarine	5	0,05	3,90	—	154
Leberwurst	20	3,40	4,20	0,40	225
Zweites Frühstück:		10,45	9,10	52,40	1437
Schokoladenmilch					
Milch, entrahmt	200	8,00	—	10,00	298
Kakao	5	1,00	1,25	1,90	99
Zucker	20	—	—	20,00	331
Schweinsbraten					
Schweinefleisch	80	15,20	5,60	—	481
Margarine	5	0,05	3,90	—	154
Gedünsteter Rotkohl					
Rotkohl	200	2,00	—	8,00	177
Margarine	5	0,05	3,90	—	154
Apfel	50	0,15	—	5,50	101
Zucker	10	—	—	10,00	165
Salzkartoffeln	200	4,00	—	38,00	718
Banane	100	0,80	—	14,00	257
Mittagessen:		31,25	14,65	107,40	2935
1 Apfel	100	0,30	—	11,00	202
Vollkornbrot, 1 Scheibe	50	3,50	0,50	23,00	502
Butter	5	0,05	4,05	0,05	159
Kräuter	10	0,30	—	0,60	16
Nachmittagskaffee:		4,15	4,55	34,65	879
Kartoffelsalat					
Kartoffeln	150	3,00	—	28,50	536
Mayonnaise	10	0,10	5,20	0,50	214
Brühwurst	50	6,50	10,00	—	502
1 Brötchen	50	3,50	0,50	29,00	584
Butter	5	0,05	4,05	0,05	159
Karamelmilch					
Milch	200	6,00	6,00	10,00	513
Zucker	30	—	—	30,00	897
Abendessen:		19,15	25,75	98,05	3405
Gesamtwerte / Tag		82,50	64,85	365,40	10673
Sollwerte / Tag		*80-82*	*60-70*	*320-390*	*10080-10500*

Nährwertkontrolle:

Tagesverpflegung für einen Erwachsenen mit leichter körperlicher Tätigkeit
Frau / Lebensalter: 30 Jahre / Körpergewicht: 60 kg

Gericht oder Lebensmittel	Menge in g	Eiweiß in g	Fett in g	Kohlenhydrate in g	kJ
Bohnenkaffee	200	—	—	—	—
Milch	20	0,60	0,60	1,00	51
Zucker	20	—	—	20,00	331
Brötchen	50	3,50	0,50	29,00	584
Mischbrot, 1 Scheibe	50	3,50	0,50	26,00	529
Butter	10	0,10	8,10	0,10	317
Quark	40	6,80	0,40	0,80	148
Gelee	40	0,40	—	26,00	460
Erstes Frühstück:		14,90	10,10	102,90	2420
Traubensaft	200	—	—	36,00	621
Roggenbrot, 1 Scheibe	50	3,00	0,50	25,50	529
Margarine	5	0,05	3,90	—	154
Schinkenwurst	25	3,00	5,40	—	267
Zweites Frühstück:		6,05	9,80	61,50	1571
Möhrenmilch					
Buttermilch	100	4,00	1,00	4,00	151
Möhren	50	0,50	—	3,00	61
Zucker	20	—	—	20,00	331
Schinkenei					
Ei	50	7,00	6,00	—	353
Schinken	15	2,40	4,35	—	217
Gedünstete Kohlrabi					
Kohlrabi	200	2,00	—	6,00	151
Margarine	10	0,10	7,80	—	308
Bratkartoffeln					
Kartoffeln	200	4,00	—	38,00	714
Margarine	10	0,10	7,80	—	308
Zwiebackauflauf					
Zwieback	25	2,50	1,00	19,00	423
Milch, entrahmt	50	2,00	—	2,50	74
Ei	25	3,50	3,00	—	176
Zucker	20	—	—	20,00	331
Rosinen	20	0,46	0,20	12,80	228
Mittagessen:		28,56	31,15	125,30	3826
Nachmittagskaffee: 1 Apfelsine	100	0,70	—	7,00	164
Fleischsalat					
Rindfleisch	50	11,00	1,00	—	233
Gurke	50	—	—	0,50	15
Zwiebel	20	0,20	—	1,80	35
Petersilie	10	0,30	—	0,60	16
Öl	5	—	5,00	—	195
Vollkornbrot, 2 Scheiben	100	7,00	1,00	46,00	1004
Butter	10	0,10	8,10	0,10	317
Schwarzer Tee	200	—	—	—	—
Zucker	20	—	—	20,00	331
Abendessen:		18,60	15,10	69,00	2146
Gesamtwerte / Tag		68,81	66,15	365,70	10127
Sollwerte / Tag		*60-70*	*60-70*	*~ 350*	*~ 10080*

Nährwertkontrolle:

Tagesverpflegung für einen Erwachsenen mit überwiegend geistiger Tätigkeit
Frau / Lebensalter: 30 Jahre / Körpergewicht: 60 kg

Gericht oder Lebensmittel	Menge in g	Eiweiß in g	Fett in g	Kohlen-hydrate in g	kJ
Bohnenkaffee	200	—	—	—	—
Milch	20	0,60	0,60	1,00	51
Vollkornbrot, 1 Scheibe	50	3,50	0,50	23,00	502
Brötchen	50	3,50	0,50	29,00	584
Butter	10	0,10	8,10	0,10	317
Corned beef	25	5,50	1,50	—	161
Apfelgelee	50	0,15	—	37,35	655
Erstes Frühstück:		13,35	11,20	90,45	2270
Zweites Frühstück: Banane	100	0,70	—	14,00	256
Tomatensuppe					
Margarine	7,5	0,08	5,85	—	231
Mehl	7,5	0,82	0,08	5,55	117
Tomate	50	0,50	—	1,50	38
Brühe	250	2,50	2,50	2,50	158
Gulasch					
Rindfleisch, mager	100	15,00	11,00	—	727
Pflanzenfett	5	—	5,00	—	195
Zwiebel	20	0,20	—	1,80	35
Mehl	5	0,55	0,05	3,70	78
Blumenkohl					
Blumenkohl	250	5,00	—	5,00	179
Margarine	10	0,10	7,80	—	308
Petersilie	10	0,30	—	0,60	16
Salzkartoffeln	150	3,00	—	28,50	536
Apfelsinenjoghurt					
Joghurt	100	5,00	4,00	5,00	311
Apfelsine	100	0,70	1,00	7,00	164
Zucker	30	—	—	30,00	475
Mittagessen:		33,75	37,28	91,15	3568
Mokkamilch					
Mokka	50	—	—	—	—
Milch	100	3,00	3,00	5,00	256
Zucker	20	—	—	20,00	331
Hefe-Kleingebäck	40	4,18	3,86	23,85	639
Nachmittagskaffee:		7,18	6,86	48,85	1226
Reissalat					
Reis	30	2,10	0,30	23,70	464
Schinken, gekocht	20	3,80	4,00	—	230
Gurke	10	—	—	0,10	3
Mayonnaise	10	0,10	5,20	0,50	214
Quark	20	3,40	0,20	0,40	74
Vollkornbrot, 1 Scheibe	50	3,50	0,50	23,00	498
Streichkäse, mager	30	11,10	0,90	1,20	242
Schwarzer Tee	200	—	—	—	—
Zucker	10	—	—	10,00	165
Abendessen:		24,00	11,10	58,90	1890
Gesamtwerte / Tag		78,98	66,44	303,35	9210
Sollwerte / Tag		*70-80*	*60-70*	*~ 300*	*~ 9240*

Nährwertkontrolle:

Tagesverpflegung für einen Menschen im höheren Lebensalter
Frau / Lebensalter: 70 Jahre / Körpergewicht: 60 kg

Gericht oder Lebensmittel	Menge in g	Eiweiß in g	Fett in g	Kohlenhydrate in g	kJ
Kaffee	200	—	—	—	—
Milch	20	0,60	0,60	1,00	51
Weizen-Vollkornbrot, 2 Scheiben	100	8,00	1,00	47,00	1012
Butter	10	0,10	8,10	0,10	317
Fleischwurst	20	2,40	4,40	—	214
Konfitüre	20	0,30	—	9,75	173
Erstes Frühstück:		11,40	14,10	57,85	1767
Weißbrot, 1 Scheibe	50	3,50	0,50	29,00	584
Quark	50	8,50	0,50	1,00	185
Zweites Frühstück:		12,00	1,00	30,00	769
Sauermilch-Kaltschale					
Sauermilch	100	5,00	4,00	5,00	311
Aprikosen	100	0,80	—	12,00	210
Zucker	30	—	—	30,00	495
Kalbfleischfrikassee					
Kalbfleisch	80	12,80	6,40	—	470
Margarine	5	0,05	3,90	—	154
Mehl	5	0,55	0,05	3,70	78
Gedünstete Möhren					
Möhren	200	2,00	—	12,00	244
Margarine	5	0,05	3,90	—	154
Petersilienkartoffeln					
Kartoffeln	150	3,00	—	28,50	536
Petersilie	5	0,15	—	0,30	8
Karamelcreme					
Milch	125	3,75	3,75	6,25	320
Zucker	10	—	—	10,00	155
Ei	12,5	1,75	1,50	—	88
Stärke	6	—	—	5,22	192
Mittagessen:		29,90	23,50	112,97	3415
Kaffee	150	—	—	—	—
Milch	20	0,60	0,60	1,00	51
Biskuit	50	4,50	2,50	41,00	926
Nachmittagskaffee:		5,10	3,10	42,00	977
Spargel-Rührei					
Ei	50	7,00	6,00	—	253
Milch	20	0,60	0,60	1,00	51
Spargel	50	0,50	—	1,00	32
Margarine	5	0,05	3,90	—	154
Weizen-Vollkornbrot, 1 Scheibe	50	4,00	0,50	23,50	504
Butter	5	0,05	4,05	0,05	159
Apfeltee	—	—	—	—	—
Zucker	20	—	—	20,00	331
Abendessen:		12,20	15,05	35,55	1484
Gesamtwerte / Tag		70,52	56,75	278,37	8407
Sollwerte / Tag		*~ 70*	*50-60*	*~ 300*	*~ 8400*

Speisenplanung für verschiedene Formen der Schonkost

Die sachgemäße Krankenernährung ist für den Verlauf einer Krankheit von großer Bedeutung. Sie ist für den Kranken in vielen Fällen das wirksamste Heilmittel, weil sie dem Körper die Nährstoffe zuführt, deren er zur Heilung bedarf, und weil sie ihm jene Nahrungsmittel vorenthält, die den Gesundungsprozeß hemmen.

Die folgende Abhandlung enthält Richtlinien für die Ernährung bei leichten Erkrankungen, die keine Behandlung durch den Arzt verlangen.

Bei ernsthaften Erkrankungen ist es immer Aufgabe des Arztes, die Diätform festzulegen. Darum werden Fragen der Diät in diesen Ausführungen nur in geringem Umfang behandelt. Die kurzen Hinweise sollen helfen, die vom Arzt erlassenen Vorschriften sinnvoll durchzuführen.

Insbesondere werden die verschiedenen Schonkostformen gekennzeichnet. Unter *Schonkost* sind die Kostformen zu verstehen, die bei leichten organischen Störungen oder beim Abklingen ernsthafter Erkrankungen durchgeführt werden.

Abgesehen von besonderen Ernährungsvorschriften, sind bei jeder Krankenernährung folgende Grundsätze zu beachten:

1. Für die Nahrungsmittelzubereitung sind nur hygienisch einwandfreie Nahrungsmittel auszuwählen und entsprechende Geräte und Kochgeschirre zu verwenden.
2. Die Speisen müssen leicht verdaulich sein; sie dürfen die Verdauungsorgane nicht stark belasten.
3. Nährwert und Sättigungswert der Nahrung müssen ausreichend sein; besonders wichtig ist der Gehalt an Vitaminen und anderen Wirkstoffen.
4. Die Speisen sind sehr sorgfältig und abwechslungsreich zuzubereiten, damit der Appetit des Kranken angeregt wird und erhalten bleibt.

Auch auf die Form und die pünktliche Darreichung der Speisen ist besondere Sorgfalt zu verwenden.

Geschmackvolles Anrichten, peinliche Sauberkeit und richtige Temperatur der Speisen sind Maßnahmen, die dem Kranken die Nahrungsaufnahme wesentlich erleichtern.

Schonkost für Magenkranke

Bei der Durchführung einer Magenschonkost werden nur solche Nahrungsmittel verwendet, die leicht verdaulich sind und eine geringe Verweildauer im Magen haben.

Nahrungsmittel, die bei der Magenschonkost erlaubt sind

Eiweißhaltige Nahrungsmittel

Milch und Milchprodukte: Vollmilch, Buttermilch, Sauermilch, Joghurt, Speisequark und fettarme Streichkäse sind gut bekömmlich. Vollmilch wird jedoch nicht von allen Magenkranken vertragen.

Fleisch: Kalbfleisch, Hühnerfleisch, mageres Rindfleisch, ebenso magere *Fische* sind erlaubt.
Fleisch und Fisch sind durch Dämpfen, Kochen, Dünsten oder Grillen zu garen.

Eier: Sie können gereicht werden in Form von Rührei, Eierstich oder als weichgekochtes Ei. Auch legierte Speisen werden vertragen.

Speisefette

Butter, Sahne, ungehärtete Margarine oder reine Pflanzenöle können bei der Magenschonkost verwendet werden.

Kohlenhydrathaltige Nahrungsmittel

Mehl- und Teigwaren: Sie sind bei der Speisenplanung ohne Bedenken einzusetzen, besonders für die Zubereitung von Getränken, Suppen, Cremes, Flammeris.

Brot: Erlaubt sind Knäckebrot, abgelagertes Weißbrot, Weizenvollkornbrot und Toast — wenig gebräunt — und abgelagertes Mischbrot. Auch leichtes fettarmes Gebäck darf gereicht werden: Zwieback, Kekse, Biskuit und leichte abgelagerte Rühr- und Hefekuchen.

Kartoffeln: Sie können als Kartoffelbrei, Kartoffelschnee oder als Kartoffelauflauf zubereitet werden. Auch gedämpfte oder gekochte Kartoffeln und Klöße von gegarten Kartoffeln sind erlaubt.

Mineralstoff- und vitaminhaltige Nahrungsmittel

Gemüse: Es kommen in Frage: Spinat, Möhren, Blumenkohl, Spargel, junge Schwarzwurzeln, Tomaten ohne Haut, zarte grüne Bohnen, Wachsbohnen, Chicorée, zarte Kohlrabi, gedämpfte Gurken. Einige Magenkranke vertragen auch rote Bete und zarten gedünsteten Wirsing.

Die Gemüse werden gedämpft oder gedünstet. Als Rohkost zubereitet, sind die meisten Gemüse für Magenkranke schwer zu vertragen, doch können Möhren, Sauerkraut, zarter Kopfsalat, Chicorée und Tomaten (ohne Schale) und schwach mit Zitrone gesäuert, als Rohkost gereicht werden.

Obst: Obst wird besonders in Form von Preßsäften gut vertragen. Als rohe Früchte kommen nur Bananen und Erdbeeren in Frage. Schwach gezuckertes Kompott darf jederzeit gereicht werden, ausgenommen Kompott von Steinobst, Johannisbeeren und Heidelbeeren.

Nahrungsmittel, die bei Magenschonkost zu meiden sind

Alle schwerverdaulichen Nahrungsmittel und Speisen sind zu meiden, außerdem alle Speisen, die einen mechanischen oder chemischen Reiz auf die Magenschleimhaut ausüben:

Gebratene und geräucherte Fleisch- und Fischspeisen
Fettreiche Speisen
Zellstoffreiche Gemüse (Kohlarten, Hülsenfrüchte)
Rohes Obst
Fleischextrakte
Mit Zucker stark gesüßte Speisen
Süßes Backwerk
Sehr saure Speisen
Scharf gewürzte Speisen
Alkohol, mit Ausnahme von mildem Rotwein
Alle sehr kalten und sehr heißen Speisen

Bei der Durchführung der Magenschonkost besteht die Gefahr, daß die Kost einseitig und vitaminarm wird. Eine abwechslungsreiche Kost ist jedoch notwendig, damit der Appetit des Kranken angeregt wird.

Auch ist auf eine ausreichende Vitaminzufuhr zu achten, weil Vitamine — besonders das Vitamin A — die normale Funktion des Magens fördern.

Bei *akutem Magenkatarrh* wird zunächst eine zweitägige Hungerkur durchgeführt. Zum Stillen des Durstes kann der Kranke den Mund mit kaltem Wasser ausspülen und warmen Tee in kleinen Portionen nehmen. Vorteilhaft sind Kamillen- oder Fencheltee. Auch dünner schwarzer Tee oder Mate sind gestattet. Der Tee wird ungesüßt oder mit wenig Traubenzucker gesüßt gereicht.

Nach ein bis zwei Tagen ist Haferschleim oder Reisschleim erlaubt. Sobald die Beschwerden nachlassen, darf der Schleim mit Milch zubereitet, mit Eigelb legiert oder mit etwas Butter zubereitet werden. Ungezuckerter Zwieback wird recht bald vertragen. Danach ist Schonkost zu reichen. Die Kost ist allmählich der Nahrung des Gesunden anzugleichen.

Bei *chronischem Magenkatarrh* und bei allen schweren Magenerkrankungen sind die Diätvorschriften des Arztes streng zu beachten. Ebenso wichtig wie die richtige Auswahl der Speisen ist die Einhaltung regelmäßiger Essenszeiten und die Vermeidung von Unruhe und Hast bei den Mahlzeiten.

Schonkost für Darmkranke

Im Darm werden die aufgenommenen Nahrungsstoffe durch fermentative Einwirkungen so abgebaut, daß sie diffundieren können. Folglich wirken sich Darmerkrankungen nachteilig für den ganzen Organismus aus. Bei den vielen Erkrankungen, die den Dünndarm oder den Dickdarm befallen können, ist immer eine besondere Ernährungsform notwendig, die meistens vom Arzt verordnet wird. Die folgenden Ausführungen berücksichtigen nur den akuten Darmkatarrh und die Obstipation. Diese Störungen sind oft ohne ärztliche Hilfe zu beheben, wenn eine richtige Ernährungsweise beachtet wird.

Ernährung bei akutem Darmkatarrh

Bei Darmkatarrh liegt meistens eine Entzündung der Darmschleimhaut mit vermehrter Schleimabsonderung vor. Im allgemeinen ist der Dünndarm befallen, nur in schwierigen Fällen auch der Dickdarm. Erhöhte Temperatur, heftige Schmerzen und Durchfall sind vielfach Begleiterscheinungen.

Am ersten Tag der Erkrankung wird nur Tee in kleinen Mengen gereicht. Die Ernährungsbehandlung beginnt mit einem Fasttag. Als Tee ist besonders schwarzer Tee geeignet, den man etwa 20 Minuten ziehen läßt. Der Tee schmeckt dann zwar bitter, hat aber stopfende und heilende Wirkung. Außer schwarzem Tee eignen sich: Mate, Pfefferminz-, Kamillen- und Brombeertee, besonders auch Tee von getrockneten Heidelbeeren. Der Tee soll lauwarm sein. Alle heißen und kalten Getränke wirken schädlich. Zum Süßen dient Saccharin, zum Würzen kann Zimt verwendet werden.

Am zweiten Tag sind in der Kost bereits Wasserschleimsuppen erlaubt, denen man Heidelbeersaft, Preiselbeersaft oder Rotwein zusetzen kann. Zum Süßen darf Traubenzucker verwendet werden. In leichten Fällen ist bereits ungesüßter Zwieback erlaubt.

Am zweiten Tag, bei leichter Erkrankung schon am ersten Tag, ist roher geriebener Apfel zu geben. Die im Apfel enthaltenen Pektine quellen im Darm sehr auf und adsorbieren giftige Zersetzungsprodukte und Mikroorganismen.

Eine ähnliche Wirkung wie geriebener Rohapfel üben Bananenbrei und Möhrenbrei aus. Für die Zubereitung des Möhrenbreis werden gewürfelte Möhren im Wasser gekocht, dann passiert und mit wenig Kochsalz gewürzt.

23 Verarbeitung der Lebensmittel (18014)

Am dritten Tag oder schon am zweiten Tag dürfen entfettete Fleischbrühe, Kartoffelbrei, getoastetes Weißbrot (nicht zu frisch) in den Speisenplan aufgenommen werden, ebenfalls Brei von zartem Fleisch und von Fischen, auch Schleimsuppen mit Eigelb legiert. Diese Kostzusammenstellung wird bis zur Heilung durchgeführt.

Als Übergang zur Normalkost wird eine Zeitlang Magenschonkost gereicht. Dabei sind jedoch die Speisen mit stopfender Wirkung zu bevorzugen und die treibenden Speisen ganz auszuschalten.

Alle Speisen sind dem Kranken lauwarm zu reichen. Sehr heiße und auch sehr kalte Speisen üben einen starken Reiz auf den erkrankten Darm aus.

Ernährung bei Darmverstopfung (Obstipation)

Die Darmverstopfung kann verschiedene Ursachen haben. Der Gebrauch von Abführmitteln ist zu vermeiden, denn die Ursachen der Erkrankung werden im allgemeinen durch Abführmittel nicht behoben. Eine zweckmäßige Ernährungsweise dagegen kann vorbeugende oder heilende Wirkung haben.

Die Kost enthält reichlich Nahrungsbestandteile, die die Darmperistaltik anregen. Alle stopfenden Nahrungsmittel werden bei der Speisenplanung ausgeschaltet.

Nahrungsmittel, die bei Obstipation zu empfehlen sind

Zellulosereiche Nahrungsmittel:

Vollkornbrot, Schrotbrot und Pumpernickel, Vollkornflocken,
Gemüse, besonders Kohlgemüse, Spinat, rote Bete, Chicorée und alle grünen Salate. Die Gemüse sind oft als Rohkost zu reichen,
Obst in reichlicher Menge, und zwar als Rohkost,
Auch Dörrobst ist reichlich zu geben: Pflaumen, Aprikosen, Birnen, Feigen, Datteln; das Dörrobst wird 10—20 Stunden vor dem Gebrauch in reichlich Wasser eingeweicht.

Die Zellulose dieser Nahrungsmittel übt einen mechanischen Reiz auf den Darm aus und fördert dadurch die Darmperistaltik.

Säurehaltige Nahrungsmittel:

Buttermilch, Joghurt, Sauermilch, Sauerkraut, besonders Sauerkrautsaft, Rhabarbersaft, Stachelbeersaft, Apfelsaft, Traubensaft, Traubenmost, Weißwein, die Säfte der Zitrusfrüchte und auch kohlensäurehaltige Getränke.

Diese Nahrungsmittel üben aufgrund ihres Säuregehaltes einen chemischen Reiz auf den Darm aus. Saure Getränke wirken am besten, wenn sie morgens nüchtern getrunken werden.

Auch ein Glas kaltes oder eisgekühltes Wasser, morgens nüchtern getrunken, regt die Darmtätigkeit an. Ebenfalls wirken die Röstprodukte des Bohnenkaffees fördernd auf die Darmtätigkeit.

Sehr anregend auswirken kann sich auch die gelegentliche Zufuhr *größerer Fettmengen*. Wenn Fett in größerer Menge aufgenommen wird, kann es nicht resorbiert werden und wirkt dann als Gleitstoff.

Bei besonders hartnäckiger Obstipation sind *Leinsamen* — z. B. in Form von Linusit — in Verbindung mit den oben angeführten Getränken zu reichen. Die Leinsamen quellen unter Wasseraufnahme und wirken dadurch fördernd auf die Darmperistaltik.

Nahrungsmittel, die bei Obstipation zu meiden sind

Alle stopfenden Nahrungsmittel:

Kakao, Bitter-Schokolade, schwarzer Tee, Heidelbeeren, rohe geriebene Äpfel, Bananen.

Speisen mit wenig Ballaststoffen:

Reis, Teigwaren, feine Brotsorten, mageres Fleisch und Eier. Sie sind nur in beschränkter Menge in die Kostfolge aufzunehmen.

Schonkost für Leber- und Gallenkranke

Die Leber hat die Aufgabe, die mit der Nahrung aufgenommenen Nährstoffe in körpereigene Stoffe umzubauen. Bei Lebererkrankungen ist darum der Stoffwechsel weitgehend gestört.

Der Traubenzucker wird in der Leber in Glykogen umgebaut und in der Leber gespeichert. Diese Funktion der Leber ist bei den meisten Lebererkrankungen nicht unterbunden, so daß *Kohlenhydrate* reichlich verwendet werden können.

In der Leber werden die mit der Nahrung aufgenommenen *Eiweißstoffe* in körpereigenes Eiweiß umgebaut. Bei Erkrankungen kann dieser Stoffwechselvorgang nicht ungestört erfolgen, so daß eine eiweißreiche Kost die Leber belastet. Für die Funktion der Leberzellen jedoch ist die ausreichende Zufuhr von Eiweiß unbedingt notwendig. Darum wird bei akuten Erkrankungen zur Entlastung der Leber die Eiweißmenge sehr eingeschränkt, bei chronischen Krankheiten wird, wenn der Arzt keine

Wochenspeisenplan für Darmkranke[1]

	Montag	Dienstag	Mittwoch	Donnerstag	Freitag	Samstag	Sonntag
7 Uhr	1 T. Pfefferminztee Weißbrot Butter	1 T. Kamillentee Zwieback	1 T. schwarzer Tee Weißbrot, Butter	1 T. Haferschleim Zwieback	1 T. Kamillentee Toast Butter	1 T. Haferschleim Knäckebrot	1 T. Pfefferminztee Zwieback
9 Uhr	1 T. Malzkaffee Toast Kalbfleischbraten	1 T. Fleischbrühe (mager) Toast	1 T. Brombeertee 1 Rührei Weißbrot	1 T. schwarzer Tee Weißbrot mit Fleischwurst	1 Tasse Kakao Weißbrot Quark	1 T. schwarzer Tee Weißbrot 1 weichgek. Ei	1 T. Fleischbrühe Toast
11 Uhr	1 geriebener Apfel	1 Glas Rotwein	1 T. Haferschleim mit Rotwein	1 T. Heidelbeertee	1 geriebener Apfel	1 T. legierte Kalbfleischbrühe	1 Glas Heidelbeerwein
13 Uhr	Haferschleimsuppe Gedünstete Tomaten Brühreis Banane	Gekochtes Hühnerfleisch Makkaroni mit Spargel Preiselbeerkompott	Grießsuppe mit Wasser Blumenkohlauflauf mit Kalbfleisch Heidelbeergelee	Tomatensuppe Brei von gedünstetem Fleisch Kartoffelbrei Geriebener Apfel	Rührei Passierte Möhren Reis Rotweingelee	Blumenkohlsuppe Schellfisch, gedämpft Tomaten-Spaghetti Heidelbeeren, passiert	Geschabtes Rinderfilet Schwarzwurzeln Brühreis Preiselbeerschaum
16 Uhr	1 T. schwarzer Tee Zwieback mit wenig Butter	1 T. Pfefferminztee Keks	1 T. schwarzer Tee Zwieback	1 Banane Biskuit	1 T. schwarzer Tee Keks	1 T. Pfefferminztee Zwieback	1 T. schwarzer Tee Keks
19 Uhr	1 T. Pfefferminztee Omelett mit Preiselbeeren	1 T. Haferschleim mit Rotwein Weißbrot mit Quark	1 T. Pfefferminztee Weißbrot mit kaltem Braten	Sagoschleimsuppe mit Preiselbeersaft Weißbrot mit wenig Butter	1 T. Pfefferminztee Weißbrot mit Schmelzkäse	Zwiebackauflauf Preiselbeerkompott	1 T. Pfefferminztee 1 Rührei Heidelbeerkompott

[1] Die im Speisenplan angegebenen Speisen eignen sich bei abklingendem Dünndarmkatarrh

Wochenspeisenplan für Leber- und Gallenkranke (Schonkost)

	Montag	Dienstag	Mittwoch	Donnerstag	Freitag	Samstag	Sonntag
7 Uhr	Pfefferminztee Mischbrot Marmelade Quark	Hagebuttentee Abgelagertes Brötchen Kalbsleberwurst	Koffeinfreier Kaffee Weißbrot Quark	Pfefferminztee Knäckebrot Honig	Malzkaffee Weißbrot Gelee	Malzkaffee Abgelag. Brötchen Butter Kräuterquark	Koffeinfreier Kaffee Weißbrot Quark, Honig
10 Uhr	Haferflockenbrei Kompott	Haferschleim mit Möhrenpreßsaft	Toast Marmelade	Weißbrot Quark Obstsaft	Mischbrot Schmelzkäse/ fettarm Erdbeersaft	Bananenmüsli	Toast mit Tomaten
13 Uhr	Selleriesuppe Gedämpfter Schellfisch Blumenkohl Kartoffelschnee Petersilientunke Apfelsinencreme	Tomatensuppe Kalbfleisch mit heller Tunke Reis Kohlrabi Stippmilch	Kartoffelsuppe Königsberger Klops Spinat Pellkartoffeln Himbeergelee mit Quark	Gemüsesuppe Gekochtes Hühnerfleisch Spargel Salzkartoffeln Apfelschnee	Traubensaft Gedämpftes Fisch-filet Petersilientunke Wachsbohnen Kartoffeln Quark-Vanille-creme	Kräutersuppe Gekochtes Rind-fleisch Kartoffelschnee Möhrensalat Grießflammeri	Entfettete Hühnerbrühe Gedämpftes Kalbfleisch Schwarzwurzeln Kartoffelbrei Erdbeercreme
16 Uhr	Sauermilch mit Traubenzucker Keks	Koffeinfreier Kaffee Knäckebrot Quark	Joghurtmilch Biskuitgebäck	Malzkaffee Zwieback Gelee	Bananenmisch-milch Abgelagertes Hefegebäck	Pfefferminztee Toast mit Tomaten	Malzkaffee mit Traubenzucker Biskuitgebäck Bratapfel
19 Uhr	Weißbrot Quark Tomaten Haferschleim-suppe	Buttermilch Toast Spaghetti Aprikosen-kompott	Pfefferminztee Tomatenreis Kopfsalat Weißbrot mit Kalbfleisch	Apfel-Selleriesaft Weißbrot Rauchfleisch Quarkauflauf	Kopfsalat Gedämpfte Tomaten Kartoffelschnee Quarkschnittchen	Fischobstsalat/ ohne Öl Toast Haferschleim-suppe	Spargelsalat/ ohne Öl Gekochter Schin-ken/mager Hagebuttentee Knäckebrot

anderen Vorschriften erläßt, die gleiche Eiweißmenge gereicht wie beim gesunden Menschen. Jedoch darf nur leichtverdauliches Eiweiß gewählt werden.

Auch der Fettabbau im Darm und der Aufbau der körpereigenen Fette in der Leber sind bei Erkrankungen der Leber und Galle gestört. Die Nahrung darf nur wenig *Fett* enthalten.

Mineralstoffe und *Vitamine* sind für die Funktion der Leber unentbehrlich, besonders die Vitamine des B-Komplexes. Sie gelten als Leberschutzstoffe.

Leber- und Gallenkranke reagieren sehr verschieden auf einzelne Nahrungsmittel. Der Kranke muß selbst darauf achten, welchen Speisen gegenüber er besonders empfindlich ist.

Die Kost des Leber- und Gallenkranken entspricht weitgehend der Magenschonkost. Charakteristisch für die Schonkost bei Leber- und Gallenerkrankung ist die strenge Einschränkung von Fett und von schwerverdaulichen Eiweißträgern.

Ernährungsgrundsätze für die Leber- und Gallenschonkost

1. Die Diät muß *fettarm* sein. Alle Fette, mit Ausnahme von etwas unzerlassener Butter, sind zu meiden. Die Butter ist das leichtverdaulichste Fett. Sie ist bereits emulgiert und hat einen niedrigen Schmelzpunkt. Ebenfalls sind zu meiden: alle mit Fett zubereiteten Backwaren, Suppen, Tunken, insbesondere Mayonnaisen, fetthaltige Fische, ölhaltige Früchte, wie Nüsse und Mandeln.

2. Der *Eiweißbedarf* ist hauptsächlich durch Quark zu decken. Das Milcheiweiß enthält die Aminosäuren Methionin und Cystin, die für den Aufbau und die Funktion der Leberzellen unentbehrlich sind. Auch Sauermilch und Joghurt können verwendet werden. Mageres Fleisch und magerer Fisch — gedämpft, gekocht, gedünstet oder gegrillt — sind in kleinen Mengen zu reichen.

   Fette Fleisch- und Wurstwaren sind bei der Speisenplanung auszuschalten, auch der Genuß von Eiern und Eierspeisen ist weitgehend einzuschränken.

3. *Kohlenhydrate* können reichlich gegeben werden: leichte Mehlspeisen, Kartoffelbrei, leichtverdauliche Gemüse, Obst.

   Als Kompotte eignen sich Apfel-, Pfirsich-, Aprikosen-, Mandarinen-, Birnen- und Heidelbeerkompott, mit Einschränkung auch Ananaskompott.

Grüne Salate, auch Salat von Tomaten, roter Bete und Sauerkraut — mit Zitronensaft und etwas Zucker ohne Öl zubereitet — werden meistens gut vertragen.

Zum Süßen eignet sich besonders Traubenzucker, der nur schwach süßt und gut zu vertragen ist, so daß größere Mengen für die Energiebildung gereicht werden können.

Zu meiden sind alle Gemüse, die Blähungen verursachen: Rotkohl, Weißkohl, Grünkohl, Hülsenfrüchte. Zwiebeln und Schnittlauch dürfen nicht gereicht werden.

4. Zu meiden sind alle alkoholischen und kohlensäurehaltigen *Getränke*, starker Kaffee, ebenfalls alle kalten, besonders alle eisgekühlten Getränke.

5. Bei *akuten* Anfällen wird nur flüssige Nahrung gereicht: geringe Mengen Tee, mit Traubenzucker gesüßte Schleimsuppen aus Wasser und Magermilch, Obst und Gemüsepreßsäfte.

Schonkost für Nierenkranke

Die Nieren sind als eine Art Filter des Blutes für den Körper von großer Bedeutung. Sie haben die Aufgabe, die Stoffwechselprodukte von Eiweiß, Fett und Kohlenhydraten sowie Wasser und Salze auszuscheiden. Bei den Nierenerkrankungen ist die Ausscheidung der Stoffwechselschlacken, vor allem die Ausscheidung der stickstoffhaltigen Schlacken des Eiweißstoffwechsels, gestört.

Die Erkrankung der Niere kann von verschiedener Art sein. Daher lassen sich keine allgemeingültigen Vorschriften für die Ernährung des Nierenkranken aufstellen. Die Kostform muß sich nach der Art der Nierenerkrankung und nach den Symptomen richten, die die Erkrankung jeweils begleiten. Häufig sind Blutdrucksteigerung, Wasseransammlung und Blutausscheidung im Harn Anzeichen für die Nierenerkrankung.

Natriumgehalt der Nierenschonkost

Bei fast allen Nierenerkrankungen ist *natriumarme Kost* zu reichen. Natrium ist der wasserbindende Faktor, der die Ödembildung auslöst. Die größte Natriumquelle für den Körper ist das Kochsalz, das aus Natrium und Chlor besteht. Kochsalz — Natriumchlorid — ist aber auch in vielen Rohnahrungsmitteln enthalten, so daß eine Kost kaum natriumfrei gestaltet werden kann.

Die natriumarme Kost wird in zwei Formen durchgeführt:

1. als strenge natriumarme Kost
2. als gemilderte natriumarme Kost

Die erste Kostform gestattet eine Gesamttagesmenge von höchstens 400 mg Natrium, daher nur solche Nahrungsmittel, die den entsprechenden niedrigen Natriumgehalt aufweisen. 400 mg Natrium sind in 1 g Kochsalz enthalten.

Die zweite Kostform läßt in der täglichen Nahrung bis höchstens 1000 mg Natrium zu. Diese Menge ist in 2,5 g Kochsalz enthalten. Aus diesen Zahlen ist die Notwendigkeit einer vollständigen Kochsalzentziehung zu ersehen.

Nahrungsmittel, die bei beiden Kostformen unbedingt zu meiden sind

1. Mit Kochsalz zubereitete Speisen und Backwaren,
2. mit Kochsalz aufbereitete Nahrungsmittel

   gepökeltes und geräuchertes Fleisch
   marinierter und geräucherter Fisch
   alle Fleisch- und Fischkonserven
   alle Wurstsorten und Fleischextrakte,

3. Backwerk, das durch Backpulver gelockert ist. Backpulver besteht größtenteils aus Natriumhydrogenkarbonat,
4. Rohnahrungsmittel mit hohem Natriumgehalt,
5. Mineralwasser und Nährpräparate, soweit sie nicht ausdrücklich vom Arzt erlaubt sind,
6. Medikamente mit Natriumgehalt.

Nahrungsmittel, die bei der strengen natriumarmen Kost erlaubt sind

1. Alle Obstarten,
2. Kartoffeln und alle Gemüse mit Ausnahme von Sellerie, Spinat, Schwarzwurzeln, Möhren, schwerverdaulichen Kohlgemüsen,
3. Nährmittel: Reis, Graupen, Weizenmehl, salzfreie Nudeln, salzfreies Brot,
4. Pflanzenöle, salzfreie Pflanzenmargarine, salzfreie Butter,
5. Milch und Milchprodukte, natriumfrei,
6. mageres Fleisch, ebenso Fisch,
7. Brotaufstrich: Marmeladen und Honig,
8. Würzmittel: frische Gewürzkräuter und garantiert natriumarme Ersatzsalze, z. B. Sina-Salz, Gewürz-ABC, Diät-Bisalz, Diasal, Glutamat,
9. Getränke: deutsche Teesorten, in kleinen Mengen auch dünner Kaffee und schwarzer Tee, kleine Mengen leichterer alkoholischer Getränke.

Wochenspeisenplan für Nierenkranke[1]

	Montag	Dienstag	Mittwoch	Donnerstag	Freitag	Samstag	Sonntag
7 Uhr	1 T. Malzkaffee, Sahne Mischbrot Butter, Honig	1 Tasse Mate Brot Butter Quark	1 T. Pfefferminztee Vollkornbrot, Butter	1 T. koffeinfreier Kaffee, Sahne Knäckebrot, Butter, Marmelade	1 T. Apfeltee Zwieback, Butter	1 T. Hagebuttentee Kümmelbrötchen, Butter	1 T. koffeinfreier Kaffee Weißbrot, Butter, Käse, Gelee
10 Uhr	1 T. Haferschleim mit Zitronensaft Schnittchen mit kaltem Braten	Müsli mit Obst	Knäckebrot mit Gelee Bratapfel	Schnittchen mit Rahmkäse Tomate	Toast mit Käse Apfelsinen	Tomaten-schnittchen	Schnittchen mit kaltem Braten Kompott
13 Uhr	Sagosuppe Geröstete Brotwürfel Pellkartoffeln Spinat Apfel in Mürbeteig	Brotsuppe Tomatensalat Kartoffelkrusteln Fruchtreis	Gemüsesuppe Schellfisch mit Butter Nudeln mit Tomatentunke Banane	Haferschleim-suppe mit Eigelb Möhren Kartoffelbällchen Fruchtschnitten	Möhren-Rohkost Omelett mit Spargel Bratkartoffeln Zitronencreme	Rhabarbersuppe Bratfisch Gedünsteter Reis Kopfsalat Schokoladencreme	Zitronensuppe Kalbsschnitzel Blumenkohl Petersilienkartoff. Reisauflauf mit Obst
16 Uhr	1 Glas Obstsaft Keks	1 T. Malzkaffee Hefekleingebäck	1 T. Lindenblütentee Mischbrot Gelee	1 T. Malzkaffee Obstkuchen	Knäckebrot Butter Apfel	1 Glas Obstsaft Keks	1 T. koffeinfreier Kaffee Windbeutel
19 Uhr	Überbackene Käseschnitten Endiviensalat Mandarinen-kompott	Haferschleim mit Zitronensaft Toast Butter Schnittlauch	Rührei Gedünsteter Reis Grüner Salat	Mischbrot mit kaltem Braten Kompott	Geröstetes Brot Butter Grießflammeri mit Obstsaft	Gemüsebratlinge Kopfsalat Preiselbeeren	Eiersalat in Tomaten Mischbrot Butter Aprikosen

[1] Die vorgeschlagenen Speisen entsprechen einer natriumarmen, eiweißarmen Kost mit Flüssigkeitsbeschränkung. Sie können bei abklingender Nierenentzündung gereicht werden.

Nahrungsmittel, die bei der gemilderten natriumarmen Kost erlaubt sind

1. Alle Nahrungsmittel der strengen Diät,
2. Die Gemüse Schwarzwurzeln und Möhren; Sellerie und Spinat in beschränkter Menge,
3. Vollmilch und Sauermilch mit Wasser im Verhältnis 1 : 1 gemischt.

Um den *Geschmack* der natriumarmen Kost aufzuwerten, sind verschiedene küchentechnische Hinweise zu beachten.

Zum *Würzen* werden viel Gewürzkräuter verwendet: z. B. Petersilie, Schnittlauch, Dill, Bohnenkraut, Thymian, Zwiebel und Meerrettich. Auch Pfeffer, Nelken, Zimt, Kümmel und Paprika sind für die Kost gestattet. Nicht zu verwenden sind Gewürzmischungen, wie z. B. Curry, weil sie vielfach Natrium enthalten. Zitronensaft und Essig können bei vielen Speisen den Geschmack verbessern.

Als *Garverfahren* eignen sich besonders Braten, Grillen, Schmoren oder Rösten. Dabei werden Röststoffe entwickelt, die den Geschmackswert der Speisen fördern. Gemüse und Obst sind oft als Rohkost zu verwenden oder durch Dünsten zu garen, wobei ihr Eigengeschmack erhalten bleibt.

Eiweißgehalt der Nierenschonkost

Bei vielen Nierenerkrankungen, besonders bei akuter Nierenentzündung, ist außer der Natriumeinschränkung auch die *Zufuhr von Eiweiß* zu begrenzen. Die Höhe der erlaubten Eiweißmenge richtet sich je nach der Art und Schwere der Erkrankung und wird vom Arzt vorgeschrieben. Bei chronischen Erkrankungen ist eine Eiweißbeschränkung im allgemeinen nicht üblich, weil anhaltender Eiweißmangel den gesamten Organismus schädigt. Gelatine und das Eiweiß der Milch werden vom Kranken leichter vertragen als die Eiweißträger Fleisch und Ei.

Es ist für die Vermeidung von Diätfehlern besonders wichtig, daß die Richtlinien für die Diät in jedem Einzelfall vom Arzt gegeben werden. Er kann auch bestimmen, ob und welche Erleichterungen, insbesondere auch hinsichtlich der Kochsalzentziehung oder der Anwendung von Kochsalz-Ersatzmitteln, für die diätetische Behandlung des Kranken gestattet sind.

Der auf Seite 361 aufgeführte Speisenplan entspricht einer natriumarmen, eiweißarmen Kost mit Flüssigkeitsbegrenzung. Es wird hiermit eine Kostform berücksichtigt, die häufig bei Nierenerkrankungen, besonders bei abklingender akuter Nierenentzündung, verordnet wird. Durch die Natriumbeschränkung werden Ödeme und Blutdrucksteigerung gehemmt, durch die Eiweißbegrenzung die Anhäufung von Eiweißschlacken in Blut und Gewebe verhütet.

Schonkost für Herz- und Kreislaufkranke

Jede schwere Erkrankung des Herzens und der Gefäße wirkt sich in einer Schädigung aller Organe aus. Herz und Blutkreislauf haben die Aufgabe, die Körperzellen mit Nährstoffen und mit Sauerstoff zu versorgen und die im Stoffwechsel entstehenden Abbauprodukte fortzunehmen.

Das gesunde Herz kann sich den Leistungsanforderungen schnell anpassen, das kranke Herz dagegen nicht. Bei allen Erkrankungen des Herzens und des Kreislaufs ist die Kost so zusammenzustellen, daß das Herz und alle anderen Organe weitgehend geschont werden.

Zu meiden sind schwerverdauliche und blähende Speisen: Hülsenfrüchte, Kohlgemüse, frisches Brot, frisches Hefegebäck, sehr fette Speisen. Bei Blähungen drücken Magen und Darm das Zwerchfell hoch und verursachen dadurch Herzbeschwerden.

Auch kohlensäurereiche Getränke sind zu meiden, oft auch koffeinhaltiger Bohnenkaffee. Alkoholhaltige Getränke sind in geringen Mengen gestattet.

Der Fettanteil der Nahrung ist einzuschränken, weil fettreiche Speisen schwer bekömmlich sind und leicht zu Übergewicht führen. Übergewicht jedoch ist eine unnötige Belastung des Herzens und des Kreislaufs. Untergewicht ist ebenso schädlich.

Erlaubt sind reichlich gutbekömmliche Kohlenhydrate und bekömmliche Eiweißträger mit biologisch hochwertigem Eiweiß.

Auf die ausreichende Versorgung mit Vitaminen, besonders mit Vitamin B_1, ist zu achten.

Die einzelnen Mahlzeiten dürfen nicht sehr umfangreich sein. Fünf Tagesmahlzeiten mit je beschränkter Nahrungsmenge sind angebracht. Besonders die Abendmahlzeit ist einfach zu halten. Sie ist in den frühen Abendstunden zu reichen.

Erkrankungen, bei denen Wasseransammlungen oder erhöhter Blutdruck auftreten, verlangen eine *natriumarme Kost* (vgl. Nieren-Schonkost S. 359) und die Einschränkung der Flüssigkeit. Für die natriumarme Kost sind die Anweisungen des Arztes sorgfältig zu beachten. Auch das Einlegen von Obst-, Saft- oder Milchtagen ist vom Arzt zu bestimmen.

Ebenso wichtig wie die Einhaltung der Diätvorschriften ist die Beobachtung einer gesundheitsgemäßen Lebensweise:

Regelmäßiges Einnehmen der Mahlzeiten
Sorge für eine geregelte Verdauung
Regelmäßige Mittags- und Nachtruhe
Vermeidung von Hetze und Unruhe
Übernahme leichter körperlicher Betätigung

Schonkost für Zuckerkranke

Die Zuckerkrankheit ist eine schwerwiegende Störung des Zuckerstoffwechsels. Sie beruht auf einer unzureichenden Insulinbildung des Körpers. Infolge des Insulinmangels kann das Glykogen in der Leber nicht gespeichert, der Zucker in den Zellen nicht verbrannt und der Energiegehalt des Zuckers nicht frei werden. Der Blutzuckergehalt ist erhöht.

Die gestörte Funktion des Zuckerstoffwechsels beeinträchtigt auch den normalen Fettstoffwechsel. Beim gesunden Menschen werden die Nahrungsfette in Kohlendioxid und Wasser abgebaut. Dieser vollständige Abbau erfolgt nur unter gleichzeitiger Leistung des Zuckerstoffwechsels. Wird infolge Insulinmangels nur wenig Energie aus Zucker gebildet, können beim Abbau der Fette Aceton, Acetessigsäure und andere schädlich wirkende Stoffe im Blut auftreten.

Ernährungsgrundsätze für die Zuckerdiät

Die Richtlinien für die Ernährung des Kranken gibt der Arzt. Er verordnet die Gesamtbehandlung. Der festgelegte Nahrungsplan ist auch bei Insulinschutz zu beachten.

Kohlenhydrate in der Zuckerdiät

Grundlage des Diätplanes ist die Toleranz des Kranken. Die Toleranz bezeichnet die Höchstmenge Kohlenhydrate, die der kranke Organismus verarbeiten kann, ohne daß er Zucker im Harn ausscheidet.

Die Toleranz wird vom Arzt festgelegt und in Gramm oder in Broteinheiten — BE — angegeben. Eine Broteinheit entspricht der Kohlenhydratmenge, die in 25 g Vollkornbrot enthalten ist, das sind 12 Gramm.

Eine BE ist enthalten in:

25 g Vollkornbrot	250 g Vollmilch
24 g Weißbrot	300 g Buttermilch
17 g Knäckebrot	240 g Joghurt
17 g Weizenmehl	130 g Apfelsinen ohne Schale
18 g Haferflocken	110 g Äpfel
15 g Reis	120 g Pfirsich mit Stein
17 g Nudeln	70 g Weintrauben
60 g Kartoffeln geschält, gekocht	60 g Banane

Bei der Aufstellung des Kostplanes ist die Toleranz des Kranken zu berücksichtigen. Grundsätzlich brauchen keine Nahrungsmittel von der Ernährung ausgeschlossen werden, doch ist bei der Auswahl zu beachten, daß die kohlenhydrathaltigen Nahrungsmittel im Stoffwechsel verschieden gut ausgewertet werden.

Bestimmend für die Auswertung der Kohlenhydrate ist ihre Lösungsgeschwindigkeit.

Schwerlösliche Kohlenhydrate werden langsam verdaut und nur allmählich in kleinen Mengen vom Blut aufgenommen. Sie stehen dem Insulin nach und nach zur Verfügung und können gut für die Energiebildung ausgewertet werden.

Geeignete Kohlenhydratspender sind:

Vollkornbrot
Vollkornflocken
Frischobst
Alle Gemüse und Salate

Leichtlösliche Kohlenhydrate werden schnell verdaut und sogleich in das Blut überführt. Ihre Verwendung ist nicht ratsam, denn die schnell resorbierte Menge der Kohlenhydrate entspricht nicht der zur Verfügung stehenden Insulinmenge.

Ungeeignete Kohlenhydratspender sind:

Reiner Zucker und Zuckerkonzentrate
Mit Zucker gesüßte Speisen
Feines Weizenmehl und Weizenmehlprodukte

Eiweiß in der Zuckerdiät

Das Eiweiß ist der notwendige Baustoff für den Aufbau der Körperzellen und kann daher in der Kost nicht eingeschränkt werden. Die tägliche Eiweißmenge der Normalkost beträgt 1 g pro kg Körpergewicht. Diese Menge wird auch für den Zuckerkranken als angemessen betrachtet. Der wertvollste Eiweißträger für die Diät ist die Milch, besonders auch Buttermilch, Sauermilch, Joghurt und Quark. Neben Milch und Milchprodukten gestattet die Diät Ei, Fisch und mageres Fleisch als eiweißliefernde Nahrungsmittel.

Fett in der Zuckerdiät

Der durchschnittliche Tagesbedarf an Fett liegt beim gesunden Menschen bei etwa 60 g. Diese Menge soll in der Zuckerdiät eher unterschritten als höher angesetzt werden, um der Gefahr einer Acetonbildung vorzubeugen.

Die verschiedenen Arten der Nahrungsfette sind für die Verwendung in der Zuckerdiät gleichwertig. Sie können beliebig eingesetzt werden.

Wochenspeisenplan für Zuckerkranke[1]

	Montag	Dienstag	Mittwoch	Donnerstag	Freitag	Samstag	Sonntag
7 Uhr	100 g Vollkornbr. 10 g Butter 100 g Tomaten Schmelzkäse Kaffee	100 g Grahambrot 10 g Butter 1 Ei Schinken Kaffee	100 g Vollkornbr. 10 g Butter 50 g Quark mit Schnittlauch Kaffee	100 g Mischbrot 10 g Butter 1 Ei 50 g Schinkenw. Kaffee	100 g Vollkornbr. 10 g Butter Hartkäse 2 Tomaten Kaffee	100 g Mischbrot 10 g Butter Braten Kaffee	100 g Grahambrot 10 g Butter 50 g Plockwurst 1 Ei Kaffee
10 Uhr	1 Glas Buttermilch 50 g Mischbrot 5 g Butter 100 g Äpfel	1 Glas Joghurt 50 g Mischbrot 20 g Quark Radieschen	Gemüsebrühe 50 g Toast 5 g Butter Zervelatwurst 100 g Äpfel	50 g Knäckebrot 10 g Butter Quark 100 g Apfelsinen	1 Glas Joghurt 50 g Toast 10 g Butter 100 g Aprikosen	1 Glas Pampelmusensaft 50 g Vollkornbrot 10 g Kräuterbutter	$^1/_4$ *l* Fleischbr. mit Tomatenmark 50 g Vollkornbrot 10 g Butter 100 g Äpfel
13 Uhr	Tomatenbrühe 80 g Rindfleisch 200 g Wirsing 180 g Kartoffeln Zitronencreme	Bouillon mit 100 g Spargel 80 g Beefsteaks 180 g Kartoffeln 50 g Kopfsalat Mokkacreme	Blumenkohlsuppe 150 g Schellfisch 10 g Butter 200 g Wachsbohn. 120 g Kartoffeln Johannisbeergelee	Fleischbrühe mit Eieinlauf 80 g Schweinsschnitzel 200 g Kohlrabi 180 g Kartoffeln Rumcreme mit Aprikosen	Apfel-Selleriesalat 150 g Fisch 200 g Spinat 180 g Kartoffeln Milchgelee	Vegetarische Brühe Brühwürstchen 200 g Sauerkraut 120 g Kartoffelschnee Schokoladencreme	Hühnersuppe mit Eierstich Schweinsbraten 200 g Rosenkohl 180 g Bohrkartoffeln Mandelcreme
16 Uhr	50 g Vollkornbrot 10 g Butter Diabetikermarmel. Kaffee 100 g Pflaumen	50 g Diabetiker-Kleingebäck Kaffee	50 g Mischbrot 20 g Bienenhonig Kaffee 100 g Stachelbeeren	50 g Vollkornbrot 10 g Butter 1 Pampelmuse	50 g Vollkornbrot Kräuterquark Kaffee	50 g Knäckebrot 10 g Butter 1 Glas Buttermilch	Diabetiker-Quarkkuchen mit rohen Mandarinen Kaffee
19 Uhr	50 g Grahambrot 10 g Butter 50 g Schinkenw. 100 g Bohnensalat Tee 100 g Apfelsinen	Rührei 100 g Weißkohlsal. 50 g Mischbrot 50 g Tomaten 10 g Butter Tee	50 g Braten 100 g Schwarzwurzeln 50 g Vollkornbrot 5 g Butter Kakao	150 g Spargel 50 g Schinken 50 g Mischbrot 5 g Butter Tee	50 g Eiersalat 100 g Blumenkohlsalat 50 g Mischbrot 10 g Butter Tee	50 g Rinderbraten 100 g Schnittbohn. 50 g Mischbrot 10 g Butter Sprudel ohne Geschmack	50 g Mischbrot 10 g Butter 50 g Räucherfleisch 50 g Käsesalat 100 g Pfirsichkompott
21 Uhr	Haferschleim	1 Pampelmuse	Diabetiker-Bier	100 g Äpfel	100 g Sauerkirschkompott	Haferschleim mit Saft einer halben Apfelsine	Diabetiker-Bier

[1] Der Speisenplan legt eine Kohlenhydratmenge von 20 Broteinheiten (= 240 g Kohlenhydrate) zugrunde.

Küchentechnische Hinweise für die Durchführung der Zuckerdiät

Suppen

Gemüse-, Fleisch- oder Fischbrühen werden zu Suppen möglichst ohne Mehl zubereitet. Zum Binden dienen saure Sahne und geriebener Käse, als Einlagen besonders frische Gemüse.

Fleisch- und Fischspeisen

Die Gerichte können auf verschiedene Art zubereitet werden, auch als Sülze. Als Garverfahren eignet sich besonders das Grillen. Die Tunken werden ohne Mehl zubereitet und mit geriebenem Käse, saurer Sahne, Eigelb oder gemahlenem Fleisch gebunden.

Gemüsegerichte

Gemüse sind wegen ihrer ernährungsphysiologischen Bedeutung in reichlichen Mengen zu verwenden. Da sie nur wenig Kohlenhydrate enthalten, können sie ohne Berechnung der Broteinheiten in den Speisenplan eingesetzt werden.

Früchte

Früchte sind am besten als Frischkost zu verwenden. Süße Kirschen, Weintrauben oder Trockenobst enthalten verhältnismäßig viel Zucker. Sie sind möglichst zu meiden, während Zitronen, Apfelsinen, Pampelmusen, Kürbis und Rhabarber in größeren Mengen zu verwenden sind.

Bei Verwendung der Früchte zu Süßspeisen werden die Speisen möglichst mit Sionon oder Saccharin gesüßt und mit Gelatine oder Ei gebunden.

Süßspeisen

Süßspeisen werden ohne Zucker und ohne Mehl zubereitet. Man reicht sie in Form von Gelees oder anderen Gelatinespeisen. Zum Süßen verwendet man Saccharin oder Sionon. Sionon ist eine besondere Zuckerart mit angenehmem süßem Geschmack. Es wird vom Zuckerkranken gern genommen und zur Energiebildung ausgenutzt. 100 g Sionon ergeben 380 Kalorien. Die Kost darf täglich 40—60 g Sionon enthalten. Diese Menge ist zweckmäßig auf die verschiedenen Mahlzeiten zu verteilen.

Ernährung bei Übergewicht

Bei vielen Menschen der zivilisierten Welt liegt heute das Körpergewicht zu hoch, verursacht durch eine zu hohe Energieaufnahme, die der Energieausgabe durch körperliche Betätigung nicht entspricht. Übergewicht kann mitverursacht werden durch Störungen der Drüsenfunktionen, die eine Ernährungsbehandlung durch den Arzt notwendig machen. Wenn jedoch das Übergewicht nur die Folge einer Überernährung ist, kann, falls nicht bereits Gesundheitsschäden vorliegen, eine allmähliche Gewichtsabnahme durch eine gelenkte Nahrungseinschränkung ohne ärztliche Hilfe erreicht werden.

Das Absinken des Körpergewichtes darf nur allmählich vor sich gehen durch eine gleichmäßige konsequente Nahrungseinschränkung. Durch eine extreme Nahrungseinschränkung kann die Gesundheit sehr geschädigt werden, besonders wenn der Verlauf der Gewichtsabnahme nicht vom Arzt überwacht wird. Eine Verminderung des Gewichtes um 1 kg in der Woche ist als beachtlicher Fortschritt anzusehen.

Die Kost wird so ausgewählt, daß sie wenig Energiespender enthält und doch einen ausreichenden Sättigungswert aufweist.

Eiweißgehalt der Nahrung

Eiweiß kann in gleicher Menge verabreicht werden wie bei der Normalkost, nämlich 1 g je kg Körpergewicht. Jedoch sind fettarme Eiweißträger zu wählen:

mageres Fleisch, mit wenig Fett zubereitet
magere Fische, mit wenig Fett zubereitet
magere Milch: Buttermilch, Magermilch-Joghurt
magere Käsesorten, besonders Speisequark
Eier, hartgekocht

Fettgehalt der Nahrung

Fett ist nur in geringer Menge in den Ernährungsplan aufzunehmen. Die Tagesverpflegung soll höchstens 40—50 g Fett enthalten, wobei auch die in den Nahrungsmitteln enthaltene Fettmenge einzurechnen ist. Alle fettreichen Nahrungsmittel sind daher einzuschränken, Sahne ist ganz auszuschalten.

Kohlenhydratgehalt der Nahrung

Kohlenhydrate sind ebenfalls nur in beschränktem Maße gestattet. Alle Kohlenhydrate, die nicht für den Energiestoffwechsel notwendig sind, werden vom Körper in Fett umgebaut und führen somit zur Gewichtszunahme.

Sehr einzuschränken sind die Kohlenhydratträger:

Süßspeisen, besonders mit Stärke zubereitete Süßspeisen
Süßes Gebäck
Mit Zucker gesüßte und alkoholische Getränke
Teigwarengerichte, Reisgerichte
Feine Brotsorten, auch Pumpernickel
Süßigkeiten sind möglichst ganz auszuschalten

Zu reichen sind die Kohlenhydratträger:

Vollkornbrot, Schrotbrote
Nicht aufgeschlossene Vollkornflocken
Kartoffeln ohne Schale 100—150 g je Tag,
jedoch nicht mit Fett zubereitete Kartoffelgerichte

Vitamin- und Mineralstoffgehalt der Nahrung

Vitamine und Mineralstoffe sollen in den Speisenfolgen bei Übergewicht reichlich enthalten sein.

Obst wird nach Möglichkeit roh gegeben. Bei der Zubereitung von Kompott wird mit wenig Zucker oder mit Saccharin gesüßt.

Auch Gemüse ist als Rohkost zu reichen, und zwar sind alle Gemüsesorten erlaubt. Blähende Gemüse dürfen nicht in zu großer Menge verwendet werden. Der hohe Zuckergehalt bei Möhren ist zu berücksichtigen. Alle grünen Salate können oft in die Kost aufgenommen werden.

Getränke sind auf ein Mindestmaß zu beschränken. Bei Fettansammlungen lagert sich leicht Wasser im Fettgewebe an, weshalb die Flüssigkeitsmenge sehr einzuschränken ist. Es werden Obst- und Gemüsesäfte und magere Milchgetränke bevorzugt.

Kochsalz ist aus dem gleichen Grunde nur sparsam zu verwenden, denn das Natrium des Kochsalzes hält Wasser im Körper zurück. Zum Würzen der Speisen dienen frische Kräuter.

In Verbindung mit einer beschränkten Nahrungsaufnahme ist bei Übergewicht auf eine ausreichende *körperliche Bewegung* zu achten. Durch körperliche Betätigung wird Energie verbraucht, und die Gewichtsabnahme wird dadurch begünstigt.

Übergewichtige Menschen mit geschwächter Gesundheit dürfen eine beachtliche Nahrungseinschränkung nicht durchführen ohne Anweisungen eines Arztes, das gilt besonders bei Erkrankungen des Herzens oder des Kreislaufs.

Für die Gesundheit des Gesamtorganismus ist es vorteilhafter, einem Übergewicht vorzubeugen als ein erhöhtes Körpergewicht zu senken. Übergewicht bedeutet immer eine Belastung des Organismus, besonders Herz und Kreislauf werden sehr beansprucht. In einer gesundheitsgemäßen Ernährung ist daher die Energieaufnahme konsequent der Energieausgabe anzupassen.

Nährwertkontrolle:

Tagesverpflegung für einen Erwachsenen mit Übergewicht

Frau / Lebensalter: 30 Jahre / leichte körperliche Tätigkeit

Gericht oder Lebensmittel	Menge in g	Eiweiß in g	Fett in g	Kohlen-hydrate in g	kJ
Bohnenkaffee, 1 Tasse	150	—	—	—	—
Kondensmilch, entrahmt	20	1,80	—	2,40	72
Roggenbrot, 2 Scheiben	100	6,00	1,00	51,00	1062
Hartgekochtes Ei	57	7,00	6,00	—	352
Kräuterquark					
Quark	50	8,50	0,50	1,00	184
Kräuter	10	0,30	—	0,60	15
Erstes Frühstück:		23,60	7,50	55,00	1685
Zweites Frühstück: Äpfel	100	0,30	—	11,00	201
Gedünsteter Fisch					
Seelachsfilet	125	22,50	1,25	—	462
Margarine	10	0,10	7,80	—	307
Tomatensalat					
Tomaten	200	2,00	—	6,00	151
Öl	10	—	10,00	—	389
Zwiebeln	20	0,20	—	1,80	35
Pellkartoffeln	100	2,00	—	19,00	357
Mokkagelee					
Milch	125	3,75	3,75	6,25	320
Kaffee	20	—	—	—	—
Zucker	8	—	—	8,00	132
Gelatine	2	1,68	—	—	28
Mittagessen:		32,23	22,80	41,05	2161
Nachmittagskaffee: Buttermilch	200	8,00	2,00	8,00	302
Vollkornbrot, 1 Scheibe	50	3,50	0,50	23,00	501
Butter	10	0,10	8,10	0,10	317
Rauchfleisch	20	5,42	3,08	—	214
Apfelsine	100	0,70	—	7,00	163
Abendessen:		9,72	11,68	30,10	1195
Gesamtwerte / Tag		72,25	43,98	145,15	5544

Ernährung bei Erkrankungen mit Fieber

Das Fieber ist keine Krankheit, sondern ein Anzeichen für eine Erkrankung des Körpers. Es zeigt sich in der Erhöhung der Körpertemperatur über 37° C. Das Fieber tritt bei vielen Krankheiten auf. Die Ernährung des Fieberkranken richtet sich nach der Krankheit, durch die das Fieber verursacht wird.

Grundsätzlich ist zu beachten:

1. Die Nahrung muß leicht verdaulich sein, da die Verdauungsorgane bei fiebernden Kranken geschwächt und Magen- und Darmtätigkeit herabgesetzt sind.
2. Die Nahrung darf nur schwach gewürzt sein, damit die Stoffwechselorgane geschont werden und das Durstempfinden nicht gesteigert wird.
3. Die Nahrung muß besonders vitaminreich sein, da der Vitaminverbrauch durch die Fiebererkrankung sehr erhöht ist. Bei längerer Ernährung durch einseitig zusammengestellte Schonkost können leicht Mangelkrankheiten auftreten.
4. Bei anhaltendem Fieber muß der Bedarf an Nährstoffen gedeckt werden, damit die körperliche Leistungsfähigkeit des Kranken erhalten bleibt.

Die Fieberdiät ist immer eine Schonkost. Je nach der Höhe des Fiebers und nach der Dauer des Krankheitszustandes wird die Diät gereicht als:

flüssige Kost
flüssig-breiige Kost oder
leichtverdauliche gemischte Kost.

Flüssige Kost

Die flüssige Kost ist in den ersten Tagen bei akutem hohem Fieber zu reichen. Sie besteht aus durststillenden, erfrischenden Getränken. Geeignet sind naturreine Fruchtsäfte mit hohem Gehalt an Vitamin C: Saft von Zitronen, Apfelsinen, Pampelmusen, Hagebutten, Sanddorn und von schwarzen Johannisbeeren.

Als Tee eignen sich Pfefferminztee, Hagebuttentee und Apfelschalentee. In den weiteren Tagen können auch erfrischende Milchmischgetränke und Suppen gegeben werden.

Auch wenn der Patient nach kalter Flüssigkeit verlangt, sind die Getränke möglichst lauwarm zu reichen.

Flüssig-breiige Kost

Die flüssig-breiige Kost wird bei anhaltendem Fieber gegeben. Sie enthält neben den genannten Flüssigkeiten auch Nährmittel, Rührei, Fisch oder geschabtes Fleisch.

Leichtverdauliche gemischte Kost

Eine leichtverdauliche gemischte Kost nach den Richtlinien der Magen-Schonkost kann bei abklingendem Fieber gereicht werden.

Vertragen werden mageres Fleisch, magerer Fisch, zarte Gemüse, Kompott und lockere Süßspeisen.

Wenn keine organischen Störungen vorliegen, die eine besondere Kost verlangen, können Wünsche des Kranken bezüglich der Speisenauswahl ohne Bedenken berücksichtigt werden.

Literaturverzeichnis

Glas, Alois: Praktisches Handbuch der Lebensmittel, Bayrischer Landwirtschaftsverlag, München—Basel—Wien 1965

Glatzel, Hans: Die Ernährung in der technischen Welt, Hippokrates-Verlag, Stuttgart 1970

Heß, I.: Das große Gefrier-ABC, Energie-Verlag, Heidelberg 1971

Lang, K.: Biochemie der Ernährung, Verlag D. Steinkopff, Darmstadt 1970[2]

Lehnartz, Emil: Chemische Physiologie, Springer-Verlag, Berlin—Göttingen—Heidelberg—New York 1959

Meyer-Hagen: Das elektrische Kochen, Verlag Linde, Berlin 1965

Schall, Hermann: Nahrungsmitteltabelle, Verlag Barth, Leipzig 1962

Schmidt, Maria: Ernährungslehre, Verlag Schöningh, Paderborn 1976[9]

Schormüller, Josef: Lehrbuch der Lebensmittelchemie, Springer-Verlag, Berlin-Göttingen-Heidelberg-New York 1974[2]

Schütz, Erich: Physiologie, Verlag Urban-Schwarzenberg, München-Berlin 1972[13/14]

Seeliger, H. P. R.: Entstehung und Verhütung von mikrobiellen Lebensmittelinfektionen und -vergiftungen, Verlag Schöningh, Paderborn 1977[2]

Welsch, Alfred: Krankenernährung, Verlag Georg Thieme, Stuttgart 1969[2]

Wirths, Willi: Lebensmittellehre, Verlag Schöningh, Paderborn 1976[6]

Die Leitsätze des Deutschen Lebensmittelbuches, Ausgabe 1973, Bonn, Verbraucherdienst B, Heft 1 und 2, 1976

Das Große Lebensmittel-Lexikon, Pinguin-Verlag, Innsbruck 1965

Deutsches Lebensmittelrecht. Herausgegeben von H. Holthöfer, K. H. Nüse, R. Franck, Verlag Heymanns, Köln-Berlin-Bonn-München 1975[6]

Lebensmittelrecht. Bundesgesetze und -verordnungen über Lebensmittel und Bedarfsgegenstände. Textsammlung, Redaktion W. Zipfel. Stand: 1.9.1976. Verlag C. H. Beck, München (Loseblattsammlung, wird laufend ergänzt)

Lebensmittelverarbeitung im Haushalt. Herausgeber Deutsche Gesellschaft für Hauswirtschaft e. V., Verlag Ulmer, Stuttgart 1968

Kleine Nährwerttabelle der Deutschen Gesellschaft für Ernährung, zusammengestellt von Willi Wirths, Verlag Umschau, Frankfurt/M. 1976[26]

Wissenschaftliche Veröffentlichungen der Deutschen Gesellschaft für Ernährung:

Band 5: Veränderungen der Nahrung durch industrielle und haushaltsmäßige Verarbeitung, Verlag D. Steinkopff, Darmstadt 1960

Band 12: Probleme der Ernährung durch Gefrierkost, Verlag D. Steinkopff, Darmstadt 1960

Zeitschriften

Ernährungs-Umschau: Umschau-Verlag, Frankfurt am Main

Verbraucherdienst, Bundesausschuß für Volkswirtschaftliche Aufklärung, Köln

Magazin der Großküchen und Kantinen: Verlag Dr. Haas, Mannheim

Hauswirtschaft und Wissenschaft: Verlag K. M. Lipp, München

Hauswirtschaftliche Bildung: Burgbücherei W. Schneider, Baltmannsweiler

Rationelle Hauswirtschaft: Die Hauswirtschaftsmeisterin: Verlag Neuer Merkur, München

Sachwortverzeichnis

F

G

Notizen

Notizen

Notizen